Die großen Sagen der Welt

Herbert Mark

DEUTSCHE GÖTTER- UND HELDENSAGEN

Mit 36 Fotos

VERLAG
KREMAYR
& SCHERIAU
WIEN

Für den Bildteil dieses Buches haben uns die folgenden Stellen freundlicherweise Abdruckgenehmigungen erteilt: Archiv Deutscher Geschichte 66 (4), 68 (3), 171 (2); Archiv für Kunst und Geschichte Berlin 309, 311; Bayreuther Festspiele 273—276 (5); Koizarsche Kinematographische Privatsammlung Wien 205—208 (8); Nowotny 102 (2), 312; Österreichische Nationalbibliothek — Bildarchiv 65, 101, 103, 104, 170, 173, 310; Staatsbibliothek Berlin, Preußischer Kulturbesitz — Bildarchiv 67, 169.

Für die Neufassung der Sagenstoffe wurden vor allem die Bearbeitungen von Karl Simrock und Kurt Eigl benützt.

Schutzumschlag: Albert Zenner

Gesamtherstellung: Wiener Verlag, Wien

ISBN 3 218 00261 3

INHALT

EDDA

Der Urbeginn der Schöpfung

Die nordischen Lieder der Edda berichten von Macht und Ohnmacht der alten germanischen Götter und deren tragischem Untergang. Aber sie stehen auch am Beginn der deutschen Sagendichtung. Denn in ihnen klingen bereits viele Motive auf, die später in den großen Heldenepen erneut behandelt wurden — immer wieder schöpften Dichter aus dem Reichtum der Edda.

WIE DIE WELT ENTSTAND

Im Anfang gab es weder Wasser noch Land, weder sandige Ufer noch salziges Meer, nicht Erde noch Himmel, nur den gähnenden Abgrund Ginnungagap. Dieser war erfüllt mit Finsternis, aber die Finsternis war bevölkert von schaffenden Geistern.

Es gab noch keine Sonne, keinen Mond und keine Gestirne; sie waren noch ungeboren und wußten noch nichts von ihrem Ort am Himmelsgewölbe, von ihren künftigen Bahnen und ihrer strahlenden Macht.

Nichts wuchs in Ginnungagap, in der riesigen Weltennacht, in dem tiefgähnenden Abgrund, weder Baum noch Strauch, kein Hälmchen Gras, bis es plötzlich in dem ungeheuren, dunklen Abgrund zu wogen begann. Fluten regten sich, wurden dichter und dichter und erstarrten zuletzt zu einem Giftstrom, der gewaltige Wolken von Dünsten ausschickte.

Die Dünste zogen nordwärts bis an das äußerste Ende von Ginnungagap und gefroren dort zu Eis. Schicht auf Schicht legte sich das Eis über den Norden des Weltraums, eine riesige froststarre Kuppel, blaugrün schimmernd in der unendlichen Nacht: das war Nifelheim, düster und kalt, von Stürmen und Ungewittern heimgesucht ohne Unterlaß.

Im Süden von Ginnungagap aber bildete sich eine andere Welt, mild und warm, hell und heiß: das war Muspelheim, das Reich der Flammen. Von dort flogen Feuerfunken durch die Finsternis. Sie fielen auf Nifelheim, mitten hinein in das starrende Eis. Unter Donnergetöse begann es zu bersten, salziges Schmelzwasser gischtete auf, und aus dem Aufruhr entstand, aus Feuer und Eis geboren, das erste Wesen, der Urriese Ymir.

Ymir empfing sein Leben durch die Wärme von Muspelheim, der warme Hauch aus dem Süden verlieh ihm den Atem. Seine Nahrung aber war die Milch der Kuh Audhumla, die in Muspelheim geboren und nordwärts gewandert war. Sie war so alt wie Ymir.

Audhumla, die Kuh mit der milden Milch im Euter, kam an die Gestade Nifelheims und begann an den salzigen Eisblöcken zu lecken. Sie leckte drei Tage lang, und am Ende des dritten Tages hatte sie einen Mann aus dem Eis befreit, ein Wesen von menschlicher Gestalt, das war der Riese Buri.

Buri bedeutet »der Zeugende«, und er schuf aus sich selbst heraus einen Sohn, den er Bör nannte, den Geborenen. Bör aber fühlte sich bald einsam, deshalb suchte er nach einer Gefährtin.

Indessen schlief Ymir, der Urriese. Während er ruhte, bebte sein Leib, und als er erwachte, sah er, daß ihm während des Schlafs aus der Achselhöhle ein Sohn und eine Tochter gewachsen waren, die Stammeltern der Reifriesen oder Thursen. Von diesem ersten Thursenpaar stammte der Riese Bölthorn, der eine Tochter hatte, Bestla mit Namen.

Dieser Tochter Bestla begegnete nun Bör, Buris Sohn. Er nahm sie zum Weib, und aus ihrer Verbindung entsprossen die drei ersten Götter, die Brüder Odin, Wili und We. Es waren Asen, Lichtgötter.

Odin, der später alle anderen Asen zeugte, war erfüllt von Licht, Weisheit und lebenspendendem Atem.

Wili war erfüllt von unbändigem Willen.

We war erfüllt mit hohen Empfindungen, wenn er schaute, was bisher erschaffen worden war, und bedachte, was noch alles geschaffen werden sollte.

Odin, Wili und We kämpften gegen Ymir. Sie töteten ihn und warfen den Leichnam des Urriesen in den leeren Raum hinaus. Da wurde aus Ymirs Blut das Meer, aus Ymirs Fleisch die Erde, aus seinen Knochen das Gestein, aus seinem Schädeldach das Himmelsgewölbe, aus seinem Gehirn die Wolken, die darunter hinwandern. Den schwärmenden Feuerfunken aus Muspelheim wies Odin hoch über den Wolken feste Orte und Bahnen zu: das waren die Gestirne, Sonne und Mond, Fixsterne und Planeten, Schweifsterne und schimmernde Sternennebel, deren größter die Milchstraße war.

Kreisrund lag das Meer um die feste Erde. Auf ihr bauten die Asen aus Ymirs Augenbrauen Mittelgard, die künftige Wohnung des Menschengeschlechtes, das noch ungeboren im geheimnisvollen Schoß der Welt und der Zeit schlummerte.

Für sich selber erbauten sie als Wohnsitz über den höchsten Gebirgen Asgard, das Götterland, in welchem dereinst die goldene Burg Walhall liegen sollte.

In der tiefsten, unwirtlichsten Tiefe aber hausten die Riesen. Schwarze berghohe Klippen ragten dort aus dem dunklen Meer, gewaltige Schluchten zerklüfteten das Land, riesige Wälder umgürteten es. Die Asen tauften diesen Wohnsitz Jotunheim — nach dem Riesengeschlecht der Joten, das vor Urzeiten aus Muspelheim ausgewandert war und sich zu den Reifriesen aus Nifelheim gesellt hatte.

Wie Verbannte lebten die Riesen in Jotunheim. Die Asen hatten beständig Angst vor ihnen, aber auch die Riesen schielten voll Neid und Gier nach dem sonnengoldenen Asgard.

Odin, Wili und We zogen in Asgard ein. Eine einfache Burg mit starker Ringmauer diente ihnen und allen künftigen Asen vorerst als Wohnung und schützte sie gegen die feindlichen Überfälle aus Jotunheim.

Was aus Wili und We später geworden ist, weiß niemand; doch es heißt, sie hätten sich aus brüderlicher Liebe mit Odin zu einem einzigen Wesen vereint. So kam es, daß Odin, der Göttervater, nicht nur erfüllt war von belebendem Atem, den er wie einen Speer heftig über die Erde schleudern konnte, sondern auch von unbändigem Schöpferwillen und großer Würde, die alle Wesen in ihren Bann schlug — außer Loki, den spöttischen Gott des Feuers. Seine Heimat lag im Süden, wo der Himmel bei Tag und Nacht rot flackerte, weil dort die Feuerriesen wohnten.

Loki kam zu Odin und bot diesem seine Dienste an, wenn er ihm erlaubte, in Asgard zu wohnen, wann immer es ihm gefiele. Odin, der erkannte, daß Loki ein kluger, listiger Geist war, wenn er auch gerne log und trog, mischte einige Tropfen seines Blutes mit Lokis Blut in einer goldenen Schale voll Met. Diesen Trank tranken beide gemeinsam aus. Das war Odins, des Göttervaters, erste Schuld: er hatte sich mit dem klugen, aber verräterischen Gott des flackernden Feuers verbunden, und großer Nutzen, aber noch mehr Schaden sollte später aus dieser Blutsbrüderschaft entstehen.

Odin ahnte dies. Darum saß er oft in sorgenvolles Sinnen versunken auf seinem Hochsitz in Asgard und schaute über die Welt, die so schön war und deren schreckliches Ende er doch unabwendbar heraufdämmern sah.

Inmitten dieser Welt stand eine gewaltig hohe Esche, die Weltesche Yggdrasil. Ihre Wurzeln lagen tief unten in Jotunheim, ihr starker

Stamm durchwuchs Mittelgard, die künftige Wohnung der Zwerge und Menschen, ihre breite Krone aber ragte hoch über Asgard hinaus und spendete den Göttern kühlenden Schatten.

Weit zog Odin in der Welt umher. Er zeugte viele Lichtgötter, allen voran den gewaltigen Thor. Rotblond wucherten dessen Haupthaar und Bart, breit und stark ragte er wie ein Bär, Blitz und Donner waren ihm untertan. Seine Mutter war die Erdgöttin Jörd.

Aber auch Tyr, den Gott des Krieges, zeugte Odin, und Bragi, den Gott des Gesangs. Bragis Gattin Idun hütete in dem schönsten Garten Asgards die goldenen Äpfel, von denen die Götter aßen und durch die sie ewig jung blieben.

In Asgard lebte auch Widar, der schweigsame Lichtgott, der stumm und abgeschieden von den anderen auf den Tag wartete, da er nach der Götterdämmerung seinen Vater Odin rächen und dessen Mörder, den finsteren Fenriswolf, töten sollte. Niemals sprach Widar ein Wort, seine Zeit war noch nicht gekommen.

In der Gemeinschaft der Asen gab es Ullr, den fröhlichen und zugleich grimmigen Gott des Winters, seiner Leiden und Freuden; auf geglätteten Schneeschuhen fuhr er pelzvermummt über Berg und Tal, wenn die Nächte lang und die Tage kurz waren.

Dann war da noch Ögir, der Gott des sturmbewegten Meeres, der die Küsten überflutete und die Schiffe in die Tiefe riß; da war auch Hönir, der Gott der Gedanken und Träume, da war Lödur, Lokis Vetter, und — von ihnen allen hochgeehrt — Frigga, Odins Gemahlin, die strenge, reine Hüterin der Ehe und des häuslichen Herdes.

Unter allen Asen aber war einer der herrlichste, der schönste und der lichteste: Baldur, Odins liebster Sohn. Sein Wesen war ganz erfüllt vom Licht der Sonne. Breidablick, »weiter Glanz«, hieß seine Wohnstatt in Asgard, von wo aus er weit über die Welt schauen konnte. Alles Unreine, Unedle schwieg in seiner Nähe; wo er hinsah oder hinkam, wichen Nacht und Sünde, und das Licht überirdischer Weisheit und unwandelbaren Rechtes leuchtete. Wurde Baldur zum Schiedsrichter angerufen und fällte er ein Urteil, so war es unantastbar. Selbst Odin beugte sich ihm.

Doch weil über Baldurs hellem Haupt die böse Weissagung schwebte, er werde dereinst sterben, zeugte Odin Wali, den Gott des wiederkehrenden Lichtes, der Baldurs Tod rächen sollte.

So herrschte Odin mit seinen Götterkindern gemeinsam über die

Welt. Jeden Morgen ritt er mit ihnen über die siebenfarbige Regenbogenbrücke Bifröst, »die bebende Rast«, zur Ratsversammlung. Die hohen Richterstühle der Asen standen über einer Wurzel der Weltesche. Hier saßen die Götter im Kreis und berieten die Ordnung der Schöpfung. Sie benannten die Nacht und den Neumond, den Morgen, den Mittag und den Abend; sie teilten die Zeit nach dem Umlauf der Sonne und bestimmten Sommer und Winter, Frühling und Herbst.

Als dies getan war, spielten sie eines Tages in Asgard fröhlich mit goldenen Würfeln. Sie schüttelten sie in goldenen Bechern und ließen sie über goldene Tische hinrollen. Denn die Götter hatten alle Geräte aus Gold gebildet und freuten sich voll Unschuld an dem schönen, hellen Metall. Noch war ihnen die Gier nach Schätzen fremd, noch dachte keiner von ihnen daran, mehr Gold zu erwerben, als sie schon hatten, und es in Kammern aufzuhäufen. Es war eine glückliche, friedliche Zeit.

Die Götter würfelten: Weltenlose, Weltenschicksale warfen sie lachend und schauten dabei weit in die Zukunft hinein.

Plötzlich wurde ihre heitere Kurzweil gestört. Drei Reifriesentöchter, Thursentöchter, erschienen in Asgard. Dunkelgewandet traten sie vor die Asen hin und geboten ihrem Spiel Einhalt. Es waren die Nornen, die Schicksalsgöttinnen, die unter der Weltesche ihren Wohnsitz hatten und den Faden des Schicksals spannen. Urd, Werdandi und Skuld waren ihre Namen. Urd kannte alles Gewordene, ihre Weisheit schaute in die Vergangenheit. Werdandi verstand sich auf alles Werdende, ihre Weisheit wirkte am Schicksal der Gegenwart. Skuld, die dritte der Nornen, webte mit an der Zukunft: alle Schuld, die lebende Wesen auf sich luden und in künftigen Tagen sühnen mußten, kannte sie genau und spann sie hinein in den Faden des Schicksals.

Beim Anblick der drei düsteren Frauen erstarb das muntere Lachen der Asen, sie ahnten, daß das goldene Zeitalter des Friedens vorbei war.

Urd öffnete den Mund und sprach: »Odin, bezähme deine Freude. Du hast mit Loki Blutsbrüderschaft getrunken, das bringt dir und den Asen den Tod.«

Werdandi öffnete den Mund und sprach: »Es ist an der Zeit, die Zwerge zu erschaffen. Sie sollen kunstreiche Schmiede und listige Erzsucher werden, die das Gold aus den Bergen brechen.«

Skuld öffnete den Mund und sprach: »Es ist an der Zeit, den Menschen zu erschaffen: ein Wesen mit eigenem Willen und scharfen Sinnen, das den Untergang der Asen überlebt. Die Zwerge aber sollt ihr dem Menschen als Lehrmeister geben; wenn er genug gelernt hat, wird er sie erschlagen und ihr Gold an sich nehmen. Auf, ans Werk, ihr Asen, schafft die Zwerge, schafft den Menschen!«

Als die Nornen fortgegangen waren, eilten die Asen über die Brücke Bifröst und hielten Rat, wie sie Zwerge und Menschen erschaffen könnten. Sie kamen überein, nach Jotunheim zu wandern. In Jotunheim wohnte an einem Brunnen ein urweises Wesen, Mimir mit Namen. Mimir war älter als alle Asen und weiser als sie. Sein Gesang durchtönte die ganze Schöpfung, Stein, Pflanze, Getier, Wasser, Nebel und die klaren Lüfte. Ihn baten die Götter, er möge das Geschlecht der Zwerge schaffen, und Mimir versprach, es zu tun.

Mimir hatte aber noch einen Bruder, Brimir geheißen; gleich Mimir war auch dieser ein Sohn des Urriesen Ymir, den die ersten Asen getötet hatten. Brimir lebte in Nifelheim. Auch zu Brimir gingen die Götter und baten, er möge Zwerge schaffen.

So entstanden zwei Zwergengeschlechter, die miteinander in ständigem Kampf und Wettstreit lagen. Jedes wollte das andere in der Herstellung kunstvoller Geschmeide übertreffen, und von beiden lernte später der Mensch, Gold zu gewinnen und zu verarbeiten.

Ehe Mimir und Brimir ihnen eine menschenähnliche, bucklige Gestalt verliehen, hatten die Zwerge gleich Maden in Ymirs Leib, in der Erde, gelebt. Nun krochen sie aus ihren Höhlen hervor, bauten Waldschmieden und erfüllten die Welt mit ihrem Gehämmer und Gepoche. Sie waren heimtückisch und sehr klug.

Nachdem dies vollbracht war, begaben sich die drei Asen — Odin, Hönir und Lödur, Lokis Vetter — an den Strand des Meeres. Dort fanden sie eine Esche und eine Ulme nebeneinanderstehen. Aus diesem Stoff wollten sie die ersten Menschen bilden. Doch Askr und Embla — so hießen die beiden Bäume — hatten weder Seele noch Sinn, weder Blut noch Bewegung, noch blühende Farbe. Grau und stumm standen sie da. So sprach Odin ein Zauberwort über die Bäume, und wie Sturmwind fuhr sein Atem ihnen durchs Gezweige und tief hinein in den Stamm: da hatten sie eine Seele. Nun kam Hönir, der Denkende, und sprach ein Zauberwort über Askr und Embla: und siehe, in den Bäumen erwachte die Kraft, zu sinnen, zu denken und zu träumen. Als letzter trat Lokis Vetter Lödur herzu. Wie Feuer drang ihnen sein Hauch in Stamm und Äste: und siehe, zwei Menschen mit rosiger Haut und blühenden Wangen, mit hellen Augen und schimmerndem Haar standen plötzlich am Ufer des Meeres. Statt der Äste hatten sie Arme bekommen, statt der Wurzeln Füße, mit denen sie frei über die Erde schreiten konnten.

Askr und Embla waren die ersten Menschen. Odins Atem strömte aus ihrem Mund, hinter ihren Stirnen wohnte Hönirs Sinn und lichter Traum, und auf ihren Wangen und Augen lag der Glanz von Lödurs Feuer. Sie wandelten staunend durch die Schöpfung. Warm schien die Sonne, grünes Land hob sich aus dem Meer, weiße Schwäne und Möwen flogen darüber hin, silberne Fische tummelten sich in der Tiefe.

Von ihrem Wohnsitz Mittelgard aus sahen Askr und Embla die Weltesche, die mit ihrem Geäst den ganzen Weltraum erfüllte.

Durch den riesigen Baum ging ein Raunen: »Blickt auf zu mir! Mein laubgrüner Wipfel beschattet Asgard, den Wohnort der Götter, meine Krone trägt die Sonne, in meinen Zweigen kreisen Mond und Sterne, nach meinem Bild haben die Götter eure Seelen geschaffen — schaut auf und nieder an mir, und ihr erblickt euch selbst! Ich bin Yggdrasil, die Ich-Esche.«

Da schauten Askr und Embla halb träumend, halb wachend bei Tag und Nacht den Baum hinauf und an ihm hinunter. So schauten sie Helles und Dunkles, Gutes und Böses, Edles und Unedles, und manches Geheimnis wurde ihnen dabei kund.

LIEBE UND SCHULD DER GÖTTER

Odin, der Vater der Götter und Menschen, hatte ein wunderbares Auge. Es leuchtete über seiner Stirne und schaute die Geheimnisse der Sonne, des Mondes und der Sterne.

Odin sollte ein Gott des Lichtes werden. In größter Macht und Herrlichkeit hätte er als solcher in alle Ewigkeit geherrscht, und die Götterdämmerung, die allen Asen drohte, hätte ihm nichts anhaben können. Er aber verzichtete darauf, ein Lichtgott zu werden. Er begab sich nach Jotunheim an den Brunnen Mimirs, der unter der Weltesche liegt, und opferte sein Lichtauge. Er gab es dem weisen Mimir hin, der es auf dem tiefsten Grund seines Brunnens verbarg und dem Göttervater erlaubte, dafür einen Trunk aus dem Quell zu tun. Dadurch gewann Odin die Kraft der Erinnerung: Alles, was Mimir wußte, alles, was jemals seit Urzeiten in allen Weltbereichen geschehen war, wußte nun auch er.

Von nun an war Odin nur noch ein Gott der Luft, des Sturms, des Atems. Odins Atem bewegte die Wipfel der Bäume, Odins Atem brauste über das Meer, Odins Atem ging aus und ein durch der Menschen Mund. Aber die Menschen waren noch stumm, ihr Atem tönte noch nicht, sie konnten weder reden noch singen.

Odin liebte die Menschen. Er selbst hatte sie mit Seele und Hauch begabt; er war bereit, ihnen alles zu geben, er fühlte sich ihnen nahe. Deshalb schmerzte es ihn, daß die Menschen nicht sagen konnten, was ihnen Kummer oder Freude machte, was sie schauten und hörten. Sie lebten wie Träumende und waren stumm wie Fische.

Da brachte Odin ein zweites Opfer. Er verwundete sich mit dem eigenen Speer und fiel sogleich in einen abgrundtiefen Traum, wie nur Götter ihn träumen. Im Traum aber wurde er hoch hinauf ins Geäst der Weltesche getragen und mit den Haaren an den Zweigen aufgehängt. Neun Nächte lang hing er so in dem riesigen Baum. Wind umwehte ihn, Tau benetzte ihn, die Speerwunde schmerzte, und er litt große Pein. Niemand reichte ihm einen Bissen Brot oder einen Schluck Met. Er war unsagbar einsam.

Odin wußte, warum ihm dies geschah. Nur so, mit den Haaren in der Weltesche hängend, konnte er Runen ersinnen und Worte bilden, aus denen später die Sprache der Menschen entstehen sollte. Darum mußte der Gott leiden. Seufzend formte Odin aus Lauten Worte, seufzend ersann er die Runen, mit welchen man Laute und Worte aufzeichnen konnte. Und als er genug Worte gebildet und genug Runen ersonnen hatte, löste sich endlich sein Haar von den Ästen der Esche, und er fiel zur Erde zurück.

Als Odin so den Menschen eine Sprache gegeben hatte, wollte er sie auch singen lehren. Dazu aber brauchte er einen Trank, der im Kessel Odrörir verwahrt war und von der Riesentochter Gunnlöd bewacht wurde.

Dieser Trank war auf eine seltsame Weise gebraut worden. Fern von Asgard, jenseits des Meeres, lebte ein anderes, viel älteres Göttergeschlecht, die Wanen; niemand wußte, woher es stammte. Zwischen

Asen und Wanen entbrannte eines Tages ein gewaltiger Krieg, und als sie endlich miteinander Frieden geschlossen hatten, tauschten sie als Zeichen der Versöhnung Geiseln. Sie taten aber noch ein übriges: Zum Zeichen des ewigen Friedens traten sie von beiden Seiten an ein Gefäß heran und spuckten ihren heiligen Speichel hinein.

Als sie wieder auseinandergingen, wollten sie dieses Friedenszeichen bewahren und bildeten aus diesem Speichel einen Mann namens Kwasir. Kwasir war so weise wie alle Asen und Wanen zusammen. Er wanderte in der ganzen Welt umher und unterrichtete das Menschengeschlecht. Auf seiner Wanderschaft gelangte er eines Tages zu den Zwergen Fialar und Galar. Die Zwerge töteten Kwasir und ließen sein Blut in den Kessel Odrörir und die beiden Gefäße Son und Bodn rinnen. Dann mengten sie Honig in das Blut, wodurch ein Met entstand, der jeden, der davon trank, zum Dichter oder zum Weisen machte. Als die Asen die Zwerge fragten, woran Kwasir gestorben sei, erwiderten diese, er sei an der Fülle seiner Weisheit erstickt, weil kein Wesen auf der ganzen Welt klug genug gewesen sei, ihm seine Weisheit durch Fragen abzunehmen.

Bald darauf begingen die beiden Zwerge wiederum einen Mord. Sie luden den Riesen Gilling zu sich ein, lockten ihn in ein Schiff und ertränkten ihn auf hoher See. Als Gillings Neffe, der gewaltige Riese Suttung, herbeieilte, seinen Oheim zu rächen, boten ihm die Zwerge den Weisheitsmet als Buße an. Suttung nahm den Met, brachte ihn nach Hause und verbarg ihn in einer Höhle tief im Berg. Dorthin verbannte er seine Tochter Gunnlöd, die mußte den Trank in den drei Gefäßen Tag und Nacht bewachen.

Nun machte sich Odin auf, den Trank zu holen. Durch List gelang es ihm, in das Innere des Berges einzudringen, in dem die Riesentochter saß. Drei Tage und drei Nächte brachte der Gott bei ihr zu, und Gunnlöd erlaubte ihm, dreimal von dem kostbaren Met zu trinken.

Beim ersten Trunk leerte Odin den Kessel Odrörir, beim zweiten und dritten Trunk die Gefäße Son und Bodn. Hierauf verwandelte er sich in einen Adler und flog heim nach Asgard.

Als Suttung, Gunnlöds Vater, den Raub bemerkte, schlüpfte er in ein Adlerkleid und jagte Odin durch die Lüfte nach. Die Asen sahen den Göttervater schon von weitem herankommen. Sie stellten große Schüsseln in den Hof ihrer Burg, und als Odin über Asgard schwebte, spie er den köstlichen Trank hinein.

Zornig mußte Suttung nach Jotunheim zurückkehren, denn in die Götterburg wagte er nicht einzudringen.

Odin verteilte indessen den Dichtermet an alle Asen, vor allem aber reichte er ihn seinem Sohn Bragi, dem Gott der Sänger. Odin gab ihn später auch allen Menschen, die er mit der Gabe der Dichtkunst beschenken wollte.

So verdankten die Menschen den Opfertaten Odins nicht nur Atem und Seele, sondern auch die Gabe der Rede und des Gesanges. »Vater der Lieder«, so nannten sie seither den Gott.

Indessen hatten die Nornen den Göttern deren Ende vorausgesagt: der Tod drohe ihnen, und Flammen würden die Welt verzehren, weil Odin mit dem Feuergott Loki Blutsbrüderschaft getrunken hatte. Aber trotz dieser düsteren Prophezeiung lebten die Asen noch lange Zeit in Frieden. Sie freuten sich mit Baldur am Licht der Sonne und spielten mit ihren goldenen Geräten — noch kannte die Welt keinen Krieg.

Eines Tages aber erschien eine Wanengöttin, Gullweig mit Namen. Sie war eine Zauberin, die allen Wesen, denen sie begegnete, Besitzgier, vor allem die Gier nach Gold, einhauchte. Dadurch stiftete sie überall Zwietracht. Seither raubten die Menschen den Zwergen, wo sie nur konnten, das Gold, und sie stritten untereinander um den Besitz des köstlichen Metalls. Besonders Frauen verfielen dem Zauber der Gullweig, denn sie schmückten sich gerne.

Die Wanin Gullweig drang nun auch in Asgard ein und behexte die Götter. Bald spielten die Asen nicht mehr unschuldig wie Kinder mit dem roten Gold, das sie von Anbeginn hatten, sie blickten nun gierig hinab ins Reich der Zwerge und verlangten nach deren Schätzen.

Als sie voll Kummer bemerkten, welch schreckliche Veränderung der Anblick der schönen Zauberin Gullweig an ihnen bewirkt hatte, packten sie gemeinsam die Wanengöttin und stießen sie mit ihren Speeren in ein großes Feuer, das sie angezündet hatten. Gullweig verbrannte jedoch nicht, sondern entstieg der Asche nur noch viel schöner als zuvor.

Da stießen die Asen sie ein zweites Mal mit ihren Speeren in die Flammen — doch wieder stand Gullweig, doppelt glänzend und verlockend, vor ihnen. Erst beim drittenmal verbrannte sie und erhob sich nicht mehr.

Als die Wanen erfuhren, wie schrecklich es ihrer Schwester Gullweig in Asgard ergangen war, kamen sie wie der Sturmwind über das Meer gebraust und brachen in Asgard ein. Rachedurstig umringten sie die

Mauern der Burg und forderten Sühne für Gullweig. Aber Odin schleuderte seinen Speer zornig über Asen und Wanen hin — so brach der erste Krieg aus, und Mord kam in die Welt.

Eine furchtbare Schlacht entbrannte, wütende Wanen zerstampften das Feld und zerbrachen die Mauern, Leichen bedeckten die Walstatt, Götterblut färbte Halme und Stein.

Als auf beiden Seiten Verderben und Schaden gleich groß waren, beschlossen die Gegner, endlich Frieden zu schließen und Geiseln zu tauschen zum Zeichen ihrer Verbrüderung.

So kamen Hönir, der sinnende Ase, zu den Wanen, ebenso der weise Riese Mimir, der Metsauger. Die Wanen aber gaben Njörd und seine beiden Kinder Freyr und Freyja den Asen als Geiseln. Njörd war der schönste aller Wanen; er sorgte für Meeresstille und günstigen Wind, er war der Schutzgott aller Seefahrer. Sein Sohn Freyr spendete Regen und Sonnenschein, er gab Erntesegen und beschützte die Saaten.

Freyja aber, Njörds herrliche Tochter, glich Idun an Schönheit. Sie war allen Liebenden hold und schmückte sich gern, weshalb sie den Beinamen Menglada, die Schmuckfreudige, erhielt. Die Götter bewunderten sie, die Menschen blickten verzückt zu ihr auf, die Riesen aber begehrten sie und versuchten immer wieder, sie durch List oder Gewalt nach Jotunheim zu entführen.

So hatten die Asen und Wanen Frieden geschlossen. Nie wieder führten sie miteinander Krieg. Dennoch sollte die böse Tat der Asen — die Ermordung der Gullweig — noch schreckliche Folgen haben. Denn Loki, der den Asen mehr schadete als nützte, hatte dreimal vom Herzen der verbrannten Zauberin gegessen; steinhart und angekohlt war es jedesmal in der Asche zurückgeblieben. Nach seinem Genuß schuf Loki drei Kinder: die Midgardschlange, den Fenriswolf und die Todesgöttin Hel.

Die Midgardschlange, durch die die Selbstsucht in die Welt kam, wurde ins Meer geworfen, das die Menschenerde umbrandete. Ihr giftiger Atem wehte vom Meer ins Land.

Der Fenriswolf, das Tier der Lüge mit dem finsteren Rachen, erwartete in den Wäldern und Schluchten Jotunheims den Tag, da die Götter untergehen sollten. Sein Gebrüll versetzte Himmel und Erde in Schrecken.

Die Todesgöttin Hel endlich wanderte in das kalte Nifelheim und schlug dort unter den Wurzeln der Weltesche ihren schaurigen Wohnsitz auf. So entstand die Unterwelt, wo sich alle Toten, die nicht von Odin nach Asgard gerufen wurden, in düsteren Hallen zusammenfanden.

So waren durch die Schuld der Götter Selbstsucht, Lüge und Tod in die Welt gekommen.

THORS HAMMER

Loki liebte Späße und Neckereien. Dem Gott Thor spielte er einmal einen besonders üblen Streich, als er dessen Gattin Sif das schöne blonde Haar abschnitt, das so üppig gewachsen war wie ein Weizenfeld im Sommer. Sif war eine ebenso schöne wie mächtige Frau: segnend und schützend hielt sie ihre Hand über die vielen Sippen des Menschengeschlechts in Mittelgard.

Als Thor, von langer Ostfahrt nach Hause kommend, das kahle Haupt seiner Gemahlin erblickte und hörte, welch ungeheuerlichen Frevel Loki begangen hatte, stürzte er sich auf den Feuergott und würgte ihn mit beiden Händen. »Ich breche dir alle Knochen im Leib, wenn du Sif nicht auf der Stelle neues, gleich schönes Haar schaffst!« schrie er.

»Sie soll noch schöneres haben, wenn du mich losläßt«, ächzte Loki, »aus purem Golde soll es sein und doch wachsen wie natürliches Haar. Keine Frau der Welt wird so kostbares Haar haben wie Sif!«

Da ließ Thor Lokis Kehle los, und der Feuergott fuhr durch die Luft davon, weit fort ins Gebirge zu den Ywaldi-Söhnen, den zauberkundigen Schmiedezwergen aus Brimirs Stamm. Tief im unwegsamen Wald hatten sie ihre Schmiede.

Loki trat bei ihnen ein und forderte für Sif goldenes Haar, das wachsen konnte wie natürliches. Außerdem verlangte er von den Zwergen, sie sollten ein Schiff anfertigen, so groß, daß alle Asen darauf Platz hätten — doch sollte es auch so klein zusammenlegbar sein, daß man es zwischen zwei Nußschalen verstecken könnte. Zum dritten forderte Loki die Zwerge auf, einen Speer zu schmieden, dessen Stoß niemand widerstehen könne. Nur widerwillig gehorchten die Ywaldi-Söhne und machten sich mürrisch an die Arbeit, denn sie liebten die Götter nicht.

Mit den fertigen Kunstwerken machte sich Loki auf den Heimweg nach Asgard. Da begegneten ihm zwei Zwerge aus Mimirs Stamm; sie hießen Sindri und Brock.

»Welche Schätze hast du dir da aufgebürdet?« fragten sie neugierig, und Loki zeigte ihnen stolz Haar, Schiff und Speer.

Brock zuckte jedoch verächtlich die Achsel und meinte: »Was die Ywaldi-Zwerge können, das können wir Mimir-Zwerge noch viel besser! Mein Bruder Sindri und ich schmieden edlere Kleinode als diese! Willst du mit uns wetten?«

Loki ging die Wette ein. Die beiden Zwerge sollten nach eigener Wahl drei andere Kleinode schmieden, welche die ersten übertrafen. Vermochten sie das, so sollte Lokis Kopf den Zwergen gehören — andernfalls sollten ihm Sindris und Brocks Häupter verfallen sein.

Die Zwerge eilten in ihre Schmiede und begannen eifrig ihr Werk; sie freuten sich schon darauf, Lokis Kopf als Lohn für ihre Zauberarbeit zu erhalten, denn sie waren ihrer Sache sicher. Sindri warf eine Schweinshaut auf die Esse und befahl seinen Bruder Brock an den Blasebalg. »Laß nicht ab zu blasen, bis ich aus der Glut herausnehme, was ich hineintat«, befahl Sindri, und Brock gehorchte ihm.

Als Loki sah, wie eifrig Brock blies, wurde ihm bange um seinen Kopf. Er verwandelte sich rasch in eine Fliege und stach den Zwerg in die Hand. Aber Brock hörte nicht auf, den Blasebalg zu treten, und als Sindri das fertige Werk aus dem Schmiedefeuer zog, war es ein Eber mit goldenen Borsten.

Nun legte Sindri Gold in die Glut und gebot Brock abermals, ohne Unterlaß zu blasen, bis das Werk gelungen sei.

Brock trat den Blasebalg, Loki aber verwandelte sich noch einmal in eine Fliege, setzte sich auf Brocks Hals und stach ihn doppelt so stark wie zuvor. Wohl zuckte Brock ein wenig zusammen, aber er hörte nicht auf zu blasen, und als Sindri das Gold mit einer Zange wieder aus dem Feuer holte, war ein kostbarer Ring daraus geworden.

Zum drittenmal gebot Sindri seinem Bruder zu blasen, und diesmal legte er Eisen ins Feuer. Da setzte sich Loki auf Brocks Stirn und stach den Zwerg so heftig zwischen die Augen, daß das Blut herabtroff und Brock nichts mehr sehen konnte. Für einen Augenblick ließ er den Griff des Blasebalgs fahren und wischte sich das Blut weg. Aber dieser Augenblick hätte beinahe das ganze Werk verdorben.

»Was hörst du auf zu blasen?« schrie Sindri den Bruder an. »Willst du die Wette verlieren?« Doch als er das fertige Werk aus der Glut hob, war es ein herrlicher, blitzender Hammer; nur der Schaft war durch Brocks Schuld ein wenig zu kurz geraten.

Da verwandelte sich Loki wieder in seine frühere Gestalt. Sindri übergab Brock die drei Kostbarkeiten, und dieser ging mit Loki nach Asgard, wo die Wette entschieden werden sollte. Odin, Freyr und Thor wurden zu Richtern bestellt.

»Wie heißt der Speer, und was vermag er?« fragte Odin.

»Er heißt Gungnir«, antwortete Loki, »und sein Stoß ist so gewaltig, daß niemand ihm widerstehen kann.«

»Was bergen diese beiden Nußschalen?« fragte Freyr.

»Sie umschließen das Schiff Skibladnir«, antwortete Loki. »Öffnest du die Nuß am Abend, so wächst das Schiff bis an die Sterne hinauf, und alle Asen finden darin Platz. Wohin du auch damit reisen willst, immer werden günstige Winde seine Segel schwellen. Am Morgen aber, wenn die Sonne aufgeht, schrumpft es wieder in die Nuß zurück, und du kannst es in die Tasche stecken.«

»Und das hier soll Sifs neues Haar sein?« fragte Thor mißtrauisch. Er nahm das zarte und dennoch schwere Geschmeide und setzte es seiner Gattin auf. Doch kaum hatte das goldene Haar Sifs Kopf berührt, da wuchs es schon fest und umrahmte ihr Antlitz wie echtes Haar.

Nun prüften die Asen die drei anderen Kleinode.

»Was vermag dieser Ring?« fragte Odin. »Wie heißt er?«

»Er heißt Draupnir, der Tropfer«, antwortete Brock. »In jeder neunten Nacht träufeln von ihm acht ebenso kostbare Ringe hernieder.«

»Was vermag dieser Eber, und wie heißt er?« fragte Freyr und wies auf das zweite Kleinod.

»Er heißt Gullinborsti, der Goldborstige«, antwortete der Zwerg. »Schneller als jedes Pferd trägt er seinen Reiter durch die Lüfte, und seine Borsten erhellen die finstere Nacht.«

»Und dieser eiserne Hammer, was vermag er?« fragte Thor mit finsterer Miene.

»Wie weit du ihn auch wirfst«, sagte Brock, »stets kehrt er wieder in deine Hand zurück. Wie stark du auch mit ihm zuschlägst, niemals nimmt er selber Schaden. Er heißt Mjölnir, der Zermalmer.«

»Der Hammer ist das beste aller Kleinode!« riefen die Asen wie aus einem Munde. »Mit ihm besitzen wir die stärkste Waffe gegen die Riesen!«

So war die Wette für die beiden Zwerge aus Mimirs Stamm entschieden. Odin erhielt Speer und Ring, Freyr den goldborstigen Eber und das Wunderschiff Skibladnir, Thor aber nahm den Hammer. Wie kurz sein Schaft auch geraten war, er lag ihm prächtig in der Hand.

Jetzt forderte Brock Lokis Haupt, da die Zwerge die Wette gewonnen hatten. Sogleich bot der Feuergott ein hohes Lösegeld, aber der Zwerg wollte davon nichts wissen. Da rief ihm Loki zu, er möge ihn fangen – doch kaum griff Brock nach ihm, als er auch schon weit von der Stelle wich, wo er eben noch gestanden war. Loki hatte nämlich Schuhe an den Füßen, die ihn mit Windeseile durch die Lüfte trugen.

Da bat Brock Thor, er möge Loki greifen und festhalten. Thor mußte seiner Bitte wohl oder übel willfahren, hatte er doch den kostbaren Hammer bekommen; überdies wünschte er Loki Verderben.

Als dieser endlich gefangen war, stürzte sich Brock sogleich auf ihn und wollte ihm den Kopf vom Rumpf trennen. Da rief Loki voll List: »Halt ein! Wohl darfst du meinen Kopf haben, doch kein Stückchen von meinem Hals!«

Wutentbrannt wollte der geprellte Zwerg dem Lügengott den Mund zunähen. Er zog ein Messer und einen Faden heraus, aber das Messer war zu stumpf. »Hätte ich doch meines Bruders Ahle hier, wie wollte ich dir dein Lästermaul schließen!« rief der Zwerg, griff in die Luft – und hielt auch schon die Ahle in der Hand. Sindri hatte sie ihm durch Zauber nach Asgard geschickt.

So nähte Brock Lokis Lippen zusammen und glaubte, den Gott damit genug bestraft und für immer zum Schweigen gebracht zu haben. Doch Loki riß den Faden heraus und verspottete die betrogenen Zwerge mit blutender, zerfetzter Lippe.

Seit damals erfreuten sich Odin, Freyr und Thor ihrer kostbaren Kleinode, die sie Lokis Tücke verdankten. Durch den Hammer war Thor fortab der Riesen gefürchtetster Feind. Wann immer ein Thurse oder Jote in böser Absicht sich Asgard näherte, zertrümmerte ihm der wachsame Gott mit dem Hammer Mjölnir das Haupt.

Eines Morgens aber erwachte Thor und griff vergebens nach seinem Hammer: er war ihm in der Nacht gestohlen worden. Zornig stampfte er umher und suchte überall – aber weder vom Hammer noch vom Dieb fand er die geringste Spur. Da ging er zu Loki, dem Listigen, und sprach: »Höre, man hat mir Mjölnir geraubt, hilf mir ihn suchen!«

Loki war sogleich dazu bereit. Er eilte zu Freyja, der schmuckfreudigen

Göttin, und bat sie um ihr Federhemd. Gerne gab sie es ihm, denn Thors Hammer war für die Asen kostbarer als alles Geschmeide der Welt.

Loki flog mit rauschenden Schwingenschlägen hinab nach Jotunheim. Auf einem Hügel fand er den Riesen Thrym sitzen. Er fragte ihn: »Hast du Thors Hammer gestohlen?«

»Das habe ich!« erwiderte Thrym. »Acht Meilen unter der Erde liegt Mjölnir verborgen, und wenn ihn die Asen wiederhaben wollen, so müssen sie mir dafür Freyja, die Göttin der Schönheit und Liebe, zur Frau geben. Bring sie mir her, und ihr habt den Hammer wieder!«

Da flog Loki eilends nach Asgard zurück und berichtete, nach welch herrlicher Braut es Thrym gelüste. »Ihr habt Freyja oder Thors Hammer verloren — eines von beiden müßt ihr dem Riesen lassen!«

Erschrocken eilten die Götter zur Beratung. Freyja war außer sich: niemals wollte sie die Braut eines Riesen werden. Aber Thor wollte auch auf seinen Hammer nicht verzichten.

Da sprach Heimdall: »Ich weiß Rat. Kleidet Thor in bräutliches Linnen, verschleiert ihm Haupt und Antlitz mit feinem Gewebe und legt ihm Freyjas besten Schmuck um Hals und Gelenke. So angetan, in wallenden Röcken, schickt ihn als Braut hinab zu Thrym — er wird den Trug nicht merken.«

Thor geriet in Wut. »Als Weib soll ich mich verkleiden?« rief er. »Nie und nimmer! Treibt euren Spott, mit wem ihr wollt, nicht mit mir!«

»Besänftige deinen Zorn«, sagte Loki, »befolge Heimdalls Rat, er ist gut. Oder willst du, daß die Riesen Asgard stürmen? Auf! Leih dir von Freyja Gewänder und schmücke dich, ich will dich als Zofe nach Jotunheim begleiten. Du mußt Mjölnir heimholen!«

So traten die beiden Götter in Frauenkleidern die Reise an. Eine hohe Haube zierte Thors Haupt, herab fiel ein dichter Schleier über sein Gesicht, Brauen und Bart verhüllend, und bis an die Knöchel wallte der Brautrock nieder, mit roter und goldener Borte gesäumt. Hell blitzte Freyjas Geschmeide über der verhüllten rauhhaarigen Brust.

Thor trieb seine beiden Böcke von der Weide, spannte sie vor den Wagen und fuhr über die Felsen nach Jotunheim, daß die Funken nur so stoben und die Berge barsten. Loki, als Zofe verkleidet, stand hinter ihm.

Sie kamen ins Riesenreich. Sogleich ließ Thrym voll Freude Tische und Bänke mit goldenen Ringen bestreuen, schmückte den Saal mit Zweigen und empfing die vermeintliche Braut leuchtenden Auges.

»Nun ist mein Glück vollkommen!« rief er. »Freyja, Njörds holde Tochter, kehrt ein bei mir! Nun erst freue ich mich all meines Reichtums, der fetten, goldgehörnten Herden auf den Weiden, meiner Schätze in der Tiefe und meines mächtigen Saals. Tritt ein, süße Göttin, und laß dir das Hochzeitsmahl munden!«

In gewaltigen Kesseln und Tonnen schleppten sie Speisen und beluden damit die eichenen Tische, daß die Bretter ächzten.

Thor, die Braut, griff wacker zu. Er aß einen ganzen Ochsen, verspeiste acht Lachse und trank drei Tonnen Met; auch das Honigbackwerk, das für die weiblichen Gäste bestimmt war und zwölf Körbe füllte, aß er ganz allein auf.

Da staunten die Riesen und Riesinnen, die sich in Thryms Halle zum Schmaus eingefunden hatten, und Thrym selber fragte verwundert: »Wann hat man je eine Braut so schlingen und saufen gesehen?«

Loki, der als zierliche Zofe neben der Braut saß und um das Gelingen des Streiches bangte, erhob sich und erklärte listig: »Acht Tage hat Njörds holde Tochter nichts gegessen vor lauter Sehnsucht nach Riesenheim.«

Das schmeichelte Thrym. Er hob den Schleier ein wenig auf, um der Braut einen Kuß zu rauben. Aber da traf ihn Thors funkelndes Auge unter rotbuschiger Braue, und er prallte entsetzt zurück.

»Seit wann kann eines Mädchens Blick so schrecklich lodern?« fragte er bestürzt.

Und wieder war Loki mit der rechten Antwort zur Stelle: »Verzeiht, König Thrym, die Braut konnte acht Nächte lang nicht schlafen vor Sehnsucht nach Riesenheim.«

Da wollte Thrym nicht mehr länger warten und sogleich die Vermählung feiern. Thryms Schwester übergab der künftigen Hausfrau die Herrschaft und erbat sich goldene Ringe als Unterpfand. Thrym befahl indessen seinen Trollen, den Hammer aus der Erdentiefe heraufzubringen, damit die Braut mit Thors heiliger Waffe gesegnet werde. Er selbst legte ihn der vermeintlichen künftigen Gemahlin in den Schoß.

Doch kaum war das geschehen, packte Thor den Hammer am Schaft und riß mit der Linken Haube und Schleier vom Haupt. Zornig sprang er auf, gewaltig holte er aus und schlug Thrym nieder. Auch Thryms Schwester empfing statt goldener Ringe den Todesstreich, und neben und über den beiden lagen im Nu mit zerschlagenen Schädeln die anderen Riesen und Riesinnen. Niemand entkam.

Als nichts mehr sich regte im weiten Saal, strich Thor seinen feurigen Bart und rief Loki zu: »Das wäre vollbracht, laß uns heimfahren! Und Dank für deine Hilfe!«

Donnernd fuhr Thors Gefährt aus dem felsigen Jotunheim hinauf nach Asgard. Er hatte seinen Hammer wieder.

LOKIS LISTEN

Bald darauf sollte sich erweisen, in welch arge Bedrängnis die Asen gerieten, weil Loki stets unter ihnen war und auch an den allmorgendlichen Beratungen über Urds Brunnen teilnahm. Immer wenn sie auf ihn hörten und seinen Rat befolgten, brachte es ihnen Ärger oder gar Not.

Ihre Burg in Asgard hatte durch den langen Krieg mit den Wanen schwer gelitten: die Ringmauer war zerbrochen. Nun galt es, sie wieder herzustellen oder am besten gleich eine neue Burg anstelle der alten zu bauen, denn je länger die Asen schutzlos wohnten, desto größer war die Gefahr, daß die Riesen aus Jotunheims Gebirgen und Schluchten hervorbrachen und den Wohnsitz der Götter überfielen.

Während die Asen beratschlagten, wie sie die neue Burg am schnellsten bauen könnten, erschien ein Baumeister von gewaltigem Wuchs vor ihren Richterstühlen. Er war ein Jote und machte sich erbötig, die Burg in drei Halbjahren wiederaufzubauen.

»Was begehrst du zum Lohn?« fragten ihn die Asen.

»Gebt mir Freyja, die Holde, dazu Sonne und Mond«, sagte der Baumeister.

»Geh jetzt heim und komm morgen früh wieder«, entgegnete Odin ernst.

Als die Asen wieder unter sich waren, berieten sie, wie sie entscheiden sollten.

»Geht auf den Handel ein«, empfahl Loki, »eine feste Burg gegen die Riesen muß euch solchen Lohn schon wert sein. Doch verlangt von dem Baumeister, er soll die Burg in einem einzigen Winter aufrichten und keine Helfer dazu nehmen. Ist der Bau jedoch am ersten Sommertag nicht bis auf den letzten Stein vollendet, so soll er seinen Lohn nicht erhalten.«

Dieser listige Vorschlag gefiel allen. Sie hofften, den Mann zu übertölpeln und die Burg umsonst zu erhalten. Das Steinchen, das am ersten Sommertag etwa noch fehlen sollte, würden sie dann schon selber in den Bau fügen.

Am anderen Morgen wurde der Vertrag vor Zeugen geschlossen und mit Eiden besiegelt. Dem Baumeister war die Frist recht, nur bat er sich aus, daß er zum Steineschleppen sich seines Hengstes Swadilfari bedienen dürfe.

Dieser Hengst leistete so gewaltige Arbeit, daß den Asen bald angst und bange wurde. »Wir werden Freyja verlieren«, klagten sie, »und Sonne und Mond dazu! Wer gab uns den Rat, solchen Lohn zu vereinbaren? Der Riese wird gewiß vor dem Winterende fertig. Sollten wir die schönste Göttin und zwei so helle Gestirne an Jotunheim verlieren?« So redeten die Götter und schauten dabei auf Loki, der den listigen Rat gegeben hatte.

Loki aber wußte sich zu helfen. Er verwandelte sich in eine Stute und lief dem Hengst des Riesen entgegen. Dieser zerriß die Stricke, mit welchen er angeschirrt war, und lief mit der Stute fröhlich wiehernd in den Wald. Unter Verwünschungen und Flüchen setzte der Riese den beiden nach, aber er konnte die Tiere nicht einholen. Als er seinen Hengst endlich wieder eingefangen hatte, war so viel kostbare Zeit verflossen, daß er den Bau der Burg nicht zur festgesetzten Zeit vollenden konnte.

Der Riese, der sich betrogen sah, geriet in Wut. Sein Gesicht verzerrte sich so furchtbar, daß die Asen erschraken und in ihrer Angst Thor zurückriefen, der sich gerade auf einer Fahrt befand.

Der Donnerer eilte herbei, und als er erfuhr, worum es ging und daß der unverschämte Riese die schöne Freyja samt zwei der kostbarsten Gestirne nach Jotunheim entführen wollte, bezahlte er ihn für den geleisteten Bau, indem er ihm mit dem Hammer den harten Schädel zerschmetterte.

Der Riese fuhr hinab zur Hel, und froh bezogen die Asen die neue, feste Burg. Aber sie waren durch den Betrug an dem Riesen wieder ein Stück tiefer in Schuld geraten.

Die Stute, in die sich Loki verwandelt hatte, gebar ein Füllen mit acht Füßen, das wuchs heran und wurde Sleipnir, Odins Roß, der beste Renner, den es in der ganzen Schöpfung gab.

Einmal wanderten Odin, Hönir und Loki zu den Eisriesen. Der Weg ging durch Ödland, und sie litten Hunger. Endlich kamen sie in ein grünes Tal, wo eine Rinderherde weidete. Sie fingen einen Ochsen, schlachteten ihn und wollten ihn unter einer Eiche zwischen heißen Steinen braten. Doch wie lang sie ihn auch brieten, er wurde und wurde nicht gar. Da hoben sie einen schweren Stein über die Kochgrube und schürten das Feuer. Als sie aber nach geraumer Weile wieder nachsahen, war der Ochse noch immer roh und ungenießbar.

Plötzlich hörten sie aus der Eiche herab eine Stimme: »Wenn ich es nicht will, wird das Fleisch niemals gar!«

Sie blickten auf und gewahrten einen riesigen Adler, der auf einem dicken Ast hockte und ihnen zusah. Auf einmal begann der Vogel wieder zu sprechen und sagte: »Gebt mir vom Fleisch, und ich will machen, daß es weich wird und knusprig!«

Die Asen willigten ein. Da stieß der Adler herab, setzte sich auf den Herdstein, und im nächsten Augenblick stieg köstlicher Duft empor: der Ochsenbraten war fertig.

Da öffneten sie die Kochgrube und wollten ans Verteilen gehen. Doch der Adler packte sogleich die besten Stücke, die gerösteten Keulen und die fetten Schultern, und flog damit auf. Wütend über das unverschämte Verhalten des Vogels schlug Loki mit einer großen Stange nach ihm, aber die Stange blieb an seinem Gefieder haften, und auch Lokis Hände schienen plötzlich an der Stange angewachsen.

Da ließ der Adler die Fleischstücke fallen und flog so knapp über dem Erdboden hin, daß er Loki über die spitzen Steine schleifte und ihm damit arge Schmerzen bereitete. Loki bat den Adler, ihn doch freizugeben, den Zauber zu lösen; doch dieser antwortete: »Ich bin der Riese Thiassi. Ihr habt einen Ochsen aus meiner Herde gestohlen, dafür sollt ihr büßen. Niemand frevelt ungestraft auf meinem Grund und Boden!«

Lokis Qual wurde immer größer. »Du reißt mir die Gelenke aus den Achseln!« rief er.

»Versprich mir, daß du mir Idun, die Göttin der Jugend, samt ihren goldenen Äpfeln aus Asgard bringst, so will ich dich loslassen, eher nicht!«

Loki zögerte mit dem Eid, aber der Adler verdoppelte die Schnelligkeit seines Fluges und bereitete dem Gott solche Pein, daß dieser schließlich alles versprach, was Thiassi verlangte. Arg zerschunden lag Loki nun neben der Stange, indes der Adler mit rauschenden Fittichen über ihn hinwegflog und zu seiner Herde zurückkehrte.

Loki suchte Odin und Hönir, fand sie endlich und setzte mit ihnen die Reise zu den Eisriesen fort; was er Thiassi versprochen hatte, verheimlichte er ihnen wohlweislich.

Nach Asgard heimgekehrt, machte der Listige sich an Idun heran und erzählte ihr, er habe in einem Wald, nicht weit von Asgards Grenze, einen Baum mit noch viel schöneren Äpfeln gesehen, als Idun sie in ihrem Garten habe; sie möge mit ihm kommen und sich selbst von der Wahrheit seiner Worte überzeugen. Zum Vergleich solle sie ihre Äpfel mitnehmen.

Idun war arglos, sie ließ sich von Loki überreden. Doch kaum hatten sie Asgards Grenze überschritten, als Thiassi in Adlergestalt einherbrauste und die Göttin samt ihren köstlichen Äpfeln entführte.

Nun war Idun in Jotunheim gefangen. Den Asen aber bekam ihr Verlust schlecht: ihre Haut welkte, ihre Hände wurden faltig und begannen zu zittern, schwach wurde ihr Auge, lahm ihr Fuß, ihre Schläfen grau: seit sie nicht mehr von den goldenen Äpfeln der ewigen Jugend essen konnten, alterten sie wie Menschen.

Müde und gebeugt schritten sie zur Versammlung. Im Rat kam es schließlich an den Tag, daß man Idun zuletzt in Lokis Gesellschaft gesehen habe. Da packten die Götter den Hinterlistigen und drohten ihm mit der Folter, wenn er Idun nicht augenblicklich zur Stelle schaffe.

So borgte Loki sich Freyjas Falkenhemd und flog in dieser Verkleidung an Thiassis Hof. Der Riese befand sich eben zu Schiff auf dem Meer, Idun aber war allein zu Hause. Da verwandelte Loki sie in eine Nuß, nahm sie in seine Falkenklaue und flog mit seiner Beute nach Asgard.

Thiassi kehrte heim. Als er Idun nicht mehr vorfand, schlüpfte er in sein Adlerhemd und jagte dem Räuber nach. Voll Sehnsucht spähten indes die Asen nordwärts. Als sie den Falken mit der Nuß heraneilen sahen, verfolgt von einem gewaltigen Adler, häuften sie Holzspäne vor der Wallmauer auf.

Der Falke war mit seiner Beute bereits über die Mauer gesaust — da legten die Götter Feuer an die Späne. Als nun der Adler herbeischoß, vermochte er seinen Flug nicht mehr rechtzeitig zu hemmen und stürzte mitten in die heiße Lohe, die vor ihm hochschlug. Mit versengtem Gefieder fiel er den Asen zu Füßen. Sie packten und erschlugen ihn, dann griffen sie lechzend nach Iduns Äpfeln, und mit den ersten Bissen kehrte ihnen die blühende Jugend zurück.

Nun aber kam Skadi, die Tochter des getöteten Riesen, nach Asgard und forderte Sühne für ihren Vater.

»Wähle dir einen von uns zum Gatten!« schlugen die Asen ihr vor, und Skadi war damit einverstanden. Sie sollte jedoch bei der Wahl des Bräutigams nur dessen Füße sehen dürfen, und als die Götter hinter einem Vorhang, der nur die Füße freigab, an ihr vorbeiwandelten, wählte sie den mit den edelsten, zartesten Füßen, denn sie meinte, das wäre Baldur — und Baldur hatte ihr gleich bei ihrer Ankunft gut gefallen. Ihn wollte sie haben.

Es war aber nicht Baldur, sondern Njörd, Freyjas Vater, der Gott des friedlichen Meeres, dessen Füße sie gesehen hatte. Und so wurde sie ihm vermählt.

Skadi fand aber noch immer keinen Trost. Da beschlossen die Götter, ihr das Lachen wiederzugeben, das sie aus Trauer um ihren Vater verloren hatte.

Loki band einer Ziege ein Seil an den Bart, schlang das andere Ende um den Leib und vollführte nun um die Ziege einen wilden Bockstanz, bis Skadi hellauf lachen mußte.

Zur Sühne verliehen überdies die Asen dem erschlagenen Riesen ewigen Ruhm. Allvater Odin nahm Thiassis Augen und schleuderte sie weit in den Himmelsraum empor. Dort blieben sie als wunderbar blitzendes Doppelgestirn stehen.

Durch ihre Vermählung mit Njörd war Skadi nun in die Schar der Asen aufgenommen. Aber die Ehe war nicht glücklich: Njörds schimmernde Burg stand am sonnigen Meer, das er liebte — Skadi jedoch litt Heimweh nach dem Norden. Sie vermißte die Eisberge und die wildreichen Wälder, die düstere Wintersonne und die rauhe Jagd.

Da kamen die beiden überein, alle neun Tage den gemeinsamen Wohnsitz zu wechseln. Doch auch dieser Versuch schlug fehl. Njörd sehnte sich nach der Sonne und den singenden Schwänen, vor dem Gebirge schauderte ihn! Skadi wiederum war das ruhige Meer ein Greuel. So trennten sie sich.

Skadi heiratete später Ullr, den Wintergott, der auch nicht gerne in

Asgard wohnte, weil dort immer schönes, warmes Wetter herrschte. Er hatte die Schneeschuhe erfunden: starke, schmale Eschenhölzer, mit zerlassenem Bienenwachs geglättet; die schnallten sie sich an die Füße und jagten pelzvermummt und mit roten Wangen über die glitzernden Hänge, daß der Schnee nur so stäubte.

Sie liebten den kalten Norden und blieben ihm treu. Nur im Winter, wenn es auch im Süden von Mittelgard zu schneien begann, kamen sie auf eine Weile dorthin zu Besuch.

GÖTTERDÄMMERUNG UND WIEDERGEBURT

Herrlich war die Siedlung der Asen auf Asgard gewachsen. Längst hatten sie die alte einfache Burg verlassen, nur die Ringmauer, die jener Jote in einem Winter errichtet hatte, schützte sie noch immer gegen die Riesen. Sonst aber hatte jeder Gott und jede Göttin einen eigenen, prächtig geschmückten Palast.

Doch alle Götterwohnungen verblaßten gegenüber Walhall, der Burg Odins. Aus lauter Kristall und Gold war sie gebaut. In ihrer Mitte befand sich ein weiter, lichter Saal, durch dessen offene Fensterbogen Odin weit über die Erde schauen konnte. Hier flogen seine beiden Raben Hugin und Munin aus und ein, setzten sich ihm auf die Schulter und raunten ihm ins Ohr, was sie bei den Riesen, Zwergen und Menschen gesehen und gehört hatten auf ihrem Flug um die Welt.

Die anderen Götter scharten sich fröhlich und guter Dinge um Baldur, den lichten Liebling aller. Sie hatten die Weissagung der drei Nornen vergessen. Odin aber, der aus Mimirs Quell getrunken hatte und darum nichts vergaß, grübelte oft über den Untergang der Asen nach und wie er ihn verhindern könnte.

Er hatte Walküren, kühne, kämpferische Mädchen, zu sich nach Walhall berufen, die auf ihren feurigen Rossen auf die Menschenerde hinabstürmten, wenn dort eine Schlacht geschlagen wurde. Sie mußten die besten der gefallenen Helden heraufbringen in Walhalls Saal, wo Odin sie köstlich mit Met bewirtete. Er wollte dereinst mit diesen Helden, wenn die Götterdämmerung gekommen war, gegen die Feinde der Asen ziehen, um den Untergang seines Geschlechts vielleicht doch noch abzuwenden. Sorgenvoll ritt er manchmal selbst auf die Erde hinab und wählte sich Helden aus. Sein Anblick verkündete ihnen stets den nahen Tod.

Oft aber weilte Odin fern von Asgard. Als Wanderer verkleidet, in fleckigem Mantel, den breiten Hut tief in die Stirn gezogen, damit er sein Antlitz beschattete, suchte er Riesen und Zwerge auf und die weisen Seherinnen der Menschen. Denn so klar ihm auch durch Mimirs Trank die Vergangenheit geworden war — die Zukunft, vor der ihm bangte, erschaute er nicht. Darum fragte er alle Wesen nach dem Zukünftigen, aber er erfuhr nur wenig und immer nur Düsteres.

Eines Morgens eilten alle Asen erregt über die Brücke Bifröst zur Beratung. Baldur litt unter bösen Träumen. Schon seit geraumer Weile fühlte er sich im Schlaf wie eingekerkert, und er trauerte den Zeiten nach, da sein Schlummer noch süße Labsal gewesen war, voll lichter, sonniger Träume.

Trauer befiel auch die versammelten Asen auf den Richterstühlen. Sie fragten bei den Nornen an und baten diese, Baldurs Träume zu deuten.

»Dem Tode verfallen ist aller Asen Freund«, antworteten die Befragten. »Ragnarök, die Dämmerung der Götter, sendet ihre Boten voraus in Baldurs Schlaf: das sind die bösen Träume.«

Darüber erschraken Odin und alle anderen Götter. Sie beschlossen, alle Wesen der Welt um Frieden für Baldur zu bitten: niemand, nicht Stein noch Holz, nicht Tier noch Kraut, keiner der Riesen und keiner der Zwerge sollte dem Lichten, Geliebten ein Leid zufügen.

Frigga ging selbst über die Erde und nahm die Eide entgegen. Alle Wesen schworen, Baldur zu schonen, ihn nicht zu verletzen, denn mit Baldurs Tod mußte alles Licht, alle Freude aus der Welt weichen.

Odin, dem Allvater, genügten diese Eide nicht. Er verkleidete sich als Wanderer und eilte auf Sleipnirs Rücken hinab nach Nifelheim zur Hel.

Er kam ans westliche Tor des Totenreiches, durch das die Verstorbenen in die Unterwelt eintreten: da fuhr ihm der Helhund Garm blutbefleckt und schaurig bellend entgegen. Er vertrieb den Vater der Lieder vom Tor des Todes.

Da wandte Odin sein Pferd ostwärts, wo die Pforte für Götter und Seher war. Hier stieg er ab, durchschritt das Tor und begab sich zu dem

Hügel, auf welchem seit Urzeiten die Seherin Wala schlief, die Mutter der Nornen, die weiseste Riesin der Welt. Odin setzte den Fuß auf den Hügel und begann mit machtvoller Stimme das Wecklied zu singen.

Vom Zauber des Liedes bezwungen, erwachte die Nornenmutter. Aber sie schlug die Augen noch nicht auf. Mühsam öffnete sie die Lippen und sprach: »Schnee beschneite mich, Regen benetzte mich, Tau netzte mich, tot lag ich lange — wer weckte mich? Wer ruft mich aus tiefem Traum und schafft mir Beschwernis? Wer bist du, fremder Mann, und was begehrst du zu wissen?«

»Ich bin Wegtam, Waltams Sohn«, antwortete Odin, denn er wollte nicht erkannt sein. Dann blickte er sich in der gewaltigen Totenhalle um, vor der Walas Hügel lag, und fragte die Seherin: »Sage mir, für wen sind hier die Tische und Bänke mit goldenen Ringen bestreut? Welchen hohen Gast erwartet Hel, daß sie die Halle mit solchem Geschmeide schmückt?«

»Zu Baldurs Empfang ist hier alles gerüstet«, antwortete ihm die Wala. »Für ihn steht dort im schimmernden Becher der Willkommenstrunk, mit goldener Scheibe, hell wie die Sonne, bedeckt. Nichts mehr zu hoffen haben die Asen in Asgards Höhen, Baldur muß sterben. Laß mich schlafen. Du zwangst mich, zu sprechen, nun will ich schweigen.«

»Schweige noch nicht«, rief Odin, »sage mir noch: Wer wird Baldurs Mörder sein?«

»Baldurs Bruder, der blinde Hödur, der Asen finsterster, wird den Lichten erschlagen.«

Von Entsetzen gepackt, fragte Odin die Seherin, ob es denn gar kein Mittel gäbe, das Schreckliche abzuwenden und Baldur vor dem Tod zu bewahren.

Da schlug die Wala die Augen auf, sah Odin mit einem langen, tiefen Blick an und sprach: »Du bist nicht Wegtam, Waltams Sohn — Odin bist du, der Allerschaffer. An deiner Sorge erkenne ich dich. Mich täuscht man nicht mit falschem Namen. Genug des Unheils, genug der Kunde. Du zwangst mich, zu sprechen, nun will ich schweigen.«

Nach diesen Worten fielen der Riesin die Augen wieder zu, und kein noch so zaubergewaltiges Lied vermochte sie mehr zu erwecken. Tiefbekümmert wandte Odin ihr endlich den Rücken, schwang sich auf Sleipnir und ritt heim.

Als er nach Asgard kam, herrschte dort eitel Freude und Übermut.

Die Asen waren alle auf dem Idafeld versammelt, der herrlichen grünen Ebene vor der Burg. Sie vergnügten sich mit Baldur, bildeten einen Kreis um ihn und bewarfen ihn mit kleinen Holzklötzchen, mit Zweigen oder Steinchen, ja manche schlugen mit Ästen oder eisernen Speerspitzen nach ihm. Doch nichts verletzte seine zarte Haut, er war unverwundbar.

Das ärgerte Loki, der dem munteren Spiel von ferne zusah. Er verwandelte sich in ein altes Weib, schlich zu Frigga hin und fragte sie heimlich, ob sie wirklich allen Wesen der Welt den Eid abgenommen habe, Baldur zu schonen.

»Von allen Wesen nahm ich den Eid«, antwortete Frigga, »nur von der Mistelstaude nicht, die östlich von Walhall wächst. Sie schien mir zu jung.«

Eilig machte sich Loki auf den Weg. Er eilte ostwärts, wo er die Mistel fand, die ihre Wurzeln nicht in die Erde senkt, sondern auf den Bäumen wächst, fahlgrün und rund wie der Mond. Er pflückte sie ab, eilte zurück zum Spielplatz der Asen und drückte sie dem blinden Hödur in die Hand. »Willst du nicht auch nach Baldur werfen?« fragte er ihn.

»Ich kann meinen Bruder ja nicht sehen«, entgegnete Hödur.

Da drehte ihn Loki in die Richtung, wo Baldur stand, und ermunterte ihn, die Mistel nach dem Lichtgott zu schleudern.

Hödur schleuderte die Mistel — und tot stürzte Baldur zu Boden.

Wie erstarrt standen die Asen. Sie konnten das Unglück nicht fassen. Der blinde Hödur hatte Baldur erschlagen!

Als sie ihre schreckgelähmten Glieder wieder regen konnten, begannen sie laut zu klagen. Furchtbares Schluchzen erfüllte das Idafeld, noch nie war hier gemordet worden, denn die grüne Ebene in Asgard war eine heilige Freistätte gewesen, wo jede Feindschaft zu ruhen hatte.

Frigga, Odins Gemahlin, faßte sich als erste wieder. Sie riet, Odins Sohn Hermodr auf schnellem Roß zur Hel hinabzusenden. Er sollte der Todesgöttin Lösegeld für Baldur bieten, damit er wieder zurückkehre in die Oberwelt.

Hermodr ritt Baldur nach. Fast zugleich mit ihm erreichte er Hels Thron in der goldschimmernden Halle. Weinend bat er die finstere Göttin, sie möge Baldur herausgeben, und bot ihr alles Gold, das in Asgard aufgehäuft lag.

Doch Hel schüttelte ernst das Haupt und sagte: »Wenn alle Wesen der Welt, tote und lebendige, Baldur so lieben, daß sie um ihn weinen und kein Auge trocken bleibt, dann mag er ungehindert zurückkehren ins Licht. Weigert sich aber nur ein Wesen, Baldur zu beweinen, so bleibt er mir verfallen.«

Hermodr kehrte nach Asgard zurück und berichtete, was ihm die Todesgöttin gesagt hatte. Sogleich sandten die Asen überallhin Boten aus und befahlen, mit ihrem Weinen Baldur aus der Gewalt der Hel zu lösen. Und alle Wesen gehorchten.

Es weinten Mensch und Tier, Bäume und Blumen, Gras und Gestein, selbst bei den Zwergen und in Jotunheim hörte man es schluchzen. Die ganze Schöpfung weinte um Baldur. Als die Boten jedoch in ein ödes Gebirge kamen, fanden sie in einer Felshöhle ein Riesenweib, das sich Thökk nannte und sich weigerte, Baldur zu beweinen.

Niemand anderer als Loki hatte sich in dieses Riesenweib verwandelt. Traurig kehrten die Boten heim, und Baldur blieb in der Unterwelt.

Die Asen aber versammelten sich um Odin in Walhall und erwarteten gemeinsam mit ihm in dumpfem Brüten das Ende ihrer Welt. Sie wußten: ihr Untergang, die Götterdämmerung, hatte begonnen.

In ihrer Angst beschlossen sie, den Fenriswolf, das grausige Tier, das keine noch so starke Eisenkette zu binden vermochte, unschädlich zu machen. Sie bestellten deshalb bei den Zwergen eine unzerreißbare Fessel, die aus sechs Dingen gemacht war: aus dem Schall des Katzentrittes, dem Bart der Frauen, den Wurzeln der Berge, den Sehnen der Bären, der Stimme der Fische und dem Speichel der Vögel. Diese Fessel war so weich und fein wie ein Seidenband, und doch konnte keine Kraft der Welt sie sprengen.

Die Asen legten mit List dem Fenriswolf die Fessel an, indem sie ihn fragten, ob er wohl imstande wäre, das dünne Band zu zerreißen. Der Wolf war mißtrauisch und verlangte ein Pfand dafür, daß die Götter nichts Übles gegen ihn im Schilde führten. Da legte der Kriegsgott Tyr seine rechte Hand in den Rachen des Ungetüms. Nun ließ der Wolf sich die zarte Schlinge überwerfen. Er streckte und schüttelte sich, aber die Fessel wurde immer enger und enger. Alle Asen lachten, nur nicht Tyr: dem hatte der Wolf vor Wut darüber, daß er schändlich überlistet worden war, die Hand abgebissen.

Nun steckten sie ihrem Todfeind ein Schwert in den Rachen, das Heft in den Unterkiefer, die Spitze gegen den Oberkiefer. Mit aufgesperrtem Maul lag der Fenriswolf auf dem Boden und heulte, daß es in den Schluchten Jotunheims schaurig widerhallte. Er spie heißen Geifer gegen Asgard.

Nachdem die Asen den Fenriswolf gebunden hatten, wollten sie nun auch Loki, durch dessen falsche Freundschaft sie so großes Leid erfahren hatten, fangen und bestrafen.

Loki aber schöpfte Verdacht. Er zog in das fernste, wildeste Gebirge und baute sich dort ein Haus mit vier Türen, durch die er nach allen Himmelsrichtungen spähen konnte. Mehrmals am Tag verwandelte er sich in einen Lachs und versteckte sich in einem Wasserfall.

Einmal saß er vor seinem Haus und flocht aus Flachsgarn ein Netz. Da erspähte ihn Odin von seinem Hochsitz aus. Er rief: »Dort in den Bergen hockt der Frevler! Auf, ihr Asen, eilt, ihn zu fangen!«

Blitzschnell warf Loki das Netz ins Herdfeuer, verwandelte sich und sprang in den Wasserfall. So fanden die Asen nur das angekohlte Netz; aber Heimdall erriet sogleich, daß es ein Gerät zum Fischefangen sei. Er verfertigte nun selber ein solches Netz, damit wollten die Götter Loki fangen. Zweimal mißlang es ihnen. Das erstemal versteckte sich Loki zwischen zwei glatten Felsen auf dem Grund, so daß das Netz über ihn hinwegglitt. Das andere Mal, als die Asen das Netz mit Steinen beschwert hatten, sprang er aus Angst, in die offene See abgetrieben zu werden, über das Netz und schwamm in den Wasserfall zurück. Beim drittenmal aber, als er wiederum aus dem Wasser hüpfte, bekam Thor, der hinter dem Netz einherwatete, ihn am Schwanz zu fassen und ließ ihn nicht mehr los.

Nun schleppten die Asen den Verräter zu einer einsamen Höhle. Dort stellten sie drei gewaltige Felsplatten auf, durchbohrten sie und schlangen durch die Löcher Wolfsdärme. Damit banden sie den Lügengott an den Stein und verwandelten sodann die Fesseln in Eisen. Über Lokis Haupt hängten sie eine Schlange auf, aus deren Maul unablässig ätzendes Gift auf Lokis Antlitz tropfte. Dann verließen sie ihn.

Doch Sigyn, Lokis Weib, schlich herzu, hockte Tag und Nacht neben dem Leidenden und fing die Tropfen in einer Schale auf. Nur wenn diese voll war und Sigyn sie entleeren mußte, war Lokis Gesicht für ein paar Augenblicke dem Gift preisgegeben. Dann rüttelte er vor Qual so heftig an seinen Ketten, daß die Erde bebte und die Menschen vor Angst zitterten.

So hatten sie auch Loki unschädlich gemacht. Doch eine Seherin verkündete den Asen: »Was nützt es euch, daß ihr den Fenriswolf gefesselt und Loki zur Strafe für seine Freveltaten an einen Felsen gebunden habt? Das Unheil läßt sich verzögern, doch nicht abwenden, denn zu groß wuchs die Schuld der Götter. Drei furchtbare Kriegsjahre werden Mittelgard erschüttern, aus Habsucht wird der Bruder den Bruder ermorden, werden Väter und Söhne gegeneinander wüten. Nichts mehr gilt ihnen das heilige Band des Blutes, Sippen und Sitten werden verfallen. Dann werden auch der Fenriswolf und Loki ihre Bande sprengen, frei wird das Böse umherschweifen, und der Untergang hebt an. Sköll und Hati, die Brut des Fenriswolfes, werden Sonne und Mond verschlingen, der Fimbulwinter bricht herein, auf den kein Frühling mehr folgt, nichts schützt vor seinem vernichtenden Frost, seinem eisigen Wind. Die Riesen fürchten Thors Hammer nicht mehr und stehen auf in ihrer alten Wildheit. Die Erde bebt, Sturm reißt die Bäume samt den Wurzeln aus, die Berge stürzen in sich zusammen. Aus dem Meer wälzt sich die Midgardschlange ans Land, doch bald folgt ihr das Meer selber nach und überschwemmt alles. Die Fluten heben das Schiff Naglfar, das aus den Fingernägeln der Toten gemacht ist, aus Hels Reich empor, und der Frostriese steuert es hinauf nach Asgard. Da kommt aus Muspelheim, der Feuerwelt, ein zweites Schiff, darin fahren Surtur, der Herr der Feuerriesen, und seine Söhne zum Kampf gegen die Asen heran — am Steuer sitzt Loki. Mit klaffendem Rachen rast der Fenriswolf umher, sein Oberkiefer berührt den Himmel, sein Unterkiefer die Erde, aus Augen und Nase fährt ihm das Feuer. Gift speit seine grausige Schwester, die Midgardschlange, davon werden Luft und Meer entzündet. Furchtbar ist der Anblick, wie sie an der Seite des Wolfes kämpft. Aus Himinbiörg tritt Heimdall, auf der Götterbrücke steht er und hebt das silberne Horn an den Mund: schaurig weckt sein gellender Schall die Asen in Odins Halle. Vergeblich stürzt der Göttervater auf Sleipnirs Rücken hinab zu Mimirs Brunnen, sich Rat zu holen: Der Urweise schweigt, sein Brunnen ist versiegt. Da sprengt Odin zurück nach Walhall, befiehlt den Asen, sich zu wappnen, und führt seine Helden hinaus aus dem Saal. Doch nicht auf das herrliche grüne Idafeld, den Spielplatz der Götter, reitet er ihnen voran, sondern auf die Ebene Wigrid, wo die letzte Schlacht geschlagen wird. Es entbrennt ein grimmiger Krieg. Allen voran kämpft Odin selbst, im Goldhelm, den Fenriswolf, seinen schlimmsten Feind, erwählt er zum Gegner. Thor aber schreitet mit erhobenem Hammer der Midgardschlange entgegen; mit Surtur kämpft Freyr, Tyr mit dem Höllenhund Garm. Das Getöse der Schlacht erfüllt den Weltenraum. So gewaltig brandet es gegen das Himmelsgewölbe, daß dieses birst und die Sterne wie Feuer vom Himmel fallen. Da verschlingt der Fenriswolf Odin, den Allerschaffer: das ist sein Tod. Wohl zermalmt Thors Hammer die Midgardschlange, aber sterbend speit sie noch Gift auf den Gott, daß er tot umsinkt. Entseelt stürzen Tyr und Garm zu Boden, desgleichen Heimdall und Loki. Surtur, der Feuerfürst, vernichtet Freyr. Widar aber, der schweigsame Ase, dessen Tag nun endlich gekommen ist, stellt sich mutig dem Fenriswolf entgegen; mit den Händen reißt er ihm den Rachen entzwei — das ist des Untiers Verderben. Zuletzt greift Surtur nach Muspelheim und schleudert Feuerbrände über die Erde. In Flammen versinkt die Welt.«

Furcht und tiefer Schmerz erfüllten die Herzen der Asen, da die Seherin zu Ende gesprochen hatte. Unheilverkündend rauschte es zu ihren Häuptern im uralten Baum. Doch da erhob die Seherin abermals den Blick in die Zukunft, ein Leuchten ging über ihr Gesicht, und sie sang mit heller Stimme: »Freut euch mit mir! Ich sehe die Erde neu und verjüngt aus der Flut emportauchen! Die Wasser sinken, über den Wogen kreist ein Adler, auf den Felsen läßt er sich nieder und stößt hungrig nach Fischen. Von neuem ergrünen die Ufer, ungesät wächst junges Korn; die alte untergegangene Sonne gebar eine Tochter, heller und heißer als ihre Mutter läßt sie die Früchte reifen. Im Süden auf Gimils Höhen prangt ein herrlicher Saal, mit goldenen Schindeln gedeckt. Dort versammeln sich die Götter. Widar und Wali, Odins Söhne, leben noch; Wali, Baldurs Rächer, führt einen neuen, ewigen Frühling herauf. Auch Modi und Magni, Thors Söhne, die des Vaters Hammer retteten, sind da und freuen sich des Lichts. Aus Hels Reich kehrt Baldur zurück mit Hödur, der ihn erschlug. Hödur ist nicht mehr blind, Hand in Hand mit dem Bruder schaut er hinab auf die neue Erde. Auf Gimils grasigen Höhen finden die Asen goldene Tafeln, mit uralten Runen beschrieben. Sie lesen den Namen des neuen Götterherrschers, der die Welt umspannt und ihr neue Gesetze gibt, die ewig gelten. Niemand kennt seinen Namen, doch kennen ihn alle seit Urbeginn: stärker ist er als Odin und alle Asen zusammen. In Jotunheim hausen friedlich werkend die Riesen, gebannt sind Loki und Surtur: das Böse muß dem Guten dienen. Geschlichtet sind alle Zwiste durch den Einen, der hoch oben zum Rat der Götter reitet. Und siehe: Ein lichtes Menschenpaar, Lif und Lifthrasir, hat den Untergang überlebt. In einem Wald, Hoddmimirs Holz genannt, war es verborgen und geschützt. Nun tritt es hervor, es ist unversehrt und gründet ein neues, unsterbliches Menschengeschlecht. Freut euch mit mir!«

So sang die Seherin, und alle, die ihren Gesang hörten, freuten sich. Frohgemut und tapferen Herzens sahen sie der Zukunft entgegen. Was immer ihnen Schlimmes bevorstand, es schreckte sie nicht mehr. Sie waren voll Hoffnung und fürchteten sich nicht.

GUDRUN

Krieg um die schöne Königstochter

Vor 1600 Jahren war ganz Europa im Umbruch. Die Stämme aus dem Norden drängten in den Süden, die Hunnen brachen aus dem Osten ein, Rauben und Morden bestimmte die folgenden Jahrhunderte. Durch die Völkerwanderung erhielt Europa ein neues Gesicht. Gudruns bitteres Los ist ein typisches Schicksal aus jener stürmischen, kämpferischen Zeit.

AUSFAHRT UND LIST

König Hetel von Hegelingen herrschte über ein Reich, das sich von Friesland bis nach Dänemark erstreckte, von den Gestaden der Nordsee bis tief hinein in die Ostsee mit ihren mächtigen grünen Inseln. Ehe er von seinem Vater Krone und Thron geerbt hatte, war er als Knabe und Jüngling von seinem Verwandten Wate auf Stürmen im Dänenland aufgezogen worden. Wate war ein bärenstarker, ruhmreicher Recke mit einem ellenbreiten weißen Bart, der ihm bis zum Gurt niederwallte. Sein Auge war blau wie die See und konnte vor Freude und Fröhlichkeit blitzen. Doch wenn Wate zornig wurde, verdunkelte sich sein Blick, und wehe dem, der ihm dann zu nahe kam.

Bei Wate hatte Hetel ritterliche Zucht und den Gebrauch der Waffen gelernt. Er hätte keinen besseren Lehrmeister haben können. Nun gebot der Jüngling als König über das Hegelingenland mit seinen achtzig Burgen und seinen zahllosen Siedlungen. Die Fürsten und das Volk dienten ihm in Treue und Ehrfurcht.

Doch König Hetel lebte freudlos in seiner Burg Matelane, denn ihm fehlte eine liebevolle Gemahlin. Deshalb berief er die Helden Morung von Friesland und Irold von Ortland zu sich und fragte sie, welche Jungfrau würdig wäre, mit ihm als Königin den Thron der Hegelingen zu teilen.

»Nur ein einziges Mädchen ist deiner würdig«, antworteten die jungen Fürsten wie aus einem Mund: »Hilde, die schöne Tochter König Hagens von Irland, den man wegen seines unbezähmbaren Zorns den Teufel unter den Königen nennt.«

»Erzählt mir von ihm und von seiner Tochter!« forderte Hetel die beiden Fürsten auf.

So berichtete Morung von Friesland: »König Hagen war als Knabe im zarten Alter von einem Greif verschleppt worden. Der furchtbare

Vogel hatte ihn durch die Lüfte auf ein wüstes Eiland getragen und seinen Jungen im Horst zum Fraß vorgeworfen. Der Knabe aber war aus dem Nest geklettert und im Walde umherirrend zu einer Höhle gelangt, in der sich drei Königstöchter verborgen hielten, die der Greif gleichfalls entführt hatte. Hagen wurde der Beschützer der Mädchen. Jahrelang wohnten sie gemeinsam in der Höhle. Als an einem stürmischen Tag ein Schiff voll bewaffneter Ritter an der Insel zerschellte, fand Hagen ein Schwert im Sand. Das hob er auf, lief damit auf eine Lichtung unweit des Greifenhorstes, und als die grausigen Vögel seiner ansichtig wurden und sich auf ihn stürzten, um ihn mit ihren Fängen und Schnäbeln zu zerreißen und zu zerhacken, hieb er ihnen die Köpfe ab. Dann baute er mit vieler Mühe ein Floß, hieß die Mädchen aus Schlinggewächsen, Ruten und Tannenzweigen ein Segel flechten und führte sie mit diesem einfachen Fahrzeug unter unsäglichen Gefahren in die Heimat zurück. Eines der Mädchen nahm er zur Frau, sie gebar ihm Hilde, deren jugendliche Schönheit alle Sänger rühmen.«

»Sie muß mein werden!« rief Hetel. »Macht euch auf, Morung und Irold, reist nach Dänenland zu Horand, meinem Neffen, und bittet ihn, er möge kommen und auch den jungen Frute mitnehmen, der ist stark und schlau. Die sollen mir Hilde von Irland als Braut zuführen!«

Horand von Dänemark war nicht nur ein kühner Recke, sondern auch ein berühmter Sänger, den Lichtalben und Wassergeister selbst in der Kunst des Liedes und des Saitenspiels unterwiesen hatten. Als er mit Frute bei Hetel eintrat und des Königs Wunsch vernahm, sagte er: »Um Hilde von Irland zu werben, ist ein gewagtes Stück. König Hagen liebt die Jungfrau mehr als sein Leben. Wer um sie zu werben wagt, den erschlägt er entweder gleich selbst oder läßt ihn an den nächsten Baum hängen.«

»Wer meine Boten tötet, ist selber des Todes!« sagte Hetel drohend. »Mit eigener Hand räche ich sie!«

Da meldete sich Frute, der Listige, zu Wort und meinte: »Entsende doch Wate als Boten nach Irland, ihm mag es vielleicht gelingen, dir Hilde zuzuführen, denn wer wollte Wate widerstehen?«

»Auf!« rief Hetel. »Sendet Boten nach Stürmen! Ich lasse Wate zu mir bitten. Er wird nicht zögern, zu reiten oder zu segeln, wohin ich ihm befehle!«

Wate kam. Der Boden zitterte, als er eintrat und sich breitbeinig vor seinen Zögling und König stellte. »Was begehrt man von mir?«

»Man riet mir, dich als Boten nach Irland zu schicken, bei König Hagen für mich um seine schöne Tochter zu werben«, antwortete Hetel.

Da verdunkelte sich Wates Auge, und er rief: »Wer dir das riet, der muß mein Todfeind sein oder Frute von Dänenland heißen!« Da hellte sich seine Miene jählings wieder auf, sein Auge blitzte Frute an, und er sagte lachend: »Warte, du Listenreicher: Ich fahre nach Irland, aber du und Horand, ihr müßt mit mir fahren, und Morung und Irold auch. Wer meine Ruhe mutwillig stört, der soll auch die Arbeit mit mir teilen! Ihr wißt, wie grimmig Hagen sein Kind bewacht, oder nicht?« schloß er voll Hohn.

»Spare die Worte«, lachte nun auch Frute, »unter deinem Schutz wagen wir manches. Mit dir entführen wir Hilde, und mag sie der Teufel Hagen noch so sehr behüten. Wäre es nicht klug, als Kaufleute verkleidet an Irlands Küste zu landen? Horand mag singen, Frute könnte Geld und Edelsteine unter die Leute verteilen und kostbar gewirkte Stoffe an die Frauen verkaufen.«

»Haltet das, wie ihr wollt«, brummte Wate, »ich bin kein Krämer, und meine Kehle ist rauh.« Darauf wandte er sich wieder zu König Hetel und sagte: »Laß für mich und meine Recken neue, feste Schiffe bauen: nicht zu viele, nicht zu wenige, aber so geräumig, daß wir uns darin unter Deck verbergen können. Außerdem mußt du mir deine besten Streiter mitgeben, sie sollen uns helfen, wenn uns Hagen mit unserem Raub nicht in Frieden ziehen läßt.«

Also ließ König Hetel die kostbarsten Kleinodien, Ringe und Spangen aus rotem Gold, schwere Schmuckketten, getriebene Becher und mit Edelsteinen übersäte blitzende Diademe aus seinen Schatzkammern holen und bereitlegen, dazu die schwersten gold- und silberdurchwirkten Stoffe. Er ließ aber auch breite, seetüchtige Schiffe bauen, die mit starken Bohlen gedeckt wurden. Den ganzen langen Winter über wurden Beile und Äxte geschwungen, wurden Balken und Bretter geschleppt, Kiele gelegt und Spanten gebogen, Sägen und Hämmer kamen nicht zur Ruhe. Ein Schiff nach dem anderen lief von Stapel: purpurrot und goldbestickt waren die Segel, mit Silber waren die Fugen längs der Schiffswände gebunden, die Ruder — Griff und Blatt — waren mit hauchdünn gehämmertem Gold überzogen.

Es wurde Frühling. Horand und Frute, Morung und Irold, die den Winter auf ihren Burgen verbracht hatten, trafen mit ihrem Gefolge wieder an Hetels Hof ein. Staunend betrachteten sie die nagelneue, glänzende Flotte, die da vor Burg Matelane im Hafen lag.

Auch König Hetels Schmiede hatten nicht gerastet, und als Wate mit den Seinen ankam, fand er einen Berg schimmernder Brünnen, starker Helme und scharfer Waffen vor. Sie wappneten sich und krochen dann gemeinsam mit Hetels kühnsten Kriegern in den Bauch der Schiffe. Dort wurde ihnen der Platz fast zu eng, so viele Schätze hatten Horand und Frute schon einladen lassen.

»Daß doch diese Krämerseelen nie genug bekommen können!« fluchte Wate scherzend. Dann befahl er, die Segel zu hissen. »Wir bringen dir Hagens Kind als Braut, oder du siehst uns nimmermehr!« rief er Hetel zu, der, am Ufer stehend, die Ausfahrt beobachtete.

»Ich habe dir meines Reiches blühendste Jugend anvertraut«, rief Hetel Wate nach, »hüte sie wohl, und bringe sie mir heil zurück!« Aber Meeresrauschen und Windesbrausen verschlangen seine Worte.

Horand und Frute standen mit Morung und Irold an Deck und winkten lachend zurück. Da krampfte sich des Königs Herz zusammen: Sosehr er des Irenkönigs schöne Tochter herbeisehnte, so sehr schmerzte ihn der Gedanke, er könnte um ihretwillen seine besten Helden und Freunde verlieren.

Nach langer, wechselvoller Fahrt näherte sich das Geschwader der Hegelingen Irland. Schon von weitem sah man die herrlichen Schiffe herankommen, und jung und alt lief aus König Hagens Burg an den Strand. Die Burg hieß Baljan.

»Nun zeige, wie listenreich du bist«, sagte Wate zu Frute, »ich füge mich dir. Gelingt der Raub ohne Kampf, um so besser!«

Da befahl Frute sechzig Streitern, sich der Brünnen und Waffen zu entledigen und statt dessen feine Gewänder aus Samt und Seide anzuziehen. Er selbst kleidete sich noch prächtiger als sie, und als die Schiffe angelegt hatten, schritt er mit seiner Schar an Land.

Zwei seiner Leute sandte er mit einem Beutel voll ausgesuchter Perlen und Edelsteine hinauf zu Hagen in die Burg und ließ ihn um seinen königlichen Schutz bitten.

»Wer seid ihr?« forschte König Hagen.

»Kaufleute aus Hegelingen«, antworteten die beiden, »wir kommen von weit her.«

»Sagt eurem Herrn: Ich entbiete ihm Frieden und sicheres Geleit. Wer meine Gäste kränkt, büßt dafür am Galgen.« Sie waren entlassen.

Nun schlug Frute am Ufer geschäftig seinen Kramladen auf. Von weit und breit kamen die Leute herbei und kauften, denn noch nie hatten Händler so schöne Dinge so billig feilgeboten. Und wieviel sie auch kauften, der Laden wurde nicht leer: was ausging, wurde sogleich wieder aus den Vorräten in den Schiffen ergänzt. War aber einem der niedrige Preis noch zu hoch, so wurde ihm, was er wollte, lächelnd geschenkt. Kein Wunder, daß König Hagen den fremden Kaufleuten bald wohlgesinnt war, daß er sie eines Tages einlud, in seine Burg zu kommen, um mit ihm zu speisen und zu trinken.

Frute nahm die Einladung dankbar an. Er schloß sogleich seinen Laden und begab sich auf das Schiff, in welchem sich Wate mit seinen Streitern verborgen hielt. Der Alte murrte, weil sie schon so lange untätig im Dunkeln dösen und schwitzen mußten.

Mit vieler Mühe bewog Frute den Recken, sich gleichfalls wie ein vornehmer Kaufmann zu kleiden und mitzukommen. Widerwillig ließ sich Wate ein weites, faltiges Gewand aus besticktem Samt mit einem goldenen Gürtel anlegen, und Frute flocht ihm eigenhändig goldene Bänder in Haar und Bart. Dann schritten sie beide mit kleinem Gefolge den Strand zur Burg hinan.

»Lieber würde ich mit bloßen Händen gegen ein ganzes Heer kämpfen«, fauchte Wate zornig in seinen Bart, »als so läppisch gekleidet und geschmückt wie ein Weib vor einem Helden wie König Hagen zu erscheinen!«

»Beruhige dich«, bat Frute, »denk daran, daß du sogleich die künftige Königin der Hegelingen sehen wirst.«

»Dürfte ich doch mit dem Schwert um sie kämpfen!« knirschte Wate.

»Das kommt, fürchte ich, früh genug«, entgegnete ihm Frute.

König Hagen empfing sie und ihr Gefolge mit hohen Ehren, die Königin und die schöne Hilde, bei deren Anblick selbst dem alten Wate der Atem stockte, betrachteten sie mit neugierigen Blicken.

Sie wurden köstlich bewirtet. An der Tafel saß Wate zwischen der Königin und Hilde und mußte von ihnen allerlei neckenden Scherz erdulden, denn sie sahen wohl, daß er nur sehr ungern bei Frauen saß.

»Hat er daheim nicht Haus und Land, ein holdes Weib und Kinder, die er herzlich liebt?« fragte die Königin lachend.

Da Wate finster blickend schwieg, antwortete Frute schnell: »Gewiß hat er Weib und Kind daheim, ein festes Haus und viel Land zu Lehen. Er ist ein kühner Mann!«

»Ei, ei«, rief Hilde und lachte laut, »das klingt ja fast, als wärt Ihr ein Ritter und kein Händler!«

Wate fühlte, wie sein Blick dunkel wurde, aber er beherrschte sich um seines Herrn Hetel willen. Nach Tisch wurden er und Frute von den Frauen zum Brettspiel eingeladen, Wate mußte Hilde gegenüber Platz nehmen und die Steine rücken. Er tat es unter grimmigem Schweigen. Als aber plötzlich aus dem Hof, wo auf König Hagens Befehl zur Kurzweil der Gäste gerade ein munteres Kampfspiel begann, der Lärm splitternder Lanzen und schlagender Schwerter in den Saal drang, litt es Wate nicht länger. Er sprang auf, eilte ans Fenster und schaute zu.

»Habt Ihr daheim je so wackere Kämpfer gesehen wie hier in Irland?« fragte Hagen seinen Gast.

»Nein«, log Wate, »doch möchte ich gerne einmal an einem Turnier teilnehmen. Fände ich nur einen tüchtigen Meister in der Fechtkunst — ein Jahr lang würde ich zu ihm in die Lehre gehen und ihn dann reich entlohnen!«

»Der Meister will ich sein!« rief Hagen. »Gebt uns Schwert und Schild! Ich will unserem Gast vier gute Hiebe lehren, für die er mir sein Lebtag lang danken soll!«

Dann lief er mit Wate in den Hof hinab.

Wie staunten alle Ritter, als sie den fremden Kaufmann mit dem König fechten sahen! Hageldicht fielen die Schläge, und Hagen merkte sogleich, daß er an einen Ebenbürtigen geraten war. Er kam in Zorn, weil Wate ihn gefoppt hatte, aber er bezähmte sich und rief: »So schnell sah ich noch keinen das Fechten erlernen wie dich, Alter!«

Sie fochten so lange, bis ihre Klingen bei einem wuchtigen Schlag beide zugleich zersprangen und sie nur noch Griff und Knauf in den Fäusten hielten. Da lachten sie aus vollem Hals und gingen einträchtig zurück in den Saal.

Nun veranstaltete Hagen fast alle Tage irgendein Spiel für seine Gäste, einmal einen Wettlauf, ein andermal Steineschleudern oder Speerwerfen. Eines Abends erbot sich deshalb Horand, dem König für soviel Kurzweil mit einem Lied zu danken.

»Ihr seid wahrhaftig kunstreiche Kaufleute«, sagte Hagen verwundert und nahm mit seinen Rittern im Saal Platz.

Horand stimmte sein Saitenspiel und begann zu singen. So wundersüß klang sein Lied, daß selbst die Nachtigallen im Burganger verstummten und lauschten. Die Königin in der Frauenkammer horchte auf und fragte: »Wer mag das sein, der da singt? Noch nie hörte man auf Baljan so herrlichen Gesang!«

Hilde aber gab einem Kämmerling Gold: damit sollte er den fremden Sänger bestechen, noch diesen Abend heimlich in ihre Kammer zu kommen.

Horand konnte seine Freude über diese Botschaft kaum bezähmen: nun würde er endlich der Jungfrau von König Hetel erzählen können! Als er, von dem Kämmerling über dunkle Hintertreppen geleitet, vor Hilde stand, bat sie: »Singt mir das Lied noch einmal, mit dem Ihr die Ritter im Saal erfreut habt!«

»Ach«, erwiderte Horand, »wie gerne erfüllte ich Euren Wunsch, schlüge mir König Hagen nicht das Haupt ab dafür, daß ich bei Euch in der Kammer weile. Kämt Ihr jedoch mit mir in meines Herrn Land, dort wollte ich Euch alle Tage mit tausend Liedern dienen!«

»Wer ist dein Herr? Hat er Land und Leute? Trägt er eine Krone? Erzähle mir von ihm!«

»Mein Herr ist König Hetel von Hegelingen«, flüsterte Horand erregt, »weit von hier, am Gestade zweier Meere, liegt sein Reich, und wenn du, Königskind, mich nicht verrätst, will ich dir alles von meinem Herrn sagen!«

»Sei ohne Sorge, sprich!« drängte die Jungfrau.

»Mein Herr ist dir in großer Liebe zugetan«, sagte Horand, »um deinetwillen hat er uns als Kaufleute verkleidet nach Irland geschickt. Er begehrt dich zum Weib, du sollst Königin des Hegelingenreiches werden!«

»Und wenn ich euch folgte in Herrn Hetels Land, würdest du dort jeden Abend für mich singen?«

»Gewiß! Doch viel schöner noch als ich singt König Hetel selber: Wenn er den Mund öffnet, halten die Wasser im Lauf inne, und die Fische schwimmen herzu, ihm zu lauschen. Stürme besänftigt sein Gesang, Todkranke erheben sich geheilt vom Lager, wenn sein Lied sie erreicht, den Wegmüden erquickt seine Stimme so sehr, daß er einen Ritt von tausend Stunden im Nu vergißt. Das Herz der Frau aber, die ihn nur reden hört, verfällt ihm in Liebe.«

Da senkte König Hagens Tochter den Kopf und meinte errötend: »Ist euer Herr so herrlich, gerne folgte ich euch noch heute in sein Land. Wie aber soll ich meinem Vater entfliehen, der mich jedem verweigert und noch jeden Werber vor der Burg hängen ließ?«

»Seid unbesorgt«, tröstete sie Horand, »haltet nur Augen und Ohren offen, es wird sich ein Weg finden.«

Verstohlen, wie er gekommen war, entschwand der schlaue Sänger; der Kämmerling hatte ihn geholt, denn unten im Saal rüstete man bereits zum Aufbruch, da durfte Horand nicht fehlen.

Als die verkleideten Recken sich wieder auf ihren Schiffen befanden, zog Horand den Wate beiseite und flüsterte ihm ins Ohr: »Hilde ist unserem Herrn in Liebe zugetan, ich weilte bei ihr in ihrer Kammer!«

»Das hätte dir den Kopf kosten können«, sagte Wate und hieb Horand vor Freude auf die Schulter. »Komm unter Deck, daß wir sogleich beraten, wie wir die Jungfrau entführen. Dann soll es endlich heimwärts gehen, ehe meine Gefährten in diesen Krämerkähnen verfaulen und verkommen!«

DIE ENTFÜHRUNG

Vier Tage warteten die Hegelingen, dann brach Frute im Morgengrauen seinen Kramladen ab und begab sich mit Wate und seinem Gefolge festlich gekleidet zum König. »Wir wollen scheiden«, sagte er, »und erbitten von Euch Urlaub.«

»Hat euch jemand gekränkt?« fragte Hagen. »Warum flieht ihr mein Land? Habe ich nicht alles getan, meinen Gästen den Aufenthalt angenehm zu machen?«

»Wir wissen es Euch zu danken«, entgegnete Wate, »aber der Hegelingen Herr hat nach uns geschickt, er mahnt zur Rückkehr. Auch haben wir Frauen und Kinder daheim, die sich nach uns sehnen.«

»Eure Gründe verstehe ich«, sagte Hagen, »dennoch werdet ihr mir sehr fehlen. Ihr habt mich, als ihr kamt, mit Perlen und edlem Gestein beschenkt und meinen Leuten manch kostbares Stück wohlfeil verkauft — wählt ihr nun aus meiner Schatzkammer als Gastgeschenk, was und wieviel euch gefällt!«

Da neigte Frute höflich das Haupt und sprach: »Herr, das werden wir gerne tun, obgleich uns deine Freundschaft mehr wert ist als Gold und Juwelen. Doch wir werden deine Schatzkammer nicht eher betreten und uns auch nicht eher ein Gastgeschenk wählen, als bis du uns die Ehre deines Besuches erwiesen hast und selber schaust, was unsere Schiffe noch an Kostbarkeiten bergen; wir konnten nicht unseren ganzen Vorrat feilbieten. Auch die Königin und deine schöne Tochter sollen unsere Schätze sehen, darum bitten wir auch sie, zu kommen.«

»Ihr seid seltsame Leute«, erwiderte Hagen dem höflichen Frute, »doch will ich eure Bitte gern erfüllen. Morgen früh lasse ich für mich und die Frauen Pferde satteln, dann reiten wir hinab zum Strand, eure Schiffe und Schätze aus der Nähe zu betrachten.«

Während der folgenden Nacht ließen Frute und Wate alles schwere Kaufgut, auch Mundvorrat und Wein, bis auf einen geringen Rest ans Ufer tragen — so wurden die Schiffe leichter und beweglicher.

Als nun am Morgen König Hagen mit den Frauen und einem Gefolge von hundert Rittern an den Strand kam, glänzten ihnen schon von weitem die herrlichsten Schätze entgegen. Sie stiegen von den Pferden und schritten staunend das Ufer entlang, die gehäuften Kostbarkeiten bewundernd.

»Jeder nehme, soviel er mag!« rief Wate lachend, und die Ritter und Höflinge, die Kämmerlinge und Kammerjungfrauen ließen sich das nicht zweimal sagen. Alles staunte, wählte und schwatzte durcheinander, und in dem Trubel war es Horand und Wate ein leichtes, die schöne Hilde, die wohl merkte, worauf das alles hinaus sollte, geschickt von ihrer Mutter zu trennen und auf eines der Schiffe zu bringen.

Sogleich sprangen die im Bauch des Schiffes wartenden Recken an Deck, und knatternd stiegen die purpurnen Segel in den Wind. Mit einem schnellen Schwerthieb zerschnitt nun Morung das Ankertau, und im nächsten Augenblick flog das Schiff mit seiner kostbaren Fracht auch schon hinaus auf die bewegte See.

Ehe König Hagen recht erfaßte, was vorgegangen war, hatten sich auch die anderen Schiffe vom Gestade gelöst und schwammen so schnell davon, daß es Wate und Morung, die auch die übrigen Ankertaue mit Schwertern durchschlagen hatten, nur noch mit knapper Not gelang, auf das letzte der Fahrzeuge zu springen. Beinahe wären sie König Hagen in die Hände gefallen.

»Bringt Speere! Bringt Pfeil und Bogen! Sie müssen alle sterben!« schrie Hagen außer sich vor Zorn, indes die Königin erbleichend und weinend ihrem entführten Kind nachschaute.

Bald wimmelte es am Ufer von Streitern, Speere und Pfeile schwirrten wie ein dichter Vogelschwarm den Schiffen nach, aber sie sausten alle bloß zischend ins Wasser, in welchem einige von Hagens Leuten schwammen, die sich verwegen auf die Schiffe geschwungen hatten und von den Hegelingen kurzerhand über Bord geworfen worden waren.

»Zu den Schiffen!« befahl König Hagen. Aber als man die eigenen alten Streitkähne flottmachen wollte, erwiesen sie sich entweder als leck, oder sie waren nicht fahrbereit.

»Nur nicht so hitzig!« rief Wate dem König vom Heck des letzten Schiffes zu. »Tröstet Euch mit den Schätzen — wir tauschten sie gerne gegen das Kleinod, das wir König Hetel zur Hochzeit bringen!«

»Laßt das Heerhorn blasen, wir müssen den Räubern ihre Beute abjagen!« schrie Hagen. Dennoch blieb zunächst nichts anderes übrig, als die Waffen beiseite zu legen, Werkleute heranzuholen und mit diesen die Schiffe wieder instand zu setzen.

König Hetels stolzes Geschwader aber zog bei klarem Wetter und gutem Wind Tag und Nacht durch die schäumende Flut der friesischen Küste entgegen. Nur selten gab es einen Tag mit schwächerer Brise oder gar Flaute; da hielten dann Wate und Horand, Frute, Morung und Irold voll Sorge Ausschau, denn sie ahnten wohl, daß der betrogene Irenkönig alles daransetzen würde, sich so bald wie möglich an ihre Fersen zu heften.

Endlich tauchte vor den Augen der wassermüden Recken die Heimat auf, und die Schiffe legten an.

Als erster sprang Wate auf den Sand und befahl, für Hilde und ihre Frauen ein bequemes Zelt zu errichten. Dann sandte er Boten zum König, der auch alsbald mit glänzendem Gefolge seiner Braut entgegenritt.

Hetel wußte nicht, was ihm schwerer zu zähmen fiel, seinen feurigen jungen Hengst oder sein Herz, das heftig gegen die goldene Brünne pochte, als er Hilde, herrlich geschmückt und geleitet, aus dem Zelt treten sah.

»Wir bringen dir die schönste Jungfrau, die wir je auf unseren Fahrten sahen«, sagte Frute, während Morung und Irold neben Hilde traten, sie an den Händen faßten und so ihrem Herrn zuführten, wie es die Sitte gebot.

Hetel stieg ab und beugte sein Knie vor der Irin, die errötend ihr helles Haupt neigte. Dann erhob er sich, umarmte seine Braut und küßte sie voll Freude.

»Ich war in großer Sorge um euch«, sagte er. »Ich sah meine tapferen Schwertbrüder und Werber schon alle in Hagens Kerkern schmachten oder auf den Galgen vor der Burg Baljan hängen.«

»Dazu ist es nicht gekommen«, meinte Wate lachend, »doch sah ich noch keinen Helden so wackere Hiebe austeilen wie König Hagen. Er herrscht gewaltig in seinem Land — gnade uns, wenn er bald an Frieslands Küste landen wird, wie ich wohl befürchte!«

Am Abend säumten Freudenfeuer den flachen Strand. Rings um das Seidenzelt des Paares lagerten Recken und Gesinde, sie waren müde und bedurften der Rast. Horand von Dänemark sang. Plötzlich aber hielt er mitten im Lied inne, sprang auf und schirmte die Augen mit der Hand. Er sah auf dem Meer ein Segel auftauchen, dem bald noch andere folgten, im Mondlicht kreuzten sie eilig heran.

»Weckt König Hetel!« rief er. »Hagens Schiffe nahen, ich erkenne sie, ihre Segel tragen sein Wappen!«

Sogleich waren Wate und alle anderen Recken auf den Beinen. Auch Hetel trat aus dem Zelt, ließ sich Rüstung und Waffen geben und rief: »Was List errang, muß jetzt das Schwert verteidigen! Auf, meine Hegelingen, schützt eure Königin vor ihres Vaters Wut! Wer nie Gold gewann, dem will ich es morgen ohne Waage zuteilen. Mit Freuden sollt ihr daran zurückdenken, daß ihr heute nacht die Iren besiegtet!«

Da waren auch schon die geschnitzten zähnefletschenden Drachenhäupter am Bug der feindlichen Schiffe deutlich zu sehen. Wie eine Schar geflügelter Untiere lief Hagens Flotte mit knirschenden Kielen auf den Sand. Ein Hagel von Speeren und Pfeilen empfing sie, doch furchtlos sprang Irlands König über Bord und watete ans Ufer, obwohl ihn die Geschosse wie stöbernde Schneeflocken umschwirrten.

»Folgt mir nach!« befahl er seinen Männern, und augenblicklich wimmelte das Gestade von irischen Streitern.

Da erspähte Hagen Hetel. »Feiger Räuber!« schrie er und drang auf ihn ein. Durch die Hegelingen, die sich dazwischenwarfen, hieb er sich eine Gasse bis zu ihm hin. »Gib mein Kind heraus!« rief er und schleuderte seinen wuchtigen Speer gegen Hetel. Doch der prallte gegen den Schild Wates, den dieser im letzten Augenblick schützend vor den König gehalten hatte.

»Da bist du ja, heuchlerischer Fuchs!« rief Hagen und riß sein Schwert aus der Scheide, »nun zeig, was du in Irland gelernt hast!«

So geschah es zum zweitenmal, daß Hagen und Wate miteinander fochten. Es war ein Kampf auf Leben und Tod, den sie da austrugen. Wie Axtschläge eines Riesen sausten Hagens Schwerthiebe auf Wates Helm, daß diesem das Blut jäh über die Augen schoß.

Voll Wut packte hierauf der Alte aus Stürmen seine Waffe mit beiden Fäusten und hieb mit ihr seitlich auf Hagens Helmspangen, daß eine Funkengarbe wegsprang und Hagen in die Knie brach.

Hilde stand vor dem Zelt und schaute dem tosenden Waffengetümmel angstbebend zu. Als sie den Vater zusammenbrechen sah, rief sie jammernd nach Hetel und flehte ihn bei seiner Liebe zu ihr an, König Hagen beizustehen.

Sogleich drang Hetel mit seinen Getreuen bis zu Hagen und Wate vor und rief mit heller Stimme: »Bei eurer Ehre, laßt ab vom Streit! Es liegen genug Tapfere blutend auf dem Sand — ich mag mein Glück nicht mit dem Tod so vieler Helden erkaufen!«

»Wer mahnt da zum Frieden? Wer redet von Glück?« fragte Hagen, der sich mühsam aufraffte und den Helm abnahm.

»Ich rede so«, sagte Hetel, »der Hegelingen König, dem Wate deine Tochter als Braut zuführte. Ich liebe sie. Gib mir und Wate und allen anderen die Hand, tu es um unserer Königin willen.«

Da wunderte sich Hagen sehr. »So hattet ihr kein Verbrechen im Sinn, als ihr mir mein Kind raubtet?« fragte er mißtrauisch.

»Frag doch Hilde selbst«, meinte Hetel lächelnd, »ob sie nicht genau wußte, was ihr bevorstand, als sie mit ihren Frauen das Schiff bestieg!«

»Wo ist sie?« forschte Hagen.

»Im Zelt«, antwortete Hetel, »Angst vor ihrem ergrimmten Vater hält sie dort fest.«

In der Tat hätte Hilde ihren Vater herzlich gerne umarmt, doch wagte sie sich nicht hervor. »Um meinetwillen liegen viele tapfere Iren tot auf dem Schlachtfeld, dem Vater wird mein Gruß wenig willkommen sein«, meinte sie zitternd, als Horand und Frute sie holen kamen.

»Habe ich eine feige Tochter, die sich vor dem eigenen Vater fürchtet?« fragte Hagen grollend, im Innersten jedoch bereits versöhnt.

Hilde ließ sich aus dem Zelt führen, und als König Hagen sie sah, wurde ihm zugleich weh und warm ums Herz. »Ich kann dir nicht zürnen«, sagte er, »laß dich grüßen, mein schönes Kind!«

Damit schloß er sie in die Arme. »Bringt die Toten zur Ruhe«, befahl er dann, »und laßt uns gehen; wie lange soll die Braut noch auf dem blutigen Feld verweilen?«

Mit großer Pracht wurde dann Hochzeit gefeiert. Hagen war Gast in König Hetels Halle. Anfangs war er ein wenig mürrisch, doch als er schied, war er fröhlich und aufgeräumt.

Wieder daheim auf Burg Baljan, saß er traulich bei Hildes Mutter und sprach: »Unser Kind ist eines mächtigen, reichen Königs Gemahlin geworden. Im Hegelingenland lebt noch mancher angesehene Fürst – hätte ich noch mehr Töchter, ich schickte sie alle dorthin!«

Hilde und Hetel lebten miteinander in ungetrübtem Liebesglück. Zwei Kinder wurden ihnen geschenkt, Ortwin und Gudrun, ein Zwillingspaar. Den Knaben Ortwin schickten sie, als er heranwuchs, nach Stürmen zum alten Wate in die Lehre. Das Töchterchen Gudrun, das später die schönste Jungfrau im ganzen Hegelingenreich wurde, gab Hetel zu seinem Neffen Horand nach Dänemark; dort sollte sie höfische Zucht und Sitte lernen.

Gudrun wuchs aber nicht nur zu großer Schönheit, sondern auch zu solchen Kräften heran, daß sie ein Schwert ebenso hätte tragen und führen können wie einer der vielen Fürsten und Helden, die später um ihre Hand warben.

GUDRUNS FREIER

Als Gudrun zur Jungfrau erblüht und wieder heimgekehrt war nach Matelane in ihres Vaters Burg, zeigte es sich, daß ihre Schönheit sogar die ihrer Mutter überstrahlte.

»Möge es dir und uns zum Glück gereichen, daß du so schön wurdest!« sagte Königin Hilde und seufzte, denn sie wußte, wie vieler Helden Tod eine herrliche Frau verschulden konnte.

Der erste, der bei Hetel um Gudruns Hand warb, war König Siegfried von Morland. Er hatte nicht Boten geschickt, sondern war selbst gekommen, denn er wollte mit eigenen Augen prüfen, ob Gudrun wirklich so herrlich war, wie man erzählte und sang. Er fand sie aber noch schöner, als Worte es zu künden vermochten, und veranstaltete mit seinem Gefolge glänzende Ritterspiele vor Hetels Burg. Doch als er zuletzt voll edlem Anstand seine Werbung vorbrachte, sah Hetel nur verächtlich auf ihn nieder, schüttelte den Kopf und bedeutete ihm, sein Land auf der Stelle zu verlassen.

»Es war das erste Mal, daß ich ins Land der Hegelingen kam«, entgegnete Siegfried von Morland tief gekränkt, »friedlich kam ich, nun kenne ich hier Weg und Steg. Das zweite Mal komme ich mit Krieg, deinen und deines Kindes Hochmut zu brechen!«

Zornig verließ er mit seinen Mannen die Burg. Gudrun gefiel der Held zwar, doch wagte sie nicht, es ihren Vater merken zu lassen.

Als zweiter Freier meldete sich Hartmut von der Normandie, König Ludwigs Sohn. Seine Mutter hieß Gerlind. Sie war über alle Maßen ehrgeizig und bestärkte ihn in seinem Wunsch, Gudrun zu gewinnen.

König Ludwig aber blickte düster, als Hartmut kostbares Gewand und Geschmeide, Pferde, Waffen und Gefolgsleute von ihm forderte, um den Zug der Brautwerber auszurüsten.

»Hüte dich vor König Hetel«, sagte er. »Gibt es denn nicht anderswo Jungfrauen genug, die deiner würdig sind? Laß das hochfahrende Hegelingenmädchen, ihr Vater hat wohl bei König Hagen in Irland gelernt, wie man schöne Töchter hütet. Kann sein, daß auch er eines Tages alle Werber hängt!«

Aber Hartmut brannte darauf, Gudrun als künftige Königin der Normandie zu gewinnen und erzwang mit Hilfe seiner Mutter, die den Boten goldene Schätze versprach, daß König Ludwig eine Schar von sechzig prächtig gewappneten Reitern mit Werbebriefen von ihm und Gerlind zu Hetel schickte.

Die Boten wurden an der Grenze von Horand, dem Dänen, willkommen geheißen und nach Matelane geleitet. Jung und alt lief zusammen, als die Normannen auf ihren prächtigen Rossen in die Königsburg einritten. Als sie aber vor König Hetel standen, der sie mit Hilde und Gudrun im Thronsaal empfing, und ihre Sendschreiben überreichten, wurden sie übel zurechtgewiesen.

»Habe ich nicht um die Tochter eines geringeren Königs, als ich einer bin, mit tausend Listen, mit zwölf Schiffsfrachten Gold und unsinnigem Blutvergießen kämpfen müssen?« rief Hetel. »Und da glaubt der junge Hartmut, ich gebe mein Kind dem Sohn eines Königs, dessen Reich viel kleiner ist als mein eigenes?«

Auch Königin Hilde erhob sich von ihrem Thron und rief: »Mein Vater hat dem König der Normannen in Kardigan vor Irlands Küste hundertdrei Burgen zu Lehen gegeben. Wie darf er, der Sohn eines gemeinen Lehensmannes, es wagen, die Augen zu Gudrun zu erheben?«

Diese Rede kränkte den Ritter, der die Gesandtschaft anführte. Er richtete sich hoch auf und rief: »Euer beider Hochmut wird die Hegelingen in blutige Not, Gudrun aber in tausendfache Schande stürzen!«

»Hinweg aus dem Saal!« schrie Hetel, den Boten mit dem Finger die Tür weisend. »Dankt Gott, daß mein Getreuer Horand euch zu mir geleitete, sonst würdet ihr alle die freche Rede am Galgen büßen!«

Bekümmert ritten die Normannen heimwärts wie Geschlagene. König Ludwig verhüllte sein Haupt mit dem Mantel, er weinte vor Zorn und Scham, als man ihm Hetels und Hildes Worte berichtete. Königin Gerlind schloß sich in ihre Kammer ein und sann dort auf Rache. Tagelang verweigerte sie jede Speise.

»Hätte ich doch Gudrun in meiner Gewalt«, stöhnte und schrie sie, »die Schuhe müßte sie mir küssen, mit denen ich sie träte! Nackt wollte ich sie mit den Mägden im Winter ans Meer schicken, die schmutzige Wäsche zu waschen!«

Hartmut aber nahm die Boten beiseite und forschte sie nach Gudrun aus. »Ist sie wirklich so schön, wie alle sagen?« fragte er.

»Schöner als der lichte Tag im Mai«, antworteten sie. »Wer sie ansieht, um den ist es geschehen, dem ist das Herz wund sein Lebtag lang.«

»So muß sie mein werden!« rief er. »Helft mir, Hetels Hochmut zu beugen!« Und er begann sogleich, in aller Heimlichkeit einen Heerzug ins Hegelingenland vorzubereiten.

Der dritte, der um Gudrun freite, war König Herwig von Seeland. Sein Reich war so klein, daß es sich neben dem Hetels ausnahm wie ein Wurzelgnom neben einem Bergriesen. Aber die Bewohner in den Burgen wie auf dem Lande waren von mutiger, edler Art wie ihr Herrscher.

Als Herwig bescheiden Boten zu den Hegelingen schickte, um Gudrun zu gewinnen, wurden sie genauso ausgelacht und mit Schimpf und Schande davongejagt wie Hartmuts glänzende Werber.

Da schickte Herwig nochmals einen Boten zu Hetel und ließ ihm sagen: »Wer eines Königs Werber verhöhnt, hat die Sitte geschändet und den Frieden gebrochen. Das nächste Mal komme ich selber, um Gudrun zu freien – aber mit dem Schwert!«

König Hetel schlug solche Drohungen verächtlich in den Wind, ließ den Boten von einer Schar Knechte, die auf elenden Kleppern saßen und Narrenmützen und Schellenkappen auf dem Kopf trugen, bis an die Grenze seines Reiches begleiten und dachte nicht daran, sich auf einen Angriff Herwigs vorzubereiten.

Doch kurze Zeit später schreckte das Horn des Türmers im Morgengrauen die Burg aus dem Schlaf und rief alle Männer zu den Waffen. Herwig von Seeland stand mit einem kleinen, aber wackeren Heer vor dem Tor und begehrte, man möge die Zugbrücke herablassen, er sei gekommen, Gudrun heimzuholen.

»Daß ich die Brücke herablasse, wirst du wohl erleben«, rief Hetel von der Zinne herab, »denn wir werden zu dir hinausreiten und deinem Haufen tüchtige Schläge verabreichen. Bleibe in deinem armseligen Reich, und begehre nicht des Hegelingenkönigs Tochter!«

Aber König Hetel hatte — keines Überfalls gewärtig — nur ein paar hundert Bewaffnete auf Matelane, nur das Gesinde der Burg. Mit diesem stürmte er nun über die Zugbrücke hinaus auf den Anger und stieß sogleich mit Herwig zusammen.

Ein harter, wilder Kampf umtobte die Burg. Hetel mußte immer mehr vom Schild anstatt vom Schwert Gebrauch machen, so heftig setzte ihm der Seeländer zu, und auch Hetels Mannen wurden nach schweren Verlusten gegen das Tor gedrängt.

Herwigs Kämpfer verstanden sich auf unerbittliches Fechten. Sie zerhieben Helme und Schilde und folgten den Hegelingen Schritt um Schritt. Bald war es den Bedrängten nicht mehr möglich, das Tor vor den Feinden zu schließen: Die Seeländer überfluteten den Burghof, der von grausigem Waffenlärm widerhallte. Noch immer ließ Herwig nicht von Hetel ab, der gestehen mußte, schon seit langem an keinen solchen Gegner geraten zu sein.

Bangen Herzens sah Gudrun, die neben ihrer Mutter am Fenster stand, dem Kampf zu. Als Herwig ihrem Vater plötzlich die Brünne durchschlug und eine schwere Wunde beibrachte, schrie sie vor Not auf und rief: »Vater! Wie aus Brunnen springt das Blut der Helden! Sieh, schon sind die Mauern rot davon! Der junge Herwig ist ein tapferer Nachbar, versöhne dich mit ihm!«

Solche Worte rührten Freund und Feind. »Friede soll sein, König Hetel«, sagte Herwig, die Waffe senkend. »Laßt mich unbewaffnet und unbedroht vor Gudrun treten.«

Die Bitte wurde Herwig gewährt. So ritt er zu seinem Troß vor die Burg, wusch sich den Staub von Gesicht und Leib, ließ sich frisch kleiden und kam dann, mit einer Handvoll Edler im Gefolge, barhaupt und ungerüstet wieder.

Er trat vor Gudrun, die ihn inmitten ihrer Frauen erwartete. »Mir wird gesagt«, begann er zögernd, »Ihr verschmähtet mich, weil ich für Euch zu gering sei. Fragt Euer Herz nur nach Besitz und Macht? Wie reich muß der Mann denn sein, dem Ihr Euch ergebt, schöne Gudrun?«

Da fühlte die königliche Jungfrau, wie ihr die Röte der Scham und Liebe zugleich ins Antlitz stieg. Sie senkte den Kopf und antwortete: »Welche Frau könnte einen Helden wie Euch verachten? Ich sah Euch kämpfen und sah Euch Frieden machen — ich bin Euch gut. Und wäre Euer ganzes Reich nicht größer als der Anger vor Matelane, über den ich Euch bei Morgengrauen heranreiten sah, ich würde Euch folgen, erlauben es mir Vater, Mutter und meine Angehörigen.«

Nach dieser züchtigen Rede hob Gudrun den Blick wieder und sah Herwig von Seeland lächelnd ins Auge. Sie hatte nichts mehr zu verhehlen, nachdem sie ihm vor allen Leuten ihre Liebe gestanden hatte.

»Soll Gudrun König Herwigs Weib werden?« fragte Hetel, als er sah, wie sehr Gudrun dem kühnen Freier zugetan war.

»Gib sie ihm!« meinten die Hegelingen, die ihn umstanden, »einem besseren Helden kannst du sie nicht gönnen.«

Da reichten Herwig und Gudrun einander glückstrahlend die Hände und verlobten sich. Hetel und Hilde segneten den Bund, baten aber, Herwig solle ihnen Gudrun noch eine Weile lassen, gar zu schwer fiele ihnen der Abschied. Nach Jahresfrist möge er wiederkommen, dann wollten sie ihm und ihrem Kind auf Matelane eine prachtvolle Hochzeit rüsten.

Schweren Herzens willigte König Herwig ein und zog mit seinem tapferen Heer heim nach Seeland.

Die Kunde von Gudruns Verlobung eilte von Land zu Land, von Küste zu Küste. Bald darauf fiel König Siegfried von Morland, wütend über das Glück seines Nebenbuhlers, mit einer Flotte und Tausenden Rittern in Herwigs blühendes Reich ein. Grausig hauste er mit seinen Recken, und wie viele der frevlerischen Friedensbrecher König Herwig und die Seinen in tagelanger Schlacht auch erschlugen, zuletzt mußten sie doch in ihre feste Burg flüchten und die Tore verrammeln.

Als der König den hohen Turm erstiegen hatte und Umschau hielt, sah er das Land, das kurz zuvor noch im Frühlingsgrün geleuchtet hatte, voll zerstörter Burgen, rauchender Dörfer, brennender Wälder und verwüsteter Saaten.

»Um Gudruns willen kam ich in so arge Not«, sagte er zu sich selber, »vielleicht hilft sie mir, ehe es zu spät ist. Ich will versuchen, ihr Nachricht zu schicken.«

Als sein Bote in Matelane ankam, war ihm die Kunde von des Morländers tückischem Überfall bereits vorausgeeilt. Weinend empfing ihn Gudrun, eilte mit ihm zu Hetel, umschlang des Vaters Knie und flehte: »Hilf uns, König! Wenn du nicht hilfst, ist Herwig verloren und mein Leben mit ihm!«

»Ich werde ihm helfen«, versprach Hetel.

Gudrun gab dem Boten reichen Lohn und trug ihm Liebesgrüße an Herwig nach Seeland auf. Er möge ausharren und sein Leben um ihretwillen schonen!

Zur selben Stunde sprengten schon schnelle Reiter, flogen leichte Schiffe in alle Teile des Hegelingenreiches: zu Morung nach Friesland, zu Horand nach Dänemark, zu Irold nach Ortland, nach Stürmen zu Wate, der sogleich mit Ortwin aufbrach und eine starke, kampferprobte Schar nach Burg und Stadt Matelane führte.

Zärtlich umarmten Gudrun und Ortwin einander. »Verzage nicht, Schwester«, sagte Ortwin, »wir werden König Herwig beistehen, daß den Morländern die Lust vergeht, fremde Reiche zu überfallen!«

Wate hatte tausend Mann gebracht, Morung führte zweitausend, Horand gar viertausend Streiter ins Feld. Mit Irolds und Hetels Scharen wuchs das Heer auf zehntausend Streiter an. Sie alle brachen am dritten Morgen auf und ritten voll unbändigem Zorn wider Siegfried von Morland davon.

König Herwig konnte das Nahen des Heeres kaum mehr erwarten. Seine Burg war bereits von allen Seiten eingeschlossen. Verzweifelt wehrte er sich mit seinen Getreuen gegen den übermächtigen Feind. Als aber die Hegelingen eintrafen, wandte sich das Kriegsglück. Vor den blitzschnellen Schlägen ihrer Schwerter und den donnernden Hufen ihrer Pferde flohen Siegfrieds Mannen, er selber mit ihnen. Wie die Hasen jagten die Hegelingen sie durch das verwüstete Land, bis sie, ein elend zusammengeschlagener, erschöpfter Haufen, in einer leerstehenden Festung dicht am Meer Zuflucht fanden. Hier wurden sie von den unerbittlichen Gegnern umzingelt.

»Spart Waffen und Blut«, riet Wate listig, »wem das Brot fehlt, dem vergeht bald der Übermut. Hungert die Friedensbrecher aus!«

Sein Rat wurde befolgt, und so lagen denn Hetels Mannen rund um die Meerburg, geduldig wartend, bis Siegfried von Morland sich ergeben würde.

Unterdessen waren normannische Späher zu König Ludwig und Hartmut geeilt und hatten ihnen gemeldet, daß Hetel mit seinem Heer fern der Heimat auf Seeland kämpfe und daß in Matelane nur eine schwache Besatzung zum Schutz der Frauen zurückgeblieben sei.

»Mein Tag ist gekommen!« frohlockte die rachsüchtige Gerlind. »Jetzt hat der Hegelingen Stunde geschlagen! Auf nach Hetels Burg, solang sein Heer in der Ferne! Bindet Gudrun, bringt sie in Fesseln!«

»Käme Gudrun hierher auf Burg Kassiane«, meinte Hartmut, »gäbe ich gerne mein Reich hin.« Er ließ die Schiffe, die er heimlich vorbereitet hatte, aus den Schuppen ziehen und ins Wasser gleiten, bot seinen Heerbann auf und segelte nordwärts. König Ludwig, sein Vater, fuhr mit ihm.

Wie staunten die wenigen Burginsassen auf Matelane, als eines Mittags normannische Schiffe mit zähnefletschenden Drachenhäuptern das flache Rund des Hafens füllten. Hartmuts Boten ritten die Anhöhe hinauf, betraten die Burg und überbrachten des Normannenkönigs Werbung.

»Folgt Gudrun uns nicht willig auf unsere Schiffe«, ließ Ludwig sagen, »soll die schöne Hegelingentochter noch heute eine blutige Augenweide haben. Wir weichen nicht aus diesem Land und lassen uns eher in Stücke hauen, als daß wir ohne Gudrun wieder heimführen!«

Gudrun, die an der Seite ihrer Mutter die Boten in der Königsburg geziemend begrüßt und den bösen Worten der Werbung gelauscht hatte, fragte: »Wie kann König Ludwig für seinen Sohn um ein Mädchen freien, das einem anderen versprochen ist? Ich erwählte König Herwig aus freien Stücken, und ich liebe ihn! Labt euch friedlich bei uns, dann aber kehrt heim und meldet, König Ludwig möge den Hafen räumen. Nie werde ich Hartmuts Gemahlin.«

Da stießen die Boten die Becher vom Tisch, daß der Wein auf den Boden floß. Wütend stampften sie aus der Halle, bestiegen ihre Rosse und sprengten zum Tor hinaus.

»Habt ihr unseren Wein verschmäht, wollen wir euch Blut einschenken!« riefen ihnen Hetels Leute nach.

Nun ordneten Ludwig und Hartmut ihre Scharen zum Sturm auf Matelane. Dem Rat ihres Gatten folgend, wollte Königin Hilde die Tore der Burg geschlossen halten, aber die Hegelingen, voll Zorn über die

Werbung der Normannen, dürsteten danach, die feindlichen Gäste vor den Mauern zu schlagen, und rückten, um König Hetels Banner geschart, eilig aus der Burg.

Es kam zu einem wilden Gefecht. Doch wie löwenmutig die Hegelingen auch kämpften und wie viele der eingedrungenen Normannen sie über die Zinnen in die Tiefe stießen oder sonst übel zurichteten: am Abend waren dennoch die Tore zerschlagen, die braven Burghüter bis auf eine arme, kampfmüde Schar ermordet, und vom Turm wehte die schwarze Flagge der Normannenfürsten.

Ludwig und Hartmut traten bewaffnet vor die Königin und deren Tochter.

»Ihr habt mich verachtet«, sprach Hartmut zu Gudrun, »dafür sollten wir die letzten Eurer Getreuen, wund oder gesund, auch noch hängen oder erschlagen. Aber sie mögen am Leben bleiben und König Hetel erzählen, wie Normannenhiebe schmecken!«

Unfähig, ihm gebührend zu erwidern, seufzte Gudrun nur: »Vater, wüßtest du, was mir geschieht, du kämst wie der Sturmwind gefahren, dein Kind zu schützen!« Dann umarmte sie Frau Hilde, ihre Mutter, die sich vor Kummer kaum noch aufrecht halten konnte, und schritt vor den beiden Königen aus dem Saal.

Die Normannen schleiften noch in derselben Nacht die Mauern der Burg, plünderten die Schatzkammern, legten die Stadt in Flammen und führten Gudrun mit Hildburg von Irland, ihrer liebsten Gespielin, und zweiundsechzig Mädchen und Frauen auf die Schiffe. Schluchzend schaute Königin Hilde aus einem Fenster ihrer Tochter noch einmal nach, dann brach sie zusammen.

Als sie aus tiefer Ohnmacht erwacht war, befahl sie, Boten nach Seeland zu schicken, sie sollten König Hetel melden, was geschehen war. »Berichtet eurem Herrn: Die Burg ist verödet, die Königin schutzlos, Gudrun mit ihrem Gesinde entführt, an die tausend Mann liegen erschlagen vor den Mauern.«

Die Boten kamen zu Hetels Heer, das um die Meerfeste lagerte, in der sich Siegfried von Morland verschanzt hielt. Horand sah sie zuerst. »Boten aus Matelane!« rief er.

»Was mögen sie bringen?« fragte Hetel verwundert.

»Nichts Gutes, fürchte ich, sie blicken sorgenvoll.«

Als König Hetel hörte, was Ludwig und Hartmut ihm angetan hatten, zerbrach er sein Schwert mit der bloßen Hand, so groß war sein

Schmerz. »Was sollen wir tun, Wate?« schrie er und warf sein zerbrochenes Schwert zornig von sich.

»Lachen!« antwortete Wate zähneknirschend, »weil die Normannen bald weinen werden. Ich rate, mit den umzingelten Morländern Frieden zu schließen und den Räubern ihre Beute abzujagen. Ich kenne hier herum jede Insel und jeden Sund, wir schneiden den Normannen den Weg ab und entreißen ihnen Gudrun!«

»Du hast gut raten«, entgegnete ihm Hetel zornig. »Sind wir zu Schiff hierhergekommen? Wir müssen erst Schiffe haben!«

Aber Wate war auch jetzt nicht um Rat verlegen. Unweit der Meerfeste, in die Siegfried von Morland sich zurückgezogen hatte, lag eine stattliche Pilgerflotte vor Anker. Gemeinsam mit Hetel und Herwig trieb er die Wallfahrer aus den Schiffen und ging dann mit allen Hegelingen an Bord; auch Siegfried von Morland schiffte sich mit dem traurigen Rest seines Heeres ein.

DIE SCHLACHT AUF DEM WÜLPENSAND

Drei volle Tage hatte Hartmut gebraucht, um alle Schätze, die seine Leute geraubt hatten, auf den Schiffen zu verstauen, dann endlich blähten sich die Segel vor dem Wind, und die Ruder tauchten kraftvoll in die graublaue Flut. Die allzu schwere Fracht ließ die Schiffe jedoch nur mühsam vorwärtskommen, die Männer sehnten sich bald nach Rast und Ruhe.

So steuerten sie eines Abends eine mächtige, düstere Sandbank an, auf der weder Gras noch Gestrüpp gedieh. Man nannte sie den Wülpensand. Dort ließen sie die Kiele auflaufen und stiegen aus. Sie zündeten Lagerfeuer an und warfen sich todmüde zur Erde. Verzweifelt saß Gudrun mit ihren Mädchen und Frauen schweigend im Kreis, starrte in die Glut oder schaute dem Rauch nach, der über die nachtdunkle See zog.

Plötzlich sah sie in der Ferne Segel aufglänzen: Schiffe nahten! Eine freudige Ahnung durchzuckte ihr Herz, und sie preßte die Lippen aufeinander, damit ihnen kein verräterischer Laut entschlüpfe.

Aber auch Ludwig und Hartmut bemerkten die Schiffe bald, da sie jedoch auf den Segeln Kreuze sahen, waren sie ohne Sorge. »Es sind Pilger«, sagten sie, »sie werden gleich uns hier rasten wollen.«

Gudrun war enttäuscht.

Doch als das erste Schiff einen Steinwurf weit herangekommen war und Wates ellenbreiter Bart am Bug auftauchte, erkannten die Normannen zu ihrem Schrecken, daß es die Hegelingen waren, die da landeten, keine Pilger.

»Zu den Waffen!« rief Hartmut. »Was wir bisher getan haben, war Kinderspiel! Wer jetzt mutig zu meinem Banner steht, den mache ich reich!«

Die Schiffe legten an, der Kampf begann. Speere flogen, Schilde zersprangen, Schwerter blitzten silbern und waren im nächsten Augenblick dunkel von Blut.

Wate geriet an König Ludwig, schlug ihm den Helm entzwei, so daß er sich nur mit knapper Not retten konnte. Die Männer aus Stürmen sprangen Wate zur Seite und mähten mit ihm die Normannen nieder, als schnitten sie reife Ähren.

Irold geriet an Hartmut, konnte ihn aber nicht bezwingen. Da wollte Herwig von Seeland ihm zu Hilfe kommen, doch sein Schiff war noch nicht aufgelaufen. So sprang er ins Wasser, das ihm bis unter die Achseln reichte. Gleich wollten ihn die Normannen ertränken, stießen ihn mit ihren Lanzen in die Flut. Er aber hieb so gewaltig um sich, daß sie zurückwichen und ihren Frevelmut bald unter seinen wilden Schwertstreichen büßten.

In dem Gewühl, das vor den Lagerfeuern am Ufer entstand, trat Freund den Freund nieder, und noch ehe alle Hegelingen auf dem Wülpensand gelandet waren, war schon das Wasser einen Steinwurf weit rund um die Sandbank vom Blut gerötet.

Ortwin und Morung trachteten, an Gudrun und die Mägde heranzukommen, um sie den Feinden zu entreißen. Doch obwohl ihre Schwerter zuschlugen wie Äxte im Wald — die Normannen wichen nicht und verteidigten Hartmuts schönen Raub wie ihr Leben.

König Ludwig geriet an Hetel. Tapfer wehrte sich der Hegelingenfürst, schlug dem Normannen tiefe Wunden. Dennoch konnte er sein Schicksal nicht aufhalten. Er brach in die Knie und starb unter Ludwigs furchtbaren Schlägen.

»König Hetel ist tot!« stöhnten die Hegelingen. »Unser König ist ge-

Odin, der in früher Zeit von allen germanischen Stämmen verehrte oberste Herrscher über Himmel und Erde, lebt weiter in der Phantasie vieler Künstler. Diese Darstellung von C. E. Deepler ist berühmt geworden, weil sie die hehre Vergangenheit beschwört.

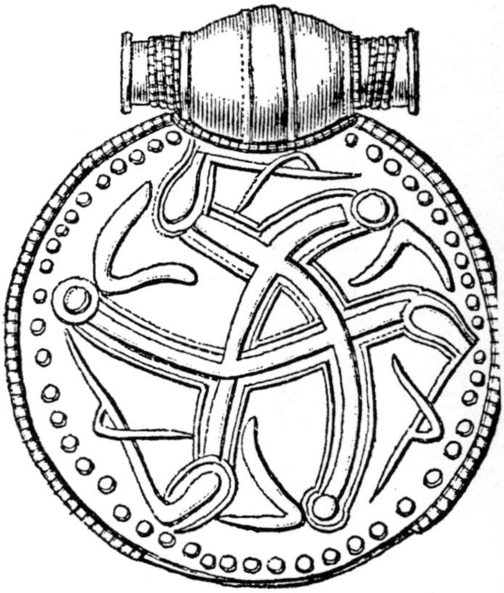

Stämme des Nordens prägten Szenen aus der Lieder-Edda in Goldbrakteaten: Der Fenriswolf beißt Tyrs Hand ab (oben), Loki tötet Balder mit dem Mistelzweig (unten). Nebenstehend eine Doppelseite aus einer isländischen Edda-Handschrift des 17. Jahrhunderts: links die Götterburg Walhall, rechts die Midgardschlange.

tugu̅ sva hygg ek Valhøll vera
atta hundrud einheria ganga v
einom dyru̅ i sen̄ þa er þeir þara
at Vitne af Vega
Heidrun heiter geit er stendur hællu a
skapt ker hun fylla skal inz skijra
miadar kna at su veig vanaß
VH
eikþyrner
heidrun

Wie die Völker der Vergangenheit die Helden ihrer großen Sagenstoffe sahen, wissen wir kaum — um so phantasievoller sind die Vorstellungen, die besonders in der Zeit der deutschen Romantik erwachten. Hier drei Szenen eines unbekannten Zeichners zum Gudrun-Stoff.

fallen!« Da drang ein lauter, schmerzlicher Schrei weit über das schwarzblaue Wasser hin: Gudrun klagte um ihren Vater.

Zornig wie ein verwundeter Eber wütete nun Wate unter den Feinden, er wollte Hetels Tod furchtbar rächen. Auch Ortwin und Horand gedachten, von Schmerz und Rachedurst übermannt, den Sieg zu erzwingen.

Da kam ein Däne gelaufen. Horand hielt ihn für einen Feind und stieß ihm, der sich zu spät zu erkennen gab, das Schwert mitten ins Herz. Erst als der Gefallene sterbend Horands Namen rief, sah dieser entsetzt, daß es sein eigener Neffe war, den er ermordet hatte. Er sank neben dem Toten nieder und begann über die Leiche laut zu klagen, daß es schaurig klang.

»Die Schlacht wird zum Mord!« rief Herwig. »Wir werden im Dunkel noch Freund wie Feind erschlagen. Haltet ein!«

So ließen die Hegelingen ab, zogen sich auf ihre Schiffe zurück, aber nur so weit, daß sie noch die Helme und Schilde der Normannen im Schein der verglimmenden Feuer blinken sahen. Todmüde ruhten sie, bangen Herzens, denn sie merkten wohl, daß ihre Reihen arg zusammengeschmolzen waren.

König Ludwig aber verspürte keine Lust, den Kampf am andern Tag fortzusetzen. Also ersann er eine List. Er befahl seinen Streitern, die Feuer zu löschen und sich dann mit viel Lärm im Sand zur Ruhe zu legen. »So werden wir die Hegelingen täuschen«, meinte er. Dann aber sollten sie so leise wie möglich auf die Schiffe schleichen, im Schutz der Nacht absegeln und tüchtig die Ruder gebrauchen.

Es geschah, wie er befohlen. Gudruns Jungfrauen aber, voll Hoffnung, am Morgen durch die Ihren befreit zu werden, erhoben lautes Wehklagen, als man sie auf die Schiffe brachte. Da schlugen die Männer sie derb auf den Mund und drohten ihnen: »Wenn ihr nicht augenblicklich schweigt und uns weiter durch euer Gejammer verratet, werfen wir euch ins Meer und ersäufen euch alle wie junge Katzen!«

So gelangten die Normannen durch ihre List auf die offene See hinaus und waren längst entschwunden, als die müden Hegelingen im Morgengrauen erwachten und Wate ins Heerhorn stieß. Nichts mehr war vom Feind zu sehen! Wo die Schiffe vor Anker gelegen waren, starrte der Wülpensand öd und leer. Nur Tote bedeckten, gräßlich zugerichtet, die mächtige Sandbank, und große schwarze Flecke zeigten an, wo die Feuer gebrannt hatten.

»Sie sind entkommen«, knurrte Frute, den Wind prüfend, »vergebliche Mühe, sie einzuholen. Laß uns die Toten bestatten, Freunde und Feinde«, wandte er sich an Wate, »und dann heimwärtsziehen, Königin Hilde zu melden, was geschah.«

Wate fand diese Rede vernünftig. Er befahl, die Erschlagenen zu verscharren und Sand über die Leichname zu türmen. Dann bestiegen sie die Schiffe.

Wenn Wate sonst von Kriegsfahrten heimkam, pflegte er mit lautem Schall fröhlich einzureiten – diesmal zog er schweigend mit seinen Leuten vor Hetels Burg auf.

»Weh, Wate!« rief ihm Königin Hilde vom Söller entgegen. »Was führen deine Mannen zerbrochene Schilde? Was reitet ihr so langsam, mit herrenlosen Waffen beladen? Wo ist König Hetel, mein Gemahl?«

»König Hetel liegt auf dem Wülpensand begraben, die Besten der Hegelingen fanden mit ihm den Tod, von Normannenschwertern erschlagen.«

»So ist auch mein Leben zerbrochen wie eure Schilde«, schluchzte die Königin, »mit Hetel habt ihr all meine Freude und Ehre begraben, und Gudrun, mein Kind, sehe ich nie wieder!«

»Klage hat noch keinen Toten erweckt«, sagte Wate dumpf. »Wartet, bis unsere Kinder schwertreif geworden sind, dann rächen wir an den Normannen tausendfach, was sie uns angetan haben. Ehe der Sohn nicht des Vaters gedenkt, können wir nichts tun, wir sind geschlagen. Siechen Männern hat noch niemals das Kriegsglück gelacht. Gedulde dich, Königin Hilde!«

Damit wandte er sein schweres Roß und ritt schweigend, wie er gekommen war, nordwärts nach Stürmen.

Unterdessen fuhren König Ludwig und Hartmut zerknirscht heimwärts. Sie schämten sich ihrer Flucht. Erst als die Küste der Normandie mit der Königsburg Kassiane aus den Fluten tauchte und ein guter Wind die Drachenschiffe darauf zutrieb, vergaßen sie die Hegelingen und den Wülpensand und atmeten freier.

Ludwig trat zu Gudrun, die im Kreis ihrer Frauen saß, den Blick unablässig starr auf das Dach geheftet.

»Schau auf, Stolze«, befahl er, »blicke um dich! Deine neue Heimat liegt vor dir! Zähle die Burgen: Hier sollst du als Königin gebieten, sobald du Hartmuts Weib bist.«

»Mir ist euer Land verhaßt«, erwiderte Gudrun, »und lieber wollte ich erschlagen auf dem Wülpensand ruhen wie mein Vater, als daß ich mich einem Mann geselle, der mir nicht ebenbürtig ist!«

Diese Worte erzürnten den König so sehr, daß er Gudrun mit beiden Händen an den Haaren packte und sie ins Meer schleuderte.

Entsetzt schrien die Frauen auf. Gudrun aber, obgleich des Schwimmens kundig, ließ sich willenlos untersinken, um ihrem Leben und ihrer Schmach ein Ende zu bereiten. Doch Hartmut sprang ihr nach, ergriff sie bei ihren langen blonden Zöpfen und brachte sie schwimmend auf das nächste Schiff, das herzusteuerte.

»Dankt dem Himmel, daß Ihr mein Vater seid«, rief er zu König Ludwig hinüber, »sonst müßtet Ihr diese Tat mit dem Tod büßen!«

»Mich hat noch keiner straflos geschmäht und keiner soll es je tun«, rief der König zurück, »du aber wirst deines Weibes Knecht werden, wenn du Gudruns Hochmut nicht brichst. Laß dich warnen, mein Sohn!«

Boten waren vorausgeeilt, Königin Gerlind Gudruns Ankunft zu melden. Die Schiffe glitten auf den Sand, froh sprangen die Normannen ans Ufer. Da nahte auch schon die Königin mit ihrer Tochter Ortrun, Hartmuts Schwester, und dreißig prächtig gekleideten Frauen. Voll Liebe nahte Ortrun der fremden, heimatlosen Fürstentochter und küßte sie auf Wangen und Augen. Als aber auch Gerlind Gudrun küssen wollte, stieß diese sie zurück und sagte: »Du sollst mich nicht küssen, rühre mich nicht an und empfange mich voll Haß, wie ich dich hasse! Was kann mir in diesem Land anderes bevorstehen als Leid?«

Trotz dieser kränkenden Worte wurde Gudrun mit allen Ehren, die einer Königstochter gebühren, in der Burg empfangen. Doch außer Ortrun, deren Herz nicht nur voll Güte und Mitleid, sondern auch voll Bewunderung für die geraubte Jungfrau schlug, begegnete sie allen, die sie anredeten, mit finsterem Schweigen und eiskaltem Blick. Erst als Gerlind sie nach einigen Tagen geduldigen Wartens freundlich fragte, wann sie denn mit Hartmut Hochzeit zu halten gedächte, brach Feuer aus Gudruns Augen.

»Hättet Ihr Euch einem Mann ergeben, durch den Ihr Heimat und Vater verlort?« fragte sie schneidend. »Nie werde ich mit Hartmut Krone und Lager teilen!«

»Sie muß dennoch meine Gemahlin werden«, erklärte Hartmut, dem Gudruns unbeugsamer Sinn weh tat — denn er liebte sie.

»Gib sie mir in Pflege und Zucht«, sprach Gerlind, »damit sich ihre Hoffart legt.«

Hartmut war mit dem Vorschlag einverstanden, doch bat er: »Seid milde und gütig zu ihr, wir haben ihrem Herzen manche Wunde geschlagen.«

Von nun an war Königin Gerlind Tag und Nacht um Gudrun. Doch sie mochte ihr raten oder befehlen, was sie wollte, ihr zureden in Güte oder Strenge, Gudrun kehrte sich nicht daran. Auch ihre Mädchen begegneten der Königin nur mit höhnischen Blicken und üblen Gegenreden.

Da brauste Gerlind eines Morgens auf: »Wer die Freude verachtet, soll Leid ernten!« rief sie. »Von heute an wirst du von deinen störrischen Jungfern getrennt und sollst mir Magddienste leisten, das Frauengemach heizen und vom Morgengrauen an in der Küche das Herdfeuer schüren.«

Hildburg und die anderen Jungfrauen wurden in düstere Kammern verbannt, dort mußten sie Garn winden und Flachs spinnen. Gudrun indessen hatte das Herdloch zu fegen, die Asche hinauszutragen, Holz zu schleppen, Feuer zu schlagen, den Küchenboden zu reiben und ihn mit ihrem herrlichen Haar aufzutrocknen. Noch nie war eine Magd am Normannenhof so niedrig gehalten worden wie sie. Niemand sagte ihr Dank für so entehrenden Dienst, niemand gab ihr ein gutes Wort.

Viereinhalb Jahre währte diese Schmach, von der Hartmut nichts wußte, weil er sich mit dem Vater auf einer langen, beschwerlichen Heerfahrt befand. Als er wieder heimkam, sah er, was mit Gudrun geschehen war, und stellte seine Mutter zornbebend zur Rede.

»Wie sieht Gudrun aus!« rief er. »Gram und Scham haben ihre Züge verändert, wirr und schmutzig ist ihr Haar, ihre Hände sind die einer Magd!«

»Was zürnst du?« fragte Gerlind kühl. »Sie hat dich und uns alle geschmäht. Breche ich ihren Hochmut nicht, wird sie dir nie eine gute Frau werden.« Aber gleich darauf zeigte sie sich nachgiebig und versprach, Gudrun sogleich wieder so zu behandeln, wie es ihr nach ihrer Herkunft zustand.

Hartmut ging zu Gudrun, setzte sich neben sie und versuchte, in Güte mit ihr zu reden. »Sag ein einziges Wort«, sprach er, »und du bist Königin in Kassiane: Mein Vater ist des Herrschens müde, er will mir und dir die Krone geben.«

»Ich kann dich nicht lieben, Hartmut«, erwiderte sie, »an deinen Händen ist Hegelingenblut, das nach Rache schreit. Und wäre das nicht, sage mir doch: Möchtest du eines anderen Weib umarmen? König Herwig von Seeland bin ich vor aller Welt mit festen Eiden verlobt, ihn allein liebe ich!«

»Gudrun, du strafst mich mit harten Worten«, sagte Hartmut betrübt. »Ist Herwig denn so viel mehr wert als ich?«

»Und wenn er bettelarm und elend vor mir stünde, ich wollte keinen anderen, nicht für alle Schätze der Normandie!« rief Gudrun.

Da flammte Hartmut auf: »In der Normandie bin ich König und tue, was ich will — ich könnte dich zwingen, mein Weib zu werden!«

»König Hagens Enkelkind zwingen?« Gudrun lachte grell auf. »Schade«, rief sie, »daß ich kein Mann und daß ich ohne Schwert bin: Du und dein Vater, ihr würdet nicht lebend über diese Schwelle kommen! Geh, ich werde mich dir nie ergeben!«

Hartmut ging. Als sein Zorn ein wenig verraucht war, sandte er seine Schwester Ortrun in Gudruns Kammer. »Sprich du mit ihr«, sagte er bitter, »vielleicht kannst du der Hegelingentochter mit gutem Wort ihre Treue ausreden. Ich vermag es nicht — und will doch keine andere zur Königin als sie!«

Ortrun umschlang Gudruns Knie. »Werde meines Bruders Gemahl«, bat sie weinend, »und ich will dir mein Lebtag in Liebe dienen und huldigen.«

Gudrun streichelte ihr über den Scheitel und sagte lächelnd: »Wenn du einem Mann verbunden wärst und um seinetwillen schon so viel gelitten hättest wie ich, würdest du mich um solches nicht bitten. Ich danke dir für deine Güte und will sie dir mit Treue lohnen, wenn der Tag meiner Freiheit und meiner Rache anbricht.«

Sie hob das Mädchen auf und umschlang es mit den Armen. Wie wohl tat es ihr, nach Jahren wieder ein mitfühlendes Herz an dem ihren schlagen zu spüren!

Da flog die Tür auf, und Frau Gerlind stand auf der Schwelle. »Was umarmst du eine Dienstmagd, die uns alle schmäht!« schrie sie Ortrun an und jagte die Erschrockene mit derben Stößen aus der Kammer. Dann ging sie auf Gudrun zu: »Ich versprach Hartmut, dich wieder besser zu halten, doch dein Starrsinn gegen ihn zwingt mich, anders zu handeln. Dienen sollst du mir von dieser Stunde an, wie noch keine Magd im Normannenland je diente.«

»Ich weiß, du Wölfin, daß mich das Schicksal nicht zu Freunden verschlug«, erwiderte Gudrun gelassen. »Was meine Hände vermögen, werde ich dir leisten, du Teufelin, und sollte ich dabei sterben. Doch nie sollst du König Hetels Tochter klagen hören oder gar weinen sehen.«

»Wäsche sollst du von morgen an waschen«, schrie Gerlind außer sich vor Wut. »Alle Tage, noch ehe der Morgen graut, sollst du Kleider zum Ufer schleppen und für mich und mein Gesinde waschen, für alle! Gebeugten Rückens und mit den bloßen Händen sollst du die Arbeit verrichten, und wehe dir, wenn die Wäsche nicht blütenweiß wird!«

»So werden meine königlichen Hände auch diese Arbeit lernen«, versetzte Gudrun. »Quält mich, straft mich, soviel Ihr wollt, rauft mir die Haare, peitscht mich mit Ruten, ich bin in Eurer Hand! Aber meinen Sinn ändern könnt Ihr dennoch nicht!«

Am anderen Morgen mußte Gudrun zum Strand gehen. Von den Fenstern der Burg sahen ihr die Hegelingenmädchen nach, und Hildburg zerschnitt es fast das Herz. »Laß mich mit Gudrun waschen gehen«, bat sie Gerlind, »ich teilte daheim mit ihr den Glanz, so will ich in der Fremde die Schmach mit ihr teilen.«

»Das wird dich hart ankommen«, meinte die Königin, »Gudrun muß barfuß gehen, nur mit einem groben Linnenhemd bekleidet, und du müßtest dich kleiden wie sie, auch wenn es bald Winter wird. Es ist bitter, in den Schnee zu gehen und zu waschen im kalten Wind, wenn du lieber in der warmen Kammer am Spinnrad säßest.«

Aber Hildburg konnte den Abend kaum erwarten, um Gudrun diesen Trost zu bringen. Sobald sie heimkehrte, eilte sie zu ihr in die schlechte, finstere Kammer und sagte: »Ab morgen gehe ich mit dir zum Strand.« Dann verriegelten sie die Türe, setzten sich eng aneinandergeschmiegt auf die harte Bank, die Gudruns Lager war, und beklagten ihr Elend.

So vergingen weitere acht Jahre der Not und Schmach für Gudrun. Morgen für Morgen trug sie mit Hildburg den schweren Waschkorb zum felsigen Ufer. Dort knieten die Mädchen nieder und wuschen Wäsche, den ganzen Tag. Vom Knien auf den Steinen bekamen sie Schwielen, von dem salzigen Wasser blutige Risse an den Händen. Schultern und Rücken schmerzten sie vom Bücken so sehr, daß sie des Abends oft kaum mehr gerade stehen konnten. Trotzdem schritten sie aufrecht vom Strand zur Burg zurück, denn Königin Gerlind sollte sehen, daß sie niemals ihren Stolz aufgeben würden.

DIE RETTER NAHEN

Dreizehn Jahre waren vergangen, seit Gudrun geraubt und König Hetel auf dem Wülpensand erschlagen worden war. All die Zeit über hatten Königin Hilde und der alte treue Wate keinen anderen Gedanken gehegt, als Gudrun und ihre Frauen wieder zu befreien. Als nun im Hegelingenland wieder genug Knaben zu jungen starken Männern herangewachsen waren, die mit racheglühendem Herzen erzählen hörten, wie tückisch und grausam Ludwig und Hartmut, die Normannenkönige, an ihren Vätern gehandelt hatten, da ließ Königin Hilde siebzehn stolze Schiffe mit langen Kielen bauen und dazu dreiunddreißig kleinere, flinke Boote mit rundem Bug. Alle waren mit starken Segeln und Rudern versehen.

Um das Julfest, wenn die Nächte am längsten sind und die Sonne sich kaum für ein paar Stunden am Tag über den Horizont erhebt und ihre kühlen Strahlen über das Land schickt, sandte Königin Hilde Boten zu König Herwig, auch zu Wate und Horand, zu Morung und Irold, kurz zu allen, die ihr in Freundschaft zugetan oder lehenspflichtig waren. Die Boten hatten zu melden: »Der Hegelingen Königin entbietet euch Grüße und fordert euch auf zum Rachezug gegen die Normannen. Laßt uns im Winterdunkel aufbrechen nach der Normandie! In den Rauhnächten wird uns der Feind am wenigsten erwarten — so treffen wir ihn unvorbereitet, rächen Hetels Tod und befreien Gudrun!«

Dies waren die Worte der Boten, und jeder, der sie hörte, gehorchte ihnen freudig. »Keine liebere Botschaft höre ich als diese«, versicherte König Herwig, Gudruns Verlobter, und der junge König Ortwin, Gudruns Bruder, den die Boten in Ortland auf der Jagd antrafen, jauchzte, als er seiner Mutter Ruf vernahm. »Meine besten Recken führ ich ihr zu«, rief er, »und sollte die Hälfte von ihnen sterben müssen! Es gilt Gudrun, meine liebe Schwester, endlich zu befreien!«

Es war ein stattliches Heer, das sich bald in Matelane versammelte. An ihrer Ausrüstung, aber auch an der wiederaufgebauten Burg und Stadt konnte jedermann erkennen, daß die Hegelingen sich von ihrer schweren Niederlage erholt hatten. Königin Hildes Schatzkammern waren wieder gefüllt, so durfte sie freigebig sein und sprechen: »Rächt meinen erschlagenen Gatten! Bringt mir Gudrun, mein Kind, glücklich und heil wieder, und ich will euch jeden Schwertstreich, den ihr für mich tut, mit Gold lohnen!«

Rötlich erhob sich die Sonne, als das Heer, dem sich im letzten Augenblick auch noch Siegfried von Morland, Herwigs einstiger Feind, angeschlossen hatte, die Schiffe bestieg, die bald mit geblähten Segeln und zischenden Kielen auf das düstere Meer hinausflogen. Auf dem vordersten Schiff stand Horand von Dänemark, den Königin Hilde zum Bannerträger ernannt hatte. Ihm mußten alle gehorchen, selbst Wate, der alt geworden war und sich nur murrend fügte.

Nach einigen Tagen zügiger Fahrt, wobei es manchmal treibenden Eisschollen auszuweichen galt, die von Norden geschwommen kamen, sahen die Helden eine bewaldete Landzunge auftauchen.

»Hier laßt uns landen«, rief Wate, »ehe wir und unsere Rosse erfrieren. Von dieser wüsten Insel läßt es sich trefflich Ausschau halten, sie bietet auch ein gutes Versteck.«

Horand stimmte zu, und alsbald tummelten sich die starken Pferde freudig wiehernd am Ufer. Irold erstieg den höchsten Baum und spähte in die Runde. Da sah er in der Ferne aus grauer Winterluft die Türme von Kassiane in den Himmel ragen. Weithin dehnte sich der meerbespülte Strand des Normannenlandes.

»Wir sind am Ziel, Freunde!« rief er und kletterte erfreut den Stamm hinab. Er berichtete genau, was er gesehen hatte. Da drangen Herwig und Ortwin in Horand, er möge sie doch als Kundschafter vorausfahren lassen. Sie wollten erforschen, wie viele Krieger in König Ludwigs Burg in Bereitschaft lägen und ob Gudrun und ihre Frauen noch am Leben wären.

Horand stimmte zu: »Nehmt morgen früh einen starken Kahn und fahrt los. Wenn ihr bis zum Abend nicht wieder zurück seid, eilen wir, euch zu rächen.«

»Schwört, daß ihr Gudrun auch ohne uns befreien und heim zu Königin Hilde bringen werdet!« forderten Herwig und Ortwin.

»Das ist beschworen«, entgegneten Horand und Wate zornig wie aus einem Mund, »das bedarf keiner neuen Eide!«

Auch am folgenden Tag standen Gudrun und Hildburg wie an allen anderen Tagen des Jahres am Ufer und wuschen. Als um die Mittagszeit die Sonne milchig durch den Nebel schimmerte und Gudrun in der schweren Arbeit ein wenig innehielt, sich aufrichtete und das Haar aus der Stirne strich, rauschte auf einmal ein Schwan mit weit ausgebreiteten Schwingen über ihrem Haupt. Erschrocken blickte sie zu dem herrlichen Vogel empor.

Der Schwan umkreiste sie und begann plötzlich mit menschlicher Stimme zu sprechen: »Gudrun, Königskind! Hörst du mich?«

»Ich höre dich!« antwortete Gudrun. »Was bringst du mir?«

»Gute Kunde! Von weither komme ich, die Schiffe der Hegelingen begleitete ich aus deiner Heimat hierher! Auf waldiger Insel, unweit von hier, rasten die Deinen, freue dich! Schwerter sah ich blitzen, Schilde schimmern, Helme wie Gold und Brünnen wie Silber!«

»Sage mir, Schwan«, rief Gudrun bangend, »weilt Herwig von Seeland bei den Helden? Ist Horand bei ihnen, lebt Wate noch?«

»Herwig sah ich, der dich liebt«, antwortete der Schwan, »und Wate von Stürmen zieht mit Frute an einem Ruder, Horand trägt der Königin Banner!«

»So lebt Hilde, meine Mutter, noch?« fragte Gudrun in höchster Erregung.

»Sie grüßt dich durch mich«, antwortete der Schwan und flog höher. »Siehe, die Sonne bricht durchs Gewölk, ich muß scheiden.«

Gudrun schirmte die Augen und sah dem Vogel nach, bis er entschwunden war.

Erstaunt fragte Hildburg, was der Schwan ihr verkündet habe, und Gudrun weihte die Gefährtin in ihr Geheimnis ein.

An diesem Tag wuschen die Jungfrauen die Wäsche sehr nachlässig; immer wieder schauten sie aufs Meer hinaus, ob noch nichts von den Schiffen der Hegelingen zu sehen wäre.

Als sie am Abend den Waschkorb in die Burg brachten, zauste Gerlind sie an den Haaren. »Das soll sauber gewaschen sein?« rief sie und hielt ihnen die einzelnen Stücke vor.

»Wir tun unser Bestes«, entgegnete Hildburg, »Eure Zucht ist hart, rauh wie der Winterwind. Wehte draußen mildere Luft, so leisteten wir vielleicht bessere Arbeit, aber uns friert im Hemd und mit bloßen Füßen, du Wölfin!«

»Ihr trägen Dirnen, was schert mich euer Weh!« rief Gerlind erbost. »Festtage nahen, wir erwarten Gäste! Da müssen König und Gesinde sauber gekleidet sein! Noch zu nächtlicher Stunde geht ihr morgen ans Ufer, wie scharf Wind und Frost auch sein mögen! Und kommt ihr mir wieder mit so schlecht gewaschener Wäsche zurück, so will ich euch strafen, daß ihr mich euer Lebtag nicht vergeßt!«

Schweigend gingen die Mädchen in ihre kalte Kammer, aßen hungrig das schwarze, steinharte Brot, das man ihnen reichte, und tranken von der wäßrigen Milch. Danach streckten sie sich auf die Bänke zur Ruhe.

Bald nach Mitternacht trat Gudrun ans Fenster, stieß den Balken auf und sah, daß über Nacht Schnee gefallen war, weiß und rein bedeckte er das stille Land.

Sie weckte Hildburg. »Geh zu Königin Gerlind und sage ihr, sie soll uns Schuhe geben, wir können nicht mehr barfuß bei solchem Wetter waschen, sonst sterben wir, noch ehe die Hegelingen kommen.«

Hildburg schlich vor das Gemach, in dem Gerlind mit König Ludwig schlief. Sie pochte an die Türe und bat um Schuhwerk. »Es hat geschneit, wir können nicht mehr mit bloßen Füßen waschen, sonst sterben wir!« sagte sie flehend.

»Was geht mich euer Tod an!« rief Gerlind. »Geht unverzüglich hinab zum Ufer und vergeßt nicht, was euer wartet, wenn die Wäsche nicht weißer ist als der Schnee, der heute nacht gefallen ist!«

Weinend kehrte Hildburg zu Gudrun zurück. »Spare die Tränen«, sagte diese erzürnt, »bald sollst du mit mir vor Freude weinen!« Dann gingen sie zum Strand hinunter.

Als der Morgen graute, sahen sie in einem starken Kahn zwei Männer herankommen. Die beiden ruderten mit aller Kraft der Küste zu.

»Sind es Späher unserer Freunde«, sagte Gudrun erbebend, »so laß uns laufen! Lieber wollte ich Königin Gerlind mein Leben lang dienen, als daß sie mich, König Hetels Tochter, in solchem Elend und solcher Schmach antreffen!«

Herwig, der sah, daß die Mädchen sich anschickten zu flüchten, rief ihnen nach: »Ihr Wäscherinnen, bleibt doch stehen! Wir sind Fremdlinge, des Landes unkundig! Kommt ihr nicht wieder ans Ufer, so rauben wir die schönen Gewänder, die da liegen!«

Da kehrten die Mädchen zögernd um. In ihren groben, feuchten Hemden, die Füße vom Frost gerötet, das Haar vom Winterwind zerzaust, standen sie vor den Helden, die geschickt zwischen den Steinen gelandet und ans Ufer gesprungen waren.

Herwig und Ortwin waren in den dreizehn Jahren reife Männer geworden und trugen dichte kurze Locken, darum erkannten die Mädchen sie nicht gleich. Gudrun und Hildburg wiederum sahen durch ihre harte Arbeit, durch die vielen Demütigungen und in dem zerschlissenen Gewand so anders aus, daß auch sie von den beiden Helden nicht erkannt wurden.

Ortwin fragte verwundert: »Für wen wascht ihr so kostbares Gewand? Ihr seid schön wie Königinnen — wer ist euer Herr, daß er euch zu Mägden erniedrigt?«

»Unser Herr hat viele Mägde, die wohl noch schöner sein mögen als wir«, lautete die Antwort.

»Dennoch macht es eurem Herrn wenig Ehre, euch barfuß und im Hemd an den winterlichen Strand zu schicken. Nehmt unsere Mäntel, ihr friert!«

»Wir tragen keine Männerkleidung. Fragt, was ihr wissen wollt, aber beeilt euch! Sieht man von der Burg aus, wie wir mit euch reden, gibt es Rutenstreiche.«

»Seid unbesorgt, wir bringen euch nicht in Gefahr. Auch lohnen wir euch jedes Wort mit Gold.«

»Wir nehmen keinen Lohn von euch. Fragt!«

»Wem gehört dieses Land? Und wer haust in der Burg dort oben?«

»Land und Burg gehören dem Normannenkönig Ludwig. Sein Sohn heißt Hartmut. Als wir heute früh das Haus verließen, schliefen sie noch hinter festen Mauern mit viertausend Mann. Ob sie zur Stunde noch schlafen oder schon ausgeritten sind, wissen wir nicht.«

»König Ludwig und Hartmut herrschen in großen Ehren, sagte man uns, wir möchten sie gerne besuchen. Doch warum werden hierzulande die Mägde so schlecht gehalten?«

Gudrun und Hildburg schwiegen auf diese Frage. Forschend sahen sie die Ritter an.

Da trat Herwig einen Schritt näher und fragte Gudrun: »Sage mir, ob du nie gehört hast, daß vor vielen Jahren des Hegelingenkönigs Tochter mit ihren Mädchen von Normannen geraubt und hierhergebracht wurde?«

Da durchzuckte eine freudige Ahnung Gudruns Herz.

Sie beschloß, die Männer auf die Probe zu stellen und fragte: »Forscht ihr nach Gudrun? Ich kannte sie! In großem Jammer habe ich sie gesehen. Sie ist längst gestorben.«

Da senkte jeder der beiden Recken das Haupt, und aus ihren Augen rollten die Tränen. »So sind wir zu spät gekommen«, sagten sie voll Trauer.

Jetzt konnte Gudrun nicht mehr länger an sich halten. Sie gab sich zu erkennen, zeigte Herwig den Ring, den sie von ihm in glücklichen Tagen bei der Verlobung auf Burg Matelane erhalten und seither niemals vom Finger gestreift hatte, und Herwig zeigte ihr den seinen.

Schluchzend umarmten sie einander, und auch Ortwin eilte herzu, küßte zuerst die Schwester und dann auch Hildburg, Gudruns Gefährtin, die alle Not mit ihrer Herrin so treu geteilt hatte.

»Rasch, Ortwin«, rief Herwig, »laß uns die Mädchen in den Kahn heben und in Sicherheit bringen, ehe die Sonne den Nebel vertreibt.«

»Niemals!« entgegnete Ortwin erzürnt. »Und wenn ich hundert Schwestern hätte, ich ließe sie alle hier sterben, ehe ich sie entführte wie ein Dieb! Was uns die Normannen durch Gewalt raubten, soll ihnen nur mit dem Schwert entrissen werden! Und haben denn Gudruns Mädchen und Frauen nicht auch ein Recht auf Rettung? Grolle mir nicht, Schwester, ich kann nicht anders!«

Da besann sich auch Herwig. »Ja«, sagte er, »warte bis morgen und schweige. Blutig wird die Sonne über dem Normannenland aufgehen, und blutig rächen und befreien wir dich. Dann erst sollst du mir deine Liebe schenken. Leb wohl!« Ein letztes Mal umarmte er Gudrun und sprang mit Ortwin in den Kahn.

Die Mädchen blickten ihnen voll Hoffnung nach. Dann wandte Gudrun sich um, nahm die kostbaren Gewänder, die am Ufer lagen, und schleuderte sie vor Hildburgs erschrockenen Augen ins Meer.

»Da treibt hin!« rief sie. »Ich habe heute zwei Könige geküßt — nicht länger bin ich Gerlinds Magd!« Und sie nahm die entsetzte Gespielin am Arm und schritt mit ihr zur Burg hinauf.

»Was wird die Wölfin sagen?« fragte Hildburg verzagt. »Wir kommen schon so früh und ohne Wäsche heim!«

»Sei unbesorgt«, entgegnete ihr Gudrun, »noch heute wird sie dich und mich und uns alle in Samt und Seide kleiden.«

Für Hildburg waren diese Worte rätselhaft, denn sie konnte nicht wissen, welch grimmige List Gudrun in ihrem Herzen ersonnen hatte.

LIST UND BEFREIUNG

Gudrun und ihre Gefährtin betraten die Burg, die Königstochter hocherhobenen Hauptes, Hildburg voll Bangen und Sorge. Mit leeren Händen traten sie vor die Königin.

»Wo habt ihr die Wäsche gelassen? Wo sind die seidenen Gewänder, wo die kostbaren Schleier?« fragte Gerlind drohend.

»Bei den Fischen auf dem Grund«, entgegnete ihr Gudrun voll Hohn, »ich habe sie ins Meer geworfen!«

»Das sollst du büßen!« schrie Gerlind. »Schneidet Ruten aus dem Dorngestrüpp«, befahl sie Gudruns Mädchen, »damit will ich dich auspeitschen lassen!«

»Das wirst du nicht tun«, sagte Gudrun kühl, »oder es geschieht noch heute an dir selber. Meine Mädchen gehorchen von nun an wieder mir allein, der künftigen Königin der Normannen!«

Gerlind erstarrte. »Was soll das heißen?« fragte sie.

»Ich habe mich entschlossen, Hartmut zu folgen. Ich werde sein Weib«, antwortete Gudrun hoheitsvoll, »rufe ihn, ich will jetzt mit ihm reden!«

Sprachlos vor Staunen, sah Hildburg die Gefährtin an, aber Gudrun würdigte sie keines Blicks, sie war wie verwandelt.

Es dauerte eine Weile, ehe Gerlind das Neue, Unerhörte begriff. Dann aber erfüllte eine wilde, triumphierende Freude ihr Herz. »So hat meine Zucht am Ende doch gefruchtet!« dachte sie und eilte, ihrem Sohn die frohe Botschaft zu überbringen.

Als später Hartmut glückstrahlend vor Gudrun stand und die Arme um sie schließen wollte, wies sie ihn jedoch von sich und meinte: »Noch nicht! Es soll nicht heißen: der König der Normannen hat eine niedrige Wäscherin umarmt. Sieh doch, wie ich vor dir stehe: im schneenassen Hemd, bleich und elend, mit wunden Füßen und Händen — sieht so eine Königin aus?«

Ehrerbietig trat er zurück, neigte das Haupt und sprach: »Da du mir endlich deine Liebe schenken willst, gebiete über mich und uns alle!«

»Mein erstes Verlangen ist, daß man mir und meinen Frauen nach all der Schmach ein Bad bereite und uns bewirte, wie es uns geziemt«, befahl Gudrun. Auch ordnete sie an, daß man ihre Mädchen und Frauen unverzüglich von Gerlinds Gefolge absondere, aus den Arbeitsstuben und Spinnstuben entlasse und zu ihr bringe.

Hartmut gehorchte willig, und als Gudruns Jungfrauen ihre Herrin umstanden, schämte er sich ihres Anblicks: ihre Kleider waren zerrissen und beschmutzt, ihr Haar wirr, Wundmale von Rutenhieben klagten Königin Gerlind lauter an als alle Worte.

»Siehe, Hartmut«, sagte Gudrun, »wie meine Mädchen und Frauen aussehen — soll ich mich von armseligen Mägden zu meinem Königsthron begleiten lassen? Das brächte dir wenig Ehre.«

»Sie sollen alle gekleidet sein wie Herzoginnen«, erwiderte der König.

Alsbald wurden die Bäder bereitet. Über mächtigen Feuern hingen Kessel mit klarem Wasser, und als es dampfend heiß war, wurde es in große hölzerne Tröge geschüttet. Bald duftete das Wasser von den köstlichen Spezereien, die man hineintat. Seife war genug vorhanden, ebenso weißes Linnen zum Trocknen und Salböl. Hartmuts Vettern und Neffen, alles Edelleute von hohem Rang, drängten sich heran, Gudrun und ihren Frauen als Kämmerlinge zu dienen.

Auch als die Hegelingenmädchen die große Badestube verließen und in der Halle an den fürstlich gedeckten Tisch traten, um endlich wieder zu speisen, wie sie es gewohnt waren, stand hinter jedem Stuhl ein Königssohn oder Herzog als Kämmerling und harrte der Befehle. Die besten Gerichte, die der Hofkoch zu bereiten verstand, wurden aufgetragen, und in würdiger Stille saß die künftige Königin mit ihren Dienerinnen beim Mahl.

Plötzlich stürzten einem der Mädchen Tränen aus den Augen; sie bedeckte das Gesicht mit den Händen und rief unter Schluchzen: »Wehe uns, daß wir nun für immer in der Fremde weilen müssen und die Heimat nie wieder sehen werden! Was wird König Herwig sagen, wenn er erfährt, daß Gudrun ihm die Treue brach und Hartmut zum Mann nimmt, der uns gewaltsam entführt hat?«

Da rückte Gudrun auf ihrem Stuhl zurück und lachte laut auf, daß die Kämmerlinge erschraken und einige von ihnen heimlich zu Gerlind eilten, ihr zu melden, was sich beim Mahl der künftigen Königin ereignet habe. »Gudrun lacht, während ihre Frauen weinen — was mag das bedeuten?« sagten sie.

Eilig suchte Gerlind Hartmut auf und sprach: »Ich traue Gudrun nicht. Mir graut vor ihrem Frohsinn. Sieh dich vor, daß nicht schreckliche Not über uns kommt!«

Hartmut fuhr sie an: »Laß Gudrun endlich in Frieden! Wer deiner Zucht entrann, darf lachen!«

»Es fliegen Raben um die Burg. Der Nebel weicht nicht von der Küste, mein Sohn«, sagte Gerlind, von bösen Ahnungen gequält. »Mir graut vor Gudrun! Sicherlich hat sie heimliche Kunde von den Hegelingen bekommen. Hüte dich, es kann dich Leben und Ehre kosten!«

»Dich narrt dein schlechtes Gewissen«, entgegnete Hartmut. »Noch ist es Winter, da fährt niemand gern zur See. Gudruns Heimat und Freunde sind weit, und was sollten uns auch die geschlagenen Hegelingen anhaben? Wir brachten ihnen auf dem Wülpensand Wunden bei, von denen sie sich nie wieder erholen werden, und haben ihnen alle Schätze geraubt. Sei ruhig und sorge dafür, daß Gudrun königlich zur Ruhe geleitet und daß ihr Schlaf nicht gestört werde, es ist spät.«

Als Gerlind in die Halle kam, hatte Gudrun längst befohlen, nachzusehen, ob auch für alle geziemend gebettet sei. Da zeigte sich, daß Hartmut die prächtigsten Zimmer der Burg für Gudrun und ihre Frauen hatte einrichten lassen: Die Betten waren mit dem feinsten Linnen bezogen, mit seidenen Decken und Polstern ausgestattet.

Darauf hatte Gudrun die Kämmerlinge entlassen und war, von Normannenknaben mit Fackeln geleitet, samt ihren Frauen in die Gemächer gegangen. Königin Gerlind fand die Halle bereits leer.

»Das ist unsere erste kummerlose Nacht im fremden Land«, sagte Gudrun. Sie rief ihre Mädchen zu sich, befahl ihnen, die Tür zu verriegeln, und sprach: »Freut euch mit mir, morgen werdet ihr von diesen Fenstern aus ein prächtiges, blutiges Schauspiel erleben: Ich habe König Herwig geküßt und Ortwin, meinen leiblichen Bruder! Jene unter euch, die mich beim ersten Morgengrauen weckt, will ich mit Gold überhäufen!«

Am gleichen Abend waren Ortwin und Herwig glücklich wieder auf jener entfernten waldigen Landzunge angekommen, wo Horand, Frute und Wate sie schon mit Bangen erwarteten. Sie erzählten, was sie von den Mädchen am Ufer erfahren hatten. Horand befahl den Aufbruch.

Der Nebel wich, breit und hell schien der Mond über Meer und Land. Die ganze Nacht ritt Königin Hildes Heer. Die Blüte des Hegelingenreiches zog da mit blitzenden Waffen und schimmernder Rüstung schweigend hinter Horands Banner einher. Weiß stieg der Dampf aus den Nüstern der Rosse, Wates Hauch gefror in seinem Bart zu Eis.

»Morgen werden in Kassiane die Vögel singen und die Blumen erwachen rund um König Ludwigs Burg«, rief der Alte scherzend, »so heiß wird diese Winterschlacht geschlagen!« Ein leises, unheimliches Lachen lief durch die Reihen der Reitenden.

Der Morgenstern stand noch hoch am Himmel — da trat eine von Gudruns Jungfrauen ans Fenster. Sie sah in der Ferne Schilde und Helme schimmern. Schnell weckte sie Gudrun. Im nächsten Augenblick gellte auch schon das Horn des Türmers: »Feind in Sicht!«

Schlaftrunken taumelten Ludwigs und Hartmuts Mannen aus den Betten und zu den Waffen, doch ehe sie noch kampfbereit waren, hatten die Hegelingen die Feste bereits umzingelt.

Gerlind, die das Türmerhorn aus unruhigem Schlummer gerissen hatte, war, ohne ihren Gemahl zu wecken, auf die Zinne geeilt und sah voll Grauen, wie Wate und Frute, Herwig von Seeland und Siegfried von Morland ihre Scharen heranführten.

»Nun bezahlen wir Gudruns Lachen mit dem Leben!« rief sie ihrem Sohn zu, der soeben neben sie trat.

Bald kam auch der alte König. Er schaute nieder auf den Wald der Lanzen und Schilde und erkannte Königin Hildes Feldzeichen, auch Ortwins und Herwigs Banner. »Was wir zu Matelane und auf dem Wülpensand verbrachen, kommt nun mit Übermacht auf uns zurück!« sagte er.

»Was sollen Reden?« fragte Hartmut. »Rüste dich lieber, wir müssen kämpfen!«

»Verrammelt die Tore«, riet Gerlind, »schießt mit Pfeilen auf die Feinde, werft Steine auf sie hinab!« Sie beschwor den Gatten wie den Sohn, die Burg auf keinen Fall zu verlassen. »Ein Jahr oder mehr halten wir durch, bleibt ihr in den Mauern — auf dem Anger aber seid ihr noch heute des Todes!«

»Ehe ich mich hinter der Mauer erschlagen lasse wie ein Hund oder verhungere, will ich lieber auf offenem Feld sterben«, rief Hartmut erzürnt. »Wie würde Gudrun erst lachen, wenn ich mich ihren Streitern nicht stellte!«

»Dann schwingt eure Schwerter so gewaltig, daß Gudruns Freunden das Blut in Bächen aus den Helmen stürzt«, schrie Gerlind außer sich und half den Königen selber in den Harnisch, reichte ihnen eigenhändig Helm und Schwert.

Unterdessen hatten vor der Burg Wate und Frute, Morung und Irold ihre Scharen geordnet. Dann stieß Wate ins Horn. Beim erstenmal scharten sich alle um Königin Hildes Banner. Beim zweitenmal schwangen sie sich auf die Pferde. Beim drittenmal — es klang so laut, daß die Felsen der Küste erzitterten, die Flut des Meeres zurückwich und Steine aus der Burgmauer brachen — hob Horand das Banner: Die Schlacht konnte beginnen.

Auch die vier Tore von Kassiane flogen jetzt auf, und Hartmut zog mit seinen Recken wohlgerüstet aufs Feld. Als ersten traf er Ortwin,

Gudruns Bruder, und verwundete ihn schwer. Als Horand herzueilte, Ortwin zu helfen, erfuhr auch er Hartmuts Kraft, und hätten sich nicht seine Dänen dazwischengeschoben, wäre sein Leben verwirkt gewesen.

Wild wogte das blutige Getümmel um die Mauern. Wie tapfer auch Hartmut und die Seinen fochten, Königin Hildes Heer umklammerte die Feste immer bedrohlicher, immer enger schloß sich der Ring um die Mauern. Die Normannen gerieten in große Not.

König Ludwig schlug einen Helden nach dem anderen vom Pferd; vor Matelane und auf dem Wülpensand hatte er nicht so gewaltig gestritten wie hier.

»Wer ist der Graubart dort, der wie ein Jüngling kämpft?« fragte Herwig von Seeland.

»Spare deine Fragen!« rief Ludwig und stürmte auch schon auf den Gegner ein. »Schmecke lieber meine Klinge! Ich bin Ludwig von der Normandie!«

»Du kommst mir gerade recht!« entgegnete Herwig. »Du hast Gudrun geraubt und König Hetel erschlagen — dafür büße jetzt!«

Aber der alte König war stärker als Herwig. Mit einem gewaltigen Streich fegte er ihn vom Pferd, und hätten die Seeländer ihren Herrn nicht rasch mit den Schilden geschützt, es wäre ihm übel ergangen.

König Herwig blickte zur Burg empor. Da sah er, daß Gudrun ihn mit sorgenden Augen verfolgte. »Daß er mich vor ihr niederschlug, besiegelt sein Schicksal«, knirschte er, sprang wieder aufs Pferd, scharte seine Getreuen um sich und stürmte erneut gegen den alten Normannenkönig an. Mit einem gewaltigen Schwertstreich traf er ihn zwischen Helm und Schildrand, so daß eine tiefe Wunde an Ludwigs Hals klaffte. Mit einem zweiten Schlag trennte er ihm das Haupt vom Rumpf.

Laut schrie Königin Gerlind auf, als sie Ludwigs Haupt unter die Hufe der Pferde rollen sah. Hartmut, nun auch schon mit Wunden bedeckt — er wußte noch nichts vom Tod seines Vaters —, wollte so rasch wie möglich hinter die Mauern der Burg zurückeilen, um frische Kräfte zu sammeln und den Frauen beizustehen.

Aber da stand Wate vor dem Tor! Wie der Gott der Rache selber war er anzuschauen, von den Beinschienen bis zum Bart mit Blut bespritzt. Dunkle Glut brach aus seinen Augen, gewaltig schwang er sein Schwert. Auch bei den anderen Toren standen bereits die Hegelingen und wehrten den Normannen den ersehnten Rückzug.

Da wandte Hartmut sich an seine Leute und rief: »Fliegen können wir nicht! Die Erde tut sich nicht auf, und der Fluchtweg über die See ist uns versperrt: Was bleibt anderes übrig, als daß wir absitzen und uns bis zum letzten Atemzug schlagen?«

Nach diesen Worten sprang er vom Pferd, rannte mit erhobener Waffe auf Wate zu und begann mit diesem einen so wilden Zweikampf, daß Feuer aus Helmen und Klingen fuhr.

Jetzt lief Ortrun, die unter heißen Tränen von der Zinne aus das Gemetzel verfolgt hatte, zu Gudrun, die stolz und siegesgewiß unter ihren Frauen saß, fiel vor ihr zu Boden und rang die Hände. »Muß ich nach dem Vater auch noch meinen Bruder verlieren?« rief sie. »Erbarme dich meiner! War ich dir nicht immer zugetan? Bei den Tränen, die ich über dein Leid vergoß, rette Hartmut, rette ihn, er kämpft mit Wate!«

»Du warst mir gut, Ortrun«, sagte Gudrun mild und hob die Verzweifelte auf, »ich hatte zu Kassiane keinen Freund außer dir. Doch kann ich dir selber nicht helfen, ich muß erst einen Ritter suchen, der es für mich tut. Komm!«

Sie führte Ortrun an ein Fenster und hielt Ausschau nach Herwig. Als sie ihn sah, winkte sie ihn dicht an die Mauer heran. »Ich brauche deinen Dienst!« rief sie.

»Befiehl, was du magst, ich will alles für dich tun!« schrie er.

»Trenne Hartmut und Wate!«

»Du begehrst einen harten Dienst«, rief Herwig bitter, »warum willst du Hartmut schonen? Brachte er nicht genug Leid über dich?«

»Zürne mir nicht, Herwig«, entgegnete Gudrun, »um dieses weinenden Mädchens willen bitte ich dich, eile! Ortrun war mir stets lieb und treu gesinnt!«

Da riß Herwig von Seeland sein Pferd herum, versammelte seine tapfersten Streiter samt seinem Bannerträger um sich und schlug sich mit ihnen bis zu dem Tor durch, vor dem Wate mit Hartmut kämpfte.

»Wate!« rief er ihm schon von weitem zu. »Freund! Laß mich euren Kampf beenden, holde Frauen bitten mich darum!«

»Laß sie bitten«, schrie Wate, »ich bin kein Narr, daß ich Hartmut laufenlasse! Wo kämen wir hin, wollten wir auf Weibertränen achten!«

So mußte Herwig sich mit gezogenem Schwert todesmutig zwischen die Kämpfenden werfen und sie trennen. Wütend versetzte ihm Wate einen Schlag auf den Helm, daß er zu Boden taumelte und seine Leute ihn gegen den rasenden Alten schützen mußten. Der erschöpfte Hartmut wurde gefangen und gebunden.

Nun kehrte sich Wate in namenlosem Zorn gegen die Burg. Ein Hagel von Steinen prasselte auf ihn nieder. Er aber hieb die Riegel entzwei, brach das Tor auf und lief durch die Säle und Kammern, alles niederhauend, was ihm vor die Klinge kam: Mann und Weib, Greis und Säugling. In vielen Räumen waren Fußboden, Wände und Balkendecken rot gefärbt, und über die Stiegen rann Blut.

Inzwischen war Ortrun wieder zu Gudrun geeilt, die königlich gewandet den Einzug der Hegelingen in die Burg erwartete. Wieder warf sie sich vor ihr nieder und flehte für sich und ihre Frauen um Schutz vor Wate.

»Bring sie alle hierher«, befahl Gudrun.

Da kam Ortrun mit dreiunddreißig Mädchen und Frauen. Unter ihnen war auch Gerlind, die Königin.

»Für dich rühre ich keinen Finger und rede kein Wort«, sagte Gudrun kalt, als sie Gerlind sah. »Wie sollte ich dreizehn Jahre der Schmach und Pein je vergessen?«

Da stand auch schon Wate auf der Schwelle. Blut tropfte aus seinem Bart und von der Spitze seines Schwertes auf den Boden. »Sei mir willkommen, Wate von Stürmen!« rief ihm Gudrun zu.

Aber er achtete nicht auf ihren Gruß. »Wer sind die Frauen hier?« fragte er drohend.

»Meine Gefährtinnen«, antwortete Gudrun, »und Ortrun mit ihren Frauen. Ich gewährte ihnen Schutz. Schenke ihnen Frieden, Wate.«

»Ist Gerlind unter ihnen?« fragte Wate unbeirrt weiter.

Da schwieg Gudrun, und auch die Frauen schwiegen angsterfüllt.

»Euer Schweigen ist mir Antwort genug«, sagte Wate und kam näher. »Zeigt mir die Wölfin, oder ich schlage euch alle nieder!«

Als sich noch immer keine Hand und keine Lippe regte, ließ Wate seinen glühenden Blick langsam und forschend von einer zur anderen gehen. Da wichen die Frauen, die Gerlind umstanden, zurück, so daß die Königin plötzlich ganz allein war. Angstvoll hob sie die Hände, aber Wate stürzte sich schon auf sie, riß sie an den Haaren fort, schleppte sie bis an die Türschwelle und schlug ihr dort mit einem einzigen pfeifenden Schwerthieb das Haupt ab.

Ein furchtbarer Schrei des Entsetzens entfuhr allen Frauen, nur Gudrun blieb stumm. Wate stieß Gerlinds Leichnam mit dem Fuß in eine Ecke und sagte grimmig: »Dir werden Königinnen keine Wäsche mehr waschen!«

So waren König Hetels Tod und Gudruns Schmach gerächt. Wates Zorn verrauchte, das Morden ging zu Ende. Alle Edlen, Horand und Frute, Irold und Morung, auch König Siegfried von Morland kamen und beugten vor Gudrun das Knie. Herwig von Seeland aber stand, noch bedeckt von Schweiß und Staub, neben seiner Braut und hielt ihre Hand.

Wate hätte die Burg gerne in Brand gesteckt, aber der kluge Frute riet ab. »Wozu die prächtige Burg zerstören?« meinte er. »Hier läßt es sich gut wohnen und herrschen. Wascht das Blut von den Wänden und Stiegen, setzt die Tore instand und bestattet die Toten, es soll Friede sein. Das Normannenreich ist unser, laßt es uns durchziehen, seine Burgen brechen und Geiseln fordern. Möge dann Horand als Herr hier zurückbleiben.«

Alles geschah nach Frutes Rat, und als der Frühling kam, verließ Königin Hildes Heer mit fünfhundert Gefangenen und zwanzig Schiffen voll Gold und anderen Schätzen das unterworfene Land.

Es waren Boten nach Matelane vorausgeschickt worden. Als Hilde sie kommen sah, eilte sie ihnen mit ihrem Gefolge entgegen. »Was bringt ihr?« fragte sie erwartungsvoll.

»Gute Kunde!« riefen die Boten ihr zu. »Burg Kassiane ist gefallen, König Hetel und Gudrun sind gerächt! Mit reicher Beute und fürstlichen Gefangenen folgt uns das Heer!«

Da schloß Hilde überwältigt die Augen. »So zieht endlich wieder Freude in mein Herz ein«, sagte sie. »Ich werde Gudrun umarmen!« Darauf befahl sie, ein Fest vorzubereiten, wie das Hegelingenreich und die alte Königsstadt noch keines gesehen hatte. Fünf Tage sollte es währen.

Als eines Morgens bei strahlender Sonne die Schiffe am Horizont auftauchten, harrte Hilde mit ihrem Gesinde und allen Einwohnern der Stadt am Ufer, und als die Kiele knirschend am Sand aufliefen und Gudrun auf Herwigs Schild ans Ufer getragen wurde, riß die Mutter ihre Tochter in die Arme und hielt sie so lange und so heftig umklammert, daß beiden Frauen fast der Atem verging.

Dann umarmte die Königin auch den alten Wate und Horand, ihren Bannerträger, und Herwig von Seeland, ihren Schwiegersohn. Auch Hildburg, die über alles Getreue, liebkoste sie vor dem jubelnden Volk — nur Ortrun begegnete sie mit finsterem Blick und wollte sie nicht küssen.

»Ist sie nicht der Teufelin Gerlind Tochter?« fragte sie.

»Sie verdient, daß Ihr sie wie die Eure grüßt und liebt«, erwiderte Gudrun, »denn sie war wie eine Schwester hilfreich und gut zu mir, erduldete um meinetwillen Schelte und Schläge.«

Da neigte Königin Hilde sich auch über Ortruns Haupt und küßte ihr den Scheitel. »Wer Gudrun Gutes tat, dem will ich es mit Liebe entgelten. Wer aber Gudrun Weh zufügte, dem will ich es bis in den Tod nicht verzeihen!« sprach sie, und es kostete tagelange Fürbitten und Klagen von seiten Gudruns und Ortruns, ehe die Königin sich erweichen ließ, daß man Hartmut, der während des Freudenfestes in schwerer Haft lag, die Fesseln löste und vor sie brachte.

Sie nahm ihn in Ehren auf, obwohl die Hegelingen durch ihn so viel Bitteres hatten erleiden und erdulden müssen.

Nun drängte König Herwig zur Heimkehr in sein Reich. Aber Königin Hilde bat ihn: »Laßt mir mein Kind noch einige Tage, ich habe es lange und schmerzlich genug entbehren müssen. Feiert hier die Hochzeit! Gönnt mir die Freude, Gudrun gekrönt zu sehen!« Da willigte er ein.

Königin Hilde vertauschte ihre Trauerkleider gegen ein prunkvolles Festgewand, und als ihre Gäste die reichgeschmückte Halle betraten, begrüßte sie sie an der Schwelle und sprach: »Ihr habt eure Waffen abgelegt — nun tilgt auch allen Haß aus euren Herzen. Allzu gräßliche Schlachten wurden geschlagen, allzuviel edles Blut ist bei Freund und Feind geflossen, jeder Tropfen tausend Tränen wert. Es darf nicht vergeblich geopfert worden sein! Darum laßt, ehe wir uns der Freude hingeben, uns geloben: Nie wieder wollen wir, die wir so tiefe Not erlitten, gegeneinander wüten. Und nun kommt und seid fröhlich im Hegelingenland!«

Gudrun wurde zu Matelane Herwigs Frau und Königin von Seeland. Zugleich gab Königin Hilde die Hegelingenkrone dem Ortwin, König Hetels Sohn, und dieser heiratete Ortrun, des Normannenkönigs Tochter. Ihr Bruder Hartmut vermählte sich mit Gudruns geliebter Gefährtin Hildburg, wurde Ortwins Gefolgsmann und nahm sein einstiges Reich von Ortwin zu Lehen. Als viertes Paar erschienen an diesem denkwürdigen Fest König Siegfried von Morland und Herwigs schöne Schwester, die der Seeländer durch Boten eigens nach Matelane holen ließ, als Braut und Gattin für den einstigen Feind.

So endete die lange, blutige Fehde zwischen den Hegelingen und den Normannen, und mancherlei Liebesbande, von Meer zu Meer und von Land zu Land geknüpft, sicherten den ersehnten Frieden für lange Zeit.

WIELAND DER SCHMIED

Warten auf die Nacht der Rache

Als die Menschen lernten, Erze zu schmelzen und zu verarbeiten, standen Schmiede in hohem Ansehen. Aber sie waren auch gefürchtet. Denn ihre Leistungen waren so erstaunlich, daß sie in den Augen Uneingeweihter wohl über dämonische, übermenschliche Kräfte verfügen mußten. Deshalb wurde Wieland in den Sagen nicht weniger gerühmt als mancher König.

WIELANDS LEHRZEIT

Auf der Insel Seeland lebte der Riese Wate und gebot friedlich über die zwölf herrlichen Gehöfte, die er von seinem Vater, dem verstorbenen König Wiking, ererbt hatte. Nie strebte er danach, seinen Reichtum durch Eroberungen oder Raubzüge zu mehren; von der Waffe machte er nur dann Gebrauch, wenn er angegriffen wurde und sich verteidigen mußte. Wate wurde er genannt, weil er reißende Flüsse, die andere Recken nicht einmal schwimmend zu überqueren wagten, furchtlos zu durchwaten pflegte.

Der Riese hatte drei Söhne, die Wieland, Egil und Helferich hießen. Jeder von ihnen verfügte über besondere Gaben. Helferich wußte Bescheid um die geheimnisvollen Kräfte von Kräutern und Säften der Natur und braute den Kranken und Verwundeten heilsame Tränke. Egil besaß das scharfe Auge eines Falken und handhabte Pfeil und Bogen so treffsicher wie kein anderer, so daß ihm als Jäger niemand gleichkam. Wieland aber, der älteste und kräftigste unter den Söhnen, zeigte bereits als Knabe Neugier für das Formen der Erze in der feurigen Esse und entschied sich für Hammer und Amboß. Ihn liebte der Vater am meisten und schickte ihn zu dem besten Lehrmeister, den er kannte.

So kam Wieland als neunjähriger Knabe zu Mime, dem berühmtesten Schmied des ganzen Landes, und lernte bei ihm, wie gewaltige Pflugscharen und unvergleichliche Schwerter gehämmert werden. Doch schon nach drei Wintern war Wieland dem Meister weit überlegen. Deshalb sprach Mime zu dem Jüngling: »Kehre heim, Wieland, denn bei mir vermagst du nichts mehr zu erfahren, was dir von Nutzen sein könnte. Ich selbst müßte mich fortan dein Geselle nennen. Nur die Zwerge Elberich und Goldmar, die in dem Schoß des Erzberges wunderbare Schmiedekünste ausüben, können dich vielleicht noch weitere Künste lehren. Bitte deinen Vater, dich zu ihnen zu bringen.«

Stolz machte sich Wate mit seinem tüchtigen Sohn auf den beschwerlichen Weg ins Reich der beiden Zwerge. Nach langer Wanderung gelangten sie zu den tosenden Wasserwirbeln des Grönasunds, der ihnen schäumend und zischend Einhalt gebot. Kein Nachen und keine Fähre waren weit und breit zu sehen. Da nahm der Riese den Jüngling auf die Schultern und stieg beherzt in die Brandung. Gleich versuchten die brausenden Wogen, den Kühnen mit seiner Last zu verschlingen. Doch Wate trotzte den Wassern, kämpfte sich durch die Fluten und setzte nach hartem Ringen jenseits des Sunds den Fuß auf den sicheren Strand. Nun dauerte es nicht mehr lange, bis Vater und Sohn vor Elberich und Goldmar standen.

Die Zwerge musterten die Angekommenen mißtrauisch. Sie hatten Angst, daß ihnen der Riese ihre ungeheuren Schätze an Gold und Silber und Geschmeiden und Waffen entreißen würde und waren froh, als Wate bloß forderte: »Lehrt Wieland eure Schmiedekunst, weiht ihn in die Geheimnisse eures Handwerks ein und macht aus ihm einen unübertrefflichen Meister. Sind zwölf Monde vergangen, komme ich wieder und werde eure Dienste reichlich belohnen.«

Elberich und Goldmar versprachen zitternd, dem Jüngling alle ihre Künste zu weisen. Zufrieden kehrte Wate heim.

Kaum hatten die Zwerge den neuen Gesellen in ihren Berg geführt, machte Wieland sich an die Arbeit. Eifrig schürte er das Feuer in der Esse und stand seinen Lehrmeistern bei allen Handgriffen unermüdlich zur Seite. Bald erwies er sich als der geschickteste und gelehrigste Schüler, den Elberich und Goldmar jemals gehabt hatten. Bei ihnen lernte er noch weit herrlichere Waffen zu formen als bei Mime. Seine Hand, die bisher nur gewohnt war, wuchtig zu schmieden, verstand nun rasch auch das Werken mit zierlichen Hämmern. Wieland verarbeitete Gold und Silber zu lieblichem Geschmeide und entlockte den edlen Erzen anmutige Schönheit. Keine von seinen Meistern gestellte Aufgabe war ihm zu schwierig.

Nach Jahresfrist kam Wate mit Egil und Helferich, um Wieland heimzuholen. Neugierig forderte der Vater seinen ältesten Sohn auf: »Zeige uns, was du gelernt hast, und miß dein Können mit dem deiner Brüder. Ein jeder mag seine Kunst beweisen.«

Schnell hämmerte Wieland aus spröden Eisenfäden ein hauchzartes Finkennest und befestigte es auf dem Zweig eines nahen Baumes. Er wollte sehen, ob es der Natur täuschend genug nachgebildet war, daß es die Vögel für ihr eigenes Nest hielten. Und wirklich saß schon am nächsten Morgen ein Finkenweibchen in dem Nest und brütete über drei Eiern.

Staunend lobte Wate seinen Ältesten und bat nun Egil, sein Können zu zeigen.

Geschwind kletterte der junge Jäger auf den Baum und holte die Eier unter dem Gefieder des Vogels so sachte hervor, daß dieser gar nichts merkte und ruhig auf seinem Platz sitzen blieb. Dann stellte Egil die Eier auf die höchste Spitze des Erzberges, lief zu seinem Vater und seinen Brüdern zurück und legte drei Pfeile auf die Sehne des Bogens. Er spannte und schoß: Jeder der Pfeile durchbohrte die Eier.

Wate nickte anerkennend, sprach jedoch: »Mich dauert das arme Finkenweibchen, denn es hat nun die Eier umsonst bebrütet und behütet.«

»Dem Vogel kann geholfen werden!« rief Helferich sogleich aus und holte die Eier von der Höhe herab, entfernte die Pfeile und fügte die gebrochenen Schalen kunstgerecht mit heilender Hand zusammen. Darauf schob er dem Finkenweibchen die Eier wieder unter, und wenig später entschlüpften ihnen drei gesunde Junge.

Bewundernd meinte Wate: »Jeder meiner Söhne ist ein Meister. Ein Vater wie ich kann stolz sein.«

Aber Wieland zog ihn beiseite und bat: »Lasse mich ein weiteres Jahr bei meinen Lehrern! Zwar haben sie mich in allen ihren Künsten unterwiesen, doch will ich auch noch ihre bisher streng bewahrten Geheimnisse kennenlernen.«

Der Vater entgegnete besorgt: »Hast du den Zwergen ihre letzten Geheimnisse entrissen, werden sie dich niemals mehr freigeben wollen. Sie werden nicht dulden, daß du mächtiger bist als sie selbst.«

Ungeduldig antwortete der Jüngling: »Erst wenn ich in das tiefste Wissen eingeweiht bin, kann ich mich einen wahren Meister nennen.«

So trug Wate den Zwergen auf, Wieland noch weitere zwölf Monde lang auszubilden.

Da verdüsterten sich die Gesichter Elberichs und Goldmars. Zu widersprechen wagten sie nicht, doch mit kaum verhaltenem Grimm stießen sie hervor: »Wir werden gehorchen. Aber diesem zweiten Jahr geben wir auch nicht die geringste Frist mehr zu. Holst du deinen Sohn um nur einen einzigen Tag zu spät ab, ist uns Wieland für sein Leben lang verfallen.«

»Von einem solchen Recht habe ich noch nie gehört«, erwiderte Wate zornig.

»Wir halten uns nicht an das Recht der Menschen«, versetzten die Zwerge höhnisch. »Bei uns gilt das Gesetz der unterirdischen Klüfte.« Und mit diesen Worten wandten sie sich um und verschwanden in ihrem Berg.

Nachdenklich blickte Wate seinen ältesten Sohn an. Darauf zog er sein Schwert aus der Scheide und trieb die Klinge tief bis zum Heft in den Waldboden, den Griff verdeckten Farnkraut und Moos. Dazu sprach der Riese: »Ich ahne, daß die Zwerge Böses im Schilde führen. Heute übers Jahr werde ich zur Stunde genau zurück sein und dich holen. Sollte mich jedoch ein Mißgeschick hindern, zur rechten Zeit zu kommen, gebrauche dieses Schwert. Es wird dich aus allen Gefahren erretten.«

Damit nahmen Wate, Egil und Helferich Abschied. Wieland aber merkte sich die Stelle gut, an der das Schwert verborgen war.

Rascher noch als das erste flog nun das zweite Lehrjahr dahin, denn kurz ist die Zeit jenem, der sie nützt. Dem Gesellen blieb kein Geheimnis der Zwerge verborgen, er entriß seinen Meistern selbst ihr letztes Wissen und brachte die Schmiedekunst zur höchsten Vollendung. Elberich und Goldmar beschlossen deshalb, ihn niemals aus ihrem Berg zu entlassen. Der gewandte Jüngling sollte ihnen ewig zu Diensten stehen.

Als der Tag nahte, an dem der Vater seinen Sohn zurückfordern würde, verschlossen die Zwerge den Eingang des Berges und verkrochen sich in einer Geröllhalde nahe dem Gipfel des Felsens. Hier lauerten sie auf den Riesen.

Sie brauchten nicht lange auszuharren, denn die Sorge trieb Wate schon drei Tage vor Ablauf der festgesetzten Frist zu dem Berg. Wütend pochte er an den tauben Felsen. Da setzten die Zwerge das Geröll in Bewegung und ließen es auf den Riesen herabprasseln. Die spitzen Felsbrocken erschlugen den Recken und begruben ihn unter sich.

Triumphierend eilten Elberich und Goldmar aus ihrem Versteck. Aber auch Wieland war rasch zur Stelle. Es kostete ihn keine Mühe, sich aus dem Felsen zu befreien. Wie vom Donner gerührt verhielt er, als er den toten Vater unter den Steinen entdeckte. Dann sprang er zu der Stelle, an der das Schwert auf ihn wartete, packte den Knauf und zog die Klinge aus dem Boden. Mit zwei fürchterlichen Schlägen hieb er den beiden Zwergen die Köpfe ab.

Nun war Wieland Herr des Erzberges. In tiefer Trauer begrub er seinen Vater auf einer sonnenumfluteten Waldlichtung. Hierauf suchte er in den Felsenklüften, in die er bisher noch nie getreten war, nach dem wunderbaren Pferd Schimming, von dem er die Zwerge öfters hatte reden hören, daß es das schnellste Roß auf Erden sei. Er fand es schließlich und belud es mit so vielen Goldschätzen und Edelsteinen, wie es nur zu tragen vermochte. Alle diese Kostbarkeiten aus der Schmiede der Zwerge wollte er seinen Brüdern schenken. Für sich selbst nahm er nur Elberichs Zauberring, der ihn schon am ersten Tag seiner Lehrzeit im Erzberg in Bann geschlagen hatte.

Auf dem Rücken des edlen Hengstes Schimming flog Wieland heim und erzählte den Brüdern vom Tod des Vaters. Vor Schmerz über diese Kunde beschlossen sie, die herrlichen Gehöfte in Seeland zu verlassen und an den einsamen Wolfssee im Dunkelwald zu ziehen. Wieland schloß sich ihnen an.

So siedelten sich die drei Brüder im Wolfstal an. Ein jeder von ihnen baute sich eine Hütte, sie fällten Bäume und rodeten gemeinsam den Ackergrund. An Nahrung fehlte es ihnen nicht, da der See von Fischen wimmelte und die Wälder reichlich Wild bargen. Wieland richtete sich eine Schmiede ein, in der er allerlei blinkendes Geschmeide zur Freude der Augen schuf. Das Leben in der Wildnis war voll Frieden und Glück.

DER BEGINN DER SCHMACH

Eines Tages beobachteten die Brüder, wie drei Jungfrauen im See badeten und sich hierauf ans Ufer setzten, um Flachs zu spinnen. Es waren Walküren, anmutig und lieblich wie Königinnen. Ihre Schwanenhemden lagen neben ihnen auf dem Sand. Die Brüder eilten hinzu und rissen die Flügelhemden an sich, damit die Jungfrauen nicht entfliehen konnten.

»Wo kommt ihr her?« fragte Wieland.

»Weit aus dem Süden«, gaben die Walküren erschrocken und zaghaft Antwort.

»Ihr sollt bei uns bleiben, wenn es euch in unseren Hütten gefällt«, meinte Egil.

»Sagt eure Namen«, bat Helferich.

Die schönste Jungfrau hieß Alwit. Wieland schenkte ihr den Zauberring als Pfand seiner Liebe und führte sie als seine Gattin in die Schmiede. Egil warb um Ölrun und Helferich um Swanwit. Die Brüder waren frohen Sinnes, denn sie waren nun nicht mehr allein im einsamen Wolfstal. Die Schwanenhemden verschlossen sie sorgsam in Truhen.

Sieben Jahre blieben die Walküren bei ihnen, sie waren stets heiter und freundlich, doch sprachen sie wenig. Nur um die Mittsommerzeit, wenn die hellen Nächte kamen, gingen sie oft ans Ufer des Sees, ließen sich dort nieder und sangen viele Stunden lang in einer Sprache, die keiner der Brüder verstehen konnte.

Helferich züchtete in hohlen Baumstämmen Bienen. Aus dem Honig braute Swanwit goldhellen, süßen Met, und Ölrun buk süße Lebkuchen damit. Aus dem Wachs goß Alwit Lichter, und im Winter, wenn die Nächte kein Ende nehmen wollten und die hungrigen Wölfe heulend um die verriegelten Hütten strichen, saßen die Walküren mit ihren Gatten am Feuer, spannen Garn und woben starkes Linnen daraus. Diese Tücher wuschen sie im See, wenn die Sonne wieder stieg und der warme Sommer zurückkehrte, und bleichten sie an seinen Ufern.

Als aber das siebente Jahr vergangen war und der Frühling des achten die Spitzen der Fichtenäste rötete, erfaßte die Walküren solcher Gram, daß sie niemals mehr lächelten und auch nicht mehr sangen. Sie litten Heimweh. Und als der Schnee des neunten Winters schmolz, hielt es sie nicht mehr länger im Wolfstal. Sie warteten einen Tag ab, da alle drei Brüder auf der Jagd waren, erbrachen die Truhen, holten ihre Flügelhemden heraus und flogen wie Schwäne über den See und die dunklen Waldkämme südwärts. Die Luft rauschte vom Schlag ihrer Schwingen.

Die Brüder kamen nichtsahnend heim. Sie fanden die Hütten leer, den Herd erkaltet, die Kammern verlassen, die Truhen erbrochen. Auf Wielands Amboß lag der Zauberring, den Alwit dort zurückgelassen hatte.

Tiefer Kummer erfaßte alle drei. Egil und Helferich zogen noch am selben Tag fort, um ihre Frauen zu suchen. »Ohne sie können wir niemals mehr glücklich sein«, sagten sie. »Wir wollen die Welt durchstreifen, bis wir sie finden.«

Nur Wieland blieb im Wolfstal zurück. Einsam saß er tagaus, tagein in seiner Schmiede und versuchte die Sehnsucht durch Arbeit zu vertreiben. Vom dämmernden Morgen bis tief in die Nacht stand er vor dem Amboß und schmiedete Ringe, die alle Elberichs Zauberring glichen. An jedem Tag fertigte er einen neuen Ring und zählte so die Tage und Monde, an denen er Alwits Rückkehr erwartete. Allmählich hatte er siebenhundert Ringe geschaffen, die er auf einem silbernen Draht sammelte.

Als Wieland einmal müde vom Jagen heimkehrte, fand er die Türe zur Schmiede weit offen. Er dachte, Alwit sei zurückgekommen und rief ihren Namen. Doch sein froher Ruf erhielt keine Antwort. So briet er traurig sein Abendmahl, aß und streckte sich zum Schlaf auf sein Bärenfell. Ein Traum berichtete ihm, daß Nidung, der König der Niaren, mit seinen Kriegern in die Schmiede eingebrochen und den Zauberring an sich genommen hatte.

Erschrocken fuhr Wieland aus dem Schlummer und griff nach dem silbernen Draht. Der Zauberring fehlte. Und jetzt entdeckte er im weichen Boden vor der Hütte auch Hufspuren. Der Traum hatte ihm also die Wahrheit gezeigt.

Doch Wieland liebte den Frieden und wollte einen Streit mit dem räuberischen König vermeiden. Darum beschloß er, das Wolfstal zu verlassen, sosehr er den See und die Wälder auch vermissen würde. Er nahm die Ringe an sich, belud seinen Hengst Schimming mit den Werkzeugen und schwang sich in den Sattel. Der Ritt führte ihn zu einem mächtigen Strom. An dessen Ufer fällte er die gewaltigste Eiche, die er fand, höhlte sie aus und zimmerte sich kunstvoll eine Arche, auf die er Schimming und seine Schätze brachte. Geborgen in dem Einbaum, überließ er sich dem Wind und der Strömung. Es war ihm gleichgültig, wohin ihn die Wasser trieben.

Achtzehn Tage schon währte die Fahrt auf den Wogen, dann stieß die Arche auf Grund und saß an einem unbekannten Gestade fest. Wieland war eingeschlafen und hatte sich in seinen Träumen nach Alwit gesehnt.

Als er erwachte, war er an Händen und Füßen gefesselt. Erschrocken bäumte er sich auf und rief zornig: »Wer sind die Memmen, die einen friedlichen Mann im Schlaf überwältigen?«

Da trat König Nidung vor die Reihen seiner Gewappneten und entgegnete spöttisch: »Erkläre du mir zuerst, wo du im einsamen Wolfstal das viele Gold fandest, aus dem du die zahlreichen funkelnden Ringe geschmiedet hast.«

»Ich bin geflohen, um dir nicht zu begegnen, König«, antwortete

Wieland in düsteren Gedanken an seinen Traum. »Nun hat mich ein böses Schicksal doch in deine Hand gespielt.«

Lachend gebot Nidung: »Strandgut bist du, und Strandgut gehört dem, der es findet. Meine Männer sollen dich auf meine Burg schaffen, dort wirst du mir fortan als Knecht dienen.«

Wütend sprengte Wieland seine Fesseln mit einer einzigen Bewegung seines kräftigen Körpers, sprang vom Boden auf und trat dem König furchtlos entgegen.

Nidung meinte lächelnd: »Hüte dich vor den Schwertern meiner Getreuen! Du brauchst mir deinen Mut nicht erst zu beweisen, denn ich habe längst erfahren, daß du Wieland bist. Ich schätze kühne Männer. Darum mache ich dir ein Angebot: Messe dich mit meinem Schmied Amilias. Er soll einen Helm und eine Brünne anfertigen, während du ein Schwert hämmerst. Ist dein Schwert so gewaltig, daß es Amilias' Wehr durchdringt, magst du ihm das Haupt vom Rumpf schlagen. Widersteht aber sein Panzer deiner Waffe, ist dein Kopf verloren. Ich gebe euch ein Jahr Zeit. Dann soll die Entscheidung fallen.«

Da erkannte Wieland, wie grausam der König war. Doch wollte er nicht Nidungs Gefangener sein, blieb ihm keine andere Wahl, als dem Angebot zuzustimmen. Er zweifelte nicht, den unglückseligen Amilias im Wettkampf zu besiegen. Darum ritt er mit den Scharen des Königs zur Burg.

Amilias begann sein Werk sogleich mit fiebernder Hast. Er schmiedete einen Helm aus härtestem Erz und vergaß auch nicht, ihn mit einem Löwen zu schmücken, der den Rachen weit aufriß. Darauf holte er alle Gesellen zusammen, damit sie ihm halfen, die Brünne zu hämmern.

Indessen hatte Wieland bei einem festlichen Gelage in der Burg Bathilde, die schöne Tochter des Königs, gesehen. Als sie an die lange Tafel getreten war, bemerkte er, daß sie den Zauberring, den Nidung ihm im Wolfstal entwendet hatte, trug. Sogleich entbrannte Wieland in Leidenschaft für die stolze Jungfrau. Alle seine Gedanken kreisten fortan nur um sie. Er wollte die Hand erringen, die sich mit seinem kostbarsten Kleinod schmückte.

Elf Monate waren bereits vergangen, und Wieland hatte noch immer nicht begonnen, das Schwert zu hämmern. Aufgebracht ließ ihn der König zu sich kommen und sprach: »Amilias hat sein Werk fast vollendet, du aber scheinst meinen Auftrag vergessen zu haben. Geh end-

Ein Fresko an der Außenwand der Ruine Hocheppan in Südtirol zeigt Dietrich von Bern als Jäger (vorhergehende Seite). In Verona, das einst Bern hieß, stand an dieser Stelle die Burg des Helden (oben), in Ravenna wurde über seinem Leichnam ein Mausoleum errichtet (unten).

Dieterich von bern, der z König Kam in. Ittal: A.º 487. tödet alda 4 Herrē u: ward. König A.º 493. Starb A.º 526.

Karl Simrock schuf im 19. Jahrhundert zahlreiche Übersetzungen und dichterische Neugestaltungen altgermanisch-nordischer und mittelalterlicher deutscher Literatur. Er verhalf damit dem deutschen Sagengut zu neuem Verständnis.

lich an die Arbeit, denn am Ende dieses Mondes will ich euch kämpfen sehen!«

Gleichgültig zuckte Wieland die Achseln und meinte: »Längst hätte ich schon ein siegessicheres Schwert geschaffen, doch fehlt mir die Schmiede.«

Da ließ ihm der König sogleich eine Werkstatt einrichten, in der eine mächtigere Esse stand als in Amilias' Schmiede. Doch Wieland brachte in ihr bloß sein Werkzeug unter, zu schaffen begann er noch immer nicht. Er gab sich nur seinen Gedanken an Bathilde hin.

Nidung blieb Wielands Sinnen nicht verborgen. Darum erklärte er listig: »Es bleibt dir nur noch die Hälfte dieses Mondes, um ein Schwert zu hämmern. Hältst du aber dennoch die Frist ein und siegst du im Wettkampf, soll dir meine Tochter als Gemahlin gehören.«

Nach diesem Versprechen zögerte Wieland nicht länger. Noch zur selben Stunde begann er emsig zu schaffen, angefeuert von dem köstlichen Preis, der ihm winkte. Tag und Nacht dröhnte nun der Amboß in seiner Schmiede, gleißende Funken stoben durch die Luft, heiß loderte der Atem der Esse. Wieland gönnte sich kein Rasten und kein Ruhen, bevor die Klinge seines Schwertes nicht so hart und scharf war, daß sie den Amboß wie Buchenholz spaltete und Späne und Erzflocken zur rußigen Decke aufflogen. Der Recke freute sich seines wohlgelungenen Werkes und nannte das Schwert Mimung, dem alten Meister Mime zu Ehren. Stolz rief er aus: »Dich, Mimung, sollen nur Helden führen, und die Sänger sollen dich in ihren Liedern preisen, denn kein besseres Schwert wurde jemals geschaffen.«

Er bat den König, an den Fluß mitzukommen, um die Waffe zu erproben. Dort warf Wieland eine Wollflocke in die Strömung und hielt die Klinge in die Fluten. Sanft trieben die bedächtigen Wasser die Flocke gegen die Schneide — und die Flocke wurde von der Klinge mittendurch entzweigeschnitten.

»Wahrlich ein edles Schwert«, lobte Nidung verwundert. »Gib es mir, und die Hälfte meines Königreichs gehört dir.«

Doch Wieland war sein Schwert nicht feil, er hätte es nicht um ein ganzes Königreich gegeben. Aber um Nidung nicht zu erzürnen, antwortete er mit klugem Bedacht: »Erst mag mir die Klinge im Zweikampf mit Amilias dienen, dann will ich für sie eine prächtige Scheide schmieden. Denn was nützt ein edles Schwert ohne ein treffliches Gehänge?«

Der Tag des Wettstreits brach an, und der König versammelte seine Getreuen auf dem Turnierplatz vor der Burg. Dann rief er nach den beiden Schmieden.

Amilias kam im strahlenden Glanz seines Helms und seines Harnischs. Gleich umringten ihn die Ritter des Königs und erprobten die Härte der Rüstung mit ihren Schwertern. Manch wuchtiger Schlag sauste auf den Panzer herab, doch Brünne und Helm blieben unversehrt. Stolz frohlockte Amilias.

Nun trat Wieland hinzu. Das Schwert Mimung blitzte an seiner Seite, doch hielt er das Haupt bescheiden gesenkt.

Überheblich rief ihn Amilias an: »Recht hast du, nicht zu mir aufzublicken. Ich werde dich lehren, was es heißt, mich zum Gegner zu haben. Der Sand soll sich von deinem Blut röten.«

Nachdenklich zögernd hob Wieland den Mimung und setzte die Schneide behutsam auf den Helm des Rivalen, kaum daß sie die reiche Verzierung berührte.

Amilias lachte höhnisch: »Blendet dich meine undurchdringliche Rüstung so sehr, daß du nicht einmal wagst, mit deiner kläglichen Klinge zuzuschlagen?«

Da drückte Wieland das Schwert sanft auf das Haupt des Gegners, und schon spaltete die Klinge den Helm, fuhr durch Kopf, Brust und Harnisch des Spötters und rastete erst bei dessen Gürtel. Amilias' zweigeteilter Körper sank leblos zu Boden.

Grauen packte die Zuschauer, der König sprang erschrocken auf, seine Gemahlin und seine Tochter erbleichten.

»Du hast den Wettstreit gewollt«, sagte Wieland zu Nidung, »und ich habe gesiegt. Gib mir nun Bathilde zur Gattin.«

Nidungs Angesicht verdüsterte sich. Niemals gedachte er, seine Tochter dem Schmied zu vermählen. Zornig wies er Wieland mit einer verächtlichen Gebärde von sich.

Die Königin aber rief: »Wagt dieser rußige Knecht wirklich, an Bathilde auch nur zu denken? Er hat im Wolfstal wohl der Wölfe Art angenommen! Seht nur, wie böse seine Augen glühen und wie er die Zähne fletscht, wenn er den Ring an der Hand der Jungfrau anstarrt. Er will Unheil über uns bringen. Doch könnten uns seine Dienste wertvoll sein. Durchschneidet ihm die Kniesehnen, damit er nicht entkommen kann und für uns schmieden muß, will er nicht kläglich verhungern.«

Noch ehe Wieland sich fassen konnte, zerrten ihn die Krieger des Königs zu Boden und führten den Befehl aus, während Nidung das Schwert Mimung an sich riß.

So war Wieland zum Krüppel gemacht worden. Er konnte sich nur mehr mit Hilfe zweier Stöcke fortbewegen, seine Beine schleiften fortan am Boden. Auf einer einsamen Halbinsel, die sich nahe der Burg ins seichte, sandige Meer erstreckte, ließ ihm der König eine Schmiede errichten, ein festes steinernes Bauwerk.

»Hier sollst du edle Waffen für mich und kostbare Geschmeide für die Frauen schmieden«, befahl Nidung. »Niemand wird dich stören, während du hämmerst. Arbeitest du aber nicht, gebe ich dich dem Hunger preis.«

Da lachte Wieland grimmig und antwortete: »Gerne will ich dir als treuer Knecht dienen, König, doch irgendwann einmal treffe ich dich mitten ins Herz, auch ohne Schwert! Nicht heute, nicht morgen, nicht im nächsten Mond wird mir die Rache gehören. Aber eines Tages treffe ich dich! Ich kann warten.«

Und er entfachte das Feuer in der Esse, daß die Funken wild auseinanderstoben, schmolz Gold und Eisen und schmiedete Spangen und Schwerter daraus. Wenn er sich Ruhe gönnte, sah er hinaus über das öde, graue Meer und sann auf Rache.

EINSAMKEIT UND TRIUMPH

Viele Sommer und Winter gingen dahin, immer war Wieland in seiner Werkstatt allein. Niemand besuchte ihn in seiner Behausung. Nur ein schwachsinniger Greis brachte ihm regelmäßig Speise und Trank, und der habgierige König hielt hin und wieder Nachschau, was Wieland an neuen Schätzen geschmiedet hatte. Andere Menschen mieden die Insel des Krüppels, denn sie schien ihnen nicht geheuer zu sein.

Indessen hatten Egil und Helferich Kunde vom Schicksal ihres ältesten Bruders erhalten. Ohne Zaudern beschloß Egil, an Nidungs Hof zu ziehen, um die Freiheit für Wieland zu erbitten. Er nahm sein fünfjähriges Söhnchen Isung mit, damit der König sähe, daß er in Frieden kam. Nach langer Reise gelangten sie endlich in das Land der Niaren.

Schon nahe der Burg, trafen sie im Wald auf Jäger. Nidung selbst war mit ihnen ausgeritten, um Wild zu stellen. Er fragte die Fremden, wer sie seien und wohin sie wollten.

»Egil ist mein Name«, lautete die Antwort. »Ich bin als Bogenschütze bekannt und habe mich mit Isung auf den Weg gemacht, meinem Bruder, Wieland dem Schmied, Trost zu sprechen. Ein hartes Schicksal hat ihn getroffen.«

»Was ihm das Schicksal bescherte, hat er verdient!« höhnte der König, und sein ganzes Gefolge gab lachend Beifall.

»So bist du selbst Nidung«, erriet Egil.

»Der bin ich wahrlich. Und damit du erkennst, daß ich gute Bogenschützen schätze, gebe ich dir gerne Gelegenheit, deinem Ruhm gerecht zu werden.« Bei diesen Worten brach er einen Apfel vom Baum und fuhr gebieterisch fort: »Siehe, dieses Äpfelchen hier sollst du vom Haupt deines Sohnes herabschießen. Ein einziger Pfeil ist dir gewährt! Triffst du, wird dir die Ehre zuteil, als Jäger in meine Dienste genommen zu werden. Verfehlst du jedoch dein Ziel, lasse ich dich enthaupten.«

»Das hieße die Götter versuchen!« stammelte Egil.

»Soll ich meinen Kriegern lieber gleich befehlen, dich zu töten?« spottete Nidung. »Du bist als Schütze bekannt, also führe meinen Befehl unverzüglich aus!«

»Nenne mir ein anderes Ziel, Herr, und ich will beweisen, daß Egils Pfeile immer treffen«, bat der Recke erbleichend.

Gelangweilt wandte Nidung sich an seine Begleiter und befahl: »Ergreift und bindet ihn! Schneidet ihm wie seinem Bruder Wieland die Kniesehnen durch, damit er sich nicht noch einmal weigert, das Wort eines Königs zu mißachten.«

Schon wollten die Schergen den Schützen ergreifen, da trat Isung, der Knabe, dazwischen und flehte: »Verschont meinen Vater, ihr Männer, er wird den Apfel gewiß treffen.«

Und er stellte sich mutig unter einen Baum, legte den Apfel auf sein lockiges Haupt und rief dem Vater ermunternd zu: »Schieße nur, ich zucke nicht!«

Da nahm Egil zwei Pfeile aus dem Köcher, steckte einen in den Gürtel und prüfte das Gefieder des anderen sorgsam. Hierauf legte er ihn auf die Sehne und schoß. Ein kurzes Schwirren, ein Sausen in der Luft

— und der Apfel fiel, von dem Pfeil in zwei Hälften gespalten, vom Haupt des Knaben.

Isung jauchzte: »Ich wußte, daß mein Vater stets sein Ziel trifft!« Und er brachte dem König die beiden Apfelhälften.

»Fürwahr ein guter Schuß«, meinte Nidung nachdenklich. »Doch warum entnahmst du, Egil, deinem Köcher zwei Pfeile, da ich dir nur einen Schuß erlaubte?«

Frei kam die Antwort des Schützen: »Der zweite Pfeil wäre dir ins Leben gefahren, wenn ich mein geliebtes Kind getroffen hätte.«

Der König starrte den Schützen sprachlos an, und ringsum bewunderten alle noch mehr die Kühnheit als die Zielkunst Egils.

»Einmal will ich dir deinen Übermut noch verzeihen«, stieß Nidung endlich hervor. »Ich erlaube dir, deinen Bruder zu besuchen. Dann aber komm an meine Seite und führe meine Jäger an. Ich werde dich für deine Dienste reichlich belohnen.«

Schweigend hob Egil seinen Sohn zu sich in den Sattel und ritt zu Wielands Insel. Die Brüder schlossen einander unter Tränen in die Arme.

Egil versprach baldige Hilfe. Doch Wieland meinte bloß: »Sorge dich nicht um mich, achte vielmehr darauf, daß dir selbst kein Leid geschieht. Bevor du aber dem Ruf des Königs Folge leisten und mich verlassen mußt, schieße mir die vielen Vögel, die mit ihren starken Flügeln über die Insel segeln. Dann gehe, damit Nidung nicht Verdacht schöpft.«

Die Bitte des Bruders mutete Egil zwar sonderbar an, er kam ihr jedoch willig nach. Bald häuften sich die erlegten Vögel hinter der Schmiede, und der Schütze nahm Abschied.

Wieder allein, verhängte Wieland die Fenster seiner Behausung mit schmutzigen Lappen. Er wollte sicher sein, daß ihn kein Späher beobachten konnte. Hierauf machte er sich schnell an sein Werk. Er nahm aus den Flügeln der erlegten Vögel die längsten und kräftigsten Federn und formte aus diesen ein mächtiges Schwingenpaar, das durch eiserne Spangen zusammengehalten wurde. An jeden Flügel befestigte er lederne Schlaufen, durch die er seine Arme strecken konnte. In der Dunkelheit der Nacht schleppte er sich dann vor die Schmiede und legte die Schwingen an. Es gelang ihm, sich flatternd in die Luft zu erheben.

Trunken vor Freude, ließ Wieland sich zurück zum Eingang der Schmiede gleiten und verbarg das Flügelpaar neben der Esse. Vor seiner Flucht wollte er furchtbare Rache an dem König nehmen.

Am nächsten Morgen erhielt Wieland ungewöhnlichen Besuch. Die beiden kleinen Söhne des Königs wagten sich zu ihm auf die Insel. Unbändige Neugier trieb die Knaben zur Schmiede, aus der sie unentwegt Hämmern hörten.

Sie traten ein. Anfangs schreckten sie sich ein wenig vor Wielands wildem Auge und wirrem Bart, aber er zeigte sich ihnen freundlich gesinnt, so daß sie bald jede Furcht verloren und ohne Scheu in der Werkstatt umhergingen.

Wieland zeigte ihnen seine kostbarsten Ringe und Spangen, Armreifen, Ketten und Diademe, auch ein aus feinsten Goldfäden gesponnenes Vogelnest mit kleinen silbernen Eiern darin. Schließlich gelangten die Knaben bei ihrem Rundgang an eine gewaltige eisenbeschlagene Truhe, die mit einem schwarzen Schloß versperrt war.

»Was ist in der Truhe, Meister Wieland?« wollten die Königssöhne wissen.

Statt einer Antwort schloß Wieland die Truhe auf. Wie eine Falle klaffte der schwere Deckel über den Köpfen der Knaben. Der Schmied hielt ihn fest, doch ein schrecklicher Gedanke entstand hinter seiner Stirn.

Die Knaben beugten sich über die schimmernden Schätze. Geblendet von dem Glanz, fuhren sie gleich wieder zurück und fragten erstaunt: »Was sind das für Kostbarkeiten, die heller als die Sonne strahlen?«

»Zaubergeschmeide«, antwortete Wieland listig. »Ringe, die Riesenkräfte verleihen, Hehlkappen, die unsichtbar machen, Silberzäume, die das wildeste Roß zahm machen, goldene Schuhe, mit denen man trokkenen Fußes über das Meer schreiten kann. Wollt ihr es sehen oder gar selber erproben?«

Die Knaben nickten eifrig, ihre Wangen glühten vor Erwartung und Neugier.

Da erklärte Wieland mit geheimnisvoll gedämpfter Stimme: »Kommt ein andermal wieder, aber bei Nacht und erst, wenn frischer Schnee gefallen ist. Niemand in der Burg darf von eurem Kommen wissen, niemand darf euch zu mir gehen sehen. Auch müßt ihr mit dem Rücken voran über den Strand zur Schmiede kommen, sonst bleibt der Zauber an euch unwirksam.«

Wenige Tage später fiel der erste Schnee des Jahres, und noch in derselben Nacht pochte es an Wielands Tür. Es waren die beiden Knaben. Rücklings traten sie über die Schwelle.

Wieland hieß sie lächelnd willkommen, führte sie an die Truhe, öffnete sie – und als sich Nidungs Söhne wieder über den Rand beugten, warf der Schmied den schweren eisenbeschlagenen Deckel mit aller Kraft zu, so daß sein Rand die zarten Nacken durchschlug und die Köpfe der Knaben unter das Geschmeide rollten. Dann versperrte er die Truhe wieder und zerrte die Rümpfe zur Esse, wo er sie im Schlamm unter seinem Wassertrog verbarg.

In der Früh wurden die Knaben in der Burg vermißt. Knechte und Ritter suchten überall nach ihnen. Auch den verkrüppelten Schmied fragten sie.

Wieland gab bereitwillig Auskunft: »Gestern abend waren sie noch bei mir, sind aber gleich wieder heimgekehrt.« Er deutete auf den Boden vor der Hütte und fuhr fort: »Da sind noch ihre Stapfen im frischen Schnee, wie sie von mir wegliefen.« Und da Nidungs Söhne mit den Fersen voran gekommen waren, schienen ihre halbverwehten Spuren Wielands Worte zu bestätigen.

Nun schickte der König sein ganzes Gesinde zu Fuß und zu Pferd aus, selbst die Fischer jagte er in die Kähne, damit sie mit langen Stangen alle Buchten und Untiefen absuchten. Er war wie von Sinnen über den Verlust seiner Söhne. Doch weder die Fischer noch die Reiter und Fußknechte fanden die Knaben.

»Verflucht sei das Tier, das meine Kinder zerriß, verflucht die See, die sie verschlang!« rief Nidung in unsäglichem Schmerz. Tagelang saß er in dumpfem Brüten in der leeren Halle seiner Burg, und die Königin lag zu seinen Füßen, starr vor Jammer.

Wieland aber, das Herz voll grimmiger Freude über seine gelungene Rachetat, hockte in seiner Schmiede und verfertigte aus den blankgescheuerten Hirnschalen der Knaben zwei silberüberzogene Becher für den König. Aus den Augen der Ermordeten härtete er Edelsteine für die Königin, und aus den Zähnen schuf er für des Königs schöne Tochter Bathilde ein schimmerndes Halsgeschmeide.

Das alles schickte er in die Burg und ließ Nidung ausrichten, er möge sich den Trunk aus den Bechern munden lassen, andere Trostgaben habe er nicht für seinen Herrn und König, denn er sei nur ein einfacher Schmied. Der Königin und Bathilde bestellte er seine Grüße.

Bald darauf zerbrach Bathilde der Zauberring, den Wieland einst für Alwit geschmiedet und den König Nidung geraubt und seiner Tochter geschenkt hatte. Aus Furcht vor Strafe wagte sie nicht, ihren Eltern von dem Mißgeschick zu erzählen und trug einer Magd auf, heimlich zu Wieland zu gehen. Er würde den Ring so ausbessern können, daß niemand den Schaden merkte.

Doch Wieland wies die Magd ab und sagte: »Fordert deine Herrin Dienste von mir, mag sie selbst in die Schmiede kommen. Ich kann von dir keine Befehle annehmen, von denen der König nichts weiß.«

So blieb Bathilde nichts anderes übrig, als selbst den Weg zu wagen. Der Winterabend dämmerte, da sie zögernd in die Schmiede eintrat.

Wieland empfing die Jungfrau freundlich. Doch kaum hatte er die Bruchstücke des Ringes kunstvoll zusammengefügt, verdüsterte sich sein Anlitz, seine Augen begannen zu funkeln, und er murmelte dumpfe Zaubersprüche, bis der Ring in seiner Hand zu glühen anfing. Entsetzt sprang Bathilde auf.

Der Schmied blickte sie durchdringend an und rief: »Einst hat mir dein Vater versprochen, daß ich dich zur Gemahlin erhielte. Doch er brach sein Wort. Jetzt nehme ich, was mir gehört. Durch die Zauberkraft des Ringes ist ab nun für immer Sehnsucht nach mir in dein Herz gesenkt, niemals wirst du mich vergessen können, stets geht dein Streben danach, in meiner Nähe zu sein, wohin mich das Schicksal auch führen mag. Heute bist du meine Gemahlin geworden und sollst fortan meine Einsamkeit mit mir teilen.«

Und wirklich sank Bathilde in die Knie und schlang ihre Arme um den verkrüppelten Schmied. Wieland steckte ihr den Zauberring an den Finger, und bevor sie in die Burg zurückkehren mußte, versprach sie, ihm überallhin zu folgen.

In derselben Nacht kam Egil zu seinem Bruder. Nun verriet ihm Wieland sein Geheimnis und holte das Schwingenpaar hervor. Er streckte die Arme durch die ledernen Halteschlaufen, schleppte sich vor die Tür und schwang sich mit gewaltigen Flügelschlägen in die Lüfte. Wie ein Adler kreiste er im Mondlicht ein paarmal über der Schmiede, um seine Kraft und Geschicklichkeit zu prüfen. Staunend blickte Egil zu ihm empor.

Als Wieland sich sicher genug in der Kunst des Fliegens fühlte, ließ er sich zu Boden gleiten und erklärte dem Bruder seinen Fluchtplan. Da er seine Rache an Nidung vollendet hatte, wollte er am Morgen des kommenden Tags vogelgleich über Meer und Wälder hinweg entfliehen. Grimmig fügte er hinzu: »Dich, Egil, wird der König als seinen besten Schützen rufen lassen und dich zwingen wollen, mich mit deinen Pfeilen aus der Luft herabzuholen. Darum sieh hier diese Blase! Ich fülle sie mit dem Blut eines Vogels und binde sie mir unter die linke Achselhöhle. Ziele auf sie und triff, damit Blut niederträufelt und den König glauben läßt, ich sei schwer verwundet. Nimm dir dann meinen Hengst Schimming und folge mir nach. Auf unseren alten Gehöften in Seeland wollen wir ein neues Leben beginnen.«

Durch solche Worte froh gemacht, versprach Egil zu tun, wie ihm geheißen. Er umarmte den Bruder zum Abschied.

Am Morgen legte Wieland das Schwingenpaar an und flog über den Strand geradewegs auf das Dach der Königshalle. Von dort rief er laut in den Hof hinab: »Nidung, König der Niaren, komm heraus, denn Wieland der Schmied will mit dir sprechen!«

Furcht packte den König, als er die Stimme des Helden über den Hof schallen hörte. Er sprang von seinem Lager auf, griff zu dem Schwert Mimung und trat ins Freie. Gleich erschrak er über den Riesenvogel, der ihn von der höchsten Zinne seiner Burg herab grimmig anstarrte.

»Willst du hören, wo deine beiden Söhne geblieben sind, König?« rief Wieland.

Nidung erbleichte und gab keine Antwort.

Da sauste der Riesenvogel herab und riß Mimung an sich, um sich hierauf wieder auf die Zinne zu hocken. Der König hatte gar keine Zeit gefunden, sich zu verteidigen.

Höhnisch schrie Wieland: »Rache hatte ich dir geschworen, als du Schmach über mich brachtest und mich zum Krüppel gemacht hast. Die Rache schmeckt süß: Die Rümpfe deiner Söhne liegen im Schlamm unter meiner Esse. Aus ihren Schädeln fertigte ich dir silberne Becher, und du trankst daraus des Morgens wie des Abends. Aus ihren Augen machte ich Edelsteine für dein Weib und aus den Zähnen ein Halsgeschmeide für deine Tochter.«

Nidung erzitterte, als habe ihn der Blitz geschlagen.

Wieland weidete sich an dem Entsetzen des Königs und fuhr fort: »Heute nacht endlich habe ich Bathilde durch Zauber für mich gewonnen. In heißer Liebe entflammt, wird sie mir künftig treu dienen. Du hast die Macht über sie verloren. Vergolten hat dir so der Krüppel, was du dem stolzen Wieland angetan hast.«

Da brüllte Nidung wie ein wildes Tier auf, vom Schmerz mitten ins Herz getroffen. Hastig rief er nach Egil und trug ihm auf, den Riesenvogel zu töten.

Der Schütze widersetzte sich: »Ich kann nicht auf meinen eigenen Bruder schießen.«

Vor Wut außer sich, befahl der König: »Schieß und triff — oder stirb!«

Lachend erhob sich Wieland indessen in die Lüfte.

Bedächtig hob Egil den Bogen und sandte dem Entfliehenden einen Pfeil nach. Das Geschoß bohrte sich in die Blase unter der linken Achselhöhle des Schmiedes, Blut troff in den Burghof herab. Wieland stieß einen Schrei aus, als sei er tödlich verwundet.

»Getroffen!« jubelte der König. »Ehe er noch den Wald erreicht, wird er verbluten und verenden.« Und er achtete nicht auf den Schützen, der sich davonschlich, sein Söhnchen Isung auf Schimming setzte, sich selbst in den Sattel schwang und unbehelligt die Flucht ergriff.

Wieland aber flog mit kräftigen Schwingenschlägen über die Wälder und Wogen in das ferne Seeland.

Auf den zwölf verlassenen Gehöften begannen die Brüder ein neues, glückliches Leben. Helferich war zu ihnen gestoßen und vermochte durch seine Heilkunst Wieland vom Los eines Krüppels zu befreien. So bestellten sie die Felder und freuten sich über die reifende Frucht.

Ein volles Jahr war vergangen, da kam eines Tages eine abgehärmte Frau nach Seeland. Gebückt schlich sie heran, und erst nach langem Zweifel erkannte der Schmied in der elenden Gestalt die einst so stolze Königstochter Bathilde.

Sie sank zu seinen Füßen nieder und schluchzte: »Wieland, nimm mich auf bei dir, und wenn es nur als Magd ist. Ich habe nicht aufgehört, Tränen zu vergießen, seitdem du fort bist, unermeßlich war meine Sehnsucht nach dir. Mein Vater hat mich verflucht und ließ mich doch nicht fort von seiner Burg. Dann aber kamen die kriegerischen Schweden, und König Nidung verlor in einer fürchterlichen Schlacht Reich und Leben. Da zog ich über die Meere und forschte nach dir, bis ich dich wiederfand.«

Lange blickte Wieland stumm vor sich hin. Auch er hatte niemals aufgehört, an Bathilde zu denken. Jetzt zog er die Geliebte an sich und fühlte, wie Frieden in sein Herz einzog.

Bathilde wurde Wielands Frau und gebar ihm einen Knaben, der den Namen Wittich erhielt. Und als Wittich erwachsen war, gab ihm Wieland das Schwert Mimung und den Hengst Schimming, damit aus dem Sohn ein berühmter Recke würde.

ORTNIT

Der König ohne Liebe

Dunkel und rätselhaft blieb der Forschung bisher Ortnit, der sagenhafte König der Lamparten. Ein unbekannter Dichter hat sein Schicksal aufgezeichnet. Aber welches historische Vorbild diente ihm? Nur eines steht fest: Wenn ein König wie Ortnit wirklich gelebt hat, muß er einer der mächtigsten Herrscher seiner Zeit gewesen sein.

DER RAT DER GETREUEN

Ortnit herrschte als mächtiger König über das Land der Lamparten. Von seiner Burg Garda am Gardasee aus regierte er weise und gerecht. Im Norden reichte sein gewaltiger Arm über die Gebirge hinweg bis an den Rhein. Im Süden hatte er sich ganz Italien untertan gemacht, selbst Rom und die meeresumbrandete Insel Sizilien waren ihm tributpflichtig. Damals kam ihm kein anderer König des Abendlands gleich an Macht, Ruhm und Reichtum.

Ortnit besaß den Mut und die Kraft von zwölf Männern. Niemand konnte sich mit ihm messen. Doch die Kämpfe und Heldentaten seiner Jugend hatten ihm keine Zeit gelassen, nach einer treuen Gemahlin Ausschau zu halten. So saß er einsam und ohne Liebe in seiner prächtigen Burg, deren Türme die gleißende Sonne mit funkelndem Gold überzog.

Schon war er zum Mann herangereift, aber noch immer hatte sein Reich keine Königin. Das Volk begann zu murren und zürnte seinem Herrn, weil er dem Land keinen Erben schenkte. Deshalb berief Ortnit alle seine Getreuen und Gefolgsleute zu sich nach Garda und sprach zu ihnen: »Von euch, den Edelsten und Klügsten meines Reiches, erbitte ich Hilfe. Ratet mir, wie ich eine liebende Gemahlin finden kann. Denn in allen Ländern, die ich unterworfen habe, sah ich keine Fürstentochter, die meiner würdig gewesen wäre. Zeigt mir den Weg aus meiner Einsamkeit, ich kann mein Volk nicht länger warten lassen.«

Erfreute Rufe unterbrachen den König. Gerne wollten die Edlen die Bitte ihres Herrn erfüllen, da sie alle dasselbe wünschten. Doch es war schwer, guten Rat zu finden.

Fünf Tage verstrichen, ohne daß etwas geschah. Sorgenvoll meinte Markgraf Helmnot von Tuskan: »Alle Fürsten des Abendlands sind dir untertan, Herr, aber keiner ist darunter, der dir ebenbürtig wäre und dir seine Tochter geben könnte. Diesseits des Meeres haben Ruhm und Macht König Ortnits nicht ihresgleichen.«

Da erhob sich plötzlich Iljas, der Fürst der Reußen und des Königs Oheim, und erklärte: »Ich weiß von einer schönen und hochgeborenen Jungfrau! Sie überstrahlt die Schar der Frauen wie glänzendes Gold das matte Eisen. Sie ist die Zierde der Frauen. Sidrat heißt sie, und König Machorel ist ihr Vater. Er ist der mächtigste Herrscher des Morgenlands, er gebietet über ganz Syrien und Jerusalem. Aber jeder fürchtet ihn wegen seiner unmenschlichen Grausamkeit.«

Bei dieser Rede begannen Ortnits Augen zu strahlen. »Dieses Mädchen will ich heimführen!« rief er aus. »Wer mir treu ergeben ist, rüste sich mit mir zur Brautfahrt! Mein Reich und mein Leben gelten mir wenig, kann ich die Jungfrau nicht zur Frau gewinnen.«

Iljas erschrak über den raschen Entschluß seines Neffen und warnte: »Wer immer bisher als Bote zu König Machorel kam und um die Hand seiner schönen Tochter warb, mußte sterben. Verlangst du noch mehr zu wissen? Die zweiundsiebzig Häupter der getöteten Freier grinsen schrecklich von den Zinnen seiner Burg Montabur. Willst du das dreiundsiebzigste Opfer sein? Auch du wirst die Jungfrau nicht erringen können.«

Doch lachend antwortete Ortnit: »Das schöne Mädchen muß mir gehören! Wenn nicht anders, soll Montabur unter meinen Schwertstreichen fallen. Wer mit mir reitet, dem wird für immer meine Gunst gehören. Gold und Silber will ich mit ihm teilen, mein Land und meine Burgen.«

Da neigte Held Iljas sein Haupt und sprach feierlich: »Du bist der Sohn meiner Schwester und bist mir lieb wie mein eigenes Kind. Darum will ich für dich fünftausend meiner Ritter zu den Waffen rufen und dich an ihrer Spitze nach Syrien begleiten.«

Ein Fürst nach dem anderen stellte sich nun Ortnit zur Seite. Keiner wollte für treulos gelten, jeder sein Gut und Leben für seinen Herrn wagen.

»Auch ich will dir fünftausend wackere Männer geben, mein König, und meine eigene Faust dazu«, rief Markgraf Helmnot von Tuskan.

»Mein König soll nicht bitten müssen, er soll begehren und befehlen«, sagte Herzog Gerwart von Troje. »Fünftausend Recken rüste ich für dich, und ich selbst werde sie dir zuführen.«

Beredt versicherte der Sizilier Zachareis: »Mein König, deine Bitte ist mir Befehl. Zur Meerfahrt stelle ich dir zwölf schnelle Schiffe zur Verfügung und belade sie mit edlen Speisen und Wein. Die Vorräte sollen für drei Jahre reichen. Dazu gebe ich dir noch Kleider aus Samt und Seide für zwanzigtausend Streiter, denn würdig soll die Brautfahrt des mächtigsten Fürsten des Abendlandes werden.«

Freude erfüllte die Königsburg. Ortnits Herz aber brannte vor Ungeduld. Am liebsten wäre er noch am selben Tag aufgebrochen. Doch Iljas mahnte zur Überlegung: »Überstürze nichts! Bald werden die Winterstürme über Berge und Meere toben. Deine Schiffe würden zerschellen. Vertreibe dir einstweilen die Zeit mit froher Jagd und Reiterspiel. Wir wollen derweil heimwärts ziehen, an unseren Herd, zu Weib und Kind, und sorgfältig uns zur großen Fahrt rüsten. Wenn im Frühling die Vögel wieder nordwärts ziehen, wollen auch wir über das Meer fahren. Gott schütze dann unser kühnes Beginnen!«

König Ortnit erkannte die Weisheit seines Oheims und beurlaubte seine Getreuen. Er dankte ihnen: »Gott segne eure Treue, ich will sie euch reichlich lohnen: alle meine Schätze sollen von nun an auch euch gehören, die ihr bereit seid, mit mir die schöne Tochter des grausamen Tyrannen zu gewinnen. Auf eine frohe Wiederkehr!«

ORTNIT EMPFÄNGT ALBERICHS RÜSTUNG UND SCHWERT

Indessen erfüllten Kummer und Schmerz das Herz der greisen Königin, als sie von der beschlossenen Brautfahrt erfuhr. Sorge um Ortnit, den lieben Sohn, verdüsterte ihr Gemüt, denn auch sie hatte schon gehört, wie grausam Machorel mit Freiern verfuhr. In schlaflosen Nächten überdachte sie, wie sie ihrem Kind Heil und Hilfe schaffen könnte. Endlich ließ sie Ortnit in ihr Gemach rufen und sprach zu ihm: »Liebster Sohn, du hast eine schwere Fahrt beschlossen. Nimm diesen Ring! Unscheinbar mag er dir dünken, nur klein und schmal ziert er deinen Finger. Doch sollst du ihn treu bewahren und niemals von dir geben, denn in ihm wohnen Zauberkräfte. Sie mögen dir auf deiner Brautfahrt dienstbar sein. Doch vorher sattle noch dein Pferd zu einem kühnen Ritt! Reite bis ans andere Ende des Gardasees und halte Ausschau nach einem Pfad, der ins wilde Gebirge führt. Folge ihm durch Dickicht und Gestrüpp, bis er sich zu einem freundlichen Anger lichtet, auf dem eine mächtige Linde steht, die wohl fünfhundert Rittern Schatten spenden könnte. Dort wirst du jemandem begegnen, den du zuletzt als Kind gesehen hast. Eure Wege haben sich seit damals getrennt. Er allein kann dir zu einer glücklichen Brautfahrt verhelfen. Möge Gott dich schirmen und jedes Unheil von dir ferne halten.«

Gerne folgte Ortnit dem Rat der Mutter, denn ein Abenteuer war ihm stets willkommen. Niemand aus seinem Gefolge durfte ihn begleiten, ganz allein suchte er den Pfad ins Gebirge.

Bald umfing ihn undurchdringliche Wildnis. Von Stunde zu Stunde wurden Wald und Weg unheimlicher. So dicht waren die Kronen der uralten Bäume verwachsen, daß kein Sonnenstrahl den Waldboden erreichte. Kein Vogellied erfreute ihn, kein Tier huschte durch die Büsche, keine Blume grüßte den einsamen Reiter. Schließlich führte der schmale Weg in eine enge Schlucht und stieg dann steil den linken Abhang empor. Von unten drang ein seltsames Stöhnen und Seufzen herauf. Waren es Bäume, die unter der Last der Jahrhunderte ächzten, oder waren es Unselige, die aus dem Dunkel ihre Klage riefen? Den König schauderte es in dieser Öde. Gerne hätte er um die Geheimnisse der Wildnis gewußt.

Da brach plötzlich heller Schein durch das Geäst, Licht verdrängte die Finsternis. Überrascht hielt Ortnit sein Pferd an. Ein lieblicher Blumenteppich bedeckte die Erde, blühende Bäume schmückten die sanften Hänge ringsum. Süße Düfte erfüllten die Lüfte. Ortnit war wie von einem wunderbaren Traum umfangen.

Verwundert sah er um sich. Wo aus dem Fels ein klarer Quell entsprang, fand er die Linde, die ihm seine Mutter beschrieben hatte. Mächtig wölbte sich die Krone des Baums, und in seinem Schatten schlief ein anmutiger Knabe.

»Wie kommt der Knabe hieher?« sprach Ortnit leise zu sich. »Kostbares Gewand schmückt seinen schönen Leib, aus reiner Seide ist es gewebt und kunstvoll mit goldenen Sternen bestickt. Es konnte ein Fürstenkind sein. Aber wie kommt es in diese verlassene Gegend? Hat es sich verirrt, dann wird ihn wohl die schaurige Wildnis geängstigt haben. Ich will den Schlaf des Knaben behüten, er könnte mein eigenes Söhnchen sein.«

Still kauerte der König sich vor dem Kind ins Gras und träumte in die aufziehende Nacht hinein. Die Lüfte waren lind und warm, die Vögel sangen ihr Abendlied. Ortnit schlief friedlich ein.

Froh erwachte er am nächsten Morgen. Doch der Knabe schlief noch immer so fest wie am vorigen Tag. Behutsam beugte sich Ortnit über das Kind und lauschte seinem ruhigen Atem. »Sonderbar«, murmelte der König, »ich suchte Abenteuer und fand ein friedliches Kind. Ich will es auf meine Burg bringen und wie mein eigenes behüten.«

Nach diesen Worten hob er es sanft hoch, um es zu seinem Pferd zu tragen. Doch da gab ihm der erwachende Knabe einen solchen Schlag, daß er fast zu Boden gestürzt wäre.

»Wie kann ein Kind solche Stärke haben?« wunderte sich der Held. »Und was habe ich dir getan, daß du mich schlägst? Nie noch hat ein Mann König Ortnit wankend gemacht — nun soll einem Kind dies gelungen sein?«

Ungebärdig lachte der Knabe auf und schlug mit harten Fäusten nach dem Ritter. Ein wildes Ringen begann, Mann und Kind schlugen einander wie Riesen. Endlich lag der Knabe überwunden im Gras, denn der Streit hatte Ortnit alle Milde vergessen lassen. Er war zornig über den starken Widerstand und zückte nun sein Schwert, um den seltsamen Gegner zu töten.

»Halt ein!« flehte da der Knabe. »Du willst einen König erschlagen, der mächtiger und reicher ist, als du jemals sein wirst. Mein Tod brächte dir aber keinen Gewinn. Nimm mich gefangen, da du mich schon überwunden hast, doch gönne mir mein Leben!«

»Wenig Ehre brächte es mir, würde jemand erfahren, ich hätte ein Kind gefangengenommen. Schimpf und Spott müßte ich hinnehmen, da ich einen Knaben erst nach vielen Mühen besiegte. Du hast mir mutwillig getrotzt und meinen Zorn verdient, so mußt du sterben!«

Doch als Ortnit zum tödlichen Schlag ausholte, wimmerte und flehte der Wicht: »Schone mich Armen, ich will es dir reichlich lohnen!«

Da mußte der König lachen: »Wie willst du mir hohen Lohn geben, erbärmlicher Milchbart?«

»Verspotte mich nicht! Ich schaffe dir das beste Sturmgewand, das ein Ritter jemals auf dieser Erde trug. Dazu gebe ich dir ein Schwert, das jeden Panzer schneidet, als wäre er nicht aus Erz, das jeden Helm zerbricht, als wäre er aus Bast. Es gibt keine bessere Waffe als mein Schwert — ich brachte es aus dem Zauberland Almarei. Es ist mit purem Gold verziert und klarer als Glas. In keinem Streit wird es eine Scharte erhalten. Rose ist sein Name. Und zu Sturmgewand und Schwert schaffe ich dir noch Beingewand, Helm und Schild, wie kein Kaiser sie jemals trugen. Alles ist aus glänzendem Gold, alles habe ich selbst geschmiedet.«

»Wer verbürgt mir, daß du nicht lügst?« murrte Ortnit mißtrauisch.

Unwillig entgegnete der Wicht: »Ich bin ein König wie du, und mein Versprechen ist Königswort. Ist dir das nicht genug, verdienst du meine Gaben nicht.«

Argwöhnisch ließ Ortnit den Besiegten los und machte sich auf ein neuerliches Ringen gefaßt.

Der Wicht aber verschwand im Gebüsch und kehrte bald wieder. In seinen kleinen Händen trug er das wunderbarste Rüstzeug heran, das Ortnit je gesehen hatte. Hell funkelte das Gold in der Sonne, bleich wie der Mond blitzte das Schwert. Dienstfertig half der Kleine dem Ritter in das Sturmgewand und rüstete ihn behende wie ein erfahrener Waffenmeister. Ortnit konnte sich nicht genug darüber wundern, daß die Rüstung ihm wie angegossen paßte.

»Sie war schon immer für dich bestimmt«, sprach lächelnd der Wicht, »doch laß uns nicht davon reden. Gib mir lieber ein Andenken an diese Stunde!«

»Mit Freuden!« erklärte König Ortnit erstaunt. »Sage mir deinen Wunsch, du hast dir reichen Lohn verdient.«

»Ich will kein großes Geschenk, doch wäre mir der zierliche Goldreif an deinem Finger über alles wert.«

Da wurde Ortnit verlegen. »Dein Wunsch kommt mir ungelegen, seltsamer Zwerg«, meinte er. »Wünsche dir eine Burg, wünsche dir Reichtümer — was du willst, es soll dir gehören. Doch diesen Ring gab mir meine Mutter, die mir riet, mich niemals von ihm zu trennen.«

»Wie schwach sind doch die Menschen!« spottete da der Zwerg. »Helden wollen sie sein und hören dabei auf das Wort eines Weibes.«

»Das Gebot der Mutter zu ehren, ist keine Schande«, entgegnete Ortnit. »Sage einen anderen Wunsch, ich will ihn dir schnell erfüllen.

»Läßt du mich das Kleinod wenigstens ansehen?«

Arglos hielt Ortnit dem Zwerg die Hand entgegen. Doch flink riß dieser den Ring vom Finger des Helden und war auf der Stelle verschwunden, als hätten Zauberkräfte ihn entführt.

Wütend reckte sich der betrogene König. Aber er konnte den listigen Feind nicht fassen, nirgends zeigte sich eine Spur von ihm. Nur ein spöttisches Lied war bald zu hören, in dessen Strophen der unsichtbare Zwerg von Machorel und der schönen Sidrat sang.

Da horchte der König auf und fragte: »Wer nannte dir die beiden Namen? Was weißt du von der fernen Stadt und ihrem Gebieter?«

Der Wicht antwortete: »Mehr als deine Räte dir sagen konnten, mehr als deine Sänger dir melden konnten, mehr als im Abendland ein Sterblicher je vom Morgenland erfuhr. Verzeihst du mir meinen Übermut, will ich dir deinen Ring wieder an den Finger stecken und dir zu dem schönen Mädchen verhelfen.«

Ortnit willigte sofort ein. Als der Ring wieder an seinem Finger war und der Kleine vor ihm stand, faßte er den Zwerg mit harter Hand: »Nun mußt du mir Rede stehen, wer du bist, woher du kommst und aus welchem Geschlecht du stammst!«

»Alberich nennen mich die Menschen«, antwortete stolz der Wicht. »Ich bin der König des Zwergenlandes, alle Unterirdischen sind mir dienstbar. Mein Reich erstreckt sich von Gebirge zu Gebirge, in gleißenden Palästen ruhen meine Schätze und Waffen. Vor vielen Jahren ging ich zu den Menschen, gewann deine Mutter lieb — und du bist mein Sohn!«

Verwirrt und unsagbar glücklich hörte dies Ortnit.

Alberich küßte ihn und fuhr mit leuchtenden Augen fort: »Bald nach deiner Geburt kehrte ich in mein Zwergenreich zurück. Aber niemals hörte ich auf, dich auf allen deinen Wegen zu beschützen. Ich vernahm auch den Entschluß meines heldenhaften Sohns, im Morgenland die schöne Sidrat zur Braut zu gewinnen. Da bat ich deine Mutter, dich zu mir zu schicken. Behalte und hüte deinen Ring wohl! Bist du in Not und brauchst du meinen Rat, blicke auf den glänzenden Reif und rufe meinen Namen!«

Wie verzaubert stand König Ortnit auf der prächtigen Wiese. Er fand keine Worte. Ein Wunder hatte sein Herz berührt, da sein Vater sich ihm gezeigt hatte. Dankbar wollte er ihm die Hände schütteln, doch schon war der Platz vor ihm leer.

Die prächtigen Waffen erweckten den träumenden Helden aber bald aus seiner Verzauberung. Seine Brust weitete sich unter dem herrlichen Sturmgewand, sein Auge wurde fast geblendet von dem funkelnden Schwert. Er fühlte unsägliche Lust, die kostbaren Waffen bald zu prüfen.

Drei volle Tage irrte Ortnit durch die Lande, konnte jedoch keinen ebenbürtigen Feind entdecken. Mißmutig kehrte er deshalb auf seine

Burg zurück, wo man schon seinen Tod betrauerte. Die Mutter raufte sich die Haare, daß sie den Sohn in die Wildnis geschickt hatte; die Ritter machten sich schwere Vorwürfe, daß sie ihren Herrn allein hatten reiten lassen.

Da pochte plötzlich ein fremder Reiter an das Burgtor. Hell glänzte das Gold seiner Rüstung. Noch nie hatten die Wächter ein so kostbares Streitgewand gesehen.

»Öffnet das Tor!« schrie der Fremde zornig. »Ich bin eurem König im Feld begegnet und habe ihn im Kampf getötet. Ist niemand unter seinen Gefolgsleuten, der ihn rächen will?«

Die Ritter in der Burg brachen in laute Klagen aus. Ergrimmt und von tiefem Schmerz getroffen rüstete sich Gerwart von Troje, sprengte in wildem Rachedurst über die Zugbrücke und schlug gewaltig auf die Brünne des Fremden ein. Doch keiner seiner fürchterlichen Schwertstreiche konnte die Rüstung des Gegners durchdringen. Dafür empfing der Getreue viele Wunden von dem blitzenden Schwert des Eindringlings, bis er endlich die eigene, stumpfe Waffe sinken ließ und verzweifelt rief: »So tötet auch mich! Denn ist es mir nicht vergönnt, meinen Herrn zu rächen, gilt mir mein Leben nichts mehr.«

Da riß Ortnit den Helm vom Haupt und umarmte den treuen Gefolgsmann. »Wackerer Freund«, sagte er gerührt, »an deinem Edelmut habe ich deine Liebe zu mir erkannt. Verzeih mir die harten Schläge, doch siehe, welch herrliche Waffen ich gewonnen habe! Sie haben an dir ihre Feuerprobe bestanden.«

Im Königssaal wurde Ortnit von seiner Mutter empfangen und berichtete ihr über die Begegnung mit seinem Vater.

DER ZUG INS MORGENLAND

Als endlich der Frühling über das Land zog, begann in den Burgen der Königstreuen das Rüsten. Kundige Schmiede prüften Waffen und Brünnen, zarte Frauenhände stickten in Wimpeln und Fahnen Tränen und Wünsche. Aus allen Richtungen kamen sodann die Ritter in Scharen herbei, um ihrem König zur stolzen Brautfahrt zu folgen.

Ortnit hieß die Tapferen und Edlen herzlich willkommen. Er sprach: »Habt Dank für eure Treue! Laßt uns jetzt eilen und uns einschiffen. Wir wollen unser Schicksal günstigen Winden anvertrauen. Du aber, mutiger Gerwart, nimm meine greise Mutter und meine Burg in deinen Schutz und Schirm. Hüte, was ich am meisten liebe! Ich wäre untröstlich, müßte ich die Brautfahrt mit dem Leben meiner Mutter oder dem Untergang meines Volks bezahlen.«

Lange noch blickten kummervolle Frauenaugen den scheidenden Scharen nach. Hell funkelten Waffen und Rüstungen im Sonnenlicht.

Bald erreichte das Heer den Meeresstrand und schiffte sich ein. Rasch trieben sodann die Winde die Brautfahrer in den Hafen von Messina. Dort erwartete sie schon Zachareis, denn er hatte sein Wort gehalten: zwölf mächtige Schiffe lagen im Hafen segelfertig bereit, mit kundiger Mannschaft besetzt und mit reicher Fracht für drei Jahre Fahrt beladen.

Dann begann die Fahrt. Weder Stürme noch Windstille hinderten die mutigen Segler. Die kargen Inseln Griechenlands zogen schon bald an den Schiffen vorüber, weiße Städte schmiegten sich in grüne Buchten, üppige Haine grüßten die Reisenden. Als der zwölfte Tag anbrach, rief der Mann vom Auslug hinab mit heller Stimme: »Ich sehe Land! Eine prächtige Stadt liegt vor uns!«

Voll Freude hörten Ortnit und seine Getreuen die gute Botschaft. Doch der Schiffmeister mahnte mit kummervoller Miene: »Ich kenne alle Meere. Jahrzehntelang bin ich von Morgen bis Abend, vom Aufgang bis zum Untergang der Sonne gesegelt, ich kenne alle Länder. Aber immer wieder mußte ich die Überfälle der syrischen Seeräuber erleben! Die Schurken der Hafenstadt Suders, die vor uns liegt, sind wegen ihrer Tollkühnheit vor allem berühmt. Von ihren Galeeren aus schießen sie ankommende Schiffe mit Feuerkugeln in Brand. Die Wehrtürme ihrer Stadtmauer sind mit gewaltigen Wurfmaschinen besetzt. Wir müssen alle unsere Kräfte sammeln, wollen wir dem wendigen Feind erfolgreich gegenübertreten.«

Noch umstanden die Getreuen unentschlossen ihren König, als auch schon die ersten Boote der Seeräuber auftauchten und sich rasch Ortnits Flotte näherten.

»Sie greifen uns an, noch ehe wir uns rüsten können«, rief Ortnit bestürzt. »Und ich habe den einen, auf dessen Hilfe ich zählen durfte, vergessen!«

Doch Iljas entgegnete: »Alle deine Helfer, Herr, sind um dich geschart. Ein gut gerüstetes Heer von dreißigtausend Mann gehorcht deinen Befehlen.«

»Nur der beste Helfer fehlt«, antwortete Ortnit bekümmert. »Er hätte Rat gewußt. Jetzt wird ihn keine Zauberkraft mehr über das Meer zu uns bringen können.« Dabei blickte er sorgenvoll umher — und gewahrte plötzlich Alberich. Sogleich vergaß er alle Sorgen und rief erstaunt: »Lieber Vater, wer hat dich hierhergebracht?«

»Dachtest du, ich sei dir untreu geworden?« sagte der Zwerg. »Ich habe die Reise im Mastkorb mitgemacht.«

»Mit wem sprichst du, Herr?« fragte Iljas verwundert.

In diesem Augenblick rief der Schiffmeister: »Rüstet euch zum Kampf! Ich sehe, wie die Schurken in den Galeeren bereits die Feuerkugeln bereitlegen.«

»Ich weiß euch guten Rat«, meinte Alberich.

Iljas sah sich erschrocken um und fragte nochmals: »Mit wem sprichst du, Herr?«

»Ein Zwerg ist unter uns«, antwortete Ortnit lächelnd. Und er steckte Iljas den Ring an den Finger, damit auch sein Getreuer den Helfer sehen konnte.

»Sagt den Männern in den Galeeren, ihr wäret Kaufleute, die in friedlicher Absicht gekommen sind«, schlug Alberich vor.

Aber Ortnit seufzte: »Dein Rat wird mir nicht viel helfen, denn ich verstehe die Sprache unserer Feinde nicht.«

»So will ich sie dich lehren«, sagte Alberich und gab Ortnit einen Stein. »Nimm ihn in den Mund, dann kannst du alle Sprachen der Welt sprechen und verstehen.«

Ungläubig schüttelte der Held den Kopf, doch tat er, wie Alberich ihm riet.

Indessen waren die Schiffe von Suders nahe herangekommen, und der Schiffmeister schrie voll Angst: »Greift endlich zu den Waffen! An die vierzig feindliche Schiffe kreisen uns ein!«

Da rief auch schon einer der Männer von den Galeeren herüber: »Wer seid ihr, und was wollt ihr?«

Ortnit verstand ihn und konnte in der fremden Sprache antworten: »Ich bin ein Kaufmann und führe kostbare Waren mit mir.« Zugleich gab er seinen Getreuen einen Wink, sich unter Deck zu verstecken, damit kein Helm und kein Schild mehr zu sehen war. Darauf wendete er sich wieder den Feinden zu: »Einen friedlichen Kaufmann werdet ihr wohl ungehindert in eure Stadt einlassen. Gebt mir Geleit, daß ich sicher in den Hafen gelange und meine Geschenke für euch bereitlegen kann.«

»Wer Kaufmannsgut bringt, ist uns willkommen«, antworteten die Männer, wendeten um und geleiteten die Schiffe der Lamparten in den Hafen.

Als es Abend wurde sprach Iljas zu Alberich: »Die Tore der Stadt stehen offen, niemand bewacht sie. Wenn alle Bewohner schlafen, kann unser Heer mühelos die Feste einnehmen.«

Doch der listige Zwerg entgegnete: »Willst du Schande über König Ortnit bringen? Er wurde hier freundlich empfangen und wird als Gast betrachtet. Erst wenn wir König Machorel den Krieg erklärt haben, dürfen wir angreifen.«

»Und wer wagt es, dem grausamen Tyrannen die Kriegserklärung zu überbringen?« fragte Iljas. »Wir würden den Boten nie lebend wiedersehn.«

»Ich selbst will der Bote sein«, antwortete Alberich. »Ich kenne alle Wege nach Montabur, und niemand kann mir Leid zufügen.«

Dankbar bekräftigte Ortnit: »Es gibt keinen besseren Boten als dich, Vater! Doch kehre bald zu uns zurück.«

So flog Alberich mit Zauberkräften zur Burg Montabur. Die Morgenröte tauchte die stolzen Mauern und Zinnen der Feste in zartes Licht, als er sich auf einem Söller niederließ und geduldig auf König Machorel wartete.

Bald erschien der Tyrann auf einer Zinne, um die frische Morgenluft zu genießen.

»He, du dort!« rief Alberich ihn an. »Kannst du mir sagen, wo ich den Beherrscher Syriens und Jerusalems finde?«

»Wer narrt mich?« fuhr Machorel erschrocken zusammen. »Bist du ein Kobold, kleiner Wicht?«

»Der bin ich nicht, grausamer Tyrann. Ich bin der Bote des mächtigsten Königs im Abendland. Ortnit ist sein Name, berühmt ist die Schärfe seines Schwertes und gepriesen wird seine Tapferkeit.«

»Schwatze nicht, Dämon, künde mir lieber den Willen deines Herrn!«

»Er ist in deine Stadt Suders gekommen und hält um die Hand deiner lieblichen Tochter Sidrat an.«

Bei dieser Botschaft verdüsterte sich Machorels Gesicht, die Zornader auf seiner Stirn schwoll an. »Sage deinem Herrn, daß ich ihm den

Schädel abschlagen lasse, wenn ich ihn zu fassen bekomme«, schrie er. »Noch nie habe ich eine Werbung um meine Tochter geduldet. Kein Fürst dieser Erde ist ihr ebenbürtig. Mein Fluch treffe den unbekannten Fremdling! Verläßt er nicht sofort meine Stadt, soll sein Auge brechen. Fluch über ihn und seine Gefährten!«

»Spare deine Worte«, entgegnete Alberich gelassen, »dein Fluch soll auf dich zurückfallen.« Und damit flog er rasch nach Suders zu seinem Sohn zurück.

Als Ortnit die böse Nachricht erhalten hatte, ließ er zum Kampf rüsten. Da bereits die Nacht über die Stadt hereinbrach, war es den Scharen ein leichtes, die Wächter an den Toren zu überrennen.

»Entfalte den stolzen lampartischen Löwen!« rief Ortnit seinem Oheim zu. »Sei Vorstreiter und Führer meiner Ritter! Wir wollen Gericht halten über Hochmut und Grausamkeit!«

Unaufhaltsam stürmten Ortnits Scharen die Gassen und Plätze der Stadt. Drohend erschollen die Kampfhörner. Wie Blitze zuckten die blanken Waffen in den Schlafkammern von Suders. Verstört sprangen die Schläfer aus den Betten und fanden den Tod, noch ehe sie Schwert und Rüstung erreichen konnten. Waffenlärm und Streitgedröhn hallten schaurig durch die Finsternis.

Schon brannten die Stadttore, die Häuser am Ufer sanken in Schutt und Asche. Fürchterlich tobten die Eindringlinge. Da sammelte der Statthalter seine Krieger. Sechzigtausend waren es noch, alle wohlerprobt und in vielen Raubzügen erfolgreich. Vereint stürmten sie den Lamparten entgegen.

Jetzt war Ortnits Stunde gekommen. Unaufhaltsam kämpfte er sich mit seinem Schwert Rose einen Weg in die dichtesten Scharen des Feindes frei. Jeder Streich traf tödlich. Entsetzt wichen alle vor ihm zurück. Breit klaffte schon die Gasse, die der König und Held Iljas schlugen, um das feindliche Heer zu spalten. In dem Tumult bemerkten die Lamparten jedoch nicht, wie eine Schar der Gegner heimlich zum Hafen schlich, um dort die Schiffe der falschen Kaufleute zu verbrennen.

Alberich rief: »Wende dein Roß, Ortnit! Die Feinde dringen zu deinen Schiffen vor!«

Rasch bat der König seinen Oheim: »Übernimm du, Iljas, den Befehl über unser Heer. Lege die ganze Stadt in Schutt und Asche, indessen will ich unsere Schiffe retten.«

Die Not im Hafen war schon groß. Kaum konnten die bei den Schiffen zurückgebliebenen Lamparten sich des Ansturms der Feinde erwehren. Die Ritter jubelten, als sie ihren König den Feinden in den Rücken fallen sahen! Furchtbar wütete sein Schwert. Niemand konnte seiner Kampfwut entkommen.

Da rief Alberich aus den Lüften herab: »Wende nochmals dein Pferd, vielgeliebter Sohn! Held Iljas ist arg bedrängt, die Feinde drohen ihn zu besiegen, schon sehe ich die Fahne sinken.«

Bei solcher Kunde fuhr Feuer aus Ortnits Nase und Mund. »Wehe dem Gegner, solltest du gefallen sein, edler Oheim«, rief er, und die Sorge um den tapferen Recken verzehnfachte seine Kräfte. Er wandte sich erneut der Stadt zu, ließ einen Hagel von Schwertstreichen auf jeden niederprasseln, der ihm entgegentrat. Rose hielt reiche Ernte, keine Scharte schwächte seine Schärfe.

Bald hielt Ortnit vor seinem Oheim, der gestürzt war und im blutgetränkten Sand lag. Entsetzt sprang Ortnit vom Pferd, beugte sich zu ihm herab und öffnete seinen Halsring. Und siehe, als frische Luft die Lunge des Helden füllte, schlug er die Augen auf und erholte sich rasch von den Schlägen auf sein Haupt, die ihn betäubt hatten.

Trauer senkte sich in Ortnits Herz, als er die Leichen vieler seiner Getreuen sah. Hunderte Lamparten lagen auf der Walstatt. Sie hatten ihr Leben für den König gegeben. Kaum konnte Ortnit seinen Rachezorn bezähmen. Erst wollte er alle Bewohner der Stadt erschlagen, doch endlich siegte sein Großmut, und er gebot dem blutigen Gemetzel Einhalt.

Die Stadt Suders war in der Hand der Lamparten. Der siegreiche Löwe glänzte über den rauchenden Trümmern. Nun konnte die Fahrt landeinwärts gehen, um die Burg Montabur, die Blume Syriens, zu gewinnen.

DER KAMPF UM SIDRAT

Als es Morgen wurde, erhob Ortnit sich vom Lager und sagte: »In diesen zerborstenen Mauern mag ich nicht länger weilen. Allzu viele treue Streiter habe ich hier verloren. Was geschehen ist, kann ich nur vergessen, wenn ich des Königs Tochter gewinne. Deshalb wollen wir nicht säumen und gegen Montabur ziehen. Auf, Herolde, ruft die Ritter unter die Fahne! Du, Held Iljas, trage den lampartischen Löwen an der Spitze unserer Streitmacht!«

Doch der Fürst der Reußen war noch müde vom Vortag. Kleinmütig meinte er: »Ich kann das Banner nicht vorantragen, denn ich kenne nicht den Weg nach Montabur.«

Da schwang sich Alberich auf ein herrenloses Schlachtroß und ritt herzu: »Gebt mir die Fahne! Ich kenne alle Wege über die Berge und durch den Sand. Ich führe euch sicher zur stolzen Burg des Tyrannen.«

Die Ritter sahen nur die Fahne vor sich, konnten aber keinen Bannerträger erblicken, da Alberich ihnen unsichtbar blieb. Sie glaubten sich auf wunderbare Weise allein von der Fahne geführt und nahmen deshalb die Mühen des beschwerlichen Ritts willig auf sich, obwohl sie unter der sengenden Sonne und der Last ihrer Rüstungen stöhnten.

Endlich, als die Sonne schon dreimal untergegangen war und erneut sich neigte, erblickten die Lamparten vor sich auf einem hohen Berg die stolze Königsburg Montabur. Jubelnd hoben sie die Waffen und begannen auf der Ebene ein Nachtlager zu bereiten. Für Ortnit und Iljas wurden zwei prächtige Zelte aufgestellt, die Zachareis von Messina gestiftet hatte. Die Seidenplanen schimmerten golden, die Zeltstangen waren aus purem Elfenbein, jede geschmückt mit einem glänzenden Knauf aus Karfunkelstein.

Während seine Getreuen schliefen, umritt Ortnit das Lager. Alberich und Iljas begleiteten ihn. Sie sahen hinauf zur feindlichen Burg. Beim Anblick der gewaltigen Wurfmaschinen, mit deren Hilfe man riesige Steinblöcke schleudern konnte, überkam den König Sorge um seine Ritter.

Da sprach Alberich: »Solche Waffen können uns nicht schrecken, gleich werden sie unbrauchbar sein.« Mit diesen Worten schwang er sich auf die Zinnen der Burg und warf die gefährlichen Schleudern über den Abgrund des Berges herab, als wären sie zierliches Spielzeug.

Entsetzt riefen die Wächter der Burg: »Der Teufel ist gekommen! Was wir zur Wehr brauchten, hat er uns genommen. Gibt unser König dem Eindringling nicht seine Tochter Sidrat, sind wir alle des Todes!«

Die Klagen der Männer drangen bis zu Machorel, dem grausamen Tyrannen. Zornig schrie er auf: »Niemals werde ich mich dem Fremden beugen, niemals werde ich ihm meine schöne Tochter zur Frau geben.

Mit meinen vierzigtausend Streitern greife ich morgen die Eindringlinge draußen vor dem Graben an.«

Als der neue Tag leuchtend heraufzog, standen zwei stolze Heere einander gegenüber. Golden schimmerte Ortnits Brünne, als er an der Spitze seiner Ritter in die Schlacht zog. Ihm entgegen ritt sogleich König Machorel mit seinen dunkelhäutigen Streitern. Sogleich entbrannte das blutige Kräftemessen.

Rasch wandte sich das Siegesglück Ortnits Heer zu. Machorels Scharen konnten den Sturmangriffen nicht widerstehen, Schritt für Schritt mußten sie zurückweichen. Die wilden Zornesschreie ihrer Anführer vermochten sie nicht zu halten.

Verzweifelt verfolgte die schöne Sidrat von einem Söller aus das kriegerische Geschehen. Wirr flatterte ihr Haar um ihr ebenmäßiges Gesicht, ihre Augen waren blind von Tränen. Sie bangte um das Leben ihres Vaters. In höchster Not rief sie in das Kampfgetümmel hinab: »Schont meinen Vater, schont den König von Montabur!«

Doch niemand hörte ihren Ruf. Nur Alberich gewahrte das schluchzende Mädchen und schwang sich behende auf den Söller, ergriff seine Hand und sprach: »Fürchte nichts, schöne Jungfrau, folge mir zu Ortnit, meinem Sohn, dann ist dein Vater gerettet!«

»Wehe, welcher Dämon hält mich gefangen!« stieß da Sidrat hervor, denn sie konnte den Zwergenkönig nicht sehen.

Schnell streifte Alberich ihr einen Reif über den Finger, damit das Mädchen ihn erkennen konnte, und sagte: »Liebliche Jungfrau, Ortnit, der mächtigste König des Abendlands, wirbt um dich. Folge ihm, dann hat alle Not ein Ende!«

Als Sidrat den Zwergenkönig gewahrte, wich die Furcht von ihr, doch meinte sie: »Wie kann ich mich einem Mann versprechen, den ich noch niemals gesehen habe?«

Da nahm Alberich sie an beiden Händen und wies auf das Schlachtfeld: »Siehst du den Helden im goldenen Streitgewand? Jetzt bäumt er sich auf, jetzt blitzt Rose, sein prächtiges Schwert, jetzt funkelt sein Auge in sieghafter Schönheit. Dieser König möchte deine Liebe erringen. Fürchtest du ihn noch immer?«

Sidrat errötete und senkte das Haupt. Ihr Sinn war gewandelt, ihr Herz gefangen. Sie gab Alberich einen schmalen Reif zum Zeichen ihrer Huld und bat, Ortnit möge dafür ihren Vater schonen.

Gerne übernahm der Zwergenkönig den Botengang. Im Kampfgewühl reichte er seinem Sohn den Ring. Da ließ Ortnit die Heerhörner blasen und gewährte Machorel unerwartet Frieden. Still zogen sich die Kämpfer in ihre Burg zurück, die Ritter eilten jubelnd in ihr Lager.

Die Nacht brach herein. Noch wußte König Machorel nicht, weshalb Ortnit ihn geschont hatte, er wußte nicht, daß seine Tochter ihm schon verloren war, daß sie noch heute zu dem fremden Eindringling fliehen würde.

Alberich aber flog zu der Jungfrau empor, traf sie im Gespräch mit ihrer Mutter an und flüsterte: »Verlangt, die Gefallenen vor der Burg beweinen zu dürfen. Niemand wird euch dann den Gang über die Zugbrücke verwehren.«

Gerne folgten die beiden Frauen dem Rat. Unbemerkt schritt Alberich neben ihnen her. Keiner der Wächter hielt die Trauernden an. Im freien Feld erwartete Ortnit die Fliehenden, begrüßte sie liebevoll und hob sie auf sein Pferd.

Indessen hatte Machorel die Flucht der beiden Frauen bemerkt. Unbändig vor Zorn, griff er erneut zu den Waffen und rief seine müden Krieger zusammen. Sie sollten ihm helfen, die schöne Tochter zurückzugewinnen.

Aber Ortnit hatte mit den beiden Frauen bereits das sichere Lager erreicht. Als Machorels Scharen die Verfolgung aufnehmen wollten, stellten sich ihnen die tapferen Ritter entgegen. Solchen Gegnern hielten die Syrier nicht lange stand: von Schrecken übermannt, flohen sie in alle Winde. Damit war der Kampf entschieden, und König Machorel mußte die bitterste Stunde seines Lebens erfahren.

Ortnit aber nahm Sidrat und ihre Mutter zu sich auf sein Schiff. Nur neunzehn Tage währte die glückliche Meerfahrt, bis die lampartische Flotte in Messina anlegte. Von dort aus brachte der König seine Braut nach Garda, wo Hochzeit gehalten wurde.

Sidrat gewann schnell die Herzen aller. Ihre Schönheit erblühte wie eine Blume an der Seite Held Ortnits. Glück und Frohsinn herrschten fortan im Reich der Lamparten.

DIE RACHETAT

Auf Burg Montabur aber herrschte düstere Trauer. Viele Jahre schon hatte König Machorel seine Kammer nicht verlassen. Niemand durfte sich ihm nahen, niemand ihn zu Speise oder Trank bitten. Einsam sann er auf Rache und floh jeden Schlaf. Tag und Nacht grübelte er nach, wie er Ortnit verderben könne.

Zu dieser Zeit kam ein finster blickender, häßlicher Mann auf die Burg geritten. Er verlangte den König zu sprechen, denn er wüßte ein Mittel, Ortnit zu vernichten.

Mißtrauisch ließ Machorel ihn vor und fragte mürrisch: »Wer bist du, wie nennst du dich, und wie willst du den Lamparter bezwingen?«

»Jäger bin ich von Beruf, und Velle ist mein Name«, kam die Antwort. »Vor ein paar Tagen kam ich in der Einöde vom Weg ab und verirrte mich. Plötzlich sah ich vor mir eine Felsenhöhle, aus der ein ungeheurer Drache hervorkroch. Ich versteckte mich schnell, und als das Untier verschwunden war, schlich ich in seine Höhle. Dort fand ich zwei Dracheneier, so groß und so schwer, daß ich sie nur mit Mühe nach Hause schleppen konnte. Damit sie nicht verderben, legte ich sie an einen warmen Platz. Die Brut darin ist noch lebendig. Und nun hört meinen Plan. Rüstet mir ein Schiff, damit ich die Dracheneier in das Lampartenland bringe. Dort werden die jungen Drachen ausschlüpfen, das Land verwüsten und das Vieh fressen. Gewiß zieht König Ortnit aus, die Ungeheuer zu töten. Ich versichere Euch, er wird dabei ums Leben kommen.«

Machorel hatte dem Jäger mit glänzenden Augen zugehört. Hastig versicherte er ihm: »Kein Lohn wird mir zu hoch sein, sollte dein Plan gelingen.«

Finster lächelnd sprach der Jäger weiter: »Ich brauche zwei große Kisten, angefüllt mit Gold und Edelsteinen, außerdem einen weich gepolsterten Schrein für die Dracheneier, damit sie die Fahrt ohne Schaden überstehen. Weiters benötige ich einen Brief an Eure Tochter. Schreibt, Ihr hättet ihr und König Ortnit verziehen und diese schönen Gaben seien das Zeichen der Versöhnung.«

Schaurig lachte nun Machorel auf und rief: »Du bist mein Mann, edler Jäger. Gold und Kleinode sollst du nicht nur für die Lamparten erhalten. Sogleich will ich den Brief schreiben, damit du unverzüglich reisen kannst.«

Bald darauf wurde der Bote höflich in der Burg Garda empfangen. Als Sidrat und Ortnit Machorels Brief gelesen hatten, baten sie den Jäger zu einem Festmahl. Sie waren glücklich und glaubten, daß der einstige Tyrann ihnen verziehen habe. Alle Getreuen des Reichs staunten über die prächtigen Geschenke, am meisten aber über die beiden wundersamen Eier.

Mit falscher Zunge erklärte Velle: »Es sind Zaubereier aus dem geheimnisvollen Morgenland. Eines birgt eine junge Kröte — wenn sie ausgewachsen ist, wird sie einen Edelstein in sich tragen, wie es keinen schöneren auf der Welt gibt. Das andere Ei enthält einen jungen Elefanten, der gar merkwürdig anzusehen sein wird, ist er einmal zu voller Größe gediehen. Beide Eier sendet euch König Machorel zum Zeichen seiner Verzeihung. Zeigt mir einen felsigen Ort im Norden eures Landes und gebt mir genügend Fleisch für die Aufzucht der jungen Tiere, so werden sie euch in wenigen Jahren viel Kurzweil schenken.«

Ohne Argwohn erfüllte Ortnit die Wünsche des Jägers. Er befahl dem Stadtvogt von Trient, reichlich Nahrung für den Fremden und seine Tiere zur Verfügung zu stellen.

Bald stöhnten die Bürger von Trient unter dieser Verpflichtung. Täglich mußten sie gewaltige Mengen Frischfleisch an eine einsame Stelle des Gebirges bringen. Erst genügte ein Kalb, bald mußten täglich zwei sterben, dann war es schon ein riesiger Ochse, bis sich schließlich die Ställe der Bauern bis zum letzten Stück Vieh leerten.

Indessen gediehen in der Höhle die beiden Drachen zu fürchterlicher Größe. Sogar dem Jäger wurde schließlich die Brut zu gefährlich. Er wartete eine günstige Stunde ab und entfloh in die Berge, nachdem er die Drachen freigelassen hatte.

Jetzt brach die unglücklichste Zeit über das Lampartenland herein. Ahnungslose Reisende, die friedlich die Straße entlangzogen, verschwanden spurlos; Kinder wurden vermißt; Bauern kamen nicht mehr vom Feld heim. Schrecken verbreitete sich.

Bald erreichte die schaurige Kunde auch die Königsburg Garda, denn verzweifelte Boten kamen von Trient herüber und meldeten: »Herr, Eure treue Stadt, Euer ganzes Land sind in namenloses Elend geraten! Zwei schreckliche Drachen verwüsten die Äcker und Gehöfte, töten Menschen und Tiere. Rettet uns, König, nur Ihr seid imstande, die Drachen zu bezwingen.«

In schlaflosen Nächten stöhnte Ortnit: »Ich muß den Ritt für mein Volk wagen! Wer sonst soll für Ordnung in meinem Reich sorgen?«

Schlaflos wachte auch Sidrat. Sie hörte die Worte ihres Gemahls und flehte: »Bleibe hier, Liebster! Du reitest in den sicheren Tod.«

Ortnit aber dachte nur an seine Königspflicht. Eines Morgens rüstete er sich mit seinem Sturmgewand, band den Helm fest und gürtete sein Schwert. Er sprach zu seiner Gemahlin: »Ich muß reiten, denn mein Volk verlangt von mir die Tat. Sollte ich den Tod finden, gedenke meiner in Treue. Nur der soll Sidrats zweiter Gemahl werden, der meinen Tod rächt und mein verängstigtes Volk von den Drachen befreit. Traue aber nicht jedem. Glaube nur dem, der die Zungen der Drachen als Siegeszeichen vorweist.«

Von Todesahnung befallen, ritt Ortnit zu der stillen Lichtung, auf der ihm vor Jahren sein Vater erschienen war. Aber diesmal wußte selbst Alberich keinen Rat. Gegen Drachen sind Zwerge machtlos. Er gebot dem Sohn nur, nie zu ruhen und stets zu wachen, bis er die Ungeheuer getötet habe.

Alberichs Worte jedoch nützten nichts. Ortnits Schicksal war besiegelt. Müde vom Ritt lehnte er sich an einen breiten Baum. Gleich umfing ihn tiefer Schlaf, machte sein Auge blind und sein Ohr taub.

Einer der beiden Drachen witterte Menschengeruch und kroch rasch aus seiner Höhle hervor. Seine Augen glühten, giftige Dämpfe quollen aus seinen Nüstern. Des Königs Jagdhund winselte laut auf und sprang an seinem Herrn hoch, um ihn zu wecken. Doch Ortnit schlief fest. Wild bäumte sich das Untier auf und verschlang den Helden mit einem einzigen Zuschnappen der gewaltigen Kiefer.

Der treue Hund jagte zurück nach Garda. Als Sidrat seine vor Angst noch immer gesträubte Mähne sah, wußte sie, was geschehen war. »Mein Gemahl ist tot!« rief sie verzweifelt.

Sidrats Klage währte viele Jahre. Mit ihr trauerten die Edlen des Reichs und Ortnits Mutter, die ihrem Sohn bald in den Tod folgte. Kummer und Leid herrschten im ganzen Land.

Noch schwerer wurde bald das Los der jungen Königin. Die Getreuen des Reichs gaben ihr die Schuld an dem Unglück. Sie verlangten von ihr, einen neuen Gemahl zu nehmen, damit das Land nicht länger ohne König bliebe. Da Sidrat aber sich standhaft weigerte, wurde sie in der Burg Garda in ihre Kammer verbannt. Dort blieb sie, bis der Retter kam. Doch noch war er ungeboren. Wolfdietrich sollte er heißen.

WOLFDIETRICH

Irrfahrt eines Enterbten

Geheimnisvolle Magie steht wie ein Unstern über dem Schicksal Wolfdietrichs, des aus seinem rechtmäßigen Erbe vertriebenen Königs. Er muß Leid und Schmach erdulden, bevor es ihm vergönnt ist, die Heimat wiederzusehen. Nur die Treue seiner Gefährten ermutigt ihn, sich zur Rache zu gürten und den Kampf gegen die Drachen zu wagen.

HUGDIETRICHS BRAUTZUG

Glücklich und in großem Reichtum lebte damals das Volk von Konstantinopel. Zwar war vor Jahresfrist Anzius, der gütige König, gestorben, doch sein Sohn und Erbe Hugdietrich wuchs prächtig heran. Ihm zur Seite stand als treuer Ratgeber, Waffenmeister und väterlicher Freund der greise Berchtung, der Herzog von Meran.

Das Volk liebte Hugdietrich, es freute sich an der Schönheit und adeligen Gesinnung des jungen Königs. Dichtes Blondhaar umrahmte Hugdietrichs edle Stirn, seine hellen Augen strahlten aus einem Gesicht, das so rein wie Milch und Blut war. Schlank und zart waren Fuß und Hand und Lende, männlich zeigte sich sein Mut, tapfer sein Sinn. Ritterliches Spiel war ihm jederzeit willkommen, doch erfreuten ihn ebenso die schönen Künste, wie sie kundige und geschickte Frauenhände pflegen.

An einem Sommertag gingen der König und sein Waffenmeister im Burggarten spazieren. Hugdietrich meinte nachdenklich: »Die Zeit scheint mir gekommen, nach einem edlen Fräulein Ausschau zu halten, das mir Weib und Königin werden soll. Welchen Rat kannst du mir geben, treuer Freund Berchtung?«

»Niemand anderer ist dir ebenbürtig als die schöne Hildburg von Salneck«, kam die Antwort.

»Hildburg, die Tochter König Walgunds?«

»Du hast also von ihr schon gehört, mein Fürst. Doch ist sie nur schwer zu gewinnen. Eifersüchtig wacht der Vater über seinen Schatz. So sehr liebt er die Tochter, daß er sie niemandem gönnen mag. In einem festen Turm lebt sie verborgen, und keiner kann sie befreien.«

»Vielleicht führt List zum Ziel«, unterbrach ihn Hugdietrich. »Man sagt doch, ich gleiche einem Mädchen. Darum will ich mich als Hugdietrichs Schwester verkleiden und so das Vertrauen Walgunds und die

Liebe Hildburgs gewinnen. Hildegund sei mein falscher Name, und von dieser Stunde an will ich mich in weiblichen Künsten üben.«

Berchtung lachte über diesen Plan: »Deine Rede ist zwar närrisch, doch könnte eine solche List erfolgreich sein.«

So kleidete Hugdietrich sich mit den Gewändern einer Magd, verstellte seine Stimme und lernte ein ganzes Jahr lang die Kunst des Strikkens, Stickens, Wirkens und Nähens. Der getreue Berchtung konnte sich über die gelungene Verstellung nicht genug wundern. Als einmal Gäste in die Burg kamen, erkannte keiner in der Magd, die vor ihnen saß, den jungen König.

Nach einem Jahr der Vorbereitungen meinte Berchtung schließlich: »Herr, die Zeit ist reif, das Abenteuer zu beginnen. Fünfzig Ritter mögen mit dir ziehen, dazu vierhundert Knappen und sechsunddreißig Jungfrauen. Nimm auch dein herrliches Zelt mit. Bist du vor der Burg Salneck angekommen, laß es aufschlagen und setze dich hin, mit einer Krone geziert und von einer Dienerschar umgeben. Alsbald wird König Walgund sich erkundigen, woher du kämst und wer du seist. Da magst du ihm sagen: Aus Konstantinopel komme ich, die stolze Königin. Mein Bruder Hugdietrich hat mich aus der Heimat verstoßen, weil ich den heidnischen Bräutigam nicht nehmen wollte, den er mir zuführte. Ich suche Schutz nun bei dir, edler König, bis mein Bruder mir verzeiht. Freundlich wird Walgund dich nach dieser Rede aufnehmen – ich kenne sein mildtätiges Herz. Ein Jahr später komme ich dann geritten und hole dich zum versöhnten Bruder heim. Da wirst du wohl Zeit genug haben, das Herz der Jungfrau zu gewinnen.«

Gerne befolgte Hugdietrich Berchtungs Rat. Das Abenteuer gelang. Als Königin verkleidet, gewann Hugdietrich rasch das Vertrauen Walgunds, dessen Gemahlin Liebgart die Geschicklichkeit der fremden Schönen bewunderte. So durfte Hugdietrich als Hildegunde bald in der Burg wohnen. Sie wirkte dort herrliche Bildteppiche und feine Tischtücher. Des Königs Herz aber eroberte Hildegunde, als sie ihm eine wundervoll verzierte Haube stickte.

Da neigte Walgund sich voll Freude zu seinem Gast und sprach: »Viele Tage seid Ihr schon die Zierde meiner Burg, edle Königin, und große Ehre habt Ihr mir durch Euren Besuch erwiesen. Nun möchte ich Euch reichen Lohn dafür geben. Wählt unter den Burgen meines Landes. Wählt die schönste, sie soll Euch als Wohnsitz geschenkt sein.«

»Nach Burgen und Reichtümern steht nicht mein Sinn«, entgegnete

Hugdietrich schnell, »doch hörte ich viel Rühmliches über Eure Tochter. Wie gerne möchte ich die Jungfrau begrüßen!«

»Mit Freuden erfülle ich Euren Wunsch!«

Herzlich und mit fraulichem Anstand begrüßten einander die Mädchen, die holde Hildburg und die angebliche Hildegunde. Rasch schloß die Königstochter Hugdietrich in ihr Herz, in dem sie erst nur die vertriebene Gefährtin sah. Sie selbst erbat von ihren Eltern die Gunst, daß Hildegunde zu ihr in den einsamen Turm ziehen dürfe, damit sie die Kunst des Stickens und Nähens erlerne. Ohne Argwohn erfüllten Walgund und Liebgart die Bitte der Tochter. Hugdietrich war seinem Ziel nahe.

Zwölf Wochen lang weilte Hugdietrich schon bei der Jungfrau. Da konnte er seine Liebe nicht länger bezähmen. Staunend spürte Hildburg die seltsame Macht seines Blicks und die Glut seiner Hände.

»Liebste Gespielin, von deinem Halsen und Küssen wird mir seltsam bange«, klagte des Königs Tochter.

Da erkannte Hugdietrich, daß er sich nicht länger verstellen durfte. Tief beugte er sein Knie vor Hildburg und sprach: »Verzeiht mir, Herrin! Vergebt einem Liebenden die Kühnheit seines Handelns. Ich heiße nicht Hildegunde, auch bin ich keine Jungfrau. Hugdietrich ist mein Name, und ich bin der König von Konstantinopel. Die Kunde von Eurer Schönheit hat mich nicht ruhen lassen. Ich wußte keinen anderen Weg, als durch List zu Euch zu kommen.«

Das Mädchen erschrak: »Wehe, wenn mein Vater von unserem Geheimnis erfährt! Wir sind beide verloren!«

Ihre Liebe zueinander war jedoch besiegelt. Bald wußten sie, daß aus ihrem Bund ein Kind kommen würde.

Mit Schrecken sah Hildburg den Tag der Trennung nahen, als der getreue Berchtung ein Jahr nach Hugdietrichs Aufbruch mit vielen Rittern in glänzenden Rüstungen vor Salneck eintraf.

Der junge König tröstete sie: »Du sollst nicht klagen, liebe Frau. Kommt deine schwere Stunde, bitte den Wächter des Turms um Hilfe. Ich werde ihn zu unserem Vertrauten machen und ihm später alle Dienste reichlich lohnen. Sorge für unser Kind mit aller Liebe und fliehe zu mir nach Konstantinopel, sobald ein günstiges Schicksal es zuläßt. Dort wollen wir ein glückliches Leben führen.«

Dem Wächter war der Auftrag nicht willkommen, denn er fürchtete den Zorn seines Herrn. Doch versprach er schließlich, Hildburg beizustehen. So nahm Hugdietrich in seiner Verkleidung Abschied von seinem Gastgeber und seiner heimlichen Gemahlin.

Hildburg gebar einen Knaben. Ein Kreuzmal zwischen den Schultern zeichnete ihn vor anderen Kindern aus. Die junge Mutter litt sehr darunter, daß sie ihn vor ihren Eltern verbergen mußte. Als sie eben ihr Kind zur Taufe richtete, nahte überraschend Königin Liebgart, um nach ihrer Tochter zu sehen. In dieser Not wußte der Wächter keinen anderen Rat, als das Knäblein an einem Seil in den Burggraben hinabzulassen.

Dort fand ein Wolf das Kind, nahm es vorsichtig auf und trug es im Maul zu seinen Jungen. Diesen Wolf aber erlegte kurz darauf König Walgund, stöberte seinen Bau auf und brachte voll Freude den Findling heim zu seiner Gemahlin.

Als Hildburg gerufen wurde und das Kind sah, konnte sie Freude und Schmerz nicht länger verbergen. Sie gestand den Eltern ihre heimliche Verbindung mit Hugdietrich. Erst waren Walgund und Liebgart starr vor Entsetzen und Zorn, aber der kleine Knabe wandelte bald ihre Gesinnung. Um des Kindes willen verziehen sie der Tochter und deren fernem Gatten.

Walgund entsandte rasch Boten nach Konstantinopel, damit der Vater seinen Sohn sehen und seine Frau heimholen könne. So wandelte sich Leid in Freude.

Voll Liebe führte Hugdietrich Hildburg auf seine Burg. Der Knabe wurde Wolfdietrich genannt, und später gebar die junge Königin ihrem Herrn noch zwei Söhne, die die Namen Bauge und Wachsmut erhielhielten.

IM STREIT UM DAS ERBE

Viele Jahre genossen Hugdietrich und Hildburg ihr gemeinsames Glück. Ihre drei Söhne wuchsen zu prächtigen Jünglingen heran. Das Volk lebte in Friede und Freude.

Plötzlich aber wurde der König von einer tückischen Krankheit befallen. Die Augen brannten ihn, als er die Söhne, seine Gemahlin und den treuen Berchtung zu sich rief und sprach: »Ihr alle habt mein Leben verschönt. Jetzt müssen wir Abschied nehmen. Weint nicht und klagt nicht, denn mein Tod ist nach dem Willen Gottes beschlossen. Wie ich aber in Frieden mit euch lebte, so will ich das Reich auch nach meinem Tod in Frieden wissen. Bis unsere Söhne herangewachsen sind, magst du, liebe Frau, das Zepter führen. Berchtung wird dir ergeben zur Seite stehen. Später ist mein ganzes Erbe, das Reich von Konstantinopel, für Wolfdietrich bestimmt. Er soll König und Herr werden, denn er ist mein Erstgeborener. Ihr, meine teuren Söhne Bauge und Wachsmut, mögt dem Bruder gehorsam als Lehensmänner dienen. Daß aber Wolfdietrich zu einem stolzen Helden heranwachse, dafür sorge du, mein Berchtung. Sei meinem Sohn ein kluger Waffenmeister, wie du einst mir diesen hohen Dienst erwiesen hast.«

Fünf Tage darauf starb König Hugdietrich. Laut klagten um ihn seine Kinder und sein Volk. Fassungsloser Schmerz schüttelte Hildburg, ihr Leid wollte nicht enden. Wie ihr Gemahl befohlen hatte, sorgte sie um das Reich. Mit Bauge und Wachsmut blieb sie in Konstantinopel, während Wolfdietrich dem treuen Waffenmeister anvertraut wurde.

Berchtung nahm den edlen Jüngling mit auf seine Burg in Meran. Dort lehrte er ihn alle Künste eines Helden. Fünf Jahre lang zog er ihn auf wie ein eigenes Kind; er lehrte ihn springen und reiten, führte ihn zu wahrer Meisterschaft im Bogenschießen, übte mit ihm mancherlei Kampfspiel, zeigte ihm Schwertstreiche und Lanzenstiche, unterwies ihn auch in ritterlicher Sitte und höfischem Brauch.

Indessen wuchs in Konstantinopel der Verrat. Wie Natterngezücht erstarkten Bauge und Wachsmut, schlichen mit scheelen Blicken durch die Hallen der väterlichen Burg.

»Dies alles soll einmal Wolfdietrich gehören?« murrte Bauge. »Sind wir denn Enterbte des Glücks? Wir sind königlichen Blutes wie er und verlangen daher gleiche Rechte.«

»Sind wir nicht sogar edlerer Abstammung als er?« fragte Wachsmut hämisch. »Man fand ihn einst unter Wölfen. Wer weiß, woher er stammt.«

Heimtückische Räte hörten solche Worte mit Freuden. Listig pflichteten sie den beiden Königssöhnen bei und stachelten sie gegen Wolfdietrich auf: »Ihr habt recht, König Bauge und König Wachsmut«, flüsterten sie, »Wolfdietrich ist nur ein rechtloser Findling. Niemand kann seine edle Herkunft beweisen. Wölfe haben ihn gezüchtet und genährt. Bevor eine Wolfsbrut den königlichen Thron einnimmt, müßt ihr das Reich an euch reißen. Und habt ihr in uns nicht ergebene Vasallen?«

Als Hildburg diese Reden vernahm, stockte ihr der Atem. Mit Tränen in den Augen mahnte sie ihre beiden Söhne, an den Willen des verstorbenen Vaters zu denken. Doch Bauge und Wachsmut hatten für ihre Mutter nur Hohn bereit.

In ihrer Not eilte die Königin zu Berchtung nach Meran. Dort klagte sie dem erschrockenen Helden ihr Leid. Traurig senkte Wolfdietrich sein Haupt, denn der Verrat der geliebten Brüder traf ihn hart. Leise sprach er: »Wozu rät mir Berchtung, mein väterlicher Freund und Waffenmeister?«

Da öffnete der greise Held eine verborgene Kammer und kam mit Hugdietrichs Königsschwert zurück. Er sagte: »Sieh das Schwert deines Vaters, Wolfdietrich! Bei seinem edlen Glanz schwöre ich, niemals zu ruhen, bis Hugdietrichs Wille erfüllt ist und dein Recht triumphiert. Sechzehn Söhne habe ich großgezogen, fünfhundert Ritter folgen meinem Ruf. Mit dieser Schar wollen wir gegen Konstantinopel ziehen und Rechenschaft von deinen Brüdern verlangen.«

Günstige Winde trieben die kleine Flotte der Meraner bald in die Bucht von Konstantinopel. Zuerst sollten Berchtung und Wolfdietrich in die Burg reiten, um mit den neidischen Brüdern zu reden. Der greise Waffenmeister sagte jedoch zu seinen Gefährten: »Hört ihr aber mein goldenes Heerhorn erschallen, eilt uns mit allen Streitern zu Hilfe und steht uns bei in großer Not.«

Ernst ritten die beiden Helden vor die Burg. Bauge und Wachsmut sahen ihnen mit höhnischen Blicken entgegen, denn ein Bote hatte bereits die Ankunft der fremden Schiffe gemeldet. Sie hatten also Zeit gehabt, sich auf diese Unterredung vorzubereiten. Grußlos wandten sie sich an Berchtung: »Auf welcher Seite steht ihr, Waffenmeister? Wem haltet ihr die Treue?«

Ohne Zögern kam die Antwort: »Ich bin gekommen, um den Willen des verstorbenen Königs zu erfüllen. Wehe jenen, die die Rechte Wolfdietrichs mißachten, denn ihm ist des Vaters Erbe zur Gänze bestimmt.«

Voll Verachtung entgegnete Bauge: »Wolfdietrich ist bloß ein Findling. Woher nimmt er das Recht, das Erbe anzutreten? Man fand ihn unter Wölfen, er kann weder Vater noch Mutter nennen.«

Der junge Held knirschte, als er diese Schmähungen hörte. Dennoch sprach er: »Was tat euch eure Mutter, daß ihr solche Schande über sie bringt? Brüder, laßt uns in Frieden leben, wie unser Vater es wollte. Ich überlasse euch das halbe Königreich, nur die andere Hälfte soll mir verbleiben. Dafür sei die Feindschaft zwischen uns beendet.«

»Packe dich fort, Findling«, schrie Wachsmut dazwischen, »sonst hetzen wir die Hunde auf dich!«

Das war zuviel für Berchtung. Zornig rief er: »Schämt euch, ihr mißratenen Söhne eines großen Königs! Nun weiß ich, weshalb Hugdietrichs Wahl nur auf Wolfdietrich fallen konnte. Nur er gleicht dem Vater an Größe, ihr aber seid Schlangengezücht.«

»Laß das Schwätzen, alter Tor!« ereiferte sich Bauge.

»Greift den Mann, Schergen!« befahl indessen Wachsmut. »Er hat eure Könige beschimpft und geschmäht. Ergreift ihn, legt ihn in eiserne Ketten und werft ihn ins Verlies.«

Da riß Berchtung sein goldenes Horn vom Gürtel und stieß seinen Atem mächtig hinein. Feige wichen die Knechte vor dem gewaltigen Schall zurück. Doch als die falschen Könige ihnen reichen Lohn versprachen, drangen sie nochmals auf die beiden ein.

Für Wolfdietrich und seinen Waffenmeister begann ein verzweifelter Fechtkampf. Mutig schlugen sie um sich, mit beiden Händen führten sie die Schwerter. Blut benetzte den Boden der Königshalle, wilde Schreie steigerten sich zum Tumult. Bauge und Wachsmut schickten immer neue Scharen in den ungleichen Kampf.

Trotzdem gelang es den beiden Helden, sich bis in den Hof der Burg durchzuschlagen. Dort sprangen sie auf zwei Pferde und sprengten über die Zugbrücke. Doch von allen Seiten umringten sie die Spießgesellen der Verräter. Schwer atmend verteidigten sich Wolfdietrich und Berchtung gegen die übermächtigen Angreifer. Schon wollten sie müde ihre Schwerter sinken lassen, als vom nahen Wald her wildes Rossewiehern zu hören war. Das waren Berchtungs Söhne, die mit Heeresmacht heranstürmten.

So entbrannte die Schlacht, die drei Tage dauern sollte. Tausende Kämpfer sanken in den Staub, die Erde rötete sich von Blut. Einmal stürzte Wolfdietrich schwer getroffen zu Boden, und nur Berchtungs Schild bewahrte ihn vor dem sicheren Tod. Sohn um Sohn des Waffenmeisters fiel indessen. Von sechzehn blieben schließlich nur zehn am Leben. Aber immer, wenn einer starb, lachte der Vater mit wundem

Herzen, damit Wolfdietrich das Unglück nicht merke und nicht verzage.

Doch aller Heldenmut war vergeblich. Die Gegner waren in der Überzahl. Als Wolfdietrich nur noch ein winziges Häuflein Getreuer um sich hatte, befahl er, die Schilde auf den Rücken zu binden und in die weiten Wälder zu flüchten.

Lange wurden die wackeren Kämpfer verfolgt. Erst als die Nacht kam, fanden sie im unwegsamen Dickicht Ruhe. Jetzt erst konnte Wolfdietrich die ihm verbliebenen Streiter zählen. Erschrocken rief er aus: »Freund Berchtung, ich sehe nur zehn deiner Söhne! Wo sind die anderen geblieben?«

Der Waffenmeister wollte nicht die Wahrheit sagen: »Sie mögen sich verirrt haben. Vielleicht schlafen sie nicht weit von hier. Doch laß uns ruhen, Herr, wir sind müde.«

Aber Wolfdietrich hatte das Zittern in der Stimme des Alten gehört und drang in ihn: »Sag die Wahrheit, Berchtung. Die falsche Rede gelingt dir schlecht.«

Da brachen aus Berchtungs Augen Tränen hervor. »Sechs meiner Söhne gab ich für dich, Herr. Sie fielen im Kampf. Jedesmal, wenn einer zu Boden sank, lachte ich dir zu, damit Verzagen dir nicht die Kraft schmälere.«

»Wehe mir!« stöhnte Wolfdietrich. »So mußten sechs edle Recken aus deinem Blut für meine Krone sterben?« Und Trauer kam über ihn.

WOLFDIETRICHS VERZAUBERUNG

Die Sterne hüteten den Schlaf der kampfesmüden Helden. Um Mitternacht übernahm Wolfdietrich die Schildwacht. Trostlos lehnte er an seinem Speerschaft. Er dachte zurück und sah in seiner Erinnerung, wie er als Kind arglos mit Bauge und Wachsmut spielte. Ihr Waffenmeister Berchtung hatte ihnen die ersten Pfeile geschnitzt, und gemeinsam jagten sie damit das Federvolk, obwohl der Vater es ihnen streng verboten hatte. Mit kindlichem Ehrgeiz warfen sie Steine weit hinaus, sprangen über breite Flüsse, übten ihre jungen Kräfte und meinten schon Helden mit Schwert und Schild zu sein. Weit zurück lag diese Zeit! Jetzt bekriegten ihn die Brüder.

Plötzlich schreckte ein Untier den Helden aus seinen Träumen. Es kroch auf vier häßlichen, verkrüppelten Beinen aus dem Dickicht hervor und musterte ihn mit glimmenden Augen. Wohl trug das Gesicht des Untiers menschliche Züge, doch es war gräßlich verzerrt.

Schaudernd fragte der Held: »Woher kommst du, Ungeheuer? Bist du ein Geselle des Teufels?«

Wie rauhes Krächzen kam es aus dem zahnlosen Maul: »Nenne mich nicht Ungeheuer, denn ich bin gar geheuer. Schenke mir deine Liebe, Wolfdietrich, und du bist alle Sorgen los. Statt deines verlorenen Königreichs sollst du ein viel schöneres erhalten.«

»Fahre zur Hölle, Teufel, denn dort bist du wohl zu Hause. Wer könnte ein mißgestaltes Ungeheuer wie dich lieben?«

Kaum hatte Wolfdietrich dies gesagt, warf das zornige Untier seinen Zauber über ihn. Wolfdietrichs Sinne schwanden, Schwert und Roß wurden ihm geraubt. Als er endlich erwachte, suchte er vergebens nach seiner Wehr. Nur ein Zauberpfad öffnete sich seinen Blicken. Er beschritt ihn und lief zwölf Stunden lang in die Wildnis. Seine Freunde sollte er viele Jahre nicht wiedersehen.

Unter einem mächtigen Baum sah er das Teufelswesen wieder. Es ächzte: »Willst du mich noch immer nicht lieben, Wolfdietrich?«

»Niemals!« rief der Held erbost. »Gib mir Schwert und Roß zurück und fahre in dein Höllenreich hinab!«

Da richtete das Untier ihn übel zu. Es warf ihn mittels eines starken Zaubers zu Boden und schnitt ihm Nägel und Haare ab. Dann mußte Wolfdietrich mehr als sechs Monde lang im Wald umherirren, sich wie ein Tier von Wurzeln und Gräsern nähren und durfte nur aus Pfützen trinken.

Berchtung und die kleine Schar der Helden konnten sich nicht erklären, wo ihr Herr geblieben sei. Bekümmert suchten sie viele Tage nach einer Spur, bis sie endlich jede Hoffnung begruben.

Verzweifelt meinte der Waffenmeister: »Ein schweres Schicksal verfolgt uns. Für Wolfdietrich haben wir alles gewagt — jetzt hat ihn uns wohl ein böser Zauber entführt. Vergeblich war unsere Mühe, umsonst unser Opfer. Klugheit gebietet uns nun, nach Konstantinopel zu ziehen und den falschen Königen unsere Dienste anzubieten. Leistet ihnen eure Treueeide, aber nur unter der Bedingung, daß ihr Wolfdietrichs Ritter bleiben dürft. Vielleicht ist er doch noch am Leben. Ich will ihn suchen!«

So vertauschte Herzog Berchtung die Brünne mit einem rauhen Leinenkittel, während die Getreuen nach Konstantinopel zogen. Als Bettler wanderte er von Land zu Land, zog über Meere und Gebirge, um seinen Herrn zu finden. Doch schließlich wollten ihn seine alten Füße nicht mehr tragen, in seinem Herzen zerbrach die letzte Hoffnung. Deshalb suchte auch er den Weg zu Bauge und Wachsmut.

Mit gespielter Ehrerbietung empfingen ihn die Könige und erkundigten sich: »Sag uns, was du über den Verbleib deines einstigen Herrn weißt?«

»Es muß ihn wohl der Tod hinweggerafft haben. Denn nirgends konnte ich eine Nachricht über ihn erhalten.«

»Klage nicht länger, Alter! Diene uns, wie du Wolfdietrich gedient hast, und es soll dir an nichts mangeln.«

Traurig antwortete Berchtung: »Ich danke euch für dieses Angebot. Doch sollte Wolfdietrich jemals wiederkommen, gehört meine Treue nur ihm. Niemals werde ich ihn verraten — so wollte es Hugdietrich, euer Vater.«

»Stehst du noch immer nicht auf der Seite des Rechts, störrischer Alter? Deinen Hochmut sollst du büßen!« riefen die Brüder. »Glaubst du, wir würden heimlichen Verrat in unserer Königshalle dulden? Die Schergen werden dich eines Besseren belehren.«

Berchtung und seine zehn Söhne wurden mit schweren Eisenringen aneinandergeschmiedet. So gefesselt, mußten sie auf der höchsten Zinne der Burg, jedem Wetter ausgesetzt, Tag und Nacht Schildwacht halten. Wasser war ihr einziger Trunk und hartes Brot ihre Nahrung.

Inzwischen versuchte das Untier, das Wolfdietrich verzaubert hatte, ein letztesmal, des Helden Liebe zu gewinnen. Es trat ihm in der Wildnis entgegen und sprach: »Wisse, edler Held, nicht immer hatte ich eine so gräßliche Gestalt. Meine Stiefmutter hat mich in diesen Zottelpelz gebannt. Von ihm kann ich nur befreit werden, wenn der beste Held der Länder Liebe für mich empfindet. Deshalb bitte ich schon seit so langer Zeit um deine Zuneigung. Mein Leiden wird aber auch dann noch nicht zu Ende sein. Sollte ich wieder ein menschliches Antlitz und schöne Glieder erhalten, hat die Zauberin bestimmt, daß der fürchterliche Riese Drasian mich verfolgen wird. Verwehre mir nicht deine Hilfe, ich bitte dich!«

Da überwand Wolfdietrich seinen Ekel, trat auf die Unglückliche zu und schloß sie in die Arme. Hell krächzte das Untier, watschelte behende zu einem Brunnen und beugte sich über den Trog, den zur einen Hälfte kaltes, zur anderen warmes Wasser füllte. Lange tauchte das gräßliche Wesen in die Flut — und entstieg dem Trog als strahlendschöne Jungfrau.

Wolfdietrich konnte das Wunder kaum fassen. Er tastete nach dem Mädchen, um zu fühlen, ob die Gestalt wahrhaftig aus Fleisch und Blut sei — seine Hände strichen über glatte Seide und weiches Haar. Vor ihm stand Siegeminne, die Königstochter von Alten-Troja.

Sogleich entbrannte der Held in Liebe zu dem schönen Mädchen. Dankbar führte Siegeminne ihn auf die nahe Burg ihrer Väter. Der Jubel ihrer Gefolgsleute begrüßte die Gerettete, begeistert dankte man Wolfdietrich, ihrem Befreier.

Als der Held aber wieder Schild und Schwert in seinen Fäusten hielt, überfiel ihn mächtig die Erinnerung an seine Getreuen, an Berchtung und dessen Söhne. Da er nichts über ihr Schicksal wußte, wollte er keinen Tag verlieren, sie zu suchen.

Siegeminne jedoch klagte: »Wehe mir! Was half mir die Errettung vom Zauber, wenn du mich jetzt verläßt? Drasian wird mich zur Hochzeit zwingen. Wäre ich doch noch im Wald und trüge weiter die häßliche Gestalt!«

Da bat Wolfdietrich um die Hand Siegeminnes, und bald wurde zu Alten-Troja eine prächtige Hochzeit gefeiert.

Viele Jahre vergingen. Nirgends zeigte sich der Riese Drasian. Er wagte es nicht, die wohlgeschützte Königsburg zu überfallen. Die Ritter wähnten sich in Sicherheit — und Wolfdietrichs Sehnsucht nach den Seinen wurde unerträglich. Er wollte endlich Nachricht über ihr Schicksal haben und schickte Boten in alle Himmelsrichtungen.

So erhielt der Held Kunde von der Gefangenschaft und Not des Waffenmeisters Berchtung und dessen Söhnen. Trauer überkam ihn, und selbst Siegeminnes Liebe konnte seinen Schmerz nicht lindern.

Um ihren Gemahl abzulenken, ließ die junge Königin zu einer großen Jagd rüsten. Als das Hifthorn erklang, sprach sie zu Wolfdietrich: »Liebster, laß uns in den herrlichen Wald reiten. Dort wird dein Herz den Kummer vergessen, dort wirst du neuen Frohsinn gewinnen!«

»Diese Jagd will ich noch reiten«, antwortete der Held. »Dann aber soll mich niemand mehr hindern, meine Getreuen zu befreien.«

Es wurde ein fröhlicher Tag. Wolfdietrich vergaß über dem Weidwerk seinen Schmerz, und wohlgefällig ruhte sein Auge auf Siegeminne, die einen Jagdspeer führte und kühn an der Seite der Männer ritt. Als es Abend wurde, ließ man das Königszelt aufschlagen, und Wolfdietrich erfreute sich mit seiner Gemahlin der linden Kühle.

Hinter ihnen aber lauerte bereits der Schrecken. Drasian, der fürchterliche Riese, sah seine Stunde gekommen. Er wußte, daß er nie wieder günstigere Gelegenheit zur Entführung finden würde. Arglistig ließ er einen prächtigen Hirschen aus dem Gebüsch springen.

Als Wolfdietrich das schöne Tier erblickte, sprang er auf, um edle Beute zu machen. Mächtig setzte er dem flüchtigen Wild nach. Siegeminne freute sich an der Jagdlust ihres Gemahls — da packten sie derbe Hände, und feurige Augen glühten sie an. Ihre verzweifelten Rufe halfen nichts — der Riese entführte sie. Keiner ihrer Gefolgsleute konnte ihn daran hindern.

Als Wolfdietrich von seinem Ritt zurückkehrte, berichteten ihm die Männer mit zitternder Stimme, was geschehen war. Da klagte der Held zu Gott: »Herr, hast du nur Keulenschläge für mich? Nach den Getreuen nahmst du mir jetzt auch die Gemahlin. So gib mir nun Kraft, daß ich mein Glück wiedergewinne.«

Er verhüllte seine Brünne mit einer braunen Kutte. Als frommer Pilgersmann wollte er unerkannt die Länder durchstreifen, um Siegeminne zu finden. Hunger und Durst quälten ihn, bis er endlich auf eine öde Insel kam. Dort wollten ihn seine Beine nicht mehr tragen, und er sank erschöpft zu Boden.

Eine Magd weckte ihn aus seinem tiefen Schlaf und fragte: »Woher kommt Ihr, Fremdling?«

»Sag mir vorher, wie du heißt«, antwortete Wolfdietrich.

»Frohmut werde ich genannt.«

»Ein schöner Name. Froh wird mein Herz bei seinem Klang.«

»Doch ich selber bin nicht froh«, erklärte die Magd traurig. »Vor sechs Monden brachte mein Herr, der ungestüme Riese Drasian, eine liebliche Frau zu uns auf die Burg. Sechs Monde bat sie sich aus, daß er sie in Frieden lasse, erst dann wolle sie ihm angehören. Heute endet die Frist. Und kommt ihr kein Retter, so ist sie verloren.«

Da leuchteten die Augen des Pilgers auf, und er bat die Magd: »Bringe der schönen Frau diesen Ring. Sag ihr, sie brauche nicht zu verzagen.«

Eilig lief die Magd hinweg.

Siegeminne erkannte sogleich den Ring. Glücklich begab sie sich zu Drasian und bat: »Siehst du den müden Pilger am Strand? Erfülle mir diesen einen Wunsch und laß ihn ein. Dafür will ich noch heute deine Frau werden.«

Solche Worte vernahm der Riese gern, und er ließ den Fremden sogleich holen. Freundlich sprach er: »Raste in meiner Burg; ich sehe deine staubigen Füße und deine müden Augen.«

Wolfdietrich dankte höflich. Aber er sah unausgesetzt Siegeminne an. Diese lächelte ihm zu und errötete. Als der Riese die Blicke zwischen den beiden bemerkte, überkam ihn Zorn, und er brüllte Siegeminne an: »Schere dich in deine Kammer, üble Dirne!«

Da warf Wolfdietrich die Kutte ab und stand im Streitgewand vor Drasian. Der unbewaffnete Riese erkannte ihn mit Schrecken und wich ängstlich in eine Ecke zurück.

»Deine Stunde ist gekommen«, rief der Held. »Empfange die Rache meines Schwertes!«

»Es ist nicht Ritterbrauch, einen Wehrlosen zu erschlagen. Gönne mir die Rüstung, so will ich dir ehrenvoll entgegentreten.«

»Wappne dich nur«, stimmte Wolfdietrich zu, »obwohl einem Räuber das Ritterrecht nicht zusteht.«

Auf einen Wink ihres Herrn schleppten Drasians Zwerge drei Brünnen herbei, eine goldene, eine silberne und eine aus rostigem blinden Erz. Höhnisch forderte der Riese den Helden auf, seine eigene Brünne mit einer besseren zu vertauschen.

Wolfdietrich ließ sich das nicht zweimal sagen und wählte listig die rostige Rüstung. Drasian erbleichte, denn der Held hatte die beste Brünne ausgesucht.

Dann entbrannte der Zweikampf. Fürchterlich klirrten die Schwerter. Dreimal sank Wolfdietrich zu Boden — die böswilligen Zwerge brachten ihn zu Fall. Aber auch er zwang Drasian dreimal in die Knie. Endlich, beim viertenmal, raffte Wolfdietrich alle Kräfte zusammen und hieb sein Schwert durch die Achsel des Gegners bis zu dessen Hüfte. Der Riese brach tot zusammen.

Damit war Siegeminnes Not beendet. Der Held brachte sie und ihre Mägde zum Strand, wo sie eines der Schiffe bestiegen. Unterdessen legte Wolfdietrich die Burg des Riesen in Flammen. Die Zwerge verbrannten mit dem Leichnam und allem Gut ihres Herrn.

Aber der Jubel über Siegeminnes Rückkehr in die Heimat verklang nur zu rasch. Die schwere Zeit in der Fremde hatte sie geschwächt und krank gemacht. Nach kaum einem Jahr starb sie.

Untröstlich irrte Wolfdietrich durch die leeren Hallen und Räume der Burg von Alten-Troja. Nun hielt ihn nichts mehr hier zurück. Er ernannte einen neuen Herrn über das Reich und nahm Abschied von Siegeminnes Rittern, um endlich nach Berchtung und dessen Söhnen zu sehen.

DER KAMPF MIT BELIAN

Nachdem Wolfdietrich elf Tage lang geritten war, ohne sich Ruhe zu gönnen, erblickte er in der Ferne die Zinnen der Burg Falkeneis, die dem Sarazenen Belian gehörte. Über diesen düsteren Mann wußten die Sänger viel Schreckliches zu berichten. Jeden Gast, der nicht zu seinem Gott Allah beten wollte, forderte er zum Messerkampf. So grinsten schon an die fünfhundert Totenschädel von den dreißig Türmen seiner Feste. Wolfdietrich hatte sich vorgenommen, Belian endlich zu strafen. Trotzig ritt er den Burgberg hinan.

Mit finsteren Blicken begrüßte ihn Belian und sprach: »Bist du ein Christ, so kehre auf der Stelle um, bevor dich mein Messer durchbohrt.«

»Ich fordere das Gastrecht von dir«, antwortete Wolfdietrich kühn. »Oder kennst du die edlen Ritterbräuche nicht?«

Belians Auge funkelte den kecken Eindringling grimmig an, da trat seine Tochter hinzu, ein liebliches Mädchen mit freundlichen Augen. Sie bat ihren Vater: »Überlaß den Fremdling meiner Obhut! Er ist ein so stolzer und schöner Mann.«

Der Sarazene liebte seine Tochter und wollte ihr keinen Wunsch versagen. Darum meinte er düster: »Kannst du ihn zum wahren Glauben bekehren, mag er sein Leben behalten. Wenn nicht, ziert morgen sein Haupt die fünfhundertste Lanzenstange.«

Höflich führte das Mädchen den Ritter in einen prächtigen Saal, in dessen Mitte eine goldene Linde wuchs. Goldene Vögel saßen auf den Zweigen des Baums und zwitscherten eine zauberhafte Melodie. Gerne ließ der Gast sich nieder und wurde fröhlich bei Speise und Trank.

Endlich fragte Belian barsch: »Sage uns deinen Namen! Bist du Wolfdietrich, der vertriebene König, dann verlasse auf der Stelle diesen Saal. Seher haben mir gesagt, daß ich im Messerkampf nur ihn zu fürchten habe.«

»Wolfdietrich? Dieser Name ziert mich nicht. Pilgerin heiße ich, und aus Alten-Troja komme ich.«

Solche Worte waren dem Sarazenen recht, er fühlte sich in Sicherheit. Wolfdietrich aber hatte in dieser Nacht eine Versuchung zu bestehen. Denn die schöne Tochter des Burgherrn setzte alles daran, ihn zu ihrem Glauben zu bekehren. Sie wollte, daß auch Wolfdietrich ihren Gott Allah anbete und betörte ihn mit mächtigem Zauber. Wolfdietrich sollte ihr Gemahl werden. Doch der Held blieb standhaft.

Am nächsten Morgen betrat er in voller Rüstung den Saal. Finster erwartete ihn Belian und erkundigte sich sogleich: »Hast du deinen Sinn gewandelt? Betest du von heute an zu Allah?«

Stolz sprach Wolfdietrich: »Nie werde ich von Jesus Christus lassen, dem einzigen und wahren Gott. Laß mich in Frieden ziehen!«

Da sprang der Sarazene wütend auf ihn zu und schrie: »Trotziger Fremdling, solchen Hohn sollst du büßen! Zeige, ob dein Mut deinen lästernden Worten gleichkommt! Lege dein Streitgewand ab und stelle dich zum Messerkampf.«

Ruhig meinte Wolfdietrich: »Zwar ist es nicht Rittersbrauch, den Gast zum Zweikampf zu fordern, doch will ich den Kampf nicht meiden. Mich gelüstet danach, deinen Übermut zu brechen.«

Knappen brachten zwei Schemel herbei, auf denen je drei Messer lagen. Rasch streiften Belian und Wolfdietrich die Brünnen ab, bis sie im leichten Hemd einander gegenüberstanden. Die Vasallen des Burgherrn zogen einen engen, drohenden Kreis um die beiden Gegner.

»Die ersten Würfe gehören mir, dem Anhänger des wahren Glaubens!« rief Belian erbost. »Wehre dich, lebensmüder Fremdling! Bete zu deinem falschen Gott, bevor die Würmer dich im Grab auffressen.«

Lange prüfte Belian die scharfe Klinge. Dann holte er weit aus zum Wurf, ließ die Klinge windschnell durch die Luft sausen. Doch sie schnitt von Wolfdietrichs Haupthaar nur zwei Locken ab.

»Wehe! Vergißt du, Allah, meine Treue?« schrie der Sarazene erbleichend.

Knirschend griff Belian zum zweiten Messer. Wieder wog er die spitze

Waffe bedächtig in seiner Hand, überlegte sorgsam und warf. Doch blitzschnell beugte Wolfdietrich sich zur Seite, so daß ihm die Klinge bloß die Haut ritzte.

Kalter Schrecken sprang in die Augen des Burgherrn. Bebend fragte er: »Sprachst du gestern die Wahrheit, unheimlicher Ritter? Bist du wirklich nicht Wolfdietrich? Nennst du dich so, beende ich gern den Kampf und gebe dir Tochter und Burg!«

Höhnisch lachte der Held. Jetzt wußte er, daß Gott ihm bei seinem Rachewerk für die fünfhundert erschlagenen Christen beistehen werde. Darum meinte er lächelnd: »Steht es so um deinen Mut, Belian? Fürchte nichts und wage ruhig den dritten Wurf!«

So wog der Sarazene das letzte Messer in der Hand. Atemlos beobachteten ihn seine Vasallen und seine Tochter. Er hob es langsam auf und warf. Wolfdietrich tat einen kühnen Sprung: die Klinge fuhr unter seinem Körper hindurch und bohrte sich tief in die Holzbalken der Wand.

Dem Burgherrn graute, als er stammelte: »Du bist Wolfdietrich. Ich sehe es, ich spüre es. Halt ein! Meine Tochter und mein Reich gehören dir!«

Doch schon sauste Wolfdietrichs erstes Messer durch die Luft und heftete Belians linkes Bein an den Schemel. In wildem Schmerz brüllte der Sarazene auf. Rasch und kurz zielte der Held zum zweitenmal — die Klinge heftete des Gegners rechtes Bein an den Schemel. Feige flackerte es in Belians Augen auf, er suchte verzweifelt sich zu retten. Aber schon stak das dritte Messer mitten in seinem Herzen. Der Christenmörder fiel leblos zu Boden. Gerächt waren seine Opfer.

Da drangen die Umstehenden in wilder Wut auf Wolfdietrich ein. Doch des Helden Schwert zwang sie in die Flucht. Schnell legte er seine Rüstung an und bestieg sein Pferd, um die Burg des toten Sarazenen zu verlassen. Niemand wagte ihn aufzuhalten.

Nur Belians Tochter stellte sich ihm entgegen. Lachend ritt er an ihr vorbei. Sie aber verwandelte mit arger Zauberkunst die Wiese vor der Zugbrücke in ein gewaltig wogendes Meer. Da packte Wolfdietrich die Hexe, hob sie zu sich in den Sattel und sprengte mit ihr in die Fluten. Erschrocken zauberte das Mädchen eine gläserne Brücke herbei, über die Wolfdietrichs Roß traben konnte. Überrascht lockerte der Held seinen harten Griff.

Kaum merkte das Belians Tochter, verwandelte sie sich in einen Vogel und entfloh, die Brücke brach klirrend entzwei. Kühn durchschwamm Wolfdietrichs Pferd die brausenden Wogen und erreichte keuchend trockenes Land.

Doch das gewonnene Ufer ging plötzlich in lodernden Flammen auf. Da betete der Held inbrünstig zu seinem Gott: der Zauber der Hexe war gebannt. Nichts mehr konnte ihn hindern, seinen Ritt fortzusetzen.

WOLFDIETRICH IM LAMPARTENLAND

Bald umgaben den kühnen Helden undurchdringliche Wälder. Die Pfade wurden schmal, und oft scheute das Pferd vor grausigen Abgründen. Dornen peinigten Roß und Reiter, nachts heulten wilde Tiere und schlichen mit geifernden Lefzen heran.

Erst am Morgen des zwölften Tages lichtete sich die Wildnis. Freundliche Wiesen mischten sich in das Waldesgrün, und gegen Mittag blickte Wolfdietrich von einer sanften Anhöhe herab in blühendes Land hinaus. Weithin dehnten sich fruchtbare Felder, von Gärten mit Obstbäumen durchzogen.

Bald sah der Held die schmucken Türme einer friedlichen Stadt. Auf den Giebeln der Häuser wehten bunte Fahnen, und auf dem Anger vor der Stadtmauer tummelte sich festlich gekleidetes Volk. In prächtiger Tracht hatten sich die Bürger der Stadt zu fröhlicher Feier versammelt. Jünglinge trieben ihre Rosse im Kreis, als probten sie ein Spiel, ältere Männer umstanden einen großen Tisch.

Verwundert näherte der Held sich diesem Tisch, an dem die Edlen der Stadt beisammenstanden, und grüßte höflich. »Komme ich zum friedlichen Kampfspiel zurecht?« fragte er. »Gönnt mir euer Gastrecht!«

Bedächtig wandten sich die Männer Wolfdietrich zu. Pelz und Samt zierten ihre Gewänder. Der würdigste in ihrer Mitte antwortete: »Gerne gewähren wir Gastrecht, wem Gastrecht gebührt. Wir begrüßen dich herzlich, Fremdling, soferne du unserer Stadt gut gesinnt bist. Doch scheinst du ein edler Ritter zu sein, den die Spiele von Bürgern wohl kaum locken.«

Da lächelte Wolfdietrich und meinte: »Ich bin ein ehrlicher Christ und Reitersmann, achte die Gesetze des Landes und suche keinen Streit mit friedlichen Menschen. Laßt mich euch fröhliche Gesellschaft leisten.«

Beifälliges Gemurmel zeigte an, daß der Held den Männern gefiel, und der Stadtälteste sprach: »So nehmt an unserem Spiel teil! Es ist ein alter Brauch, den wir von unseren Vätern übernommen haben. Jedes Jahr spendet die schönste Jungfrau der Stadt einen Goldring für ein munteres Stechspiel. Wer ihn im geschickten Anritt mit seinem Speer von der Stange zu holen vermag, gewinnt dafür drei Küsse des lieblichen Mädchens. Heuer ist diese Jungfrau des Richters Töchterchen Amige. Wir sind stolz auf ihre reine Schönheit.«

Höflich neigte sich da Wolfdietrich vor Amige, die zart errötete. Achthundert Jünglinge aus der Stadt und den Nachbarorten hatten sich zum Spiel eingefunden, sie boten nun dem Gast den Vortritt an. Doch der Held reihte sich bescheiden an das Ende der Wartenden.

Zierlich glänzte der Goldreif auf der Stange. Kaum konnte das Auge ihn wahrnehmen. Jüngling um Jüngling ritt heran, den köstlichen Preis zu gewinnen. Doch keinem glückte das Spiel.

Endlich kam Wolfdietrich an die Reihe. Sanft gab er seinem Pferd die Sporen, das den Wink seines geliebten Herrn wohl verstand und der Stange ruhig entgegenjagte. Dem kampfgeübten Helden fiel es leicht, den Goldreif zu stechen, und die Bürger gönnten ihm den Sieg. Fröhlich jubelten sie ihm zu, die Jungfrau aber gab ihm errötend den Siegespreis.

Glücklich meinte nun Wolfdietrich: »Verzeiht, ihr lieben Leute, aber im Eifer des Spiels vergaß ich zu fragen, welche Stadt mich so gastlich aufgenommen hat.«

»Edler Ritter, Ihr seid in Treviso, der blühenden Handelsstadt im Lampartenland«, kam die Antwort.

Da freute sich der Held und sagte: »Lange schon suchte ich dieses berühmte Königreich. Wie sehne ich mich nach der Freundschaft Ortnits, des Edlen, den alle Sänger des Abendlands rühmen!«

Doch bei diesen Worten senkten die Männer traurig die Köpfe und sprachen: »Vergebens wirst du von König Ortnit den Willkommgruß erbitten.«

»Erzählen die Sänger nicht die Wahrheit?« entgegnete Wolfdietrich. »Hat Ortnit seinen Edelmut und Edelsinn verloren?«

»Das ist es nicht, Herr! Aber König Ortnit weilt nicht mehr unter den Lebenden. Ein schrecklicher Drache, der das Land um Trient verwüstet, hat ihn getötet. Jammernd wartet Sidrat, seine Witwe, nun schon seit vielen Jahren, zu Garda auf den Edlen, der das Untier erlegt. Wem es gelingt, den Drachen zu fällen, der gewinnt die hohe Frau und die Krone des Lampartenlands dazu.«

Bewegt hörte Wolfdietrich diese Nachricht. Er wollte keine Stunde länger zögern. So sehr auch Amige ihn bat, die Freude des Festes noch weiter mit den Bürgern von Treviso zu teilen, er sprang rasch wieder auf sein Pferd und ritt davon.

Am Abend des nächsten Tages hatte er die Königsburg zu Garda erreicht. Grau standen die Mauern im sinkenden Licht des Tages, einsam waren die Säle, durch die er geführt wurde. Vasallen brachten ihn schweigend zur Königin.

Mit müder Gebärde hieß die edle Frau den Fremdling willkommen. »Warum stört Ihr meinen Jammer?« fragte sie. »Was führt Euch in mein Land der Trauer und des Elends?«

Tief erschüttert antwortete Wolfdietrich: »Herrin, klagt nicht mehr, zerstört nicht Eure Augen mit nutzlosen Tränen. Ich bin gekommen, Euer Leid in Freude zu verwandeln. Mein Name ist Wolfdietrich, und ich will Ehre und Leben dafür einsetzen, daß König Ortnit gerächt wird.«

Da hob Sidrat verzweifelt den Blick. »Zwar wird Euer Name, Held Wolfdietrich, gerühmt und gepriesen, doch wage ich nicht mehr, auf ein gütiges Geschick zu hoffen. Wie viele Recken haben schon die Rache versucht! Alle mußten ihren Mut mit dem Leben bezahlen. Die Vasallen des Reiches halten mich dafür in schmählicher Haft. Sie geben mir die Schuld an dem Unglück, das dem Land widerfahren ist und täglich widerfährt. Jetzt will mich Graf Wildung von Piterne zwingen, seine Frau zu werden. Er prahlt, er könne die Drachenbrut erschlagen. Doch ich traue dem Feigling nicht. Ich fürchte, er will nur das Land an sich reißen und mich in neues Unglück stoßen.«

Wolfdietrich gönnte sich nur eine Nacht Ruhe. Schon am folgenden Morgen brach er auf, um in der Wildnis von Trient den Drachen und seine Brut zu suchen. Scheu blickten ihm die Ritter nach, als er im Unterholz verschwand. Sie glaubten nicht, ihn jemals lebend wiederzusehen.

Indessen ritt der Held kühn durch die Wälder. Er konnte aber nirgends die Spur des Untiers finden. Endlich überfiel ihn tiefe Müdigkeit

— wie einst König Ortnit. Bleierner Schlaf senkte sich auf seine Lider herab, fast wäre er vom Pferd gesunken, so ermattet fühlte er sich. Schließlich ließ er das Roß weiden und legte sich selbst unter einem mächtigen Baum zur Ruhe.

Schon nahte das gräßliche Ungeheuer. Sein giftiger Atem stieg dem edlen Pferd in die Nüstern, laut wiehernd, weckte es seinen Herrn. Als Wolfdietrich sogleich aufsprang, wurde er von Schrecken ergriffen. Auf vierundzwanzig Beinen kroch der entsetzliche Drache heran, weit gähnte sein schauerlicher Rachen, fürchterliche Zähne stachen aus dem Kiefer hervor, den Schwanz bewehrten dornige Zacken, dicke Hornhaut schützte den häßlichen Leib.

Wolfdietrich griff nach seinem Schwert. Feuerschnaubend fuhr der Drache auf ihn los, wollte den kecken Menschen mit einem einzigen Schlag seiner Pranken vernichten. Doch der Held wich behende zur Seite und versetzte dem Untier mehrere gewaltige Streiche. Zwar pfauchte und zischte der Drache, doch das Schwert konnte ihm nichts anhaben. Vergebens suchte Wolfdietrich nach einer weichen Stelle im Hornpanzer des Gegners. Schon war der Schild in seiner Hand zerschmolzen, da splitterte das Schwert in drei nutzlose Stücke.

Ermattet hielt der Held im Kämpfen inne. Blitzschnell griff das Untier zu. Es packte Wolfdietrich mit dem Maul, riß mit dem Schwanz das Pferd an sich und trug die Beute in seine Höhle, den fünf ungeschlachten Drachenjungen zum Fraß.

Wolfdietrich schwanden die Sinne. Er sah nicht mehr, wie die gierige Brut sein treues Roß zerriß und zermalmte, um sich zu sättigen. Er war in einen entfernten Winkel der Höhle gerollt und erwachte erst wieder in dunkler Nacht, als die Felsen vom Geschnarche der Untiere erzitterten. Entsetzen schnürte dem Recken die Kehle zu, angstvoll erwartete er den Morgen. Immerhin stärkte die Ruhe seine Glieder, und mit der neuen Kraft kehrte auch neuer Mut in sein Herz zurück.

Als die Dämmerung einen fahlen Schein in die Felskluft warf und die Drachen noch immer schliefen, begann Wolfdietrich sogleich nach einer Wehr zu suchen. Seine Augen blitzten triumphierend auf, als er etwas außerhalb der Höhle eine Quelle entdeckte. Neben dem sprudelnden Naß aber blinkte ein Schwert in den ersten Sonnenstrahlen. Am Karfunkelstein, der den Griff zierte, erkannte er Rose, Ortnits edle Waffe. Schild und Brünne des gefallenen Königs lagen ebenfalls neben dem Wasser, so wie der goldene Ring, den Ortnit vor vielen Jahren von seiner Mutter erhalten hatte, um zu seinem Vater Alberich zu finden.

Rasch gürtete sich Wolfdietrich mit Ortnits Waffen. Jetzt sollte das Rachewerk vollbracht werden. Erst schlich der Held an die junge Drachenbrut heran. Er stieß den Untieren das Schwert bis zum Heft in die feisten Leiber. Das letzte brüllte aber im Verröcheln so laut auf, daß der alte Drache erwachte. Bevor er sich jedoch noch bewegen konnte, hatte Wolfdietrich ihm schon die tödliche Klinge in die weiche Lende gestoßen, die dem Helden schutzlos zugekehrt lag.

So war Wolfdietrich die große Tat gelungen. Zum Beweis für seinen Sieg schnitt er den Drachen die Zungen aus den Rachen und machte sich hierauf auf den Weg nach Garda. Da er sein Pferd verloren hatte, mußte er die lange Strecke zu Fuß zurücklegen. Deshalb kam er nur langsam voran.

Indessen hatte Graf Wildung von Piterne Kundschaft von Wolfdietrichs Ausritt erhalten. Er bedachte sich nicht lange, sondern ließ schnell eine Schar von fünfhundert Rittern zu sich kommen. Die Männer mußten mit ihm heimlich in die Wildnis von Trient reiten und dort vorsichtig das Dickicht durchforschen. Als sich herausstellte, daß die Drachen in der Höhle tot in ihrem Blut lagen, befahl er, den gräßlichen Tieren die Köpfe abzuschneiden und diese zum Zeichen seines Siegs eilig nach Garda zu bringen.

Hierauf trat er überheblich vor Sidrat und sprach: »Vorbei ist die Zeit des Schreckens, edle Königin! Zwar verlor ich im Kampf gegen die Drachenbrut fünfzig tapfere Getreue, doch ist es mir schließlich gelungen, die Untiere ganz allein, nur mit meinem Schwert zu bezwingen. Ich habe die fürchterlichen Bestien getötet — daher gebührt mir deine Hand und dein Reich.«

»Wo aber ist Held Wolfdietrich geblieben?« wollte Sidrat wissen, erschrocken darüber, daß sie die Gemahlin des verhaßten Grafen werden sollte.

»Ihn haben die Untiere zermalmt, noch bevor wir ihm zu Hilfe eilen konnten«, antwortete Wildung verächtlich. »Siehe, zum Zeichen meines Siegs habe ich die Köpfe der Drachen gebracht.«

Trotzdem zweifelte die Königin noch immer an des Grafen Worten. Aber niemand wollte auf sie hören, sie mußte sich dem Schiedsspruch der Räte beugen. Noch am selben Abend wurde zur Hochzeit gerüstet.

Verwundert hörte Wolfdietrich von diesen Vorbereitungen. Um

unerkannt zu bleiben, warf er eine Kutte über und mischte sich so verkleidet unter die Festgäste.

Wie es die höfische Sitte forderte, reichte Königin Sidrat auch dem fahrenden Pilger, der die Kapuze seiner Kutte tief ins Gesicht gezogen hatte, einen Becher Wein. Wolfdietrich labte sich an dem Trunk und warf hierauf König Ortnits Ring in den Pokal.

Staunend erkannte Sidrat das Kleinod und fragte sogleich: »Wer gab Euch den kostbaren Ring, tugendreicher Mann?«

»Ich fand ihn vor der Drachenhöhle, als ich die Untiere erschlug«, antwortete Wolfdietrich gelassen.

Da brauste Graf Wildung auf: »Frecher Fremdling, wie kannst du behaupten, die Ungeheuer erlegt zu haben? Mir allein ist die Wundertat gelungen.«

Der Mann in der Kutte entgegnete mit Bestimmtheit: »Du bist ein elender Feigling, und du lügst. Wo sind die Zeichen deines Sieges?«

Höhnisch wies Wildung ein paar Knappen an, die Drachenhäupter herbeizuschleppen. Und er befahl: »Züchtigt den schmierigen Mönch für seine verleumderischen Worte!«

Da warf Wolfdietrich die Kutte ab und stand im schimmernden Streitgewand König Ortnits vor den bebenden Festgästen. Niemand wagte sich ihm zu nähern.

Als die Schädel der Drachen in der Saalmitte lagen, lachte der Held hellauf, trat an einen der abgeschnittenen Köpfe heran und öffnete den leeren Rachen. »Wo sind die Zungen der Ungeheuer geblieben, Graf?« rief er durch den Saal.

Verlegen meinte der Gefragte: »Drachen haben keine Zungen.«

Die Gäste brachen in schallendes Gelächter aus. Alle wußten nun, wem die Krone gebührte.

Verächtlich warf Wolfdietrich dem Grafen einen Leinensack vor die Füße. »Da, nehmt die Zungen und legt sie den Untieren in die Rachen. Solcher Dienst gebührt einem Knecht wie euch.«

Wildung mußte einsehen, daß er verloren hatte. Er warf sich vor der Königin auf die Knie und bettelte um Gnade. Das Leben wurde ihm geschenkt, sein Land aber genommen.

Die Vasallen des Reiches aber hoben Wolfdietrich auf ihre Schilde und jubelten ihm zu. Voll Freude erwählten sie ihn zu ihrem neuen König. Sidrat aber wurde gerne seine Gemahlin.

DES HELDEN HEIMKEHR

Wolfdietrich fand nicht lange Freude an den ausgelassenen Feiern. Bald wanderte er ruhelos Tag und Nacht umher und gedachte seiner elf Getreuen.

Sidrat blieb die Unrast ihres Gemahls nicht verborgen. »Lieber Mann«, bat sie, »verrate mir, was dich bedrückt. Gerne will ich alle deine Wünsche erfüllen.«

»Edle Frau«, antwortete der Held, »mich bedrückt ein Kummer, den keine Liebe tilgen kann.« Und er erzählte ihr von Berchtung und dessen zehn Söhnen, von ihrer Gefangenschaft in Konstantinopel und den Opfern, die sie für ihn gebracht hatten.

Angstvoll umfing die Königin ihren Gemahl. »Niemals lasse ich dich ziehen!« rief sie. »Weshalb willst du nach elf Rittern suchen? Elftausend gebe ich dir dafür.«

Ernst entgegnete Wolfdietrich: »Kennst du nicht das Gebot der Treue? Die Getreuen sterben mit ihrem Herrn, und der Herr stirbt mit seinen Getreuen. So will es Ritterehre.«

Da fügte sich Sidrat. Sie ließ dreitausend Streiter bewaffnen und Schiffe für die Fahrt über das Meer rüsten.

Bald trieben heftige Stürme die stattliche Flotte über das Meer. Am zwölften Tag der Fahrt tauchten die Kuppeln der Stadt Konstantinopel aus den Wassern. Wolfdietrich sprach zum Anführer seiner Heerscharen: »Ich gehe zuerst allein an Land! Doch vernehmt ihr den Schall meines Horns, bin ich in Gefahr. Dann eilt ohne zu zögern mir nach!«

Dann zog er eine Kutte über die Rüstung und näherte sich dem Burggraben. Der Mond wanderte als blasse Sichel über den Nachthimmel. Geisterhaft spielten schwarze Schatten auf dem grauen Gemäuer des Walls. Auf der höchsten Zinne hielten die Söhne des Waffenmeisters Berchtung Schildwacht. Laut riefen sie ihre Klagen zu den Sternen.

Herbrand, der älteste der Söhne, betete soeben: »Süße Himmelskönigin, erbarme dich unserer Seelen! Und erbarme dich auch unseres Herrn, des tugendhaften Königs Wolfdietrich! Morgen sind es zweiunddreißig Jahre, daß wir ihn zum letztenmal sahen. Hilf uns, Himmelsherrin!«

Die Klage schnitt Wolfdietrich tief ins Herz. Er rief aus dem Graben zur Zinne empor: »Ihr Männer auf der Mauer, welchen Lohn gebt ihr einem armen Pilger, wenn er euch Kunde von Wolfdietrich bringt?«

Alle Brüder riefen zugleich: »Wir geben dir gerne, was wir haben! Was weißt du von unserem Herrn? Wo sahst du ihn, und wie geht es ihm?«

»Er ist König und Herrscher zu Alten-Troja und Garda geworden. Weite Länder sind ihm untertan. Gewiß wird er euch nicht vergessen.«

Da schallte Jubel von der Zinne herab, und Herbrand rief: »Edler Pilger, du verdienst reichen Botenlohn. Doch wie sollen wir dich belohnen, da Hunger und Not uns selbst zu Tode quälen? Einen Trunk Wasser und ein halbes Brot müssen wir uns täglich teilen.«

»Gebt mir altem Mann von dem halben Brot die Hälfte, so bin ich reich beschenkt.«

Da warfen die Getreuen die erbetenen Brotstücke in den Burggraben.

Bei diesem neuen Zeichen ihres Edelmuts konnte Wolfdietrich seine Freude nicht länger zurückdrängen. Er warf die Kutte ab und erhob mächtig seine Stimme: »Ihr treuen Gefährten, ich selbst bin Wolfdietrich! Endlich bin ich wieder bei euch, und nun ist die Stunde des Gerichts gekommen! Eure Leiden sollen mit Zinsen vergolten werden!«

Diese Nachricht traf die Männer wie ein Keulenschlag. Erschüttert stürzten sie zu Boden. Ihre Arme und Beine zitterten, ihre Stimmen stammelten Dank.

Und der Herr im Himmel vollbrachte ein Wunder. Mit unsichtbarer Hand löste er ihre Ketten und trug sie auf Wolken sanft von der Zinne herab zu Wolfdietrich. Gerührt schlossen die Männer einander in die Arme.

Doch der Held vermißte Herzog Berchtung, seinen treuen Waffenmeister.

Traurig antworteten ihm die Brüder: »Unser Vater liegt schon seit zehn Jahren im Grab. Der Kummer hat seinen Leib zerstört, die Sehnsucht nach Euch, Herr, hat ihm sein Herz gebrochen.«

Aber zur Klage war jetzt keine Zeit. Denn die Wächter hatten das Wunder mit Staunen gesehen und waren zu Bauge und Wachsmut gelaufen, so schnell ihre Beine sie trugen. Schon stürzten die Streiter der beiden unrechtmäßigen Könige von allen Seiten auf ihre Gegner.

Wolfdietrich focht zuerst allein gegen die Übermacht der Feinde. Dann lösten die treuen Brüder den Toten die Brünnen von den Leibern, gürteten sich und halfen ihrem Herrn, so gut sie es mit ihren geschwächten Kräften vermochten. Als aber der wahre König sein Heerhorn blies, erzitterten die Mauern der Burg. Machtvoll sprengten die

Lamparter herbei, um die fürchterliche Schlacht, die nun entbrannte, für sich zu entscheiden.

Noch vor dem Abend mußten Bauge und Wachsmut sich geschlagen geben. Ihr Heer war vernichtet, über ihrer Burg wehte Wolfdietrichs Fahne.

Finster blickend trat der Held in die Königshalle, um über seine beiden unredlichen Brüder Gericht zu halten. Als er sie aber jämmerlich winselnd vor sich liegen sah, sprach er: »Ihr habt euer Leben verwirkt. Doch will ich mich nicht mit dem Blut von Feiglingen besudeln. Eure Macht ist endgültig gebrochen. Herzog Herbrand, Berchtungs Sohn, wird künftig in Konstantinopel herrschen. Ihm seid ihr untertan und zinspflichtig. Ich selbst fahre nach Garda zurück. Denn am Ende meiner Irrfahrten sehne ich mich nach der Liebe meiner Gattin.«

DIETRICH VON BERN

Des Edlen Glanz und Leid

Als man sich im 13. Jahrhundert an den deutschen Höfen an die frühe Vergangenheit erinnerte, stand ein Recke im Mittelpunkt der Bewunderung: Dietrich von Bern. Über keinen anderen Helden gibt es eine solche Fülle von Sagen wie über ihn. Denn mit Dietrich von Bern ist Theoderich der Große gemeint, eine der bedeutendsten Persönlichkeiten aus der Zeit der Völkerwanderung.

RIESEN ALS GEGNER

Als der Gotenkönig Amelung, der aus dem Geschlecht Wolfdietrichs stammte, das Ende seines Lebens herannahen fühlte, teilte er das gewaltige Reich der Amelungen unter seinen drei Söhnen auf. Ermanerich wurde König in Romaburg, der einstigen Hauptstadt der Cäsaren. Harlung zog in den Norden und nahm seinen Sitz in Breisach am Rhein, wo er von seiner Burg aus weithin über den mächtigen Strom und das reiche Land blicken konnte. Dietmar jedoch erbte das Lampartenland und wählte Bern zu seinem Herrschersitz.

Bald darauf machte König Dietmar von Bern die kluge und edle Odilia zu seiner Gemahlin. Sie gebar ihm zwei Söhne, die Dietrich und Diether genannt wurden. Dietrich tat sich schon als Knabe unter seinen Altersgenossen hervor, niemand kam ihm gleich an Kraft und Ausdauer. Er war hoch von Wuchs, sein Haar fiel in hellen Locken auf die Schultern herab, sein Auge blickte adlerscharf, und sein Mut glich dem eines Löwen.

Geriet Dietrich in Zorn, verwandelte sich sein Atem in glühende Lohe, und Feuer schlug aus seinem Mund, denn vor seiner Geburt hatte er in himmlischen Welten gehaust und von dort einen Teil des Sternenfeuers mitgenommen. Als er zu seinen ersten Heldentaten ausritt, war sein Bruder Diether noch ein Kind.

Zu jener Zeit war Reginbald, dem Herzog von Garda, ein Sohn namens Hildebrand herangewachsen. Im ganzen Land rühmte man seine Kühnheit und Klugheit. Als Hildebrand dreißig Jahre alt geworden war, trat er vor seinen Vater und sprach: »Ich mag nicht zeitlebens untätig auf unserer Burg sitzen, ich will mich lieber mit tapferen Helden im Kampf messen.«

Und nachdem ihn sein Vater gefragt hatte, wohin er zu reiten gedenke, fügte Hildebrand hinzu: »Ich möchte zu König Dietmar nach

Bern ziehen. Denn er ist der mächtigste König, und an seinem Hof leben die stärksten Recken.«

Herzog Reginbald lobte den Entschluß seines Sohnes und rüstete ihn für die Fahrt reich aus. Kurz darauf nahm Hildebrand Abschied und ritt nach Bern. König Dietmar empfing ihn mit großen Ehren und schlug ihm vor, Erzieher und Waffenmeister seines älteren Sohnes zu werden. Dietrich war damals gerade fünf Jahre alt.

Als Hildebrand den Knaben zum erstenmal sah, trat er auf ihn zu und schloß ihn wortlos in die Arme. Von diesem Augenblick an waren der Zögling und sein Meister unzertrennliche Freunde, und sie blieben es bis zu ihrem Tod.

Rasch lernte Dietrich, mit den Waffen seines Meisters ritterlich umzugehen. Er erwies sich als so kühn und geschickt, daß Hildebrand eines Tages zum König ging und sagte: »Euer Sohn ist würdig, ein eigenes Schwert zu besitzen. Ich bitte Euch, gebt ihm eines!«

So empfing Dietrich sein erstes Schwert aus des Vaters Hand. Dazu gab ihm Dietmar auch noch ein stattliches Gefolge tapferer Ritter. Hildebrand wurde zum Bannerträger der streitbaren Schar ernannt. Das Banner, das er zu tragen hatte, war weiß wie Schnee und zeigte in der Mitte einen goldenen Löwen.

Eines Tages ritten Dietrich und Meister Hildebrand allein zur Jagd. Sie trabten durch die Wälder, Jagdfalken auf der Faust, begleitet von einer Meute Hunde. Da sprang vor ihnen plötzlich ein Hirsch auf. Eben setzten die beiden Helden an, das edle Tier zu verfolgen, als Dietrich einen Zwerg im Unterholz sah. Blitzschnell riß er seinen Hengst herum, und ehe der Zwerg noch in seine Höhle schlüpfen konnte, hatte Dietrich ihn schon gepackt und aufs Pferd gehoben. Ein guter Fang war ihm gelungen, denn kein anderer als Alberich, der kunstfertige Schmied aller Zwerge, zappelte in seinen Händen.

»Herr«, jammerte der Zwerg, als Dietrich ihn festhielt, »laßt mich frei, und ich werde Euch den Weg zu größeren Reichtümern zeigen, als Ihr je gesehen habt. Nicht weit von hier haust der Riese Grim mit seiner Frau Hilde — sie hüten einen gewaltigen Schatz. Wenn Ihr beide besiegt, gehört er Euch. Auch besitzen die Riesen das Schwert Nagelring. Nie hat ein Held ein besseres und schärferes Schwert geführt; ich selbst habe es geschmiedet. Zwar hat der Riese die Kraft von zwölf Männern, und seine Frau ist gewiß noch stärker, doch will ich Euch das Geheimnis verraten, wie Ihr die Riesen bezwingen könnt: Nur wer das Schwert

waz ye gewaint kriemhild nimmere waz ir daz
Sy ward ir guter trewen nimmer mer berait
Seit gedot auch fraw kriemhild ir hertzenliche laid

Aventeur wie der nibelung hort ze wurms pracht ward

Do die edel kriemhild also verwittwet wart
bey ir in dem lande der graf ekkewart
belaipt mit seinen mannen der dient ir zu allen tagen
Der half auch seinen herren der frawen kriemhilden klagen
Ze wurms bey dem munster ain gezimer man ir schlag
wit unde michl reich unde gros
Da sy mit irem gesinde seit an frewde sas
Sy waz ze kirchen gern und dot vil gutlichen daz
So man begrub ir fridel wie sellten sy daz lie
mit traurigem mute sy alle zeit dar gie

ATHILA REX HVNNORVM, MEdorum, Dacorum, Metus Orbis, Flagellum DEI.

Auf der vorhergehenden Seite ein Blatt aus der Hundshagen-Handschrift des Nibelungenlieds: Der Hort wird nach Worms gebracht. Links die phantasievolle Darstellung des Hunnenkönigs Attila, der in der Sage Etzel heißt. Auf dem Bild oben ringt Siegfried mit Alberich um die Tarnkappe. Rechts ein berühmtes Werk des Künstlers Julius Schnorr von Carolsfeld: Kriemhild an der Leiche Siegfrieds. Auf der folgenden Seite das Nibelungen-Denkmal für Pöchlarn nach einer Skizze von Wilhelm Leib.

Nagelring besitzt, vermag sie zu töten. Das aber ist eine größere Tat und wird Euch mehr Ruhm einbringen, als wenn Ihr mich kleinen Wicht erschlagt.«

Dietrich ließ sich von Alberichs Bitten jedoch nicht erweichen, sondern antwortete: »Niemals entkommst du mir, es sei denn, du schwörst zuvor, mir heute noch das Schwert Nagelring zu verschaffen und mir den Weg zu den Riesen und ihren Schätzen zu zeigen.«

Und erst nachdem Alberich geschworen hatte, ließ Dietrich ihn los.

Abends rasteten die beiden Helden im dichten Wald und warteten auf Alberich. Endlich kam er keuchend herbei und schleppte ein gewaltiges Schwert. Er sagte zu Dietrich: »Dort drüben in der öden Berghalde ist die Höhle, in der die Schätze liegen, von denen ich sprach. Man wird Euch zu den größten Helden zählen, wenn Ihr sie in Euren Besitz bringt. Mich aber sollt Ihr niemals wiedersehen.«

Damit war der Zwerg spurlos verschwunden. Dietrich und Hildebrand aber zogen das Schwert Nagelring aus der Scheide und betrachteten es. Noch nie hatten sie eine schönere und schärfere Waffe gesehen. Dann banden sie die Helme fest, zückten die Schwerter und stiegen die Berghalde hinauf, bis sie die Höhle der Riesen erreichten. Mutig und ohne zu zögern trat Dietrich ein. Hildebrand folgte ihm auf den Fersen.

Der Riese Grim saß in der Mitte der Höhle vor seinem Herdstein und schürte das Feuer. Hilde, sein Weib, kauerte dahinter im Dunkel und erdrosselte eben ein Schaf, das sie zum Abendmahl essen wollten.

Als Grim die Eindringlinge erblickte, griff er sogleich in seine Waffenkiste. Aber sein Schwert Nagelring, das ihm der listige Zwerg entwendet hatte, fehlte. So zog er schnell einen gewaltigen brennenden Fichtenast aus dem Feuer und schlug damit auf die ungebetenen Gäste ein.

Ein ungestümer Kampf begann. Hilde eilte herbei und rang mit Hildebrand. Sie würgte ihn mit der einen Hand, während sie mit der anderen seine Rechte umklammerte, so daß er sein Schwert nicht gebrauchen konnte.

»Hilf mir, Freund Dietrich, es geht mir ans Leben!« rief Hildebrand erschrocken aus.

Die Not des Gefährten verlieh Dietrich, den Grim gestellt hatte, plötzlich Riesenkräfte. Er faßte Nagelring mit beiden Händen und schlug seinem Gegner das Haupt vom Rumpf; es fiel auf den Herdstein und verbrannte unter Gezisch.

Hildebrand lag indessen bereits mit dem Rücken auf dem Boden. Die Riesin umschlang ihn und stemmte die mächtigen Knie in seine Brust. Da sprang Dietrich hinzu und schlug das Weib mit einem einzigen Schwertstreich in zwei Stücke. Doch Zauberkräfte, die ihren Leib durchdrangen, vereinigten die Teile wieder, und im nächsten Augenblick erhob sie sich unverwundet erneut zum Kampf.

Nochmals hieb Dietrich sie am Gürtel auseinander, aber wieder wuchsen die Teile zusammen. Da rief Hildebrand, ehe sich die Riesin wieder auf ihn stürzte: »Tritt mit beiden Füßen zwischen die Hälften, so muß das Ungeheuer sterben!«

Und wirklich: Dietrich schlug Hilde zum drittenmal auseinander, trat schnell zwischen Rumpfstück und Beinstück — da war das Weib tot. Der Mund der Riesin aber hatte noch Leben und schrie Dietrich zu: »Hätte Grim dich umschlungen, wie ich meinen Gegner gefaßt hatte, wäret ihr beide verloren gewesen. Nun jedoch sind alle Schätze Euer, auch der Helm Hildegrim.«

Dieser Helm, der beider Riesen Namen trug und den nicht einmal Nagelring zu ritzen vermochte, war gleichfalls ein Meisterstück aus einer Zwergenschmiede. Hildebrand entdeckte ihn bald unter den Juwelen und Geschmeiden, die in einer riesigen Truhe tief hinten in der Höhle aufgehäuft waren. Dietrich setzte ihn sich aufs Haupt, und in manchem Kampf sollte er ihm noch gute Dienste leisten.

Nun beluden die beiden Helden ihre Pferde mit den kostbaren Schätzen. Sie nahmen, soviel die Tiere nur tragen konnten, und kehrten heim nach Bern.

Aber es hielt sie nicht lange auf der friedlichen Burg. Denn sie erfuhren, daß in den nahen Wäldern noch ein anderer Riese lebte, ein Vetter von Grim mit dem Namen Sigenot. Ihn zu erschlagen schien dem jungen Dietrich noch rühmlicher, als Grim und Hilde getötet zu haben. Denn Sigenot hütete zwar keine Schätze, doch hieß es, er sei noch hundertmal stärker als Grim und überdies mit einer Hornhaut gepanzert, die von keinem Schwert durchdrungen werden könne.

Bedächtig warnte Hildebrand: »Laß ab von solchen Abenteuern! Wir wollen lieber Hirsche jagen.«

Da lachte Dietrich auf und schüttelte das Haupt.

»So will ich mit dir reiten«, erklärte der Meister. »Mag sein, daß du meinen Beistand brauchen kannst.«

Doch bei solchen Worten schüttelte der junge Held das Haupt nur noch heftiger. Er gürtete sich mit Nagelring, zwängte seine Lockenpracht unter den Helm Hildegrim und rief, indem er die Halle verließ: »Bleib, Hildebrand! Bringe ich Sigenot allein zur Strecke, ist mein Ruhm größer. Warte hier. Bin ich in sieben Tagen nicht zurück, magst du nach mir suchen und mich rächen. Leb wohl!«

Als Dietrich tief in den Wald eingedrungen war, hörte er plötzlich ein eigentümliches Brausen: das war der Riese, der im Unterholz schnarchte. Neben dem Schlafenden lag eine mächtige Stange aus gehärtetem Eisen. So hoch waren Haupt, Brust und Glieder des Riesen, daß Dietrich nicht über ihn hinwegsehen konnte, obgleich er zu Pferd saß.

»Ich könnte ihn im Schlaf erschlagen«, sagte er zu sich, während er den lebenden Berg umritt, »aber das würde mir nur Schimpf und Schande einbringen.« So stieß er lieber laute Schreie aus und sprengte mit seinem Roß gegen des Riesen Wanst.

Im Nu war das Ungeheuer auf den Beinen, raffte die Stange auf und schlug mit ihr auf Dietrich ein. Wohl hielt Hildegrim den Schlägen stand, aber auch Nagelring prallte an der Haut des Riesen wirkungslos ab.

»Bist du nicht der Mörder meines Oheims Grim?« schrie der Riese und holte zum vernichtenden Schlag aus. Doch Dietrich sprang flink zur Seite — der Riese fiel platt auf den Bauch, und seine Stange flog in weitem Bogen in den Wald.

Wütend erhob Sigenot sich und wehrte sich gegen Dietrichs kühne, aber fruchtlose Streiche dadurch, daß er Bäume samt den Wurzeln ausriß und mit ihnen auf den Gegner einschlug. Immer mehr Bäume verwendete er als Waffen, immer größere, bis Dietrichs Schwert sie nicht mehr entzwei zu schlagen vermochte. Da erfaßte den Helden unsagbarer Zorn — Feuer fuhr in breitem Strahl aus seinem Mund und zerschmolz des Riesen Haut. Schon wollte Dietrich Nagelring in die erweichte Stelle schlagen, als der Riese mit einem gewaltigen Satz davonsprang, aus seiner Höhle Helm und Waffen holte und sich sogleich wieder zum Kampf stellte.

Jetzt gelang es Dietrich, des Riesen Schild zu spalten. Sigenot aber schlug ihm darauf mit der Keule das Schwert aus der bereits ermatteten Hand — Dietrich war wehrlos in seiner Gewalt. Der Riese fesselte den Helden mit Stricken und schleppte ihn zu seinem Felsenhaus. Dort klaffte ein tiefer, stockfinsterer Abgrund mit glatten Wänden, in den er den kecken Angreifer hinabwarf. Dann hängte er Nagelring und Hildegrim an einen Vorsprung der Felswand und freute sich, seinen Oheim gerächt zu haben.

Inzwischen hatte Hildebrand voll Bangen die befohlenen sieben Tage abgewartet. In der Früh des achten brach er schließlich auf, um seinen Zögling und Herrn zu suchen. Im Wald kam ihm Dietrichs Pferd reiterlos entgegen. Da wußte Hildebrand, daß es schlimm stehen mußte. Und plötzlich brüllte ihn eine dröhnende Stimme an: »Da kommt ja der zweite Mörder! Der andere wartet schon auf dich! Komm nur näher, damit ich auch dich fassen kann!«

»Wo ist Dietrich?« unterbrach ihn Hildebrand mit zornbebender Stimme.

»An einem Ort, an dem es so rabenschwarz und finster ist, wie es dir gleich vor den Augen sein wird«, antwortete Sigenot gereizt und schlug mit seiner Stange nach dem Waffenmeister.

Sie kämpften viele Stunden lang miteinander. Wohl gewahrte Hildebrand die Stelle, die Dietrichs Feueratem aus des Riesen Hornhaut geschmolzen hatte, aber es gelang ihm nicht, sie mit dem Schwert zu treffen, weil Sigenot jedesmal, wenn Hildebrand gewaltig ausholte, hinter einem stämmigen Baum Deckung suchte.

Als der Riese merkte, daß Hildebrand nicht zu besiegen war, riß er wiederum Bäume aus und bildete aus ihnen einen immer höheren Wall rund um den Gegner, der bald darin gefangen saß. Darauf schlug Sigenot von oben her solange auf den Feind ein, bis dieser bewußtlos zusammenbrach. Nun konnte er ihn bequem an seinem krausen Bart aus der Falle ziehen, fesseln und heimwärts schleppen.

In der Höhle angelangt, legte Sigenot den Recken auf den Boden. Dann kramte er in seiner Waffenkiste, um eiserne Ringe zu suchen, mit denen er den Helden noch stärker fesseln konnte. Da sah Hildebrand Dietrichs Helm und Schwert am Felsen hängen, und der Schmerz, den dieser Anblick in ihm weckte, verlieh ihm solche Kraft, daß er die Stricke zu dehnen vermochte, Hände und Füße freibekam, aufsprang und Nagelring von der Wand riß.

Jäh wandte Sigenot sich um und wollte sich auf den Befreiten stürzen. Aber zu spät: Hildebrand zielte blitzschnell auf die weiche Stelle in der Haut des Riesen, und noch ehe Sigenot nach einer Waffe langen konnte, fuhr ihm Nagelring in den Leib. Er sank tot um und fiel dröhnend zu Boden.

Nun rief Hildebrand laut nach Dietrich. Endlich hörte er eine schwache

Stimme antworten, beugte sich voll Bangen über den Rand des Abgrunds und seufzte erleichtert auf, als er seinen Herrn vor sich sah. Rasch suchte er an Riemen und Stricken zusammen, was er in der Höhle finden konnte, knotete sie aneinander und ließ das so gewonnene Seil in die Tiefe hinab. Bald konnten die beiden Helden einander voll Freude umarmen.

»Mich ärgert nur«, erzählte Hildebrand lachend, »daß mich der Kerl wie einen Lumpen am Bart genommen hat. Hätte ich das vorausgesehen, mit meinem Schwert hätte ich mich zuvor kahl geschoren. Nun, jetzt zaust Sigenot gewiß niemanden mehr — auch Herrn Dietrich nicht, meinen herzlieben Freund.«

Denn ein so gewaltiger Held Dietrich auch war, Bart wollte ihm keiner sprießen, bis zu seinem Tode nicht.

Vergnügt ritten sie miteinander heim.

Doch noch ein drittes Mal sollte Dietrich einem Riesen im Kampf gegenüberstehen. Er hieß Ecke und war kein ungeschlachter Höhlenbewohner wie die anderen, sondern ein ritterlich gebildeter Mann von so gewaltigem Wuchs, daß er mit seinen riesigen Beinen wie der Sturm über Berg und Tal brausen konnte.

Tief im Wald verborgen, auf Burg Jochgrim, hausten drei Riesenfräulein. Mit Jungfer Seeburg, der jüngsten von ihnen, war Ecke verlobt; die beiden anderen waren die Bräute seiner Brüder Fasolt und Ebenrot.

Eines Tages saßen die drei Paare beim Mahl auf Jochgrim beisammen und sprachen von Dietrichs Heldentaten. Da sprang Ecke wütend auf und schrie: »Ich kann nicht länger anhören, daß dem kecken Jüngling kein Riese gewachsen sei! Auf der Stelle will ich ihn suchen und ihm den Garaus machen.«

Jungfer Seeburg freute sich, daß ihr Bräutigam tapferer und wagemutiger war als seine Brüder, und half ihm selbst, den Harnisch anzulegen. Dann reichte sie ihm den baumlangen Speer und den Schild, auf dem ein Ochsengespann Platz gefunden hätte. Auch wollte sie ihm ein Riesenpferd aus dem Stall führen.

Ecke aber lehnte es ab, zu reiten. »Meine Beine sind schneller als dein schnellstes Roß«, meinte er lachend, »ich laufe mit dem Habicht um die Wette und hole Dietrich ein, mag er auch noch so flink vor mir fliehen.«

Hirsch und Reh, Eber und Wolf stoben nach allen Richtungen davon, als der Riese durch den Wald stürmte. Eule und Uhu, Häher und Specht schwirrten voll Angst hoch, so schaurig klirrte seine Rüstung.

In Bern angelangt, erfuhr Ecke, daß Dietrich sich im Land Tirol befinde. Schnurstracks lief er dorthin. Tief im Gebirge stieß er auf einen verwundeten Ritter, neben dem drei Gefallene lagen. Er betrachtete ihre tiefen Wunden und fragte neugierig: »Wer hat euch so furchtbar geschlagen?«

»Dietrich von Bern«, lautete die Antwort des Ritters. »Wir haben gewagt, ihn anzugreifen.«

Diese Worte und der Anblick der Erschlagenen stachelten Eckes Kampfgier bis zur Glut. »Heute noch muß ich den Mann finden«, tobte er, »und morgen bei Sonnenaufgang lege ich ihn meiner Braut zu Füßen, tot oder gefangen.«

Als es Abend geworden war, traf er den Gesuchten endlich auf einer lieblichen Lichtung. Er forderte ihn unverzüglich zum Zweikampf heraus. Dietrich aber entgegnete: »Warte doch bis morgen früh, denn ich habe heute schon drei Waghalsige erschlagen und bin müde.«

»Morgen früh, wenn die Sonne aufgeht, will ich dich bereits tot oder gebunden zu Jungfer Seeburg auf Jochgrim bringen!« erwiderte Ecke finster. »Fürchtest du meine Stärke, weil du um Aufschub jammerst, oder willst du mir gar bei Nacht heimlich entlaufen? Ich wußte nicht, daß Dietrich von Bern Angst vor Riesen hat.«

Die Schmähworte brachten den Helden in Harnisch. Er hieb mit Nagelring so gewaltig auf des Riesen Schild, daß die Funken stoben. Auch Ecke zauderte nicht, und so erhellten die Flammen den finsteren Wald, die aus ihrer beider Rüstungen fuhren, wenn die Schwerter darauf niedersausten. Wie ein Gewitter war dieser Zweikampf, es dröhnte und blitzte — keuchend hieben die Streiter einander Stück um Stück ihrer Wehr vom Leib.

Doch endlich gelang es Dietrich, Ecke mit einem fürchterlichen Streich zu Boden zu schmettern. »Gib dich in meine Hand und sei mein Gefolgsmann!« rief er dem Riesen zu.

Aber Ecke dachte nicht daran. Er zerrte den Helden zu sich herab und rang mit ihm; mit beiden Händen zog er Dietrichs Wunden so weit auseinander, daß dem Berner vor Schmerz schier die Sinne schwanden. Doch als sich der Riese eine Blöße gab, gelang es Dietrich endlich, seinem Gegner den Helm abzustreifen und ihm mit dem Schwertknauf auf den Schädel zu schlagen.

Benommen und unfähig, sich weiter zu wehren, seufzte Ecke: »Du bist wahrlich der beste Recke unter der Sonne. Nun ist mein kostbares

Schwert Eckesachs, die herrlichste Klinge, die je ein Riese führte, dein. Nimm die Waffe und führe sie mit mehr Glück als ich.«

Dietrich schmerzte die tiefe Traurigkeit des Riesen. »Ergib dich«, bat er nochmals, »ich will dich nicht töten. Komm als mein Gefolgsmann mit mir nach Bern.«

Aber Ecke war zu stolz, um Dietrichs Gefangener zu werden, zu sehr schämte er sich vor Jungfer Seeburg. Darum schüttelte er abermals das Haupt, und er zeigte dem Sieger die einzige verwundbare Stelle in seinem Hornpanzer. Da stieß Dietrich dem Riesen das Schwert Nagelring mitten ins Herz.

Als die Morgensonne die Bäume und Felsen rötete, begrub Dietrich den Riesen unter einem Haufen von Zweigen. Es tat ihm leid um den herrlichen Streiter. Dann nahm er das Schwert Eckesachs an sich und ritt langsam gegen Jochgrim, um der Jungfer Seeburg die Nachricht vom Tod ihres Bräutigams zu überbringen.

DIETRICHS GEFÄHRTEN

Nordwärts der Alpen, im Schwabenland, lebte auf einem großen Gehöft der Bauer Studas. Er war weithin bekannt als Züchter edler Rosse. Der gute Mann hatte einen Sohn, den er sehr liebte, obgleich er ihm viel Kummer bereitete. Klein von Wuchs, besaß der Bursche dennoch einen mächtigen Körper und ungeheure Kräfte. Kohlschwarz waren seine Augen und sein Haar, wortkarg die Zunge und verschlossen sein Wesen. Er hieß Heime und war stolz auf seine Stärke. Den Vater aber bekümmerte, daß der Sohn nichts davon wissen wollte, seine Tage bei den Pferden zu verbringen und ein Bauer zu werden. Nur nach dem Waffenhandwerk stand sein Sinn, und nichts liebte er mehr als seinen Streithengst Rispe und sein blankes Schwert Blutgang.

Dietrichs Ruhm war auch zu ihm über die Berge gedrungen. Eines Tages überraschte Heime seinen Vater mit dem Entschluß, er wolle den Helden aus Bern zum Zweikampf fordern. Der alte Studas war ein mutiger Mann, aber diese Worte seines Sohnes ließen ihn vor Schrecken erbleichen. »Laß ab von deinem Plan«, flehte er, »du kehrst nicht lebend heim. Bauer bleibt Bauer, auch wenn er sich in Eisen hüllt und auf einem goldenen Sattel reitet.«

»Ich werde dir beweisen«, brauste Heime auf, »daß auch der Sohn eines Bauern genug Mark in den Knochen hat, um mit einem vornehmen Ritter zu kämpfen.«

Trotzig zäumte der Jüngling seinen Hengst. Alle Bitten des Alten halfen nichts. Mit einem mächtigen Satz sprengte Heime auf seinem Hengst Rispe über den Zaun des väterlichen Gehöfts und verschwand in der Ferne. Er ritt über weite Wiesen und tückische Moore, dann über die Pässe der eisbedeckten Alpen. Manch harten Kampf hatte der Kühne gegen Eber, Bär und Wolf zu bestehen. Endlich führte der Saumpfad abwärts in den sonnigen Süden.

Bald lag die Burg von Bern vor dem Reiter. Unverzüglich trabte er in den Burghof und schritt, nachdem er den verwunderten Knechten die Zügel des Pferdes zugeworfen hatte, schwer gerüstet, wie er war, geradewegs und ohne sich anhalten zu lassen, zur Königshalle.

Eben saß Dietrich mit den Edlen des Lampartenlandes bei einem Becher Wein an der langen Tafel. Da wurden ihre vertraulichen Gespräche plötzlich durch lautes Poltern vom Eingang her gestört. Mit rasselndem Panzer drang Heime, die Türhüter beiseite schiebend, in den Saal ein und stellte sich breitbeinig vor den Helden. Mit fester Stimme erklärte er: »Heime ist mein Name, ich bin Studas Sohn und Bauer im fernen Schwabenland. Ich fordere Euch zum Zweikampf, Dietrich von Bern.«

Höhnisches Gelächter in der Runde war die Antwort. Doch Dietrich gebot Schweigen. Ernst fragte er: »Warum sollte ich einen Bauern geringer achten als einen Ritter? Ich schätze den Sohn des berühmten Rossezüchters genauso wie die Edlen auf unseren Burgen. Gerne nehme ich die Herausforderung an. Kommt, wir wollen hinunter auf den Turnierplatz gehen, dort mag der Schwabe seinen Mut beweisen.«

Meister Hildebrand vermaß den Abstand, und auf sein Zeichen stürmten die Kämpfer gegeneinander. Mit gewaltigem Stoß prallten die Speere auf die Schilde, doch die Recken hielten stand, wendeten und trafen noch einmal zusammen. Kaum ein Zittern durchlief die kraftstrotzenden Leiber der Männer. Aber plötzlich wankte Dietrichs Roß, schnaubte kläglich und knickte mit Schaum vor dem Mund auf den Vorderbeinen ein.

Verwirrt sprang Dietrich aus dem Sattel und zog das Schwert Nagelring. Jetzt erst gewann er gegen den wendigen Herausforderer die

Oberhand. Heimes Klinge zerbrach an Dietrichs Helm Hildegrim, und schutzlos erwartete der Besiegte den Todesstreich, bleich bis zu den Haarwurzeln, aber mit der Gefaßtheit eines Helden.

Da ließ Dietrich sein Schwert sinken und sagte lächelnd: »Ich schenke dir das Leben, kühner Schwabe. Wacker hast du gekämpft, und kein Ritter braucht sich zu schämen, gegen dich zu fechten. Dich, edler Heime, möchte ich zum Freund gewinnen!«

Glückstrahlend schwor der Jüngling den Treueeid, konnte es sich dann aber doch nicht verkneifen, zu sagen: »Wie schmählich ist Euer Klepper vor meinem Stoß in die Knie gegangen, Herr! Habt Ihr kein besseres Roß im Stall, werdet Ihr manchen Streit verlieren. Erlaubt, daß ich Euch ein edles Pferd aus dem Gestüt meines Vaters hole.«

»Das will ich dir danken!« antwortete Dietrich lachend und beurlaubte den neuen Gefährten.

Sogleich ritt Heime nordwärts, bis er auf seines Vaters Gehöft anlangte. Dort suchte er den besten Hengst aus, den er finden konnte; der war rabenschwarz, drei Winter alt und hieß Falke. Er brachte ihn nach Bern, und als Dietrich das wunderbare Tier sah, ließ er auf Heimes Schild so viel Gold häufen, als darauf Platz hatte. Von da an ritt er nur noch dieses Pferd, und er ritt den Hengst Falke bis zu dem Tag, da er von überirdischen Mächten von dieser Erde entrückt wurde.

Bald sollte Dietrichs Reckenschar noch weiteren Zuwachs erhalten. Denn auf Seeland, an des fernen Nordmeers Küsten, war Wittich, der Sohn des berühmten Schmiedes Wieland, zu einem stattlichen Jüngling herangewachsen. Eines Tages trat er vor seinen Vater und bat, in die Welt ziehen zu dürfen.

Auf den Stiel seines schweren Hammers gestützt, versank der Schmied daraufhin in langes Grübeln. Endlich fragte er: »Wohin willst du gehen, mein geliebter Sohn?«

Überschäumend vor Abenteuerlust, rief Wittich: »Soll ich denn ewig nur Schwerter schmieden und nie selber eines schwingen dürfen? Ich will nach Bern reiten, zu Dietrich, dem vielgerühmten Recken. Gelingt es mir, ihn im Zweikampf zu besiegen, habe ich höchsten Ruhm gewonnen.«

Lächelnd antwortete Wieland: »Wohl habe ich mir gedacht, daß dir die Schmiede eines Tages zu eng und unser einfaches Leben zu schal werden wird. Warte bis ich dir eine Rüstung gehämmert habe, dann magst du meinetwegen ziehen.«

Der Jüngling jubelte: »Du willst mir wirklich Schild und Brünne hämmern? Dann gibt es nichts, was ich fürchten müßte!«

Wieland machte sich sofort ans Werk. Er schmiedete eine Rüstung, die wie Silber glänzte. Dazu fertigte er auch einen Helm, auf dem sich eine goldene, giftspeiende Schlange bäumte. Hierauf reichte er seinem Sohn das herrliche Schwert Mimung und ließ Schimming, sein edles Roß, aus dem Stall führen. Zuletzt schenkte er Wittich einen Schild, der weiß war und auf den mit schwarzer Farbe ein Hammer, eine Zange und ein Amboß gemalt waren, zum Zeichen dafür, daß Wittich eines Schmiedes Sohn war.

»Vergiß nicht, daß Mut und Übermut zweierlei sind!« sagte zum Abschied Wieland, den düstere Ahnungen bedrückten. Ungern sah er Wittich scheiden, doch als dieser nach kurzer Umarmung mit einem Satz auf Schimmings Rücken sprang, den Steigbügel verachtend, lachte der Vater voll Stolz und sah dem Sohn nach, bis er seinen Blicken entschwunden war.

Nach langem Ritt kam Wittich an einen Strom. Weit und breit war keine Brücke zu sehen. Er mußte jedoch ans andere Ufer, denn dort führte der Weg weiter. Also legte er Waffen und Kleider ab, verbarg sie in einer mit Gestrüpp verwachsenen Erdgrube und watete ins Wasser, um eine Furt zu suchen. Vergeblich schwamm er aber auf und ab, seine Füße fanden nirgends Grund.

Da ritten drei Männer das andere Ufer entlang: Hildebrand, Heime und Jarl Hornbogi aus Winland, ein Held des Nordens, den Dietrich zu sich nach Bern eingeladen hatte.

»Bist du ein Mensch oder ein Zwerg?« rief Hildebrand den Schwimmenden an.

»Das sollt ihr sehen, wenn ihr mir die Furt zeigt, die es hier wohl geben muß«, antwortete Wittich.

Lächelnd wiesen sie ihm die Stelle, an der sie selbst den Strom überquert hatten.

Wittich schwamm ans Ufer zurück, tauchte aus dem Wasser, kleidete sich rasch an, wappnete sich und sprang auf sein Pferd. Als er durch den Strom sprengte, rief ihm Hildebrand zu: »Sage uns wenigstens, welches Ziel du hast, fremder Jüngling!«

»Ich will nach Bern, um Dietrich zum Zweikampf zu fordern. Kennt ihr den Weg?«

»Du kannst uns begleiten«, meinte der Waffenmeister nachdenklich.

»Wir gehören zum Gefolge des Helden.« Dabei betrachtete er staunend das edle Pferd und das gewaltige Schwert des jungen Recken. Wenn es wirklich zum Zweikampf kommen sollte, würde Dietrich es schwer haben, dachte Hildebrand. Er wollte deshalb überlegen, wie er ein Treffen verhindern könnte.

Da nannte Wittich seinen Namen und gab sich als Wielands Sohn zu erkennen.

Wenig später gelangten die Reiter an eine Weggabelung. Waffenmeister Hildebrand meinte: »Zwei Wege führen von hier nach Bern, ein kurzer und ein langer. Der kurze führt über eine steinerne Brücke, an der ein Kastell liegt, in dem zwölf Räuber lauern. Gramaleif heißt ihr Anführer. Wer über die Brücke will, muß ihm Tribut leisten: Rüstung und Waffen muß er den Räubern lassen und noch froh sein, wenn er lebend und unverletzt hinüberkommt. Dietrich gelang es noch nicht, das Kastell zu erstürmen und den Räubern den Garaus zu machen. Reiten wir also lieber den langen Weg nach Bern.«

Sofort rief Wittich: »Ich habe keine Zeit zu verlieren, ich nehme den kurzen Weg. Bleibt einstweilen zurück, ich will sehen, ob wir nicht ohne Tributleistung über die Brücke kommen können.«

Kurz darauf sprengte Wittich schon der Brücke entgegen. Vom Söller des Kastells herab beobachteten ihn die zwölf Räuber und freuten sich, daß sie das schöne Pferd und die prächtige Rüstung des Fremdlings bald erbeuten würden. Drei von ihnen eilten vom Söller hinab, um Wittich zu empfangen. »Gib uns deine Waffen, deine Brünne und dein Roß!« forderten sie grimmig lachend.

»Verdient euch, was ihr haben wollt«, entgegnete Wittich und ließ sein Schwert Mimung durch die Luft sausen. »Wo ist euer Anführer?«

Finster ließ sich nun auch Gramaleif mit den übrigen Männern seiner Schar am Tor sehen und rief: »Was zögert ihr? Sollen wir zwölf vor einem einzigen Mann stehen und seine frechen Reden anhören? Haut ihn in Stücke, damit seine Keckheit ein Ende hat!« Damit zog er sein Schwert und hieb auf Wittichs Helm ein.

Der Jüngling aber hielt stand, ohne auch nur einen Schritt zurückzuweichen. Er hob seine Waffe, und im nächsten Augenblick sank Gramaleif, von Mimung in zwei Teile gespalten, tot aus dem Sattel.

Erschrocken und haßerfüllt drangen die elf anderen Räuber vereint auf Wittich ein. Weithin hallten die schrecklichen Schläge.

»Mir scheint, sie sind aneinandergeraten«, sagte Hildebrand, der mit

Heime und Hornborgi im Walde wartete. »Laßt uns hinüberreiten und Wielands Sohn beistehen.«

»Wollen wir nicht lieber abwarten, ob er siegt oder fällt?« meinte Heime. »Siegt er, so bringt es ihm Ruhm — fällt er, so haben wir in Bern Ruhe vor ihm.«

»Schäme dich, Heime!« rief Hildebrand. »Hörte Dietrich dich so schurkisch reden, er stieße dich von sich! Auf, wir wollen Wittich helfen!«

Als sie aber auf die Brücke und vor das Kastell kamen, hatte Wittich bereits sieben Räuber erschlagen — die fünf übrigen waren geflohen. So betraten sie gemeinsam die Räuberburg, ließen sich Wein und Speisen, die sie fanden, gut munden, und blieben über Nacht.

Doch Hildebrand konnte keinen Schlaf finden. Er grübelte, wie er diesem herrlichen Helden dienen und zugleich seinem Herrn Schande und Schmach ersparen könnte. Um Mitternacht hatte er einen Ausweg gefunden. Er erhob sich, schlich in Wittichs Kammer, löste im Mondlicht mit kundiger Hand den Mimung aus der Scheide und steckte eine andere Klinge hinein. Der Schlafende hatte nichts von dem Tausch bemerkt.

Am anderen Morgen steckte Wittich die Räuberburg in Brand.

»Fortan reitet hier jeder ungehindert und ohne Tributzahlung nach Bern«, rief er. »Und jetzt laßt uns aufbrechen, ich kann es nicht erwarten, Dietrich zu sehen!«

Als sie die Brücke hinter sich hatten, stießen sie auf die fünf geflohenen Räuber und machten ihnen den Garaus. Wenige Tage später ritten sie in Bern ein.

Dietrich trat aus der Halle, in der er gerade zu Tisch gesessen war, und begrüßte seinen Gast, Meister Hildebrand und Heime. Da trat Wittich herzu, zog den Handschuh ab und überreichte ihn Dietrich.

»Wer bist du?« fragte dieser. »Und was soll ich mit diesem Handschuh?«

»Ich bin Wittich, Wielands Sohn, und begehre mit dir zu kämpfen. Wir sind gleich alt, und ich möchte erproben, ob dein Heldenmut wirklich so groß ist, wie alle sagen. Nimm den Fehdehandschuh und stell dich zum Kampf!«

»Frieden will ich haben in meines Vaters Land«, schrie Dietrich, von jähem Zorn übermannt. »Soll denn jeder Landstreicher nach Bern kommen und mich ungestraft zum Zweikampf fordern dürfen?«

»Herr, du weißt nicht, wer dir den Fehdehandschuh bietet!« warnte Meister Hildebrand, und als ein Höfling, der sich bei Dietrich einschmeicheln wollte, Wittich mit spöttischen Blicken vom Scheitel bis zur Sohle maß, schlug ihm Hildebrand die Faust ins Gesicht, daß der Mann ohnmächtig umsank.

»So hoch schätzt du den fahrenden Ritter?« fragte Dietrich finster. »Gut, so soll er noch heute am höchsten Galgen baumeln, der in Bern ragt.«

»Noch ist er dir nicht unterlegen«, entgegnete Hildebrand. »Besiegst du ihn, magst du ihn hängen, so hoch du willst.«

Längst hatte Wittich der Halle den Rücken gekehrt und wartete auf dem Anger. Wie ein König saß er in seiner silbernen Rüstung zu Pferd, das Schwert an der Seite, die Lanze in der Faust.

Mit großem Gefolge erschien Dietrich. Heime trat auf ihn zu, reichte ihm eine Schale Wein und sagte: »Trink, Herr! Sieg sei dir heute und immerdar!«

Dietrich trank. Nun trat Hildebrand zu Wittich und bot ihm gleichfalls einen Trunk. Doch Wittich, der Dietrich ehren wollte, bat: »Reich ihn zuerst deinem Herrn, er möge mir zutrinken.«

Hildebrand gehorchte, Dietrich aber wandte sich zornig ab.

»Du weißt nicht, wem du zürnst«, sagte Hildebrand halblaut, »vielleicht wirst du noch heute deinen Meister finden. Sieh dich vor!« Darauf reichte Hildebrand Wittich die Schale mit den Worten: »Trink und wehre dich tapfer!«

Da trank Wittich, zog hierauf einen Goldring vom Finger, warf ihn in die leere Schale und reichte sie Hildebrand zurück: »Ich danke dir, Bruder!«

Dann begann der Kampf. Dietrich und Wittich flogen aufeinander zu wie hungrige Habichte auf ihre Beute. Dietrichs Speer glitt an Wittichs weißem Schild ab, aber Wittichs Lanze zerbarst an Dietrichs Schild in drei Stücke. Da rief der Sohn des Schmiedes: »Wende und reite auf mich zu, ich werde stillhalten, denn du sollst deine Lanze genauso verlieren wie ich!«

Das ließ sich Dietrich nicht zweimal sagen. Er zielte mit seinem Speer auf Wittichs Brust und preßte zugleich seinem Pferd die Sporen in die Weichen. Wie ein Pfeil flog er heran, Wittich aber zog blitzschnell sein Schwert, hieb die Lanze knapp vor seiner Brust entzwei – und zugleich einen Teil seines Schildes ab.

Da sprangen sie aus den Sätteln. Im Schwertkampf, der nun begann, wollte Wittich Dietrichs Helm spalten — da brach sein Schwert in Stücke! Dietrich aber packte, schreiend vor Freude, Eckesachs mit beiden Fäusten. Der Augenblick schien gekommen, da Wittichs Haupt blutend über den Boden rollen sollte.

»O Vater«, rief Wittich, »des Himmels Zorn komme über dich! Dein Schwert ließ mich im Stich! Schande bringt es über uns beide! Wer rühmt noch Wieland, den Schmied?«

»Genug!« rief Meister Hildebrand und sprang zwischen die Kämpfer. »Gib diesem Jüngling Frieden, Dietrich, du findest keinen bessern als ihn! Die Räuber an der Brücke, die dein Heer nicht bezwang, hat er ganz allein vernichtet!«

»Und wenn er ihrer hundert erschlagen hätte, es bleibt dabei: noch heute hängt er am Galgen!« erwiderte Dietrich wutschnaubend. »Räume das Feld, Hildebrand, sonst vergesse ich, wer du bist und was du mir warst, und schlage dich in Stücke!«

»Dein Zorn macht dich blind und taub«, antwortete Hildebrand bekümmert. »Aber du sollst haben, wonach dich gelüstet. Hier, Wittich, ist Mimung, dein Schwert. Schmähe den Vater nicht, führe es gut, und vergib mir, daß ich aus Sorge und Treue an dir zum Verräter werden mußte!«

Da küßte Wittich Mimungs Klinge. »Vergib mir, Vater!« rief er und stürzte sich jauchzend auf Dietrich. Schaurig widerhallten die Mauern Berns von Mimungs und Eckesachs' Schlägen. Stückweise schlugen die Helden einander die Rüstungen vom Leib, daß der Anger von Splittern und Trümmern übersät war. Aus fünf Wunden blutete Dietrich, doch glückte es ihm nicht, Wittich auch nur einmal zu verletzen. In arge Not geraten, rief er Hildebrand an: »Komm her, scheide den Kampf, ich kann nicht mehr!«

»Zu spät«, entgegnete der Waffenmeister. »Als ich euch scheiden wollte, da war dir mein Rat verhaßt! Jetzt sieh zu, wie du deine Ehre rettest! Ich bin dein Meister nicht mehr, Wittich scheint es zu werden.«

König Dietmar hatte unter dem Tor dem Kampf zugesehen. Nun, da sein Sohn in so schreckliche Bedrängnis kam, lief er eilig herzu und stellte sich mit seinem roten Schild zwischen die Streiter.

Düster fragte ihn Wittich: »Willst du, König, mit Gewalt dazwischentreten, weil ich deinem vielgerühmten Sohn eine Lehre erteile?«

König Dietmar trat an Wittich heran. »Nein«, antwortete er ruhig,

»das brächte uns allen Schande. Aber bitten will ich dich, den Kampf zu beenden — hast du nicht auch einen Vater, der dich liebt?«

Wittich preßte die Lippen aufeinander und schwieg. Da trat Dietmar traurig beiseite und kehrte zum Tor zurück. Der Zweikampf entbrannte aufs neue und endete erst, als Wittichs Schwert den Helm Dietrichs quer durchschlug, so daß der obere Teil samt Dietrichs Scheitellocken durch die Luft flog und erst am anderen Ufer des Etschflusses zu Boden fiel.

»Nun aber scheidet!« rief Hildebrand und sprang dazwischen. »Du nanntest mich Bruder, Wittich, ehe der Kampf begann. Als Bruder bitte ich dich jetzt: Laß ab! Es gibt auf der weiten Erde nicht zwei, die euch gleichen — darum versöhnt euch!«

»Er hat es nicht verdient. Dennoch soll es so sein, wie du es wünschst.« Damit ging Wittich auf Dietrich zu und reichte ihm die Hand. So wurden die beiden Freunde.

Dietrich aber war durch diesen Kampf und sein Ende wie verwandelt. Aller Jähzorn und Hochmut wichen aus seiner Seele. So erwuchs ihm selbst aus einer Niederlage Ruhm, und er segnete insgeheim Hildebrand dafür, daß er sie ihm nicht erspart hatte.

ZWERGENKÖNIG LAURIN

Eines Tages saßen die Recken in der Halle zu Bern beisammen und priesen Dietrichs Heldentaten.

»Er hat nicht nur mit den stärksten Recken gekämpft, auch Riesen hat er in seiner Jugend bezwungen«, sagte Wittich.

»Ja«, meinte Hildebrand, »aber mit Zwergen hat er noch niemals zu tun gehabt.«

»Was redest du da?« rief Dietrich, der unbemerkt eingetreten war. »Habe ich nicht den ruppigen Alben gefangen, der mir Nagelring brachte und uns die Höhle von Hilde und Grim wies? Mit den Fingern hätte ich dem Wicht den Garaus machen können, wenn mich danach gelüstet hätte!«

»Das wohl«, entgegnete Meister Hildebrand. »Es ist auch nicht sonderlich schwer, mit irgendeinem schwachen Untertan König Laurins fertig zu werden, wohl aber mit Laurin selber!«

»Wer ist das, König Laurin?« fragte Dietrich.

»Er ist Herr über alle Zwerge«, antwortete Hildebrand. »In den Bergen Tirols hat er sich einen Rosengarten angelegt, den umhegt ein roter Faden aus feinster Seide. Wer den Faden zerschneidet, büßt es bitter: Laurin ist augenblicklich zur Stelle, kämpft mit ihm und nimmt ihm außer den Waffen auch noch die linke Hand und den rechten Fuß. Bisher hat ihn noch niemand besiegt.«

»So will ich der erste sein!« rief Dietrich. »Ich reite nordwärts, nach Tirol — wer reitet mit?«

»Ich!« rief Wittich. Er eilte mit Dietrich hinaus, rief nach Waffen und Pferd und verließ Seite an Seite mit ihm die Burg und die Stadt.

Sie erreichten das Gebirge und ritten zuerst lange durch dichten Wald. Bald aber kamen sie an ein grünendes Gehege, das inmitten eines ragenden Walles von mächtigen Felsgipfeln lag. Die köstlichsten Rosen blühten hier in zahllosen Beeten. An jedem Stiel hingen spinnwebenfeine Goldborten, die flatterten im leisen Hauch des Mittags. Ein blutroter Seidenfaden umspannte den ganzen gewaltigen Garten. Betäubende Düfte wehten den Reitern entgegen.

»Hildebrand hat wahr gesprochen«, meinte Dietrich, in den Anblick des mächtigen Rosenhags versunken. »Aber daß der Zwergenkönig, der über diesen Ort der Lust herrscht, schwerer zu bezwingen sein soll als die Riesen, mit denen ich rang, das glaube ihm, wer will!«

»Laß es uns versuchen«, rief Wittich, »und wenn der Zwerg kommt, so wollen wir ihm mit Eckesachs und Mimung schon seinen Hochmut austreiben.« Nach diesen Worten hieb er den roten Faden entzwei, schlug mit dem Schwert auch noch ein paar Rosen die Köpfe ab und trat sie samt den goldenen Bändern ins Erdreich. »Nun laß uns abwarten, was geschieht«, sagte er.

Es dauerte nicht lange, bis ein Zwerg auf einem Pferdchen geritten kam, das war nicht größer als ein Reh, doch so prächtig gezäumt wie nur eines Königs Roß.

Der Zwerg — es war Laurin — trug eine Rüstung ganz aus Gold. Seine Brünne war mit Drachenblut gehärtet, und um die Hüften trug er einen Zaubergürtel, die ihm die Stärke von zwölf Männern verlieh. Sein goldener Helm war mit Rubinen und Karfunkelsteinen übersät und trug an der Spitze eine winzige Krone. Sein Sattel war aus Elfenbein, die

Decke goldgewirkt, aus Gold und mit Edelsteinen verziert waren die Zügel.

An der Seite trug König Laurin ein Schwert, das war zwar nur spannenlang, aber es schnitt Eisen und Stein, als wären sie halbgebackenes Brot. Geblendet von soviel Glanz rief Wittich aus: »Das muß ein Lichtalbe sein! Hilf, Himmel, er tötet uns mit seinen Strahlen!«

»Er ist voll Haß gegen uns«, meinte Dietrich, »sieh nur, wie böse sein Auge blickt.«

Der Zwergenkönig hielt indessen vor den Helden und fragte mit schmerzvoller Stimme: »Ihr Wüteriche, was taten euch meine Rosen? Wer hat euch hierhergesandt oder gerufen? Den Schaden sollt ihr mir büßen! Jeder von euch gebe mir freiwillig seine linke Hand und den rechten Fuß!«

»Höre, Zwerg, so handelt man nicht mit Fürsten«, entgegnete ihm Dietrich. »Deine Rosen wachsen im nächsten Mai nach, und was die Buße betrifft, so biete ich dir statt Hand und Fuß die schönsten Juwelen aus meines Vaters Schatzkammer.«

»Ich brauche deine Juwelen nicht«, schrie der Zwerg und lief dabei so rot an wie seine Rosen. »Schätze habe ich selber genug, mehr als ihr, verfluchtes Menschenpack! Wenn ihr Kampf sucht, warum habt ihr ihn dann nicht auf fürstliche Art gefordert? So aber habt ihr unschuldige Rosen zertreten!«

»Höre, wie der Wicht uns verhöhnt«, rief Wittich zornig. »Er reitet einen Ziegenbock und prahlte dabei, als wäre er stark wie zehn Riesen. Mich gelüstet es, ihn bei den Beinen zu packen und mit dem Kopf gegen die Felsen zu schlagen!«

»Das magst du tun«, antwortete Laurin, »zuvor aber kämpfe ritterlich mit mir!«

Da schloß Wittich sein Visier, legte die Lanze ein und ritt gegen den Zwergenkönig an. Der sprengte ihm auf seinem Pferdchen entgegen, berührte mit dem goldenen Speer kaum des Helden Brünne — und schon lag Wittich auf dem Rücken im Gras. Flugs stieg Laurin ab, zog sein spannenlanges Schwert und stürzte sich auf den Besiegten, um ihm eine Hand und einen Fuß abzuhauen.

Das brachte Dietrich in Zorn. »Zurück, Zwerg«, rief er und hielt Eckesachs schützend über den Gefährten. »Glaubst du, der Berner läßt seinen Schwertbruder im Stich?«

»Du bist der Berner? Du bist Dietrich von Bern?« verwunderte sich

Laurin hohnvoll. »Willkommen bei mir im Rosengarten! Gib auch du mir Fuß und Hand! Kannst es dir ersparen, lange mit mir zu kämpfen!«

Diese unverschämte Rede ergrimmte Dietrich über die Maßen. Er schwang sich auf Falke, senkte die Lanze und wollte gegen den Zwergenkönig anrennen, wie er es sonst auf dem Kampfplatz immer tat. In diesem Augenblick aber hörte er Hildebrands Stimme rufen: »Laß das, mein Dietrich, so zwingst du den Zwerg nicht! Steig ab, nimm dein Schwert bei der Spitze und schlag dem Wicht Knauf und Griff um die Ohren!«

Dietrich sah sich rasch um: Hildebrand hielt am Waldrand, Seite an Seite mit Dietleib, Dietrichs jüngstem Gefährten. Auch Wolfhart, Hildebrands Neffe, war bei ihnen. Die drei waren ihrem Herrn und Wittich nachgeritten aus Sorge um ihrer beider Leben.

Schneller noch als der Berner war Laurin vom Pferd geglitten. Er lief Dietrich an und schlug ihm mit einem Hieb seines winzigen Schwertes den mächtigen Schild vom Arm. Dietrich aber vergalt ihm den Hieb und zertrümmerte Laurins Schild, auf welchem ein springender Leopard gemalt war. Dann nahm er Eckesachs, wie ihm Hildebrand geraten, bei der Spitze und schlug mit dem Knauf links und rechts auf Laurins Helm ein, daß dem Zwerg Hören und Sehen verging. Dieser wußte sich schließlich nicht mehr anders zu helfen, als seine Tarnkappe vom Gürtel zu lösen und sie sich überzuziehen — da war er mit einemmal verschwunden. Zitternder Mittagsglast war an der Stelle, wo Laurin eben noch gestanden, und nur an den Schlägen, die er nun aus sicherem Versteck heraus austeilte, erkannten Dietrich und Wittich, daß er noch da war. Von allen Seiten fiel er jetzt die Helden an.

»Ringe mit ihm!« rief Hildebrand Dietrich zu, »so wirst du ihm beikommen.«

Im Nu war Laurin wieder sichtbar. Er warf sein Schwert weg, lief zwischen Dietrichs Beinen hindurch, umklammerte dessen Knie und warf ihn zu Boden.

»Zerbrich ihm den Gürtel!« rief Hildebrand vom Wald herauf.

Da schritt Dietrich zur Tat. Feuer brach aus seinem Mund, er faßte den Zwerg am Gürtel, hob ihn hoch auf und stieß ihn mit aller Kraft gegen den Erdboden. Der Gürtel barst, Dietrich nahm ihn und warf ihn Hildebrand zu. »Verwahre ihn gut«, rief er, »wer weiß, wozu wir das Zauberding noch brauchen werden!«

Schwach und kraftlos lag Laurin im zertretenen Gras. Laut heulte er in Todesangst, daß es von den Felsen widerhallte. »Laß mir mein Leben«, wimmerte er.

Dietrich aber stürzte sich voll Zorn auf ihn und wollte ihn erwürgen.

In dieser argen Not hob Laurin die Hände und flehte zu Dietleib, der mit Hildebrand herangeritten war: »Hilf mir, Dietleib, er tötet deiner Schwester Gemahl!«

Da stutzten die Helden. Dietrich ließ den Hals des Zwerges los. Nun erfuhren sie aus König Laurins Mund, daß er es gewesen sei, der Dietleibs schöne Schwester Kunhild, die ein Jahr zuvor auf rätselhafte Weise verschwunden war, geraubt und zu seiner Gemahlin gemacht hatte. »Sie ist aller Zwerge Königin«, erzählte er, »und laßt ihr mir mein Leben, so führe ich euch zu ihr. Kommt alle mit in den Berg, ich will euch meine Schätze und Wunder zeigen und alles, was ich besitze, mit euch teilen.«

Nach kurzer Beratung willigten die Helden ein. Dietleib war es vor allem, der ihnen ihr Mißtrauen gegen Laurin ausredete — er wollte die geliebte Schwester wiedersehen.

»Mit Lug und Trug wird uns der Alb verderben«, murrte Wittich.

Dietrich und Hildebrand aber meinten: »Was soll uns ein kraftloser Zwerg noch anhaben?«

So folgten sie Laurin rund um den Rosengarten zu einer Felskluft. Dort tat sich ein Tor auf, und sie ritten in den Berg hinab. Zwölf Zwergenfräulein verneigten sich am Eingang zum Empfang der Helden. Dann schloß sich das Tor donnernd hinter ihnen, und die Mädchen versanken kichernd.

»Nun sind wir wohl auf ewig gefangen«, grollte Wittich.

Aber Laurin wandte sich nach ihm und sagte: »Vertraut meinem königlichen Wort, es geschieht euch kein Leid.«

In einem matterleuchteten Gewölbe, an dessen Wänden große goldene Futterraufen hingen und Krippen aus Marmor standen, mußten sie von den Pferden steigen, denn von hier an waren die Gänge und Höhlen für die verschreckten Tiere nicht mehr gangbar.

Die Helden schritten hinter Laurin über Felsenstufen und kühn geschwungene Stege immer tiefer hinab in die kühle Nacht des Berges. Aber diese Nacht war erleuchtet vom Glanz des Goldes und der Edelsteine, der Kristalle und Diamanten, vom Leuchten mattschimmernder Tropfsteine und blaustrahlender Grotten, aus denen das silberhelle Rauschen eiskalter Quellen und Bäche drang. Dann und wann stürzte bei einer jähen Wendung des Weges plötzlich ein unterirdischer Strom über eine Felsenschwelle tosend in Schluchten und grundlose Tiefen hinab, und das Licht der Kristalle brach sich siebenfarbig in seiner Gischt.

Endlich gelangten sie in einen hochgewölbten Saal. Dort ließ man sie auf goldenen Bänken Platz nehmen. Der Klang unsichtbarer Harfen und Glockenspiele erfüllte die Luft. Scharen dienender Zwerge kamen herbei, die trugen Gefäße, aus denen sie Met und Wein schenkten. Musikanten und Sänger traten herzu und unterhielten die Gäste, indes im Hintergrund zwei Gruppen von Zwergen in silbernen und goldenen Rüstungen aufeinanderstießen, ihre winzigen Schwerter zogen und ein lärmendes Schaugefecht gaben.

»Dein Berg ist voll Freuden«, sagte Dietrich, der bisher nur in staunendem Schweigen die Wunder dieser Unterwelt betrachtet hatte, zu Laurin. Und Dietleib sprang mit einem Schrei des Entzückens auf, denn seine schöne Schwester Kunhild war plötzlich aus einer Felsentür getreten. Ihre Begleiterinnen um das Dreifache überragend, trat sie unter die Gäste und umfing den Bruder mit Tränen.

»Schwester«, fragte Dietleib voll Sorge, »welcher Kummer bedrückt dich? Willst du fort von dem räuberischen Zwerg?«

»Ach«, antwortete Kunhild, »es fehlt mir an nichts. Siehe, ich trage die Krone, Laurin hat mich als Königin über alle Zwerge der Erde gesetzt und mir seinen Rosengarten zum Brautgeschenk gemacht. Aber ich kann dennoch nicht froh werden: ich vergehe vor Heimweh nach dir und den Eltern — nach Menschen! Die Pracht hier behagt mir nicht, mein Herz bleibt freudenleer.«

»Sei getrost«, flüsterte Dietleib ihr ins Ohr, »ich entreiße dich dem Zwerg, und koste es mein Leben!«

Laurin lud die Helden zum Mahl, das auf einem prächtigen Geschirr kredenzt wurde, wie sie es oben auf der Erde noch nie gesehen hatten. Während sie speisten, zog Laurin Kunhild in ihr Gemach und erzählte ihr, was ihm die Berner Recken angetan und daß er ihren Rosenfrevel noch immer nicht habe rächen können.

Kunhild stimmte den Erzürnten zur Milde und forderte ihm sein königliches Wort ab, keinem der Helden ans Leben zu gehen. Das versprach ihr Laurin, steckte sich aber heimlich einen Ring an den Finger, der ihm die Stärke von zwölf Männern verlieh. Dann ging er in seine eigene Kammer und ließ Dietleib zu sich bitten.

Als der Jüngling eingetreten war, ging Laurin auf ihn zu und sagte:

»Mein Schwager, du bist mir lieb. Überantworte deine Gesellen meiner Rache, so will ich meine Schätze mit dir teilen!«

»Eher wollte ich freiwillig verhungern«, erwiderte Dietleib zornig und faßte nach seinem Schwert.

»Dann bleib, wo du bist!« schrie Laurin, schlüpfte wieselschnell durch die Tür und verriegelte sie von außen. Dietleib war gefangen.

Nun befahl Laurin seinen Mundschenken, den Gästen einen Zaubersaft in die Becher zu gießen. Davon sanken sie in bleiernen Schlaf. Als sie wieder erwachten, waren sie mit Ketten aneinandergebunden und lagen in einem finsteren Kerker.

Maßlos flammte Dietrichs Zorn, Feuer schoß in gleißendem Strahl aus seinem Mund. Da schmolzen die Ketten entzwei. Die Tür des Kerkers aber vermochte sein Atem nicht zu öffnen, denn sie war aus Stein.

Währenddessen war Kunhild, Böses ahnend, vor Laurins Kammer geschlichen und hatte den Riegel weggeschoben. Dietleib sprang zornbebend heraus und rief: »Wo sind die Gefährten?«

»An einem Ort, der dunkler ist als die Nacht, liegen sie gefangen.«

»Führe mich in den Saal, in dem wir tafelten — dort liegen unsere Waffen! Ich muß Dietrich und die Seinen befreien!«

Kunhild half dem Bruder, die Waffen zu finden und anzulegen. Dann gab sie ihm einen Ring und riet: »Stecke ihn an, sonst siehst du die Zwerge nicht!«

Er tat es, nahm die Schwerter seiner Gefährten an sich und lief damit wohl hundert oder mehr Stufen in die Tiefe, wo ihm die Schwester die Pforte des Kerkers gezeigt hatte. Er riß den Riegel beiseite und schleuderte die Waffen in das finstere Gelaß, daß der Berg davon erdröhnte.

Laurin hörte den Lärm. »Auf, meine Getreuen!« rief er, und im nächsten Augenblick rappelte und rasselte es in allen Höhlen und Hallen, auf allen Stegen und Stufen. Im Nu rückten dreitausend bewaffnete Zwerge heran, alle mit Tarnkappen bedeckt, die sie unsichtbar machten. Nur Dietleib konnte sie erkennen.

»Keiner der Gäste soll lebend davonkommen, der Berg sei ihr Grab!« rief Laurin und rückte mit seinen Scharen zum Kerker vor.

Da stand Dietleib und empfing sie mit pfeifenden Schwertstreichen — doch so viele Gegner er auch fällte, gleich standen neue an ihrer Stelle. Dem König selbst konnte er nichts anhaben — der schlug ihm mit Zwölfmännerstärke furchtbare Wunden.

Im Kerker warteten Dietrich und Wittich, Hildebrand und Wolfhart mit entblößten Klingen. Dietrich meinte verwundert: »Der Berg zittert zwar von Waffenlärm, aber ich sehe keine Streiter.«

»Lege Laurins Gürtel um, so wirst du sie sehen«, sagte Hildebrand und reichte ihm das Kleinod. Dietrich gürtete sich — da sah er, wie Dietleib gerade von Laurin und den Zwergen überwältigt wurde. Sogleich sprang er ihm zu Hilfe.

»Schlage Laurin die rechte Hand ab und gib mir seinen Ring, so kann ich mit dir kämpfen«, rief ihm Meister Hildebrand nach.

Übel wurde Dietrich vor dem Kerker empfangen. Laurin stürzte sich auf ihn und verwundete ihn schwer. Dietrichs Zornesatem aber versengte dem Zwerg die Brünne — Laurin wich einen Augenblick zurück, und schon hatte ihm Dietrich den Ringfinger der rechten Hand abgehauen und Hildebrand zugeworfen. Der Waffenmeister zog den Ring ab, steckte ihn an und konnte nun auch die Zwerge sehen und mit Schwerthieben züchtigen.

Voll Schrecken lief Laurin aus dem Berg hinaus in die Sonne und stieß dort in sein Horn. Da stampften fünf Riesen herbei, die ihm gewogen waren, weil er sie reich beschenkt hatte. Sogleich drangen sie, mit Stangen bewaffnet, in den Berg ein, denn sie gedachten, Dietrich von Bern, dem Feind der Riesen, den Garaus zu machen.

Nun wollten auch Wittich und Wolfhart nicht mehr müßig im Dunkel stehen. Sie stürmten aus dem Kerker, sahen jedoch keinen Feind. Kunhild, die sie beobachtet hatte, eilte herzu und reichte jedem einen Zauberring — so konnten auch sie die Zwerge sehen.

Jetzt wütete Mimung hell klingend in Laurins Heer, daß die Zwerge heulend auseinanderstoben. So erkämpften sich Wittich und Wolfhart den Weg zu den Riesen, mit denen schon Dietrich und Hildebrand rangen. Vereint ruhten die Helden nicht eher, bis alle fünf Riesen neben ihren Stangen lagen und elend verröchelten.

Da waren die Zwerge nicht mehr zu halten. Wie Geister flohen sie links und rechts durch die Felswände, stürzten sich wie geflügelt in Abgründe und Schluchten, rannten schreiend vor Angst durch die kristallenen Säle davon, suchten Schutz unter anderen, entfernteren Gebirgen der Erde. Denn von König Laurins unterirdischer Burg, die sich bis zur Mitte der Erde hinab erstreckte, konnte man überallhin gelangen, in jedes beliebige Land.

So aber war Laurin, von fast allen seinen Helfern verlassen, nur noch ein schwacher Zwerg. Er fiel Dietrich zu Füßen, hob die Hände und flehte: »Leib und Leben lege ich in deine Hand – gib meinem Volk unter der Erde Frieden, ich bitte dich!«

Dietrich jedoch antwortete hart: »Du hast treulos an uns gehandelt, wie nur ein Zwerg treulos sein kann. Dafür mußt du mit dem Leben bezahlen!«

Da trat Kunhild zwischen Dietrich und den zitternden Laurin. »Man rühmt dich als weise und gütig, Dietrich von Bern«, sprach sie. »So bitte ich dich bei aller Frauen Ehre: Gib mir Laurin frei, ich kann es nicht vergessen, daß er mir nur Gutes tat. Er hat mich aus großer Liebe zu seiner Königin erhoben und auch wie eine Königin geehrt und behandelt, obwohl ich mich weigerte, mit ihm Hochzeit zu halten. Schenke ihm sein Leben.«

»Erfülle ihren Wunsch«, meinte Hildebrand, und auch Dietleib bat für Laurin. So ließ Dietrich Gnade vor Recht walten. Gemeinsam verließen die Recken mit Kunhild und Laurin den Berg. Sie befahlen den Zwergen, die eben wieder aus ihren Schlupfwinkeln zurückkehrten, die Pferde mit Schätzen zu beladen, und zogen zu Tal. Im Schein der sinkenden Sonne glühte Laurins Rosengarten doppelt rot, und wie in Flammen standen rings die Gebirge.

Zwei Wochen weilte Kunhild an König Dietmars Hof zu Bern als Dietrichs Gast. Dann reiste sie mit Dietleib, ihrem Bruder, in ihre Heimat zurück, wo sie sich bald mit einem vornehmen Fürsten vermählte.

Ehe sie Bern verließ, empfahl sie noch einmal Laurin Dietrichs Huld. So wurden die beiden Freunde, und keiner hat jemals dem anderen die Treue gebrochen.

KRIEG IM EIGENEN REICH

König Dietmar starb. Von diesseits und jenseits der Alpen kamen die Großen des Amelungenreiches – Ritter, Grafen und geistliche Fürsten – mit glänzendem Gefolge herbeigeeilt, um ihm die letzte Ehre zu erweisen. Sie waren aber auch gekommen, um Dietrich, der nun König von Bern war, zu grüßen und ihm zu huldigen. Wie er nach des Vaters

Bestattung in der Königshalle vor dem Thron stand, die Krone auf seinen goldenen Locken, umflossen vom Purpur des Königsmantels, Eckesachs, das Riesenschwert, in der Rechten und das schwere Zepter in der Linken, da sah jeder, daß hier ein Mann stand, den von der perlgrauen Nordsee und Dänemarks Kreideküste bis hinab nach Sizilien jedermann kannte, liebte und rühmte.

Nachdem die Krönungsfeier vorüber war und die Gäste wieder in ihre Länder und Burgen heimgekehrt waren, rief Dietrich seine getreuen Schwertbrüder zusammen und beriet mit ihnen, was es nach des Vaters Tod in seinem Reich und an seinem Hof zu ordnen gab. Er erhob sich vor den Versammelten, vor Meister Hildebrand und Wittich, Heime, Dietleib, Wolfhart und den übrigen Recken und sprach: »Ehe wir den Rat beginnen, habe ich wichtige Dinge vorzubringen. Meinen jüngsten Bruder Diether, dessen Kindertränen um den Vater noch nicht versiegt sind, übergebe ich dir, Meister Hildebrand; er soll ein Ritter werden, dessen Taten die Ehre der Amelungen mehren. Aus Breisach wurde uns der Tod König Harlungs gemeldet; seine verwaisten Söhne Frittel und Emerich weiß ich bei dem getreuen Eckehart, ihrem alten Waffenmeister, in bester Hut. Du, Wittich, hast den Wunsch geäußert, König Harlungs Witwe, die sich auf ihre Güter in König Ermanerichs Reich zurückzog, nach angemessener Frist zu ehelichen. Ich bin entschlossen, deine Werbung um die Hand der verwitweten Königin bei Ermanerich zu unterstützen. Der Oheim wird mich nicht abweisen, denn ich habe ihm mit den Meinen so manche Waffenhilfe geleistet. Du wirst also bald südwärts ziehen in die Heimat deiner Gemahlin. Heime, so höre ich, will dich begleiten und König Ermanerichs Vasall werden. Möge er gehen, wohin sein unruhiges Blut ihn treibt.«

Diese Worte sagte Dietrich nicht leicht, denn er trennte sich ungern von seinen ältesten und besten Schwertbrüdern. Doch gönnte er sie zugleich seinem Oheim, an dem er stets einen hilfsbereiten Nachbarn und Freund gefunden hatte. Dietrich wußte zu dieser Stunde noch nicht, welche Not und Schmach ihm Ermanerich noch bereiten sollte.

Denn Ermanerich hatte einen Mann als Berater an seiner Seite, der Sibich hieß. Dieser war ebenso weise wie tatkräftig, und was er seinem König zu tun empfahl oder zu unterlassen riet, war immer von Nutzen.

Sibich aber hatte eine schöne, allzu schöne Frau, für die König Ermanerichs Herz in so unsinniger Liebe entbrannte, daß er seinen treuen

Ratgeber eines Tages mit einer Botschaft auf eine weite Reise sandte und während seiner Abwesenheit Sibichs Gemahlin zu überreden versuchte, sein Weib zu werden. Sie wehrte und weigerte sich jedoch standhaft und sandte in ihrer Not heimlich Boten an Sibich, er möge zurückkommen und sie vor dem Drängen des Königs beschützen: Ermanerich drohte ihr mit Kerker und Galgen, wenn sie sich ihm nicht füge.

Sibich erschrak. Eilends kam er unter einem Vorwand zurück und tat, als wüßte er nichts von der Not seiner Gemahlin. Im Herzen aber war er verwandelt: Unbändiger Haß gegen seinen König erfüllte ihn, und er schwor, blutige Rache zu nehmen an Ermanerich und dessen Sippe.

Sibich fand sein schönes Weib in tiefer Verzweiflung. Er hob sie, die sich vor ihm auf die Knie geworfen hatte, auf und sagte ruhig: »Spare deine Tränen. Ich weiß, du bist unschuldig. Sei fröhlich, es braucht niemand zu merken, wie uns beiden ums Herz ist. Ermanerichs verbotene Liebe hat dir und mir die Ehre geraubt — nun wollen wir ihm und seiner Sippe das Leben rauben. Nicht eher werde ich ruhen, als bis des letzten Amelungenkönigs letzter Sproß zu meinen Füßen auf der Erde oder zu meinen Häupten am Galgen stirbt! Der treue Sibich bin ich gewesen — von nun an will ich der ungetreue Sibich sein.«

Als erstes Opfer seiner Rache erkor er sich Ermanerichs Söhne Friedrich und Reginbald. Friedrich, der ältere von beiden, wurde auf Sibichs Rat von seinem Vater zu König Oserich ins Wilkinenland geschickt, Tributzahlungen einzufordern. Als er Oserichs Burg betrat, wurde er von einem Grafen, einem Blutsverwandten Sibichs, den dieser heimlich gedungen hatte, erschlagen, und sein Gefolge mit ihm.

Reginbald, der jüngere Sohn, wurde gleichfalls auf Sibichs Rat mit einem ähnlichen Auftrag nach England geschickt. Er erreichte jedoch die ferne Insel nie, denn Sibich hatte ihm ein schadhaftes Schiff gegeben, das beim ersten Schneesturm in den Wogen versank.

Vor Schmerz über den jähen Verlust seiner blühenden Söhne trübte sich Ermanerichs Geist. Er haderte mit dem Schicksal und klammerte sich mehr denn je an Sibich, dessen Tücke er nicht durchschaute. So wurde es diesem leicht, den König durch allerlei verleumderische Reden gegen die beiden Söhne des verstorbenen König Harlung aufzuhetzen. Er hatte nämlich Frittel und Emerich als nächste Opfer seiner Rache bestimmt.

»Merkst du nicht, daß sie dir heimlich nach dem Leben und dem Reich trachten?« sprach er und ruhte nicht, bis Ermanerich aufsprang und zornbebend rief: »Friedlos sollen die beiden vor mir sein! Hängen sollen sie so hoch, wie noch keines Menschen Kind hing! Auf nach Breisach zur Harlungenburg!«

Der getreue Eckehart, der gerade in Romaburg weilte und Zeuge von Ermanerichs Zorn war, entwich voll Schreck aus der Halle. So rasch es seine alten Glieder erlaubten, schwang er sich aufs Pferd und ritt Tag und Nacht nordwärts nach Breisach. Im Abenddämmern langte er am Ufer gegenüber der Burg an. Doch da war weit und breit weder Nachen noch Fährmann. In großer Angst, Ermanerichs Heer könnte ihm schon auf den Fersen sein, warf er sich in den Rhein und schwamm mit mächtigen Stößen hinüber.

Frittel und Emerich sahen verwundert ihren greisen Waffenmeister schwimmend nahen.

»Rettet euch!« schrie ihnen Eckehart schon von weitem zu. »Ermanerich naht mit seinen Streitern – er will euch ermorden!«

Die Harlungen schüttelten verwundert die Häupter. »War uns König Ermanerich nicht stets ein liebender Oheim? Wer sollte ihn gegen uns aufgehetzt haben?« fragten sie.

»Sibich!« rief Eckehart, und während er triefnaß neben seinen beiden geliebten Schützlingen zur Burg hinanstieg, erzählte er ihnen, was er in Romaburg mit eigenen Augen gesehen und mit eigenen Ohren gehört hatte.

Die Harlungen glaubten ihm jedoch nicht. Sie wollten auch nichts von Flucht wissen und befahlen lediglich, die Zugbrücken hochzuziehen. »Wir werden uns gewiß mit dem Oheim versöhnen«, sagten sie zuversichtlich, »Sibich war doch immer Ermanerichs treuester Berater.«

Als Ermanerich am anderen Morgen mit seinem Heer vor Breisach eintraf, stand Frittel auf der Mauer und fragte ihn: »Was haben wir dir getan, Oheim, daß du unsere Burg brechen und uns das Leben nehmen willst?«

»Bin ich gekommen, um von euch Knaben verhört zu werden oder um zwei Verräter aufzuhängen?« schrie Ermanerich, von Sibich aufgestachelt, und befahl, unverzüglich Fels und Burg zu berennen.

Lange tobte der furchtbare, ungleiche Kampf. Den beiden Brüdern stand nur ein kleines Häuflein Getreuer als Verteidiger zur Seite. Trotzdem kostete es Ermanerichs Leute viel Blut, an die Mauern heranzukommen. Erst als Sibich riet, Feuer in die Burg zu schleudern, war das Schicksal der Eingeschlossenen besiegelt.

Lichterloh brannten die Dächer, aus Gesindehäusern und Stallungen schlugen Flammen. Aber Frittel und Emerich wollten nicht als Feiglinge verbrennen. Mit sechzig Mann fielen sie aus und erschlugen vor dem Tor noch vierhundert der Angreifer. Dann waren ihre Kräfte erschöpft. Sie wurden überwältigt, wie Ermanerich es geplant hatte.

Nur Eckehart gelang es, mit knapper Not zu entkommen. Er ritt südwärts nach Bern, um Dietrich von Ermanerichs Untat zu berichten.

»Nun hüte dich vor dem Berner«, warnte Sibich jetzt Ermanerich. Er wußte wohl, daß Dietrich jeden Frevel, der an seinen Freunden oder Blutsverwandten begangen wurde, furchtbar zu rächen pflegte.

Tag und Nacht redete Sibich auf seinen König ein. Als er merkte, daß es ihm nicht gelang, Ermanerich zu einem Feldzug gegen Bern zu bewegen, um Dietrich zuvorzukommen, versuchte er es wieder mit Verleumdungen.

»Hat dein Vater Amelung das Gotenreich diesseits und jenseits der Alpen nur für Dietrich aufgerichtet?« fragte er Ermanerich listig. »Bist du nicht der älteste seiner Söhne? Sitzt du nicht in Romaburg auf dem Thron von Kaisern und bist du selbst nicht dieses Titels würdig? Wo aber bleibt deine Macht? Hat Dietrich von Bern, dein überstolzer Neffe, dir je Tribut geleistet? Nein! Also rüste gegen Dietrich und demütige ihn, ehe es zu spät ist und er über dich kommt, um die beiden Harlungen zu rächen — Eckehart ist bei ihm! Heiße den Berner Tribut zahlen, wie es sich für einen Untertanen ziemt!«

Ermanerich tat, wie ihm Sibich geraten. Aber Dietrich schickte seine Boten mit Schimpf und Schande nach Romaburg zurück. Er sei der rechtmäßige Herr von Bern und denke nicht daran, dem Oheim auch nur ein Weizenkorn zu zinsen, geschweige denn Gold.

Jetzt gellte das Heerhorn durch Ermanerichs Land. Von allen Seiten eilten seine Grafen und Ritter herbei, und Ermanerich brach so unerwartet in Dietrichs Reich ein, daß diesem keine Zeit mehr blieb, Helfer heranzubitten. Nur mit einer kleinen Schar konnte er die Stadt verteidigen, an deren verrammelte Tore Ermanerichs Heerhaufen brandeten wie Meereswogen an eine Küste.

Widerwillig leisteten Wittich und Heime König Ermanerich Gefolgschaft, doch ihr Treueid zwang sie dazu. Das Herz wollte ihnen unter der Brünne brechen, als sie vor Bern, der herrlichen Stadt, lagen und der

Zeiten gedachten, da sie mit Dietrich auf Abenteuer geritten waren oder in der Halle mit ihm Südwein getrunken hatten.

Wittichs Groll war besonders heftig. Hatte Ermanerich nicht die Harlungen ermordet, seines Weibes Söhne? Heime aber, dem Mißtrauen von Jugend auf den Blick geschärft hatte, durchschaute wohl, daß hinter all dem Unheil der heimtückische Sibich steckte, und geriet eines Tages mit diesem in Streit.

»Wie lange wirst du noch an Ermanerichs Thron stehen, scheinheiliger Verräter?« rief er ihm zu. »Solange Dietrich von Bern lebt, wird kein Tribut nach Romaburg gelangen. Nur mit dem Schwert wird Dietrich euch Zins zahlen!«

»Schweig«, antwortete Sibich höhnisch, »schon lange weiß ich, daß dir der König zu sehr vertraut. Du paßt an keinen Fürstenhof. Geh lieber heim zu deinem Vater in den Wald, Rosse züchten. Das taugt für Bauerntölpel, wie du einer bist!«

»Gut, daß ich Nagelring nicht bei mir habe, so brauche ich ihn nicht mit deinem Blut zu besudeln«, entgegnete Heime, glühend vor Zorn über den Schimpf, und stieß Sibich seine Faust so wuchtig ins Gesicht, daß der heimtückische Berater ohnmächtig zu Boden fiel. Blut floß ihm aus dem Mund.

»Ergreift und hängt den Burschen!« rief Ermanerich, aber Heime sprang schnell vor das Zelt des Königs, riß dem Knappen, der dort Wache stand, die Waffen aus der Hand, schwang sich aufs Pferd und jagte aus dem Ring der Kämpfenden hinaus. Zwar wollte ihm eine Schar Ritter nachsetzen, aber Wittich rannte vors Zelt, zog den Mimung und drohte, jedem die Hände abzuhauen, der es wagte, Heime zu verfolgen. Dann zog er seine Leute aus dem Kampf und wartete ab, was weiter geschehen würde.

Heime ritt von diesem Tag an wie ein Räuber durch das Amelungenland. Wo er auf Besitzungen Ermanerichs oder Sibichs stieß, da steckte er sie unbarmherzig in Brand. Wer sich ihm dabei entgegenstellte, den schlug er nieder.

Über Bern wölbte sich indessen der Sternenhimmel. Im Schutz der Nacht wagte Dietrich mit Hildebrand, Wolfhart, Dietleib und allen anderen Getreuen einen Ausfall aus der Burg. Sie überrumpelten die schlafenden Feinde, und ehe diese begriffen hatten, wie ihnen geschah, und zur Schlacht blasen ließen, hatten die Schwerter der Berner unter Ermanerichs Leuten grausig gewütet.

Entschieden hatte dieser Überfall nichts, nur Ermanerichs Zorn noch heftiger geschürt. Als der Morgen graute, rief Dietrich seine Getreuen zu sich und hielt Rat. »Ich kenne des Feindes Stärke und weiß wohl, daß ich ihm auf die Dauer nicht widerstehen kann«, sagte er. »Wir sind zu wenige, um Bern wirksam verteidigen zu können. Eines Tages wird Ermanerich die Tore und Mauern doch brechen und die Burg meines Vaters dem Erdboden gleichmachen. Ich müßte überall Streiter werben – aber womit sollte ich sie entlohnen? Nun rächt es sich, daß ich stets für alle eine offene Hand hatte und das Gold nicht achtete – meine Schatzkammern sind leer.«

»Wenn das deine einzige Sorge ist«, entgegnete ihm der Markgraf von Pola, »so kann ich dir helfen. Ich habe in meiner Burg an der Küste mehr Gold und Edelsteine, als ich je brauche: sie sind dein, wenn ich damit dein Reich retten kann, König Dietrich. Gib mir einen Zug kräftiger Saumtiere, dazu Helfer und Beschützer, so will ich mit ihnen bei Nacht und Nebel nach Pola reisen. Mit Gold beladen bringe ich dir die Tiere wieder.«

Dietrich dankte dem Grafen für seine Treue und gab ihm Saumtiere und eine Schar kampferprobter Recken, darunter keinen geringeren als Meister Hildebrand, Dietleib und Wolfhart. Sie gelangten auch glücklich aus der Burg und der Stadt hinaus, errreichten Pola im fernen Istrien und kehrten mit schweren Schätzen zurück.

Aber Sibich hatte Kunde von dem Zug bekommen, und knapp vor Bern überfiel er den Troß mit zwanzigfacher Übermacht, raubte alles Gold und legte Hildebrand, Dietleib und Wolfhart in Ketten. Dann sandte Ermanerich auf Sibichs Rat Boten mit einer weißen Fahne zu Dietrich. Diese wurden nach Kriegsrecht eingelassen und vor den König geführt.

»Was hat mir Sibich, der Verräter, zu sagen?« fragte Dietrich düster.

»Du sollst barfuß wie ein Bettler aus Bern hinausgehen, dein Land räumen und Ermanerich die Krone lassen. Weigerst du dich, so enden Hildebrand und die anderen Ritter noch heute bei Sonnenuntergang am Galgen!«

»Wartet vor der Halle, bis ich euch rufen lasse«, sagte Dietrich zu den Boten. Dann schickte er alle bis auf den alten treuen Eckehart hinaus und befahl, das Tor zu schließen. Eine Weile ging er mit schweren Schritten auf und ab, dann blieb er vor dem Waffenmeister, den der Gram um den Tod der Harlungen nicht mehr froh werden ließ, stehen und sagte mit gebrochener Stimme: »Du, Eckehart, bist ein leidgeprüfter Mann wie ich. Rate mir: Was soll ich tun?«

»Es gibt nicht mehr viel zu raten«, entgegnete Eckehart. »Oder willst du von der Mauer herab zusehen, wie Hildebrand stirbt?«

»Nein!« schrie Dietrich so laut, daß die Boten und Ritter vor der Halle draußen zusammenfuhren. »Nein! So strahlend kann die Krone Berns nicht sein, so gewaltig die Macht nicht, die sie verleiht, daß sie mir kostbarer wäre als Hildebrands geliebtes Haupt! Noch heute will ich ihn in meine Arme schließen und mit ihm mein Reich verlassen, barfuß wie ein Bettler – wenn er nur lebt! Stoß das Tor auf und laß die Boten ein!«

So kam es, daß Hildebrand, Dietleib und Wolfhart samt den anderen frei wurden, und als die Sonne sank, zog Dietrich mit dem Häuflein seiner letzten Getreuen aus Bern hinaus. Ermanerich hatte ihnen freien Abzug zugesagt, und als sich erneut die nächtliche Sternenkuppel über das dunkle Land wölbte, saß er auf Dietrichs Thron und ließ sich im Schein von tausend Fackeln die Krone Berns aufs Haupt setzen und sich als Kaiser huldigen.

Dietrich zog mit den Seinen nordwärts. Er hatte seinen kleinen Bruder Diether vor sich aufs Pferd gesetzt. Hildebrand, der das Banner trug, und Eckehart wichen nicht von seiner Seite. Dietleib und Wolfhart waren da, dazu noch Helfreich von Lunders, ein schlachterprobter Held, und die Recken Siegstab und Siegeband auch.

Als sie durch Garda ritten, nahm Meister Hildebrand für eine karge Stunde Urlaub. Er wollte von Frau Uta, seinem treuen Weib, und von seinem Söhnchen Hadubrand, das noch kaum der Wiege entwachsen war, Abschied nehmen.

Kurz umarmte er Frau und Kind, dann eilte er wieder zu seinem Herrn zurück, und weiter ging die Flucht.

Nach langem, mühseligem Ritt über die Alpen langten sie eines Tages in Bechlarn an der Donau an, wo Rüdiger, ein Graf und Gefolgsmann König Etzels, die Mark des Hunnenreiches hütete. Hildebrand hatte geraten, bei ihm Schutz und Beistand zu suchen – Rüdigers Frau war eine Base Dietrichs.

Weithin glänzte der Donaustrom im Morgenlicht, und laut ließ der Türmer sein Horn ertönen, als er das Löwenbanner in Hildebrands Faust erkannte.

Als Dietrich über die Brücke in die Burg einritt, beugte Rüdiger das

Knie vor ihm, und Gotelind, seine Gemahlin, kam mit ihren Frauen züchtig die Treppe herab, um die Helden willkommen zu heißen.

Dietrich sprang vom Pferd, hob den Markgrafen auf und sagte: »Seit wann geziemt Bettlern solcher Gruß? Furchtbarer Bruderkrieg wütet im Amelungenreich, ich habe die Krone Berns verloren, das Land und meine Leute dazu.«

»Was mein ist, soll dein sein«, entgegnete Rüdiger. Auch ohne Krone bleibst du König, und wenn du erlaubst, so geleite ich dich zu König Etzel ins Hunnenland. Er wird dir helfen, dein Reich zurückzugewinnen, so wahr ich hier stehe.«

Rüdiger bewirtete seine Gäste aufs trefflichste, wies ihnen prächtige Gemächer in seiner Burg an, beschenkte sie mit Pferden, Waffen, köstlichem Gewand, Gold und Kleinodien, und als sie genug gerastet hatten, geleitete er sie mit seinem Sohn Nudung, einem überaus kühnen Ritter, und glänzendem Gefolge donauabwärts ins Land der wilden Hunnen.

Mit offenen Armen wurden die Helden von Etzel und dessen Gemahlin, Frau Helche, empfangen. Sie boten ihnen die eigene Burg als Heimstatt an, und Etzel ließ einen zweiten Thron neben seinen in die mächtige, düstere Halle schaffen. »Mit König Dietrich von Bern teile ich fortan Thron und Herrschaft!« verkündete er laut.

Da verließen die Hunnen ihre Zelte und kamen zu Tausenden auf ihren kleinen, schnellen Pferden herangeeilt. Sie huldigten dem Berner vor der Etzelburg mit lautem Geschrei. Dietrich mußte vor den Saal treten und sich ihnen zeigen. Da wimmelte das flache Land bis zum Horizont von braungebrannten Reitern, die ihm zujubelten und ihre Bögen und blitzenden Krummschwerter schwangen.

Dietrich zog als Etzels treuester Gefährte in manchen Krieg. Doch wie herrliche Siege er auch erringen half, nie verwand er, was ihm sein Oheim Ermanerich, der sich jetzt Kaiser nennen ließ, angetan hatte. Selbst als ihm Frau Helche ihre Nichte Herrat, eine Jungfrau von blühender Schönheit und königlichem Wuchs, zur Gemahlin gab und Dietrich sich ihr glücklichen Herzens vermählte, vergaß er es nicht.

DIE SCHLACHT BEI RABEN

Manches Jahr verging. Dietrich war an Frau Herrats Seite an Etzels Hof heimisch geworden. Dennoch wurde er niemals froh. Wenn er abends mit Etzels Mannen bei Trunk und kurzweiligen Gesprächen saß und Hildebrand oder dem treuen Eckehart in die Augen sah, wurden in ihm Erinnerungen wach: er mußte der Harlungen gedenken, die in Breisach so schrecklich ums Leben gekommen waren, als auch jener besseren Zeiten, in denen er mit seinen Gefährten ruhmreiche Taten vollbracht hatte.

»Warum lachst du niemals, Berner?« fragte Etzel ihn eines Abends im Winter, da sie um den offenen Glutherd saßen, der die Halle erwärmte.

Dietrich schüttelte nur das Haupt und antwortete nicht. In der Nacht aber, als auch Herrat in der ehelichen Schlafkammer nach seinem Kummer fragte, sagte er: »Gäbe mir Etzel seine Hunnen, dazu Rüdiger von Bechlarn mit seinen Mannen, könnte ich mein Reich wiedergewinnen. Ich würde dich in Bern zur Königin krönen und könnte meines Lebens wieder froh werden. Aber ich mag ihn nicht um Hilfe bitten.«

Herrat berichtete diese Worte Frau Helche, und diese gab sie an ihren Gemahl weiter. Sie bat ihn so inständig, ein Heer für Dietrich zu rüsten, bis König Etzel eines Tages seine Reiterführer zu sich in den Palast rief und ihnen befahl, insgeheim Vorkehrungen für einen großen Feldzug zu treffen. Auch schickte er Boten mit gleichem Auftrag nach Bechlarn zu Herrn Rüdiger. Im Frühjahr, wenn das junge Gras die weiten Flächen des Hunnenlandes wieder bedeckte, sollte der Feldzug gewagt werden.

Und so geschah es. Ein riesiges, wohlgerüstetes Heer stand bereit, als die Sonne den letzten Schnee zerschmolzen und die ersten Blumen geweckt hatte. Rüdiger war mit seiner Streitschar zu den Hunnen gestoßen, und bald sammelten sich die Haufen zum geordneten Zug. Meister Hildebrand schritt durch das Lager, das Löwenbanner in der Faust, und musterte die Truppen.

Als König Etzels junge Söhne Scharf und Ort diese Vorbereitungen sahen und den ritterlichen Glanz des Bechlarners und seiner Mannen schauten, als sie das Rossewiehern und Hörnerblasen über dem weiten, ergrünenden Land rund um die Etzelburg hörten, litt es sie nicht länger. Sie stürmten zu Helche, ihrer Mutter, und flehten sie an: »Laß uns mit

Siegfried und Alberich in der Nebelwiese

In den Jahren 1922—1924 entstand unter der Regie von Fritz Lang der Film »Die Nibelungen« mit den beiden Teilen »Siegfrieds Tod« und »Kriemhilds Rache«. Dieser Film zählt zu den berühmtesten deutschen Werken der Stummfilmzeit. Das Drehbuch schrieb die Schriftstellerin und Gattin des Regisseurs, Thea von Harbou. Die Hauptrollen spielten: Paul Richter (Siegfried), Margarete Schön (Kriemhild), Theodor Loos (Gunther), Hans Adalbert Schlettow (Hagen), Hanna Ralph (Brunhild) und

Rudolf Klein-Rogge (Etzel). Der gewaltige Sagenstoff wurde nach dem Zweiten Weltkrieg in Deutschland unter der Regie von Dr. Harald Reinl nochmals verfilmt, aber auch in Italien und kurioserweise von einer balinesischen Filmgesellschaft, die die Handlung auf den Malaiischen Archipel verlegte.

Die Fotos aus den Decla-Ufa-Filmen »Die Nibelungen« wurden von der Koizarschen Kinematographischen Privatsammlung zur Verfügung gestellt.

Hagen schützt Gunther im brennenden Etzelp

nach Bern ziehen! Sind wir nicht schwertreif und waffengeübt? Haben wir nicht auch feste Helme und Brünnen? Sind wir nicht zu sattelfesten Reitern erzogen worden?«

Da seufzte Frau Helche: »Bleibt bei mir, ihr seid noch Knaben! Warum wollt ihr in den Krieg ziehen?«

»Wie alt sollen wir noch werden, ehe wir die Welt kennenlernen dürfen?« murrten sie trotzig. »Unser Vater soll uns Pferde geben und mit Dietrich reiten lassen! Oder müssen wir ewig hier wie Mädchen zu deinen Füßen sitzen und warten, indes alle anderen, die unsere Spielgefährten waren, schon Heldentaten erleben oder gar vollbringen dürfen?«

In diesem Augenblick betrat Dietrich mit seinem Bruder Diether, der zu einem strahlenden Jüngling herangewachsen war, und Etzel das Gemach, um sich von der Königin zu verabschieden. Sie waren reisefertig. Als Scharf und Ort den jungen Diether erblickten, der all die Jahre ihr liebster Spielgefährte gewesen war und nun so prächtig gewappnet vor ihnen stand, waren sie nicht mehr zu halten. Sie riefen der Mutter zu: »Diether ist kaum älter als wir — bitte den Vater, er möge uns erlauben, an Diethers Seite ins Amelungenreich zu reiten!«

Finster blickend entgegnete Etzel: »Ihr bleibt, denn ihr wißt nicht, worum ihr bittet — vielleicht um euren Tod.«

Als aber Dietrich, dem die beiden mutigen Knaben gefielen, für sie sprach und einen heiligen Eid schwor, über Ort und Scharf zu wachen wie über seine Augäpfel, gab der König nach, und Frau Helche ging in den Marstall hinab, wählte unter Tränen zwei der feurigsten Rappen aus, führte sie vor die Halle, hieß sie satteln und hielt ihren glückstrahlenden Kindern mit eigener Hand die Steigbügel.

Innig umarmten und küßten Scharf und Ort die geliebte Mutter und saßen auf. Dann ging es mit dem riesigen Heer hinter Hildebrands Banner fort, den fernen Gebirgen zu und über diese hinab in die sonnigen Gefilde des Amelungenreiches.

»Bringe sie mir heil und gesund wieder!« mahnte Etzel, der das Heer drei Tagereisen weit begleitete, ehe er Dietrich und Rüdiger von Bechlarn ein letztes Mal die Hand reichte und wieder heimritt.

»Kein Haar soll ihnen gekrümmt werden, bei meinem Leben und meiner Ehre«, gelobte Dietrich nochmals. Hierauf trennten sie sich.

Dietrich überschritt die Grenzen seines Reichs. Sogleich erhoben sich überall seine einstigen Lehensfürsten gegen den Kaiser, schüttelten das

Joch von Ermanerichs harter Herrschaft ab und stießen zum Heer ihres rechtmäßigen Königs. Mailand, Padua und Bern verjagten Ermanerichs Zwingherren und Söldlinge, noch ehe Dietrich diese Städte erreicht hatte — er brauchte sie nicht zu erobern, so mächtig wirkte die bloße Kunde von seinem Nahen.

Herzog Reinher von Mailand und der junge Recke Alphart, ein Bruder Wolfharts und Neffe Meister Hildebrands, kamen eilig heran und berichteten Dietrich, daß Ermanerichs Heer sich vor der Stadt Raben versammelt habe. Auch Heime, seines unsteten Räuberlebens überdrüssig, habe sich mit dem Kaiser ausgesöhnt und stünde beim Heer.

»Meine schöne Stadt Raben«, sagte Dietrich voll Wehmut, »wer herrscht heute über sie?«

»Wittich«, antwortete Herzog Reinher, »dein einstiger Gefolgsmann und Schwertbruder. Ermanerich hat ihm die Stadt und ihr Umland zum Lehen gegeben — nun regiert Wittich dort mit harter Hand.«

»Das ist Verrat!« schrie Dietrich. »Wohl durfte er Ermanerichs Gefolgsmann werden, das nahm ich ihm nicht übel. Aber daß er ein Stück meines Landes aus der Hand Ermanerichs zum Lehen nimmt, das soll ihm vergolten werden. Er ist kein Freund mehr, er ist ein Abtrünniger geworden! Auf nach Raben!«

Nun, da das Ziel genannt war und jeder Streiter im Heer wußte, daß man bald an den Feind geraten würde, stritten die besten Helden darum, als Späher ausreiten zu dürfen, um Ermanerichs Streitmacht, ihre Stärke und Absicht auszukundschaften.

»Laßt mich reiten!« bat Alphart Dietrich. Der Jüngling brannte darauf, dem Berner seinen Mut und sein Geschick zu beweisen. Doch sein Bruder Wolfhart rief: »Soll einer auf Kundschaft reiten, der Speer und Schwert bisher nur auf dem Turnierplatz geführt hat? Bin nicht ich mit Dietrich und Etzel schon in den Krieg gezogen?«

Beinahe hätten die beiden vor Eifer zu den Waffen gegriffen und einander geschlagen.

Als Dietrich sah, daß Alphart selbst für Mahnungen seines Oheims Hildebrand taub blieb, ließ er ihn, zu Wolfharts Kummer, reiten.

Hildebrand aber zürnte seinem Herrn. »Ich hole ihn zurück und fordere ihn zum Streit«, rief er, »mag sein, daß ihm dann die Lust an Abenteuern vergeht. Ich will ihn nicht verlieren! Hadubrand, mein eigener Sohn, könnte mir nicht teurer sein als er!« Und er legte eine fremde Rüstung an und sprengte dem übermütigen Neffen nach.

Alphart hielt von einem hohen Hügel Ausschau gegen Raben. Da ritt Hildebrand im Schutz eines Gehölzes um den Hügel herum und erschien plötzlich mit geschlossenem Visier und gesenktem Speer vor dem Neffen. Der senkte gleichfalls die Lanze und brauste, in der Meinung, einen von Ermanerichs Männern vor sich zu haben, auf Hildebrand zu.

Furchtbar war der Zusammenprall. Hildebrands Speer zerbarst. So ließen die Recken die Pferde und liefen zu Fuß mit blanken Schwertern aufeinander los. Mit einem wuchtigen Streich zwang Alphart Hildebrand in die Knie, und er hätte ihm sicherlich mit dem nächsten Hieb den Kopf vom Rumpf getrennt, hätte Hildebrand sich in seiner Not nicht eilends zu erkennen gegeben.

Alphart aber, der ihn in der fremden Rüstung nicht erkannte, glaubte ihm nicht.

»So löse mir doch den Helm ab, du hitziger Tölpel«, schalt Hildebrand, »damit du mich endlich erkennst!«

Alphart gehorchte. Lachend standen die beiden Recken einander gegenüber, der junge dem alten.

»Reite zurück nach Bern«, befahl Hildebrand, »hier zwischen den Heeren im offenen Land geht der Tod um, da bedarf es erfahrener Männer, nicht eines Jünglings, wie du einer bist!«

»Kehre du um, Oheim«, erwiderte Alphart voll Stolz und bestieg wieder sein Roß. »Ich reite und spähe weiter, denn bin ich nicht ebenso Dietrichs Mann wie du?«

Da sah Hildebrand ein, daß jede Mahnung fruchtlos war. Gesenkten Hauptes ritt er nach Bern zurück. Ihn bedrückte böse Ahnung und Traurigkeit.

Alphart ritt indessen den Hügel hinab ins ebene Land. Da kam ihm Herzog Wölfing entgegen, den Sibich mit Gold gekauft hatte. Mit einer starken Schar befand er sich ebenfalls auf Spähritt.

Nach einem kurzen, wilden Wortwechsel sprengten sie aufeinander los, und im nächsten Augenblick schon fiel der Herzog mit durchbohrter Brust blutüberströmt aus dem Sattel. Alphart erschlug im Schwertkampf zehn Ritter Wölfings, einen nach dem anderen, wie sie sich ihm stellten. Nach dem zehnten packte die übrigen solcher Zorn, daß sie sich alle gleichzeitig auf den jungen Helden, den keiner kannte, stürzen wollten. »Erschlagt ihn wie einen Hund!« riefen sie. Aber ein alter Ritter, der Alpharts Heldenmut bewunderte und auch im Zorn noch ritterliche

Sitte zu wahren wußte, befahl ihnen, einen Ring um Alphart zu bilden und weiterhin einzeln mit ihm zu fechten.

Bald lichtete sich der Ring, in dessen Mitte sich die Toten häuften. Unter ihnen lag auch der alte, edle Ritter. Da verließ die acht letzten Streiter jeder Mut. Sie sprangen auf die Pferde und jagten in rasendem Galopp davon.

Alphart nahm den Helm ab, trocknete sich die Stirn und wischte das Blut von seiner Rüstung. Dann hob er Herzog Wölfings Banner auf, das einer der Erschlagenen noch fest umklammert hielt, und betrachtete wohlgefällig das reich mit Gold bestickte grüne Tuch.

Als er wieder aufblickte, sah er zwei Ritter auf prächtigen Rossen geradewegs auf sich zukommen — es waren Wittich und Heime, unzertrennlich wie immer.

»Bist du der Held, der Herzog Wölfing und seine Mannen erschlug?« fragte Wittich.

»Bist du Wittich, der Verräter, der sich nicht schämt, eine Stadt Dietrichs von Ermanerich zu Lehen zu nehmen?« entgegnete Alphart.

»Ich bin dir nicht Rechenschaft schuldig über das, was ich tue oder lasse, hergelaufener Knabe!« schrie Wittich, sprang vom Roß und zog Mimung. »Ich bin gekommen, um mit dir zu kämpfen!«

Alphart stülpte den Helm über, riß gleichfalls sein Schwert aus der Scheide und drang mit wuchtigen Streichen auf Wittich ein. So gewaltig waren seine Schläge, daß der Wielandsproß, eines solchen Gegners ungewohnt, betäubt zu Boden brach.

Da drang Heime dazwischen und rief: »Schone sein Leben! Reite zurück nach Bern, und laß uns beide bis zum Tod darüber schweigen, was hier geschah!«

Aber Alphart entgegnete lachend: »Ich habe ritterlich gekämpft und nehme Wittich als Gefangenen mit zu Dietrich. Mag mein Herr über ihn richten!«

Das hörte Wittich, der wieder zu sich gekommen war. »Was verhandelst du mit unserem Feind?« rief er Heime an. »Steh mir lieber mit Taten bei.«

Da drang Heime auf Alphart ein. Wittich raffte sich auf, griff Alphart im Rücken an und schlug ihm eine tiefe Schenkelwunde.

»Ihr Feiglinge!« schrie Alphart. »Was seid ihr für Ritter, daß ihr zwei gegen einen rast, von vorne und hinten zugleich — mein Tod sei ewig eure Schande, ihr Memmen!«

Da stach ihm Wittich Mimung bis ans Heft ins Herz.

»Fort!« rief Heime, den Grauen packte. Sie stiegen auf und ritten gegen Raben, die Finsternis des schlechten Gewissens in der Brust.

Einen vollen Tag lang lag der Erschlagene im Gras. Sein Pferd stand betrübt und einsam bei ihm. Hildebrand aber fand ihn. Er hatte voll Sorge überall nach ihm gesucht. Nun wendete er den Leichnam unter Tränen. Als er die Wunden im Rücken sah, wußte er, daß hier nicht ehrlich gekämpft worden war. Hier war ein Mord geschehen! Er wußte aber auch, wer die Mörder waren, denn er kannte die Wunden, die Mimung und Nagelring schlugen. Er nahm den Toten wie ein schlafendes Kind in seine Arme, bestieg mit ihm sein Pferd und brachte ihn zu Dietrich.

Der Berner erschrak. »Ist Wittich schon so tief gesunken, daß er meuchelt?« fragte er. Und mit einemmal befiehl ihn jähe Sorge um die jungen Söhne Etzels und um das Leben seines geliebten jungen Bruders Diether. Er befahl einen treuen Ritter namens Elsan zu sich und setzte ihn zum Hüter der drei Knaben ein. Er befahl ihm, mit ihnen in Bern zu bleiben, sie nicht aus den Augen und nie aus der Stadt zu lassen, bis bei Raben die Entscheidung gefallen sei.

Elsan schwur mit erhobener Rechten, die drei Jungherren zu hüten wie sein Leben. Darauf zog das Heer gegen Raben, und die Tore der Stadt Bern wurden geschlossen. Die Augen voll bitterer Tränen, sahen Ort, Scharf und Diether von der Zinne aus den davonreitenden Streiterscharen nach, bis eine breite Staubwolke sie ihren Blicken entzog.

Bei Raben trafen die Heere aufeinander. Ermanerich und Sibich hatten ihr Zelt inmitten des Lagers aufgeschlagen: an seiner Stirnseite prunkte das kaiserliche Wappen aus schwarzer, gelber und grüner Seide. Es war mit goldenen Schellen behangen, die der frische Wind erklingen ließ.

Ihm gegenüber auf hohem Hügel flatterte das Löwenbanner vor Dietrichs Zelt. Hildebrand führte des Berners eigene Scharen ins Treffen, Markgraf Rüdiger von Bechlarn Etzels wilde, lärmende Hunnen. Der wackere Helferich war noch im Schutz der Nacht mit einer schwerbewaffneten Schar ausgesuchter Ritter aufgebrochen — er sollte Ermanerichs Streitmacht umgehen und von hinten überfallen. Was im Einzelkampf höchster Frevel war, galt in offener Feldschlacht als erlaubte List.

Der Zusammenprall der Heere im Morgengrauen glich einem Erdbeben: der Boden um die Stadt erzitterte. Hörnerklang und Kommandorufe, Wutgeschrei und das Stöhnen der ersten Verwundeten, Schwertersausen und Rossewiehern, vermengt mit dem dumpfen Getöse stampfender Hufe und dem Krachen splitternder Lanzen und Schilde, erfüllte die Luft. Dichte Wolken von Staub verdunkelten die Sonne. Rot wie eine Glutkugel hing sie am Himmel, Raben und Geier flatterten aufgeregt über den Kämpfenden.

Nach der ersten Atempause fiel Wittich mit seinen Streitern wie der Sturmwind Dietrichs Heer in die Flanke. Doch nicht lange freute er sich der Verwirrung, die er anrichtete. Sibichs Boten holten ihn, der mit Mimung unter den Hunnen wütete, bald zurück: »Helferichs Scharen greifen uns im Rücken an!« meldeten sie entsetzt.

Da wendete Wittich den schnaubenden Schimming, gab ihm die Sporen und sprengte mit seinen Streitern an Ermanerichs Zelt vorbei, Helferich entgegen.

So tobte die Schlacht auf schier unübersehbarem Feld bis zum Abend. Der Sieg war Dietrich gewiß — Ermanerichs Scharen begannen, wenn auch zäh ringend, Schritt für Schritt zu weichen.

Als man Ermanerichs Zelt in aller Eile abbrechen und den Kaiser mit großer Mühe in Sicherheit bringen mußte, trieb Rüdigers Sohn Nudung seine hunnischen Reiter wie einen Keil in die weichenden Haufen der Feinde und drang bis zu Heime vor. Der aber löschte mit Nagelring jäh das Feuer in der Seele des jungen Helden: mit dem ersten Hieb schlug er ihm die Bannerstange entzwei, mit einem zweiten trennte er ihm das Haupt vom Rumpf.

Da schrie Markgraf Rüdiger voll Entsetzen auf und hetzte die Hunnen zu wilderem Angriff. Heime geriet in solche Not, daß er auf Rispa dem fliehenden Kaiser nachsetzen und insgeheim dem Himmel danken mußte, der mit den ersten Nachtschatten auch dichten Nebel einfallen ließ. In weißen Schwaden zog er vom Meer her über die Ebene, hüllte Stadt und Feld ein, alle Streiter zur Ruhe zwingend.

»Solche Tarnkappe lobe ich mir«, scherzte Heime grimmig und zeigte auf den immer dichter aufziehenden Nebel. »Wenn ich raten darf«, sagte er zu Ermanerich, »so reiten wir im Schutz des Nebels nach Romaburg zurück. Die Schlacht ist verloren!«

Ermanerich erwiderte nichts. »Wo ist Sibich?« fragte er nur. Aber niemand konnte es ihm sagen.

Sibich hatte nämlich, als er Ermanerichs Reihen wanken sah, heimlich eine fremde Rüstung angelegt, um später ungefährdet fliehen und das eigene Leben retten zu können.

»Und Wittich — wo bleibt er?« forschte der Kaiser müde. Aber auch auf diese Frage erhielt er keine Antwort.

Denn Wittich hatte Helferichs kühne Krieger nach erbittertem Gefecht immer weiter in die Ebene abzudrängen vermocht, bis auch hier der Nebel Freund und Feind schied. »Bleibe du hier«, hatte Wittich seinem Neffen Reinhold befohlen, »während ich sehen will, ob ich nicht Ermanerich finde.« Damit war er weggeritten.

Nun suchte er auf Schimming nach dem Kaiser, fand ihn jedoch nicht. Wohl aber stieß er auf drei gewappnete Jünglinge, die plötzlich, keinen Steinwurf weit, vor ihm auftauchten.

»Wer seid ihr?« fragte Wittich. »Gefolgsleute des Berners? Sprecht!«

Er faßte Mimung fester, hob den Schild, blickte über seinen Rand hinweg den drei blutjungen Rittern in die Augen. Es waren Diether, Ort und Scharf, die Elsans Wachen listig entsprungen waren und nun im Nebel das Schlachtfeld suchten.

»Du kennst uns nicht«, sagte Diether, Hohn und Zorn in der Stimme, »dich aber nennt uns dein Schild. Du bist Wittich, der meinen Bruder verriet!«

»So bist du des Berners Bruder?«

»Wie gut du doch weißt, wen du verraten hast!« frohlockte Diether.

Wittich lächelte: »Ereifere dich nicht, du bist noch ein Kind, auch wenn du den goldenen Löwen im Wappen trägst und so sicher zu Pferde sitzt wie auf Mutters Schoß. Reite heim nach Bern oder ins Hunnenland, hier ist noch kein Platz für dich.«

Da brausten beide Etzelsöhne zugleich auf: »Er höhnt dich wie uns! Höre, Wittich, du weißt nicht, wer Diethers Begleiter sind: Scharf und Ort heißen wir, König Etzel ist unser Vater!«

Wittich meinte fast wehmütig: »Euch hätte Sibich gerne mit eigener Hand erschlagen. Er hoffte immer, euch zu begegnen. Nun treffe ich euch, aber ich lasse euch laufen.«

»Du behandelst uns wie dumme Buben, Wittich«, rief Scharf erbost. »Sieh dich vor, daß nicht Knaben dich laufen lehren!« Damit zog er sein Schwert und ritt dicht an Wittich heran. Seine Gefährten folgten.

Wittich wollte die Jünglinge schonen. Mit Mimung hielt er sie sich vom Leibe, erwiderte ihre grimmigen Schläge, die seinen Schild trafen, aber kaum. Erst als ihm Scharf eine Seitenwunde schlug, übermannte ihn Zorn, und er spaltete dem Etzelkind Helm und Haupt, daß es vornüber aus dem Sattel fiel.

»Ich will euch nicht töten!« rief Wittich entsetzt. »Spart eure Jugend für bessere Taten! Laßt es bei einem Opfer bewenden! Nehmt Vernunft an und reitet davon, Frau Helche und Dietrich werden es euch danken!«

Aber seine Worte verhallten fruchtlos. Ort wollte den Bruder rächen und drang, Seite an Seite mit Diether, auf Wittich ein. Der wich eine Weile zurück, mehr den Schild als das Schwert gebrauchend. »Laßt ab!« rief er. »Niemand wird euch geringere Helden nennen, wenn ihr euch von Wittich trennt!«

Doch sie hörten nicht und schlugen so hart wider Wittichs Helm, daß ihm Blut über die Augen tropfte.

»Nun muß es wohl sein«, sagte der Recke, holte mit Mimung weit aus und schlug auch Ort Helm und Haupt entzwei. Dann warf er sein Schild von sich, sprang vom Pferd, faßte Mimung mit beiden Händen und stürzte sich auf Diether, der gleichfalls vom Pferd gesprungen war. Mit einem einzigen Streich schlug er ihm die Klinge von der rechten Schulter her durch den Harnisch ins Herz, noch ehe Diethers Schwert ihn treffen konnte.

»O mein Bruder!« schluchzte Diether. »O Dietrich!« Dann stürzte er in die Knie, sein Auge brach.

Dieser Anblick raubte Wittich alle Kraft. Er war unfähig, sein Pferd zu besteigen. Schleppenden Schritts führte er es ein wenig abseits. Zum erstenmal in seinem Leben überwältigte ihn der Schmerz über den Tod eines anderen Menschen. Er ließ sich völlig erschöpft ins Gras gleiten und stützte das Haupt über verschränkten Armen auf seine Knie. Ein furchtbares Stöhnen entrang sich seiner Brust. »Warum bin ich damals im Zweikampf mit Dietrich nicht gefallen«, jammerte er, »wieviel Leid wäre mir und anderen dadurch erspart geblieben!«

Am anderen Morgen entbrannte die Schlacht von neuem. Ermanerich hatte sich, von Heimes Mannen gedeckt, während der Nacht in die Stadt Raben geflüchtet. Nun berannten Dietrichs Ritter und Rüdigers Hunnen die Tore und Mauern, um den Kaiser und vor allem Sibich in ihre Gewalt zu bekommen. Sibich trieb sich in fremder Rüstung noch immer im Kampfgetümmel umher.

Auch der getreue Eckehart befand sich mitten im Kampfgewühl. Er hatte nur den einen, sehnlichen Wunsch, endlich auf Sibich zu treffen und den Tod der Harlungen, seiner geliebten Schützlinge, an ihm zu rächen. So ließ er seine grauen Augen unermüdlich in die Runde gehen, und als er nach langem Suchen Sibich entdeckte — ihn konnte die falsche Rüstung nicht täuschen —, entfuhr seiner Kehle ein grausiger Jubelschrei.

Sibich konnte nicht entfliehen. Eckehart schlug ihm die Waffe aus der Hand, riß ihn vom Pferd und sprengte, den völlig gerüsteten Mann mit riesiger Kraft hoch über sich haltend, aus dem Getümmel. Er fegte mit ihm weit in die Ebene hinaus, wo er eine hohe, breitästige Buche ragen sah. Dort fesselte er den Verräter, der den Tod so vieler Amelungen verschuldet hatte, warf ihm eine starke Schlinge um den Hals und erhängte ihn an dem Baum.

»Du hängst gerade so hoch, wie Frittel und Emerich hingen, die armen, unschuldigen Brüder!« rief Eckehart dem Leichnam zu. Dann kehrte er wieder zurück auf das Schlachtfeld.

Dort hatten Dietrich und Rüdiger gerade das erste Stadttor freigekämpft, im nächsten Augenblick sollten ihre Leute in die Stadt eindringen. Mit gewaltigen Schwertstreichen bahnte Dietrich selber ihnen den Weg. Da plötzlich sprengte Elsan vorbei; vom Rücken seines Pferdes floß der Schweiß, Schaum flog in Fetzen vom Maul des braven Tieres.

Dietrich eilte ihm einen Schritt entgegen. »Was gibt es?« rief er voll Angst. »Hat man dich und die Knaben in Bern überfallen?«

»Wäre es nur dies!« erwiderte Elsan, aschfahl im Gesicht. »Nein — sie haben mich aus übergroßer Kampfbegier überlistet und die Burg verlassen. Ich suchte die ganze Nacht und fand sie nun auch. Draußen in der Ebene vor Raben liegen sie alle drei in ihrem Blut. Kein anderer als Wittich hat sie erschlagen. Doch mich trifft an ihrem Tod die erste Schuld. Hätte ich sie in den Kerker geworfen, lebten sie jetzt noch! Nun sei Eckesachs mein Richter!«

Er legte Helm und Schild ab und bot Dietrich Haupt und Nacken.

Dietrich aber hob sein Schwert nicht. Er schloß die Augen. Als er den Blick wieder hob, sagte er mit heiserer Stimme zu Elsan: »Ich bestrafe dich mit dem Leben. Geh, wohin es dich treibt. Ich möchte die Last nicht tragen, die dein Herz bis ans Ende deiner Tage beschweren wird. Geh!«

Stumm vor Schmerz bestieg Dietrich sein Pferd und suchte den Ort auf, an dem Diether und die Etzelsöhne lagen. Dort glitt er aus dem

Sattel nieder zur Erde und küßte die Wunden der Erschlagenen. »Von nun an wird mein Name für alle Zeit mit Abscheu genannt werden«, rief er. »Wie soll ich je wieder vor Etzel und Helche hintreten, die mir nur Gutes taten und mir ihr Liebstes anvertrauten? Warum sendet der Himmel keinen Blitzstrahl, der mich zu Staub zerschmettert?«

Erst nach langer Zeit erhob er sich wieder. »Jetzt hat Wittichs Stunde geschlagen«, sagte er düster, schwang sich auf Falke und hieb dem Tier die Sporen so heftig in die Weichen, daß es ihn wie im Flug zurück in das Schlachtgetümmel trug.

»Wittich!« rief er schon von weitem. »Wittich, stelle dich mir!« Und Feueratem fuhr ihm aus dem Mund.

Wittich, der den König wohl kommen sah und wußte, welch grausiger Kampf ihm nun bevorstand, wendete blitzschnell seinen Schimming und trieb ihn mit flachen Schwerthieben aus dem Gewirr der Kämpfenden. Er wollte fliehen.

Dietrich aber hatte ihn bereits bemerkt und setzte ihm nach. So jagten sie hintereinander über die Ebene dahin.

»Halt ein, Wittich!« schrie Dietrich, »oder willst du als Feigling sterben?« Aber Wittich wußte, daß er um sein Leben ritt.

Da kam das Meer in Sicht. Wittich sah keinen Ausweg mehr. Sich dem Berner zu stellen war sinnlos – sein Feueratem hätte ihm Brünne und Schwert zerschmolzen. Also trieb er Schimming mit aller Kraft gegen die Küste und flog mit dem treuen Tier vom Steilrand in hohem Bogen hinunter in die brausende Flut.

Dicht hinter Schimmings Huf sauste Dietrichs Speer armtief in den Boden – zu spät hatte er ihn geworfen. So ritt der König seinem Feind bis auf den Sattelknauf ins Wasser nach. Da sah er, wie eine schuppige Meerminne, Wittichs Ahnfrau, den bereits Ertrunkenen im Arm hielt und traurig singend mit ihm in den brausenden Wogen verschwand.

Damit endete die Rabenschlacht. Denn obwohl Dietrich auf die Walstatt zurückkehrte, wo ihn seine Helden schon ungeduldig erwarteten, und obgleich er noch vor Abend als Sieger über Ermanerich in Raben hätte einziehen und sich selber die Kaiserkrone aufs Haupt setzen können, befahl er den sofortigen Rückzug nach Bern.

Seinen Recken, die sich, so knapp vor dem Sieg, seinem Befehl widersetzen wollten, gebot er Schweigen und sagte: »Wie dürfte ich König Etzels Heer noch länger in eigener Sache mißbrauchen, da ich nicht einmal seine lieben Söhne vor einem Mörder beschützen konnte?«

Dann befahl er Rüdiger und Helferich, das Heer über das Gebirge zuzurückzuführen, er selber wollte das Reich des Freundes nie wieder betreten. Rüdiger aber gelang es mit vieler Mühe doch, ihn zu überreden, daß er mit ihnen zog. »König Etzel wird Euch verzeihen, dafür bürge ich mit meinem Haupt«, sagte er.

Als nach langer, beschwerlicher Heimfahrt die Burg des Hunnenkönigs in Sicht kam, verließ Dietrich aller Mut. Er verbarg sich mit Hildebrand in einer Hütte und sandte Rüdiger und Helferich allein voraus zu Etzel und Helche. Sie führten die beiden Rappen der Söhne mit sich — aber die Tiere rissen sich los und trabten mit fliegenden Mähnen der Burg entgegen, sprangen über die Stufen und mitten hinein in die Halle.

Als Frau Helche die herrenlosen Pferde und die blutigen Sättel sah und gleich darauf Rüdiger und Helferich, die mit kummervollen Mienen eintraten, wußte sie alles. Mit einem Fluch gegen Dietrich von Bern sank sie ohnmächtig zusammen. Doch als sie wieder zu sich kam und erfuhr, daß Dietrichs Bruder gemeinsam mit Ort und Scharf erschlagen worden war und daß auch Rüdiger seinen Sohn Nudung verloren hatte, ging sie, auf die Arme der beiden Helden gestützt, zu König Etzel und bat ihn schluchzend um Verzeihung für Dietrich.

»Unser Gram ist der seine«, sagte sie, »also nimm ihn in Frieden auf, sonst trifft dich eines Tages schwere Schuld, wenn der edelste König der Erde heimatlos über die Welt wandert und in der Fremde zugrunde geht. Er hat deinem Thron und deiner Krone immer Ehre gemacht. Nun teile auch sein Leid mit ihm, wie er das unsere mit uns teilt. Mich reut, daß ich ihm fluchte.«

Da ließ König Etzel Dietrich und Meister Hildebrand aus der Hütte holen und vor seinen Thron bringen. Sie folgten beide ohne Sträuben, und als sie vor Etzel standen, neigte Dietrich sein Haupt und sprach: »Mein Leben ist dein. Räche an mir, was ich dir und deiner Gemahlin zugefügt habe!«

Etzel aber zog den Freund zu sich empor, umarmte ihn und fragte nur: »Starben sie als Helden?«

»Wo immer man deinen und meinen Namen nennen wird, wird man auch ihrer gedenken«, antwortete Dietrich.

Da sprach Etzel: »Bleibe bei mir mit allen deinen Recken, und nichts soll je unsere Freundschaft trüben. Zum zweitenmal verlorst du dein Reich, und zum zweitenmal teile ich das meine mit dir.«

So blieb Dietrich wieder an König Etzels Hof, geliebt und umsorgt von seiner schönen Gattin Herrat. Und überfiel ihn manchmal allzu große Traurigkeit über den Verlust von Bern und Raben, vertrösteten ihn seine alten Kampfgefährten; sie entfachten immer wieder seine Hoffnung. So wartete Dietrich, bis die Stunde der Nibelungen gekommen war.

NIBELUNGEN

Not und Rache
einer stolzen
Königin

Im Jahre 437 wurde die Sippe der Burgunder in einer mörderischen Schlacht von den Hunnen, den wilden Kriegern der asiatischen Steppe, ausgerottet. Das Leben eines ganzen Volkes verlöschte. 800 Jahre später war diese Tragödie noch nicht vergessen – im Nibelungenlied, dem gewaltigsten Epos deutscher Sprache, wurde den Burgundern ein Denkmal gesetzt.

KRIEMHILD UND SIEGFRIED

Drei Könige regierten zu Worms am Rhein: Gunther, Gernot und Giselher. Gunther hatte von seinem Vater die Krone Burgunds geerbt — mit seinen beiden jüngeren Brüdern teilte er einträchtig die Herrschaft über das Reich. Kriemhild hieß ihre Schwester, und sie war so schön, daß die Sänger ihren Ruf in alle Lande trugen. Kriemhilds Augen strahlten heller als der Morgen, wie lichtes Elfenbein schimmerte ihre Haut, und wie aus schwerem Gold waren die blonden Zöpfe, die über ihre Schultern fielen.

Die Mutter der Könige und der Jungfrau hieß Ute. Sie wachte voll Würde und edlem Sinn über des Hofes Zucht und Sitte.

Manch berühmter, tapferer Held diente den Königen am Rhein. Da war vor allen Hagen von Tronje, der Einäugige mit dem finsteren Bart und Haar. Unermeßlich groß war seine Kraft, unwandelbar seine Treue; was er sprach oder gar gelobte, das stand wie ein Fels im Boden. Außer Hagen lebte am Hof noch der schnelle Dankwart, Hagens leiblicher Bruder und König Gunthers Marschall, ferner die Markgrafen Gere und Eckeward, Ortwin von Metz, des Königs Truchseß und Tafelmeister, Sindolt, der Mundschenk, Hunolt, der Kämmerer, und Rumolt, der Küchenmeister.

Vier starke Türme beschützten die Burg; ein Graben, dreimal so tief wie breit, umgab sie, auf seinem Grund schimmerte Wasser. Zum breiten doppelten Tor führte eine schwere Zugbrücke hinüber. Prächtige Gemächer, Säle, Kammern und Stuben beherbergten Gunther und die Seinen, in Küche und Keller, Wirtschaftsgebäuden und Ställen werkte ein zahlreiches Gesinde.

In einer stürmischen Neumondnacht träumte Kriemhild, sie habe einen wilden Falken gezähmt und mit vieler Mühe großgezogen. Plötzlich stürzten sich zwei Adler auf den edlen Vogel und zerrissen ihn vor ihren

Augen. Mit einem Schrei des Entsetzens fuhr Kriemhild aus dem Schlaf. Draußen brauste der Wind um Turm und Zinne, schwarze Wolken jagten dahin. Voll Angst warf Kriemhild ein Kleid über und schlich aus ihrer Kammer in Frau Utes Gemach. Sie weckte die Mutter und erzählte ihr den Traum.

Frau Ute deutete ihn: »Der edle Falke ist dein künftiger Mann«, sagte sie, »die beiden Adler seine Feinde. Möge das Schicksal dich davor hüten, daß du deinen Gemahl allzu früh verlierst!«

»Bewahre mich der Himmel vor solchem Herzeleid!« entgegnete das Mädchen, das Haupt an Frau Utes Brust bergend. »Mir bereitete schon der Traum Schmerz genug. Bis zu meinem Tod will ich unvermählt bleiben, damit mir nicht durch eines Helden Liebe solches Weh geschehe!«

Frau Ute lächelte. »Kind«, sprach sie, »verrede es nicht zu sehr. Du bist ein Weib und wirst doch nur durch die Liebe eines Mannes glücklich werden. Gott hat dich schön geschaffen, möge er dir auch den rechten Ritter an die Seite geben.«

Kriemhild aber schüttelte den Kopf und meinte: »Schon manche Frau hat erleben müssen, daß Liebe Leid brachte — ich will beides meiden.«

Sie kehrte in ihre Kammer zurück, fest entschlossen, ihr Leben lang keinem Mann anzugehören. Sie hielt ihr Herz fortan in Hut, und keiner der Helden, die am Hof zu Worms aus und ein gingen, konnte sich ihrer Liebe rühmen.

Zur selben Zeit wuchs zu Xanten am Niederrhein ein starker, ungestümer Knabe zum Jüngling heran: Siegfried, König Siegmunds Sohn. Als er den Händen seiner Mutter Sieglinde entwachsen und tüchtigen Waffenmeistern übergeben worden war, zeigte es sich, daß niemand ihn zu bändigen vermochte. Er war eigenwillig, trotzig und stark. Er übertraf alle Männer an Kraft.

Eines Tages entlief er heimlich aus der väterlichen Burg. Er schlug sich in die Wälder, denn er wollte Abenteuer erleben. Immer tiefer wanderte er ins Dickicht hinein, und plötzlich sah er ein breites unwirtliches Gebirge vor sich aufragen, dessen Fuß von dichten, wallenden Nebeln umgeben war.

Neugierig drang Siegfried in den Nebel ein. Nach einiger Zeit vernahm er Geschrei und Gezänk. Er wandte sich in die Richtung, aus der das Geschrei kam — da lichtete sich der Nebel ein wenig, und der erstaunte Jüngling sah zwei prächtig gekleidete Zwerge, die vor einer Felswand wütend zankten. In der Felswand war ein schmaler, finsterer Eingang.

Als die Zwerge Siegfried bemerkten, ließen sie voneinander ab und betrachteten verwundert den hochgewachsenen Jüngling.

»Er sieht unschuldig aus wie ein Kind«, sagten sie leise zueinander, »ihn wollen wir zum Richter in unserem Streit machen.«

»Wer seid ihr?« fragte Siegfried lachend. »Und warum liegt ihr euch in den Haaren?«

»Höre, junger Mann — du bist ins Nibelungenreich geraten. Unser Vater, König Nibelung, der über seine unterirdischen Schätze herrschte, ist gestorben, und wir beide, seine Söhne, sollen jetzt als Könige regieren. Aber wir können uns bei der Teilung des Schatzes nicht einigen. Hilf uns, damit das Gold gerecht geteilt wird und wir endlich Ruhe finden. Wir bieten dir als Lohn das Schwert Balmung, die köstlichste Waffe, die zu unserem Hort gehört.«

Siegfried ging auf den Handel ein, und die beiden Zwergenkönige ließen von ihren schwarzhaarigen Knechten den Schatz auf Schilden aus dem Berg tragen. Es war eine ungeheure Menge Armreifen und Kronen, Trinkbecher, Helme, Ketten und Spangen, die sich vor dem Eingang der Felswand türmten.

Die Könige reichten Siegfried das Schwert Balmung, und der Jüngling begann, den Hort redlich in zwei gleich große Teile zu ordnen.

Aber die Goldgier ließ die Zwerge nicht zur Ruhe kommen. Sie fingen schon nach kurzer Zeit wiederum zu streiten an, beschimpften und bespien Siegfried und nannten ihn einen Betrüger.

Da hob dieser zornig das Schwert und erschlug beide. »Ihr seid nicht wert, über solche Schätze zu herrschen«, rief er voll Ekel. Dann bückte er sich und kroch durch den niedrigen Eingang in den hohlen Berg hinein. Er wollte sich darin umsehen.

Kaum hatte er die von fahlem Dämmerlicht erhellte Halle betreten, als aus einem Felsspalt Alberich auf ihn zuraste. Dieser zauberkundige Zwerg war ein Freund König Nibelungs und seiner Söhne gewesen und von diesen zum Hüter über den Hort in der Tiefe des Berges bestellt. Er schwang seine Geißel mit sieben Riemen, an deren Enden sich harte, stachelige Knoten befanden. Damit brachte er den Helden in Bedrängnis. Denn Siegfried konnte Alberich nicht sehen, da dieser eine Tarnkappe trug.

Der Jüngling schlug mit dem Schwert nach dem Zwerg — aber Balmung traf immer ins Leere. Er raffte einen Schild auf und deckte sich hinter ihm — aber Alberichs Geißel hieb den Schild in Stücke.

Da warf Siegfried wütend den zertrümmerten Schild und das Schwert Balmung von sich und griff so lange um sich in die Luft, bis er den unsichtbaren Zwerg am Bart fassen konnte. Laut heulte Alberich vor Schmerz. Aber Siegfried riß ihm die Tarnkappe vom Kopf und fesselte ihn mit seinem Gurt an Händen und Füßen.

Nun wimmerte Alberich kläglich um sein Leben. »Ich sehe wohl, du bist stärker als alle anderen Sterblichen«, rief er, »und du verdienst, Herr dieses Reiches zu sein! Setze mich wieder zum Hüter des Hortes ein, so will ich dir dienen, wie ich König Nibelung und seinen Söhnen diente.«

Da band Siegfried den Zwerg los. Kniend mußte er den Treueid schwören. Hierauf befahl der Jüngling ihm, alles Gold, das vor der Felsenpforte lag, mit den Nibelungenzwergen zum Rhein hinab nach Xanten zu schaffen.

Er selbst schwang sich auf sein Pferd, das er sich von Alberich geben ließ, und ritt aus dem Nibelungenreich hinaus. Das Schwert Balmung und die Tarnkappe trug er beide an seinem Gürtel. Fortan gehörte alles Gold, das die Nibelungenzwerge im Inneren des Gebirges ergruben und zu Geschmeide verarbeiteten, ihm allein. Er war Nibelungenkönig geworden.

Als er das Nebelland hinter sich hatte und hinaus in die freie Sonne ritt, deren Strahlen flimmernd durch die Wipfel des Waldes fielen, wünschte sich Siegfried sehnlich, Balmung in einem tüchtigen Kampf zu erproben. Bisher hatte er damit nur zwei habgierige Zwerge erschlagen — das hätte er aber auch mit der bloßen Hand vermocht.

Der Kampf, den Siegfried sich wünschte, ließ nicht lange auf sich warten. Denn Alberichs Pferd trug ihn an einer Höhle vorüber, in der ein riesiger Lindwurm hauste, der weitum grausig wütete. Das Trappeln der Pferdehufe weckte das Untier aus seinem Schlaf. Es wälzte den schuppigen Leib vor die Höhle, hob das gräßliche Haupt und stieß aus seinen Nüstern eine Feuergarbe gegen den Reiter.

Siegfried, der noch nie einem Drachen begegnet war, wich zunächst ein paar Schritte zurück und betrachtete den Gegner. »Du kommst mir gerade recht«, rief er lachend.

Der Drache indes hatte noch nie einen Menschen lachen hören. Er fuhr mit grausigem Gebrüll auf Siegfried los. Mit weitaufgerissenem Rachen, aus dem glutrote Flammen schlugen, kroch er heran, so schnell er konnte. Dann hob er den Vorderleib und spreizte die Krallen seiner Tatzen.

Da faßte Siegfried Mut, umklammerte den Griff des Schwertes und sprang den Lindwurm an. Der schnappte nach ihm, aber der Jüngling ließ sich nicht fassen. Der Drache schlug nach ihm mit dem schuppigen Schwanz, hieb mit den Tatzen um sich, aber Siegfried wich geschickt aus und brachte ihm eine Wunde nach der anderen bei. Darüber geriet der Lindwurm in solche Wut, daß er sich hoch aufbäumte, um sich auf den kühnen Angreifer zu werfen und ihn unter der Last seines Körpers zu zermalmen. Aber Siegfried war flinker als das Untier, lief an seine Weiche heran und stieß ihm die Klinge mitten ins Herz. Dann sprang er blitzschnell zurück.

Unter schaurigem Röcheln brach der Lindwurm zusammen. Die Erde dröhnte vom Fall seines Leibes, dunkelrotes Blut sprang in Bächen aus seiner Wunde und färbte das Gestrüpp und die Steine.

Siegfried reinigte den Balmung vom Blut des Drachen mit einem Büschel Gras. Dabei benetzte er mit dem Blut seine Finger und merkte, daß deren Haut augenblicklich hart wie Horn geworden war.

Flugs entkleidete er sich und badete vom Kopf bis zum Fuß im Drachenblut, das vor der Höhle einen Tümpel gebildet hatte. Davon wurde er am ganzen Leib unverwundbar.

»Einen so trefflichen Panzer hat noch kein Ritter der Welt getragen!« jauchzte er und schöpfte mit der hohlen Hand das Blut überallhin, damit keine Stelle trocken bliebe.

Aber zwischen den Schultern blieb doch eine kleine Stelle ausgespart: ein herabgewehtes Lindenblatt fiel dorthin, und unter diesem blieb Siegfrieds Haut weich und zart wie die aller anderen Menschen.

Froh über seine Verwandlung kleidete sich Siegfried nach dem Bad wieder an, hob sein Schwert auf, fing das Pferd, das vor Angst davongelaufen war, wieder ein und fand nach kurzem Suchen aus dem Wald hinaus.

Als Siegfried nach Xanten zurückkam, keuchten gerade die ersten Nibelungen mit einem Teil des Hortes herbei. Siegmund, der seinen unverwundbaren Sohn in der Burg wie einen König empfing, und Sieglinde, seine Mutter, staunten nicht wenig über das viele Gold, das da von Zwergen in langem Zug herangeschleppt wurde. Von nah und fern kamen die Edlen aus König Siegmunds Reich herbei, um Siegfried zu sehen. Sie wiesen auf ihn und sprachen: »Heil Siegfried, dem Drachentöter! Heil dem herrlichsten Ritter! Gesegnet das Reich, über das er herrschen wird!«

König Siegmund bereitete allen, die nach Xanten kamen, ein Freudenfest, das viele Tage währte. Und während die Hörner schmetterten und die Fiedeln jubilierten und der Koch in der Küche alle Hände voll zu tun hatte, um die vielen Schmausenden mit Leckerbissen zu versorgen, trugen die Nibelungen in ununterbrochenem Zug das Gold ihres Nebellandes herbei und brachten es in die Schatzkammern der Burg.

In der Halle, wo Siegfried zwischen Vater und Mutter bei Tisch saß, traten viele Sänger auf. Sie priesen Siegfrieds Taten im Lied; sie sangen aber auch, was sich sonst in der weiten Welt ereignete, und fast jeder von ihnen wußte Wundermären von der Schönheit Kriemhilds zu berichten, der holden Jungfrau zu Worms.

Als das Fest drei Tage gedauert hatte und immer wieder Kriemhilds Name und die Kunde von ihrer Schönheit laut wurde, sprang Siegfried plötzlich von seinem Sitz auf und rief: »Gebt mir Urlaub, lieber Vater und du, liebe Mutter, ich will nach Worms reiten und um König Gunthers herrliche Schwester werben. Sie soll den Thron mit mir teilen!«

König Siegmund schüttelte ernst das Haupt. »Mein lieber Sohn«, sagte er, »dein Wunsch ist allzu kühn. Wenn Gunther und seine Brüder dir die Jungfrau nicht freiwillig geben, du aber trotzig auf ihrer Liebe bestehst, so mag es geschehen, daß ein heißer Kampf entbrennt. Dem Burgunderkönig dienen starke Recken, allen voran Hagen von Tronje. Ich warne dich! Es gibt noch anderwärts schöne Jungfrauen, deiner würdig — muß es gerade Kriemhild sein?«

Lachend entgegnete Siegfried: »Ich liebe Kriemhild und werde um sie freien. Mag Hagen ein noch so gewaltiger Recke sein, ich fürchte mich nicht vor ihm. Ich habe noch nirgends das Fürchten gelernt, selbst vor der Höhle des Drachen nicht. Gleich morgen reite ich nach Worms!«

Traurig neigte Sieglinde das Haupt, und auch König Siegmund war über Siegfrieds Ungestüm betrübt. »So habe denn deinen Willen«, sagte er, »nimm Urlaub und wirb um Kriemhild, mein Heer begleitet dich, denn mit den Burgundern ist nicht zu spaßen!«

Siegfried aber lehnte das Angebot ab. »Mit zwölf Mann will ich reiten, mehr brauche ich nicht — die aber müssen so herrlich gewandet und gerüstet sein, ihre Pferde so köstliches Geschirr und Sattelzeug tragen, wie es noch niemals gesehen wurde. So will ich rheinaufwärts ziehen und, allein auf mich gestellt, um die Jungfrau werben. Helft mir, liebe Eltern, daß ich mit würdigem Gefolge Xanten verlasse!«

So öffneten sich die Schatzkammern, und zwölf edle Ritter wurden so kostbar ausgerüstet, als es nur irgend ging. Sie bekamen die schönsten

Silberrüstungen aus dem Nibelungenhort und goldene Helme dazu, lichte Schilde mit purpurnen Rändern, blitzende Schwerter, die ihnen von den Hüften bis an die Fersen reichten, und lange, scharfe Speere.

Die Hengste, die man für die Recken aus dem Stall führte, waren Rappen aus edelstem Geblüt, feurig und stark zugleich. Aus Seide war ihr Zaumzeug, wundervoll mit Gold durchwirkt die Schabracken, die der Rosse Rücken bedeckten, und von den Sätteln hingen silberne Steigbügel nieder. Aus purem Gold waren die Sporen der Reiter.

Für sich selbst wählte Siegfried ein leichtes, helles Gewand, das weite Ärmel hatte und mit Hermelin verbrämt war. Um die Hüften schlang er einen goldenen Gürtel, an dem sein Schwert Balmung und die Tarnkappe hingen. Einen Panzer brauchte er nicht. So schwang er sich beim Morgengrauen auf sein Roß aus Alberichs Stall.

Als das breite Tor aufflog und Siegfried mit seinen Gewappneten aus dem Burgtor hinausritt, war es, als ginge die Sonne ein zweites Mal auf, so funkelten und gleißten Mann und Roß, so hell strahlte Siegfrieds Antlitz.

Nach siebentägigem Ritt tauchten die Türme von Worms und die Zinnen der Burg auf, und Siegfried begrüßte sie insgeheim mit inniger Freude. Er galoppierte mit seinen Recken durch die Stadt, begafft von jung und alt.

Vor der Burg hielt der prächtige Trupp. Durch ein Zeichen gab Siegfried zu verstehen, daß er Einlaß begehrte, und da die Wächter in ihm keinen Feind vermuteten, ließen sie die schwere Zugbrücke herab, und die Niederländer ritten in den Hof ein.

Knappen eilten herbei, dem fremden Herrn und seinem Gefolge zu dienen. Sie wollten den Rittern aus dem Sattel helfen, die Pferde abhalftern und in den Stall führen, denn sie hielten die Fremden für hohe Gäste. Aber Siegfried sprach: »Wartet! Die Pferde bleiben gesattelt und die Reiter bewaffnet bei ihnen! Wer weiß, ob wir nicht gleich wieder weiterreiten. Ich will mit König Gunther reden — führt mich zu ihm!«

Inzwischen waren die Bewohner der Burg an die Fenster geeilt und bestaunten die herrliche Reiterschar, die im Hof hielt. Auch Gunther und seine Brüder schauten hinab, und als sie Siegfried erblickten, wunderten sie sich, wer wohl der strahlende Ritter sein mochte.

»Ruft Hagen herbei«, befahl der König. »Er kennt alle Länder und Herren dieser Welt und wird wohl auch wissen, wer der stolze Fremdling ist.«

Alsbald kam Hagen in das Gemach und trat ans Fenster. Finster und aufmerksam blickte er aus seinem einen Auge — das andere hatte er im Kampf mit Walther von Aquitanien im Wasgenwald verloren — hinab auf die prächtige Reiterschar und auf Siegfried. Nach einer Weile sagte er: »Ich habe Siegfried aus Niederland zwar noch nie gesehen, doch dünkt mich, der Held dort unten müßte er sein. Keiner sonst könnte so herrlich vor den anderen einhergehen. Er erschlug den Lindwurm, zähmte Alberich und ist unermeßlich reich durch den Nibelungenhort, den er gewann. Unverwundbar ist er, seit er den Leib in Drachenblut gebadet hat. Er trägt die Krone des Nibelungenlandes, und ich rate, den Recken freundlich zu empfangen — es ist nicht gut, ihn zum Feind zu haben.«

Da begab sich König Gunther mit seinen Brüdern und Hagen in die Halle, befahl auch alle anderen Ritter in Eile dorthin, und als Siegfried, von den Knappen geführt, über die Schwelle trat, ging ihm Gunther freundlich entgegen und hieß ihn willkommen.

»Was führt Euch in unser Land?« fragte er. »Wir wissen die Ehre Eures Besuches wohl zu schätzen, Siegfried aus Xanten. Womit dürfen wir Euch erfreuen, womit Euch dienen?«

Voll Stolz ließ Siegfried seinen Blick im Kreis wandern und auf jedem der Burgunderhelden ruhen. Hierauf sprach er: »Ich hörte, daß an König Gunthers Hof die wackersten Ritter zu finden seien. Nun gelüstet es mich zu erproben, ob die Sänger Wahrheit künden oder nur Prahlhänse sind. Ich will mit den stärksten Helden kämpfen, die es hier gibt. Burgund gefällt mir, ich setze Niederland dagegen. Auf, König Gunther, rüste dich zum Zweikampf mit mir! Der Sieger gewinnt des anderen Reich zu dem seinen!«

Namenloser Zorn ergriff die Anwesenden. Hundert Fäuste griffen nach den Schwertern. Doch Gernot gebot Stille und sagte: »Siegfried aus Niederland, wir haben unser Erbe aus unseres Vaters Händen empfangen, wir verwalten und verteidigen es treu — warum willst du es uns streitig machen? Begnüge dich mit deinem Reich und sei als guter Nachbar und lieber Gast herzlich willkommen.«

Doch noch ehe Siegfried antworten konnte, sprang plötzlich Ortwin von Metz zornrot vor den Jüngling hin und rief: »Sprecht nicht von Ausgleich und Versöhnung! Kampf ist angesagt, und Kampf soll sein. Siegfrieds Übermut verlangt blutige Strafe! Heraus mit den Schwertern!«

Siegfried maß den Erzürnten ruhig und entgegnete: »Ich habe mich an einen König gewandt, nicht an einen seiner Lehnsmänner — also erwarte ich auch von einem König Antwort.«

Da zog Ortwin sein Schwert, aber Gernot stürzte sich auf ihn: »Zurück, du Tor! Zähme deine Wut, Truchseß! Noch ist Siegfried nicht unser Feind, und wenn er seine Kräfte in fröhlichem Waffenspiel mit uns messen möchte, soll er uns als Freund von Herzen willkommen sein!«

Diese Worte gefielen Hagen, der schon mit großer Sorge dem Lauf der Rede gefolgt war. Er wollte eben das Wort ergreifen, als der junge Giselher vortrat, Siegfried beide Hände entgegenstreckte und sagte: »Laß mich Gernots Wort bekräftigen: Sei unser Gast und Freund! Wir alle werden dir gerne brüderlich dienen. Wozu denn Streit und Blut?«

Da gedachte Siegfried Kriemhilds, um derentwillen er die Fahrt getan hatte. Warum soll ich mit den Brüdern kämpfen, dachte er, wenn ich ihre Schwester in Güte erringen kann? Und er ergriff Giselhers Hände.

Nun trat auch Gunther herzu. Er umarmte den Gast und befahl, ihn und sein Gefolge auf das beste zu beherbergen, mit Speise und Trank zu versorgen. Auch Hagen reichte Siegfried die Hand, und als die beiden Auge in Auge gegenüberstanden, war es, als grüße der lichte Tag die finstere Nacht.

Die Freundschaft der Burgunden mit Siegfried wurde immer inniger und fester. Sie maßen ihre Kräfte täglich im Turnier, und Siegfried übertraf alle, ob es nun galt, schwere Lanzen zu werfen oder mächtige Steine über den Platz zu schleudern. Auch im Schwertkampf tat es ihm keiner gleich, und niemand tummelte sein Roß so flink und geschickt wie er.

Der junge Held aus Niederland freute sich an alledem wie ein Kind. Über den eigentlichen Zweck seiner Ankunft schwieg er jedoch beharrlich. Dann und wann hielt er freilich verstohlen Ausschau nach Kriemhild, aber er bekam sie nie zu Gesicht.

Die Jungfrau hingegen sah ihn alle Tage. Hinter dem Fenstervorhang verborgen, schaute sie aus ihrer Kammer dem Kampfspiel heimlich zu, und wenn sie Siegfried sah, der strahlender als alle anderen einherging, klopfte ihr Herz. Bei seinem Anblick vergaß sie, was sie nach jenem bösen Traum in Frau Utes Gemach gelobt hatte.

IM DIENST DER BURGUNDEN

Viele Monate waren vergangen, ohne daß Siegfried Kriemhild gesehen hätte. Allmählich wurde ihm die Zeit lang, das bequeme Leben behagte ihm wenig, Waffenspiele reizten ihn nicht mehr, er sehnte sich nach Abenteuern.

Da trafen eines Tages Boten mit einer unheilvollen Nachricht ein: König Lüdeger von Sachsen und König Lüdegast von Dänemark hatten den Burgunden den Krieg erklärt und rückten mit einem starken Heer gegen die Grenzen des Reichs vor. Sogleich beriet sich König Gunther mit seinen Brüdern und mit Hagen, dem Anführer des Heeres.

»Laßt uns alle Kämpfer sammeln und die Eindringlinge an der Grenze mit Waffen empfangen!« meinte Gernot voll Grimm über den Angriff.

»Um alle Streiter zu rüsten, ist die Zeit zu kurz«, entgegnete Hagen, »wir werden nicht mehr als tausend Mann ins Feld stellen können. Doch rate ich, unseren Gast aus Niederland zu bitten, er möge am Krieg teilnehmen. Zieht er mit uns, so will ich es mit den tausend Rittern wagen, den Sachsen und den Dänen in offener Feldschlacht zu begegnen.«

Gunther ließ Siegfried in die Halle bitten. Kaum hatte dieser die Bitte vernommen, als er sich auch schon freudig bereit erklärte, gegen Lüdeger und Lüdegast zu kämpfen. »Solche Kunde tönt mir lieblicher in den Ohren als Saitenspiel und süßer Gesang«, rief er aus. »Ich ziehe mit euch und werde den Balmung nicht schonen!«

Da wich die Sorgenlast von Gunthers Herzen. Er dankte Siegfried mit starkem Händedruck und sagte: »Alle meine Helden gebe ich dir mit, Hagen und Dankwart, Ortwin, Sindold und Gerwart und Hunold, auch Gernot, meinen Bruder — nur Giselher muß in Worms bleiben, er ist noch zu jung.«

»Du hast den Besten vergessen«, schalt Siegfried den König unter Lachen, »Volker von Alzey, den Fiedler! Wo er naht, weichen alle Feinde.«

»Du mahnst mich recht«, sagte Gunther. »Er soll das Banner tragen!« Auf dem Blachfeld sammelte Hagen das Heer. Schmetternde Trompeten bliesen die Streiter zusammen. Tausend Mann rüsteten sich zum Kampf. Da wurden die Waffenkammern leer, und aus den Ställen wurden die Streitrosse geführt.

Auf ein Zeichen Hagens saßen die Krieger auf, ein Wald von Lanzen ragte aus ihren Fäusten, herrlich blinkten die Schilde. Volker, der Spielmann und Sänger, entfaltete das Banner Burgunds — gleich flatterte es lustig im Wind, und Siegfried, Hagen und Gernot scharten sich um ihn. Unter dem Gewieher der Rosse ging es aus Worms hinaus, ostwärts, dem Feind entgegen.

Nach dreitägigem Ritt tauchten abends in der Ferne die Helme der Sachsen und Dänen auf; der Rauch der Wachtfeuer stieg in die Lüfte. Hagen befahl abzusitzen und Zelte zu errichten. Bald ruhten Mann und Roß im weiten Lager; bei kräftigem Mahl und hernach in tiefem Schlaf schöpften die Männer neue frische Kräfte für die Schlacht, die ihrer harrte.

Nur Siegfried gönnte sich keine Ruhe. Den Balmung in der Faust, den Schild mit der Krone Niederlands über dem Arm, strich er auf seinem Schimmel durch die Gegend. Er umritt vorsichtig das Lager des Feindes, lugte durch Baum und Dickicht, die Stärke des Gegners auszukundschaften.

Plötzlich bemerkte er einen prächtig gerüsteten Ritter, der gleich ihm zu Pferd umherstreifte. Blitzschnell stürzte er auf ihn zu und stellte ihn zum Zweikampf.

Er hatte leichtes Spiel. Der feindliche Späher blutete bald aus vielen Wunden, die ihm der Balmung durch Helm und Harnisch geschlagen hatte. Des Schildes beraubt und mit zerstücktem Schwert ergab er sich und bat um sein Leben. »Weh meinem Volk!« rief er schmerzlich, »wie mag es ihm morgen ergehen! Du hast einen glückhaften Fang gemacht, Siegfried aus Niederland — ich bin Lüdegast, der Däne.«

Schon wollte Siegfried seinen Gefangenen ins Lager abführen, da sprengte ein Trupp von dreißig sächsischen und dänischen Rittern herbei, die von fern gesehen hatten, daß König Lüdegast in Not geraten war. Siegfried nahm unverzüglich den Kampf mit allen auf. »Wer den Drachen erschlug, fürchtet Menschen nicht mehr«, rief er, »und kämen sie mit hundertfacher Übermacht!«

Er tötete sie bis auf einen, der die Flucht ergriff. Siegfried ließ ihn laufen und rief ihm nach: »Melde im Lager, was du gesehen hast! Niemand bricht ungestraft den Frieden mit Burgund! König Lüdeger soll sich vorsehen!« Dann hob er den wunden Lüdegast aufs Roß und brachte ihn vor Gernot und Hagen.

Groß war der Jubel der Burgunden, als Siegfried mit dem gefangenen König erschien.

»Wie stark ist der Feind?« fragte Hagen.

»An die viertausend Mann«, antwortete Siegfried, »doch taugt ihr

Heldenmut keinen Pfifferling: ihrer dreißig schlug ich allein — was kümmert uns da ihre Übermacht?«

Als das Morgenrot die Nacht verdrängte, entbrannte die Schlacht. Dreimal schlug Siegfried breite Lücken in die feindlichen Reihen, und die Burgunden stießen mutig hinter ihm nach.

Plötzlich erblickte Siegfried König Lüdeger. Er sprang vom Pferd und stellte ihn zum Streit. Der Sachsenfürst wehrte sich wie ein Held, aber Siegfried schlug ihm den Schild vom Arm und brachte ihm mit dem Balmung schwere Wunden bei. Nun erst erkannte Lüdeger an Siegfrieds Schild und Gewand die Krone von Niederland. Er sprang mit einem gewaltigen Satz zurück und rief, daß es laut über das Schlachtfeld hallte: »Laßt ab vom Kampf, Sachsen! Siegfried, König Siegmunds Sohn, ficht gegen uns, ich habe ihn erkannt!«

Das Kampfgetümmel ließ nach, auf beiden Seiten trat erwartungsvolle Stille ein. Verwundert blickten die Sachsen auf ihren sonst so tapferen König, der nun die Fahne zu senken gebot und sich bedingungslos in Siegfrieds Gewalt begab.

So endete der kurze Feldzug gegen einen übermächtigen Feind mit dem glänzenden Sieg der Burgunden. Sachsen und Dänen zogen heim. Hagen von Tronje aber sammelte das Heer und führte es gemeinsam mit Siegfried, Gernot und Volker wieder zurück an den Rhein. Stolz flatterte das Banner in Volkers Händen. Von Wächtern umgeben, folgten bangen Herzens die gefangenen Könige Lüdegast und Lüdeger.

Schnelle Boten eilten dem Heer voran. Mit unbeschreiblichem Jubel nahm man in Worms die Kunde von der Niederlage der Sachsen und Dänen auf. Gunther befahl, Burg und Stadt auf das prächtigste zu schmücken. Das Pfingstfest nahte und sollte diesmal, Siegfried und allen anderen Helden zu Ehren, ganz besonders gefeiert werden!

Einer der Boten kam auch zu Kriemhild. Sie hatte ihn heimlich in ihre Kammer winken lassen.

»Wie geht es meinem Bruder Gernot?« fragte sie den Mann. »Leben Hagen und Dankwart und alle anderen noch? Kehren sie uns glücklich wieder?«

»O Herrin«, antwortete der Bote, »nicht einer von ihnen ist gefallen, doch der Feind ist schrecklich geschlagen!«

»Und wer von allen tat sich im Streit am meisten hervor? Wer war unter allen Burgunderhelden der kühnste?« wollte Kriemhild noch wissen. Aber sie wagte es nicht, Siegfrieds Namen auszusprechen.

Aber da nannte ihn der Bote schon! Er erzählte mit glänzenden Augen, wie herrlich der Held aus Niederland gefochten habe. »Wie tapfer auch Hagen und Ortwin, Gernot und Dankwart kämpften, mit Siegfried konnte sich keiner vergleichen! Beide Könige, die als Gefangene nach Worms kommen, hat er allein bezwungen! Zahllose Helden der Sachsen und Dänen mußten von seiner Hand den Tod erleiden. Der bloße Anblick seines Wappens macht den Feind zittern.«

Da wechselten Blässe und Röte auf Kriemhilds Antlitz, so sehr freute sie sich über diese Nachricht. Sie rief eine ihrer Frauen herbei und befahl, dem Boten ein prächtiges Gewand zum Lohn zu geben; dann entließ sie ihn wieder.

Das Heer war eingezogen. In hunderten Zelten, von denen bunte Wimpel wehten, lagerte es rund um die Burg und die Stadt. Die Zugbrücke war herabgelassen, und jedermann, ob groß oder klein, reich oder arm, hoch oder niedrig, durfte aus und ein gehen, von Meister Rumolt Fleisch oder Honigbackwerk fordern oder sich den Becher, sooft es ihm behagte, aus des Königs ältesten und wertvollsten Weinvorräten füllen lassen.

Im Hof waren die Fahnen des geschlagenen Heeres zur Schau gestellt, auf dem Anger vor der Burg fanden prächtige Turniere statt, auf den Plätzen der Stadt zeigten Gaukler ihre wunderlichen Künste, und auf den Wiesen am Rheinufer wimmelte es von Buden aller Art. Dazwischen sah man tanzende Kinder.

In der Halle der Burg saßen die Recken mit Gunther und seinen Brüdern beim Mahl; die Becher klangen zu fröhlicher Rede die ganze Nacht. Spielleute von nah und fern sorgten für Musik, auch Volker von Alzey strich die Fiedel und sang dazu.

Am Morgen jedoch neigte sich Ortwin von Metz mit düsterer Miene zu Gunthers Ohr und sagte: »Dieses Fest ist wie ein Frühlingstag ohne Sonne. Es mißfällt mir.«

Der König blickte verwundert auf und fragte nach dem Sinn der dunklen Worte.

»Den sag ich Euch gern«, meinte Ortwin. »Wir kehren aus blutiger Schlacht heim, feiern den Sieg und müssen dennoch den schönsten, den süßesten Lohn entbehren, den es für siegreiche Helden gibt: das Lächeln holder Frauen. Diese Gunst, köstlicher als Gold und Gut, versagt uns der König der Burgunden!«

»Du mahnst mich recht, Ortwin!« rief Gunther. »Ich vergaß es, hab

Dank!« Er sprang auf, winkte Gernot und Giselher und begab sich mit ihnen augenblicklich zu Frau Ute. Er bat die Mutter, Kriemhild und ihre Mägde festlich zu kleiden und aus der Einsamkeit der Kammern hinab in die Halle und in sittsamem Zug hinaus vor das Tor zu geleiten, damit alle sich an dem Anblick der schönen Frauen erfreuen könnten.

»Meine Helden sehnen sich nach lieblicher Augenweide«, sprach Gunther. »Nach dem rauhen Schlachtenlärm will ihr Herz ein weiches, lindes Wort hören. Vergönne ihnen, daß Kriemhild erscheint, und nimm auch du, liebe Mutter, an unserer Tafel Platz!«

Die Mutter nickte zustimmend.

Eine Stunde später betrat Kriemhild mit züchtig gesenktem Blick, geleitet von einer Schar Kämmerer und edler Ritter und gefolgt von ihren Frauen und Mägden, die Halle.

Die Recken erhoben sich huldigend, nur Hagen blieb sitzen: ihn ließ Frauenschönheit unberührt. Die übrigen Ritter aber drängten sich, Kriemhild und ihre Frauen zu sehen, ihnen für die Dauer des Festes Dienste anzubieten.

Weißgewandet war Kriemhild und mit den kostbarsten Edelsteinen geschmückt. Ein blitzendes Diadem krönte ihre Stirn. Aber leuchtender und schöner als aller Schmuck erblühte das Rosenrot ihrer Wangen, strahlte das Licht ihrer Augen, glänzte das Blond ihrer schweren Zöpfe.

Siegfried war wie gebannt. Er ließ kein Auge von Kriemhild. Sie kommt einher wie die Sonne nach langer Winterszeit, dachte er. Wie der Mond die Sterne überstrahlt, so überstrahlt sie alle anderen Frauen. Sie muß mein werden! Lieber läge ich tot im Sachsenland, als daß ich lebte ohne sie.

Gernot merkte wohl, wie sehr Kriemhilds Ankunft Siegfried ergriff. Er trat zu Gunther hin und sagte: »Der Held aus Niederland ist ganz versunken in den Anblick unserer Schwester. Willst du ihn nicht für die Zeit des Festes zu Kriemhilds Ritter machen?«

»Dein Rat ist gut«, antwortete Gunther. Dann nahm er Kriemhild bei der Hand und führte sie Siegfried zu. Bebend, das Auge noch immer gesenkt, reichte sie dem Helden, wie es die Sitte gebot, die Lippen zum Kuß, und mit zitternder Stimme sagte sie: »Seid mir willkommen, Siegfried aus Niederland!«

Da meinte König Lüdegast, der auf Siegfrieds Fürsprache hin gemeinsam mit Lüdeger an Gunthers Tafel durfte, voll Bitterkeit: »So herrlichen Lohn empfängt der Sieger! Aber ich weiß wohl: um dieses Kusses willen mußten viele tapfere Dänen ihr Leben lassen. Gnade dem Land, gegen das Siegfried als Freund der Burgunden in den Krieg zieht!«

Nach dem Kuß reichte Kriemhild Siegfried die Hand; er ergriff sie und hielt sie mit sanftem Druck ein wenig länger in der seinen, als es die Sitte erlaubte, so sehr überwältigten ihn Freude und Glück.

Frau Ute ließ Kriemhild hierauf zu sich rufen. Sie mußte mit in die Kirche gehen, und obgleich die Messe nicht allzu lange dauerte, konnte Siegfried es kaum erwarten, bis der Zug der Frauen aus dem Münster zurückkam. Er trat gemessenen Schrittes auf sie zu, neigte das Haupt vor Kriemhild und bot ihr die Hand, mit ihm einen Rundgang über den Anger und durch die Zeltstadt des Heeres zu machen.

»Ich danke Euch, daß Ihr meinen Brüdern in so bedrängter Lage beigestanden seid«, sagte sie.

»Um Euretwillen würde ich König Gunther mein Lebtag dienen«, entgegnete er. Dann schritten sie von Zelt zu Zelt und grüßten alle Recken.

Wie wurde er um die schöne Jungfrau beneidet! Bis zum letzten Tag des Festes durfte er ihr Begleiter sein, und wenn er in einem Turnier siegte, empfing er aus ihrer Hand den Preis. Doch bald ging das Fest zu Ende. Die Gäste nahmen Urlaub und kehrten auf ihre Burgen zurück. Die Herbergen begannen sich zu leeren, die Zelte wurden abgebrochen.

Auch Lüdeger und Lüdegast baten, heimkehren zu dürfen. Sie boten ein Lösegeld von fünfhundert Pferdelasten Gold an, und Gunther, stets nach Schätzen gierig, hätte es gerne angenommen.

Doch Siegfried riet ihm ab: »Wer Gold gibt, holt es sich eines Tages wieder zurück. Sie sollen mit Handschlag Treue geloben und einen heiligen Eid schwören, nie wieder burgundisches Land zu überfallen. Dann laßt sie in Frieden ziehen, so ist es besser.«

Gunther befolgte diesen Rat und entließ die gefangenen Könige. Dann öffnete er auf Gernots Geheiß seine Schatzkammer und belud jedem der abziehenden Gäste den Schild mit Gold.

Als letzter befahl auch Siegfried seinen Gefolgsmannen, die Pferde zu satteln. In schimmernder Wehr, wie sie gekommen, standen die zwölf neben ihren Rossen im Hof, während Siegfried schweren Herzens die Stufen zum Saal emporstieg, um sich von den Königen zu verabschieden.

Da trat ihm auf der Treppe der junge Giselher entgegen, Kriemhilds Lieblingsbruder. Er hatte seinerzeit bei Siegfrieds Ankunft das rechte Wort gefunden, das den drohenden Zwist in herzliche Freundschaft verwandelte. Er fand es auch jetzt. »Warum so eilig, Held Siegfried?« fragte er. »Bleibt doch noch ein wenig bei uns! Seht, da sind viele Ritter, die Euch ungern scheiden sehen, und viele schöne Frauen sind Euch von Herzen hold — auch Kriemhild, meine Schwester, ist unter ihnen.«

Da kehrte Siegfried in den Hof zurück und rief seinen Begleitern zu: »Sattelt ab und führt die Rosse wieder in den Stall — wir bleiben!«

Giselher lächelte glücklich.

DIE BRAUTWERBUNG

Jenseits des Nordmeeres, wo Eis und Feuer sich mischen und rote Glut Tag und Nacht den düsteren Himmel durchzuckt, herrschte indessen auf Island eine mächtige, über alle Maßen starke Königin, Brunhild geheißen. Die stärksten Recken besiegte sie im Wettkampf, und sie hatte geschworen, nur den Mann zu nehmen, der sie im Speerwurf und Steinschleudern überträfe. Wer aber den Fuß auf ihr Inselreich setzte, seine Kräfte mit ihr zu messen, und dabei unterlag, der mußte auf der Stelle sein Leben lassen.

Siebenhundert Ritter standen in Brunhilds Diensten, und ein Heer schöner Jungfrauen lebte in der stolzen Burg, alle bereit, ihr zu dienen. Die Burg aber war aus grünem Marmelstein erbaut und hatte sechsundachtzig Türme.

Als die Kunde von dieser Heldenjungfrau durch fahrende Sänger über das Meer bis an den Rhein gelangte, erfaßte König Gunther ein heftiges Verlangen, mit der unbesiegbaren Brunhild zu kämpfen und sie als Gattin heimzuführen.

Siegfried, mit dem er sich beriet, warnte ihn. »Laß ab von solchem Unternehmen«, sagte er, »es kann dich Leib und Leben kosten. Du wärest nicht der erste, der auf Island sein Grab fand.«

Doch Gunther wurde unwillig: »Was nützen mir Leib und Leben, solange Brunhild nicht mein ist! Ich weiß keine Jungfrau, die würdiger wäre als sie, mit mir Thron und Krone zu teilen!«

Da mengte sich Hagen ein: »Du sollst deinen Willen haben, König. Ich selbst werde dich nach Island begleiten. Ein starkes Schiff will ich rüsten und das Steuer selber führen. Aber nur, wenn Siegfried mitfährt. Seiner Kraft und Kühnheit werden wir auf dieser gefährlichen Brautfahrt bedürfen!«

Nun sah Siegfried seine Stunde gekommen. Er streckte Gunther die Hand hin und sagte: »König, gib mir deine Schwester Kriemhild zur Frau, so will ich dir helfen, Brunhild zu erringen!«

Freudig schlug Gunther ein: »Das sei gelobt und beschworen.«

Gunther bat Kriemhild, sie möge ihn und seine Begleiter mit kostbaren Gewändern versorgen, und noch am selben Tag wurden in den Kammern schwere Stoffe zugeschnitten. Näherinnen und Stickerinnen regten emsig die Hände, und mancher goldene Faden wurde dabei verbraucht.

Alsbald setzte man ein starkes Schiff aufs Wasser und belud es mit Speisen und Wein. Am Mast hißte man das Königsbanner mit der Krone Burgunds, die auch in der Mitte des purpurnen Segels prangte. Aus Gold waren die Anker, damit beschlagen die Ruder und das Steuer.

Nur vier Helden — Gunther, Siegfried, Hagen und Dankwart — bestiegen das prächtige Fahrzeug, nicht mehr, so hatte es Hagen befohlen. Knappen führten die Rosse an Bord. Dann packte Hagen das Steuer, stellte das Segel, und rauschend, als steige ein Adler auf, flog das Schiff auf den Rhein hinaus, trieb vor dem Wind stromab und dem Meer zu.

Gunthers Brüder und das Gesinde, die alle den Brautfahrern das Geleit gegeben hatten, schirmten die Augen und sahen ihnen lange nach. Auf dem Söller der Burg standen Ute und Kriemhild; ihre Augen verfolgten das rote Segel, bis es entschwunden war. Gedankenvoll kehrte Kriemhild in ihre Kammer zurück. Wird Brunhilds Schönheit die meine überstrahlen? fragte sie sich bang. Wird sie mir Siegfrieds Herz rauben?

Lange dauerte die Überfahrt, immer düsterer wurde der Himmel. Endlich, am Morgen des zwölften Tages, tauchte, von feurigem Schein umloht, Island auf. Bald heiß, bald eisig wehte es von der felsigen Insel herüber.

Mit starker Hand steuerte Hagen das Schiff. Zwischen den Klippen lenkte er den Kiel geschickt hindurch in eine Bucht, deren Ufer bebten. Das Innere der Insel war voll feuerspeiender Berge und siedender Springquellen, davon erzitterte das ganze Land.

Voll Staunen erblickten die Helden Brunhilds grünlich schimmernde Burg. Als sie näher kamen, sahen sie die vielen Fenster belagert von hunderten neugierigen Jungfrauen, Brunhilds Mädchen. Aber die Königin, die sich unter ihnen befand, überragte alle. Hünenhaft war ihre Gestalt, rabenschwarz ihr dichtes, kurzgeschnittenes Haar, dunkel wie das Meer, wo es am tiefsten ist, ihr Auge. Forschend blickte sie auf die vier Ankömmlinge herab.

»Die Jungfrau ist des Kampfes wert«, meinte Dankwart. »Heil dir, Gunther, wenn du sie als Königin an den Rhein bringst!«

Sie landeten, vertäuten das Schiff, bestiegen die Pferde und ritten den steilen Pfad zur Burg empor.

Als Brunhild sie auf die Burg zukommen sah — Gunther in silberner Rüstung, Siegfried in goldgewirktem lichtem Gewand, dahinter Hagen und Dankwart, ganz in schwarzes Eisen gehüllt —, fragte sie verwundert: »Wer mögen diese vornehmen Gäste sein? Ich kenne keinen von ihnen. Der Recke im goldgewirkten Kleid scheint ihr Anführer zu sein, königlich sitzt er auf seinem Roß. Wer mag es sein?«

Sie rief einen ihrer ältesten, erfahrensten Ritter herbei. Der kam und meinte nach kurzem Besinnen: »Das kann nur Siegfried aus Niederland sein, König Siegmunds Sohn. Geradeso, wie er jetzt über den Anger reitet, schildern ihn die Sänger.«

Da freute sich Brunhild unmäßig. »Ist Siegfried gekommen, mit mir zu kämpfen, so wird das sein Tod, aber mein höchster Ruhm sein. Ich werde den Drachenbezwinger besiegen! Bringt mir mein Streitgewand, schafft mir die Waffen vor die Burg, ich will Siegfried würdig empfangen!«

Geleitet von ihren siebenhundert Recken schritt Brunhild, gepanzert und behelmt, vor das Tor. »Willkommen, Siegfried aus Niederland!« rief sie schon von weitem. »Nichts wünschte ich sehnlicher, als den Drachenbezwinger leibhaftig zu sehen! Was führt Euch unter Islands Himmel?«

Siegfried stieg ab, neigte vor der herrlichen Frau das Haupt und antwortete, mit höfischer Gebärde auf Gunther weisend: »Nicht mir, diesem Helden hier gebührt Euer erster Gruß, o Königin. Es ist Gunther, der König der Burgunden, aus Worms am Rhein. Er begehrt Euch zum Weib und will mit Euch kämpfen — ich bin nur sein Lehensmann.«

»Siegfried — ein Lehensmann?« fragte Brunhild, außer sich vor Staunen. »Seltsame Bräuche müssen bei euch auf dem Festland herrschen: Der mächtigste König dient einem geringeren als Vasall? Nun denn, will König Gunther mit mir kämpfen, so möge er selbst die Steine auswählen, die wir über seinem Grab auftürmen sollen — noch in dieser Stunde wird er sterben!«

Die Rede kränkte Hagen. »Laßt uns zuerst Eure Waffen betrachten«, sagte er, »ehe Ihr König Gunther schmäht. Unterschätzt seine Kraft nicht!«

Doch als Hagen sah, welch ungeheuren Schild vier Männer für Brunhild herbeischafften, welch gewaltigen Speer drei andere hinterher trugen und wie mächtig der Wurfstein war, den zwölf nur mit Mühe auf den Kampfplatz rollten, sank auch ihm beinahe der Mut.

Siegfried aber, der neben Gunther stand, flüsterte diesem zu: »Sei ohne Sorge, ich helfe dir! Noch in dieser Stunde ist sie dein Weib, wir besiegen sie gemeinsam!«

Jetzt befahl Brunhild ihren Rittern, einen Kreis um den weiten Platz zu schließen, Schild an Schild. Wie eine Mauer aus blauem Eisen schloß sich der Ring. Darauf mußte Gunther sich an das eine Ende des Platzes stellen, Brunhild schritt ans andere.

Während dieser Vorbereitungen eilte Siegfried flink und von niemandem bemerkt zum Strand hinab, wo er im Schiff seine Tarnkappe verborgen hatte. Er holte sie aus dem Versteck, zog sie über und stürmte den steilen Pfad wieder zurück. Unsichtbar schlüpfte er durch den Ring der Mannen, unsichtbar trat er neben Gunther.

Brunhild hob den langen Speer. Eine Weile wog sie ihn in den Händen, dann faßte sie ihren Feind scharf ins Auge und schleuderte die Waffe mit solcher Kraft durch die Luft, daß es rauschte, wie wenn der Kiel eines machtvollen Schiffes die Sturmwoge zerteilt.

So furchtbar war der Anprall, daß Siegfried, der seinen Arm neben Gunthers Arm unter den Schild geschoben hatte, samt diesem zu Boden gerissen wurde. Der Schild war zersplittert, Blut stürzte aus Siegfrieds Mund.

Dennoch stand er schon im nächsten Augenblick wieder auf den Beinen und riß Gunther mit sich hoch. Er zwang ihm den Speer in die Hand — aber mit dem Schaft voran, denn er wollte die Königin nicht töten. Dann umschloß er die Waffe dicht hinter Gunthers Faust mit der seinen und warf sie nach Brunhild.

Wie vom Blitz getroffen brach die Königin ins Knie. Ihr Schild war zertrümmert. Bleich bis in die Lippen erhob sie sich und rief: »König Gunther, der Wurf soll Euch vergolten sein!«

Übermenschlicher Zorn verdoppelte ihre Kräfte. Sie rannte zum Wurfstein hin, stemmte ihn in die Höhe, spielte mit ihm über ihrem Haupt, als sei er ein Ball, und schleuderte ihn dann zwölf Klafter weit. In wildem

Sprung setzte sie dem sausenden Stein nach und überholte ihn wie ein Vogel.

Begeistert schlugen die Ritter an die Schilde, ihrer Königin für solchen Sprung und Wurf zu huldigen. Aber schon hatte Gunther — mit Siegfrieds unsichtbarer Hilfe — den riesigen Stein gepackt und aufgehoben. Hoch schwang er ihn über seinem Kopf und schleuderte ihn dann so weit über den Kreis hinaus, daß Brunhilds Schildmannen entsetzt zur Seite wichen. Durch die Gasse, die so entstand, sprang Siegfried, den matten Gunther am Gürtel und unter der Schulter fassend, nach und über den aufschlagenden Stein hinweg. Jeder mußte meinen, Gunther allein habe diesen gewaltigen Wurf und Sprung getan.

Das war mehr, als je ein Held auf dieser Erde vollbracht hatte. Brunhild stand wie zu Stein erstarrt: sie konnte es nicht fassen, daß sie besiegt war. Dann senkte sie den Blick, winkte ihre Ritter herzu und sagte mit gebrochener Stimme: »Huldigt König Gunther! Er ist von nun an euer Gebieter, und ich werde sein Weib.«

Da legten Brunhilds Ritter die Waffen ab, beugten das Knie und gelobten Gunther Treue bis in den Tod. Keiner von ihnen wußte, daß Siegfried es war, der ihre Königin bezwungen hatte; auch Brunhild wußte es nicht.

Unterdessen war Siegfried längst wieder hinab zum Schiff geeilt, hatte die Tarnkappe abgestreift und verborgen. Nun trat er wie von ungefähr unter die huldigenden Männer, nicht anders, als käme er von einem Erkundungsgang am Ufer der Insel zurück. Listig verstellte er sich und fragte: »Mein König, wann soll der Zweikampf beginnen? Warum zögert Ihr so lange, Euch mit Brunhild zu messen?« Und als man ihm beteuerte, Gunther habe bereits gesiegt, tat er sehr erstaunt. Dann schritt er auf Gunther zu und beglückwünschte ihn.

Verwundert fragte Brunhild: »Wie kommt es, daß Siegfried dem Wettkampf nicht beigewohnt hat?«

»Er mußte das Schiff bewachen«, antwortete ihr der finstere Hagen.

Brunhild glaubte Hagen. Sie war ohne Argwohn. Aber sie dachte in ihrem Herzen: Warum hat nicht Siegfried gegen mich gekämpft? Sein Weib wäre ich gerne geworden!

Gunther trat auf sie zu, er wollte sie umarmen und vor allem Volk küssen. Doch Brunhild wies ihn ab: »Nicht eher, als bis ich in Worms zur Königin gekrönt wurde!«

»So laßt uns die Segel hissen und heimkehren«, rief Gunther seinen

Helden zu. Dann wandte er sich an Brunhild: »Folge mir zum Schiff, wir reisen noch heute.«

Wieder schüttelte Brunhild das Haupt: »Nicht eher folge ich dir, als bis ich alle meine Getreuen zum Abschied beschenkt habe.«

So ritten schnelle Boten aus, um Brunhilds Untertanen aus dem ganzen Inselreich auf die Burg zu laden. In Scharen strömten sie herbei, und die Königin öffnete ihr Schatzhaus und bedachte alle mit fürstlichen Gaben. Auch ihre traurigen Mägde überhäufte sie mit Gold und Juwelen.

Zuletzt verblieben nur noch zwanzig Schreine voll Geschmeide und Gewänder, die ließ sie auf ein Schiff laden. Mit königlichem Gefolge ging sie hierauf an Bord, ohne sich noch einmal umzusehen.

»Nun führe mich, wohin du willst«, sprach sie zu Gunther. Aber es klang nicht wie das Wort einer glücklichen Braut, eher wie das einer Gefangenen.

Mit jedem Tag ihrer Reise wurde der Himmel lichter. Längst war Island, die düstere Insel, am Horizont versunken, als sie sich der Mündung des Rheins näherten. Dort angelangt, ging Siegfried mit einigen Rittern an Land und ritt Tag und Nacht bis Worms, während das Brautschiff unter Hagens Führung schwerfällig stromaufwärts zog.

Die Kunde, die Siegfried nach Worms brachte, löste ungeheuren Jubel aus. Unter Ortwins Leitung wurde die Burg zum Empfang der fremden Frau sogleich auf das prächtigste geschmückt.

Siegfried ließ sich bei Kriemhild ansagen, und als er in ihre Kammer trat, empfing sie ihn voll inniger Freude. Die weite Seereise war also glücklich überstanden, heil und gesund sah sie den heimlich Geliebten vor sich. Sie sagte: »O dürfte ich Euch doch belohnen wie jeden anderen Boten! Aber was soll dem Herrn des Nibelungenhortes mein armes Gold?«

»Und wäre ich König über dreißig Länder«, antwortete ihr der Held, »aus Eurer Hand nähme ich dennoch Botenlohn!«

Da ging Kriemhild zu ihrem Schmuckschrein, entnahm ihm vierundzwanzig kostbare Armreifen und reichte sie ihm. Lachend nahm Siegfried die Gabe entgegen, und lachend verteilte er sie im nächsten Augenblick an die Jungfrauen ihres Gefolges.

Von den Türmen der Burg spähten indessen scharfäugige Wächter Tag und Nacht rheinabwärts, ob das Brautschiff nicht schon auftauchte. Stadt und Burg waren mit Wimpeln und Blumengewinden reich geziert. Der Weg von der Uferbucht bis in den Burghof, den Brunhild neben

Gunther reiten sollte, war mit glitzerndem Kies bestreut, kostbare Teppiche aus dem Morgenland waren in langer Reihe quer durch den Hof und über die Stufen zur Halle ausgelegt.

Endlich meldeten schmetternde Hörner die Ankunft des hohen Paares. Brunhild betrat den Strand. Ehrenvoll empfangen, ritt sie in die Burg ein, stieg auf goldenem Schemel vom Pferd.

Da kamen Frau Ute und Kriemhild herbei und umarmten die neue Königin, und auch Gernot und Giselher boten ihr Gruß und Kuß.

Als man aber in die Halle trat, wo Rumolt die Tafel gedeckt hatte, nahm Siegfried den König beiseite und mahnte ihn an sein Versprechen.

Sogleich gebot Gunther Stille. Alles Flüstern verstummte, und die Spielleute ließen die Fiedelbogen ruhen. Da rief der König Gernot und Giselher an seine Seite, neigte sich vor Frau Ute und Kriemhild und sprach: »Wenn die kommenden Tage erfüllt sein werden von Becherklang und frohem Lied, wenn der Kampfplatz vom Klirren fröhlicher Waffenspiele widerhallt oder auf dem Anger holde Mädchen sich im Reigen drehen, so hat dieses Fest einen doppelten Anlaß zur Freude: Brunhild tritt mit mir als Königin der Burgunden unter die Krone, meine Schwester Kriemhild aber sei noch zu dieser Stunde Siegfried, dem Helden aus Niederland, vermählt!«

Unbeschreiblicher Jubel ließ die Halle erbeben. Vor allem Volk tauschten Siegfried und Kriemhild den Brautkuß. Freudenfeuer wurden vor der Burg entfacht, und mehr als einer schwang sich heimlich aufs Roß, um die frohe Nachricht nach Xanten zu bringen; reicher Botenlohn erwartete sie dort.

Als sich die Brautpaare mit allen Verwandten und Gästen zu Tisch setzten, bemerkte Gunther, daß Brunhild düster und stumm vor sich hin blickte. Unberührt ließ sie die köstlichen Speisen, unberührt den goldenen Becher, der vor ihr stand. »Welcher Gram verfinstert dein Gemüt?« fragte er sie.

»Soll ich lachen, wenn ein König edle Sitten mit Füßen tritt?« entgegnete sie.

»Welcher König hätte das getan und wann?«

»Du«, sagte sie zornig, »zu ebendieser Stunde! Einem Lehensmann gibst du deine Schwester zur Frau!«

»Siegfried ist ein König wie ich, auch wenn er sich mein Lehensmann nennt. Schweig jetzt davon!«

Wohl schwieg Brunhild, aber sie ahnte ein Geheimnis, wenn nicht gar Betrug. Mißtrauen begann an ihrem Herzen zu nagen, und sie schwur sich, nicht zu ruhen, bis sie alles wüßte, was man ihr verheimlichte. Voll Neid sah sie, wie glücklich Kriemhild neben ihrem Gatten saß und wie beider Wangen erglühten.

Als es Mitternacht war, gebot Gunther dem frohen Treiben Einhalt und hob die Tafel auf. Von Fackelträgern geleitet, schritten die Brautpaare und die übrigen Gäste ihren Gemächern zu. Und als Gunther mit Brunhild allein war, wollte der König Brunhild sanfter stimmen und griff nach ihrer Hand.

Aber Brunhild stieß ihn zurück. »Sag mir zuerst, warum Siegfried, ein König wie du, sich dein Lehensmann nannte, als er auf Island vom Pferd stieg!« sprach sie drohend. Und da Gunther schwieg, überkam sie ein so namenloser Schmerz und Zorn, daß sie ihn zu Boden warf, mit ihrem Gürtel an Händen und Füßen fesselte und mit dem Kopf nach unten an einen Wandhaken hängte.

»Ich hasse dieses Land, wo der Himmel hell, aber die Seelen finster und falsch sind!« rief sie.

Freudlos, das Herz von Scham zerfressen, begab sich Gunther am anderen Morgen zu Siegfried und berichtete, was ihm während der Nacht widerfahren war.

»Du sollst deine Rache und in Zukunft ein gefügiges Weib haben«, sagte Siegfried. »Laß mich heute nacht mit der Tarnkappe in eure Schlafkammer. Sobald ich — unsichtbar — die Lichter in den Händen der Kämmerlinge verlösche, weißt du, daß ich da bin. Im Dunkel werde ich dein Weib niederringen und binden. Brunhild aber wird glauben, du habest sie bezwungen.«

Gunther stimmte beschämt zu.

Der Tag verging mit großem Prunk. Herrliche Waffenspiele ergötzten jung und alt, und die Freuden der Tafel nahmen kein Ende. Im Münster segnete der Priester den Bund der beiden Paare; als gekrönte Königin von Burgund kehrte Brunhild in die Burg zurück.

In der Nacht geschah alles, wie Siegfried und Gunther es abgesprochen hatten. Zum Schrecken der Kämmerlinge im Vorgemach erloschen jählings die Kerzen in ihren Händen, als hätte ein starker Luftzug sie ausgeblasen. Gunther verriegelte die Tür des Schlafgemachs und löschte die Lampe.

Im nächsten Augenblick hob zwischen Siegfried und Brunhild ein so mörderischer Ringkampf an, daß sich Gunther entsetzt an die Wand drückte. Siegfried mußte seine ganze Kraft zusammennehmen, denn Brunhild preßte seine Hände mit solcher Gewalt, daß ihm das Blut unter den Nägeln hervorspritzte. Schließlich aber lag sie bezwungen auf dem Boden und flehte um Gnade.

Siegfried verließ die Kammer. Den Gürtel, mit welchem die Königin auch ihn hatte fesseln wollen und den er ihr entwunden hatte, hielt er noch in der Hand, dazu einen kostbaren goldenen Armreif, den er ihr im Ringkampf abgestreift hatte. Beides nahm er mit.

Seit dieser Nacht, da Brunhild zum zweitenmal bezwungen worden war, waren ihre Kräfte geschwunden. Sie war nicht stärker als irgendeine andere Frau.

Nun freute sich Gunther wieder seines Lebens und seiner Krone. Zwei volle Wochen noch währte das Fest, dann schieden die Gäste. Auch Siegfried wollte mit seiner schönen jungen Gemahlin und seinen zwölf Getreuen heimreiten nach Xanten. Lange genug war er von seines Vaters Burg fern gewesen.

Ehe er aus Worms auszog, boten ihm Gunther, Gernot und Giselher ein reiches Stück ihres Landes mit vielen Burgen als Mitgift für die Schwester an. Aber er lehnte freundlich ab. Da forderten sie Kriemhild auf, sich doch außer den zweiunddreißig Edelfrauen auch noch eine Schar tüchtiger Ritter unter der Führung eines besonderen Helden als Gefolge an den Hof nach Xanten mitzunehmen.

»So wähle ich Hagen von Tronje, meinen lieben Oheim«, sagte Kriemhild arglos.

Hagen entgegnete voll Trotz: »Die Tronjer dienen seit Menschengedenken nur ihren Blutsverwandten, den Herren von Burgund — sonst niemandem auf dieser Welt.« Er sprach es und verließ den Saal.

Mit Jubel und Pracht wurden später Siegfried und Kriemhild von Siegmund und Sieglinde empfangen. König Siegmund übergab seinem Sohn die Herrschaft über ganz Niederland, und niemand widersprach, wenn es hieß: Noch nie saß eine schönere, holdere Königin zu Xanten am Rhein als die Schwester der Könige von Burgund.

Siegfried schenkte seiner jungen Frau als verspätete Morgengabe den Nibelungenhort. Feierlich setzte er sie als Herrin über das Gold in den Schatzkammern ein. Er herrschte voll Weisheit und Milde und wurde als Friedensfürst geehrt und geliebt.

Auch Brunhilds Ring und Gürtel übergab er Kriemhild, und als sie ihn nach der Herkunft dieser besonders wertvollen Geschmeide fragte, wollte er keine Lüge gebrauchen und erzählte ihr vertrauensselig, wie er die Schmuckstücke gewonnen habe und auch daß er es gewesen sei, der Brunhild auf Island besiegt habe.

Er ahnte nicht, daß seine Aufrichtigkeit ihm den Tod bringen sollte.

SIEGFRIEDS TOD

Zehn Jahre erfreuten sich Siegfried und Kriemhild eines ungetrübten Glücks. Ihren Sohn hatten sie zu Ehren von Kriemhilds Bruder Gunther getauft.

Auch König Gunther und Brunhild verlebten diese Zeit in Eintracht und Frieden, obwohl Brunhild das Rätsel, das sich um Gunther und Siegfried spann, nach wie vor geheime Not bereitete. Sie konnte nicht begreifen, daß ein König, der so reich und herrlich in Xanten regierte, kein freier Mann, sondern nur ein Vasall Gunthers sein sollte. Durch listige Fragen suchte sie dem Geheimnis auf den Grund zu kommen.

Als Gunther eines Tages zu ihr in die Kammer trat, sagte sie zu ihm: »Ich sehne mich danach, deine Schwester Kriemhild wiederzusehen. Sende Boten nach Xanten und befiehl Siegfried nach Worms an unseren Hof!«

»Sie wohnen zu fern, als daß man ihnen die weite Reise zumuten könnte«, entgegnete Gunther.

Brunhild sah erstaunt zu ihm auf. »Was soll das heißen?« fragte sie. »In zehn Jahren kann der Lehensmann wenigstens einmal den Weg zu seinem König und Herrn machen, um ihm zu huldigen und zu zinsen — oder ist dir Siegfried zu mächtig geworden, daß du dich scheust, ihn hierher zu befehlen?«

Gunther lächelte über den Eifer und versuchte, so gut er konnte, ihn zu dämpfen. Da verlegte Brunhild sich aufs Bitten, sie beteuerte, wie lieb ihr Kriemhild während ihres Hochzeitsfestes geworden sei und wie sehr Siegfrieds Besuch den Burgunden zur Ehre gereichen würde. Sie bettelte so lange, bis Gunther eine Gesandtschaft von dreißig Mann ausrüstete, die nach Xanten reiten und sowohl Siegfried und Kriemhild als auch den alten König Siegmund zur Feier des Sonnwendfestes nach Worms bitten sollte. Sieglinde war inzwischen gestorben.

Zum Führer der Gesandtschaft bestellte Gunther seinen Oheim Gere. Ute und Brunhild trugen ihm Grüße auf und ließen sagen, sie würden den Gästen aus Niederland gerne dienen und ihnen den Aufenthalt in Burgund so angenehm wie möglich machen.

Nach langem Ritt trafen die Boten in Xanten ein. Sie wurden herzlich willkommen geheißen. Kriemhild weinte Tränen der Freude. Sie eilte Gere entgegen und fragte: »Wie geht es Frau Ute, meiner geliebten Mutter? Wie geht es den Königen, meinen lieben Brüdern? Wie geht es Frau Brunhild?«

»Sie alle sind wohlauf«, entgegnete Gere. »Ihr einziger Schmerz ist, daß sie von dir, Kriemhild, getrennt leben müssen und schon so lange nichts mehr von dir hörten. Sie haben große Sehnsucht, dich und deinen Gemahl wiederzusehen. Kommt doch zur Sommersonnenwende nach Worms!«

Freudig nahm Siegfried die Einladung an. Auch König Siegmund versprach zu kommen. Dann wurden die Boten mit neuen Waffen und reichlich Gold entlohnt, und Gere ritt mit seinem Gefolge wieder heim.

Als sie in Worms meldeten, wie es ihnen ergangen sei und wie reich man sie in Xanten beschenkt habe, lachte Hagen und sagte: »Siegfried hat leicht Geschenke machen! Der Nibelungenhort ist sein eigen — er kann ihn nicht verschwenden, und wenn er ewig lebte! Käme der Schatz doch einmal in der Burgunderkönige Hand!«

Wenige Tage vor dem Sonnwendfest trafen die Gäste ein. Frau Ute, weißhaarig und gebeugt, umarmte ihre schöne Tochter. Sie schluchzte vor Wiedersehensglück. Siegfried drückte seinen alten Kampfgefährten aus dem Sachsenkrieg einem nach dem anderen die Hand.

Brunhild kam mit ihren Frauen festlich geschmückt in den Saal. Sie umarmte Kriemhild voll schwesterlicher Zärtlichkeit und hieß Siegfried willkommen. Der jugendliche Held von einst war zum Mann gereift, und wie sie ihn vor sich stehen sah, königlicher als alle anderen Könige, regte sich der alte, nagende Argwohn heftiger und gefährlicher denn je in ihrem Herzen.

Zu Ehren der Gäste hatte Hagen auf Gunthers Befehl Waffenspiele vorbereitet. Siegfried nahm eifrig an ihnen teil, und die Ritter aus nah und fern staunten über seine Kraft und Gewandtheit. Da war keiner, den er nicht aus dem Sattel stach oder mit dem Schwert bezwang. Doch gönnten ihm alle neidlos den Sieg.

Eines Morgens saßen Brunhild und Kriemhild einträchtig beisammen auf dem Söller der Burg. Sie schauten hinab auf das fröhliche, bunte Kampfgetümmel der Fürsten und Ritter.

Da sagte Kriemhild: »Schau, liebe Schwester, wie herrlich Siegfried vor allen anderen einhergeht! Wer wäre mit ihm zu vergleichen?«

Brunhild gab ihr keine Antwort, obgleich sie Kriemhild im Herzen recht geben mußte.

Kriemhild bemerkte Brunhilds Schweigen nicht, so sehr war sie in den Anblick Siegfrieds versunken, der da unten ritt und stritt. Voll Bewunderung sagte sie: »Wäre mein Gatte nicht wert, auch über das Reich der Burgunden zu gebieten?«

Das war zu viel für Brunhild. Es erzürnte sie ohnehin, daß Kriemhild sich benahm wie eines freien Königs Gemahlin und nicht wie das Weib eines Vasallen. Nun fuhr sie auf und rief: »Wie sollte Siegfried je die Krone Burgunds tragen? Noch leben Gunther und seine Brüder, und bis sie sterben, ist auch Siegfried alt geworden.«

»Dennoch steht Siegfried höher als sie alle«, entgegnete Kriemhild, von Seligkeit verblendet. »Sieh nur, Brunhild: wie der Mond die Gestirne mit seinem Licht überstrahlt, so überragt Siegfried die Könige dieser Erde! Wie sollte ich darüber nicht von Herzen fröhlich sein?«

Brunhild schwieg, so hart es sie auch ankam. Finster starrte sie eine Weile hinab auf den Platz, wo Gunther sich auf falbem Roß neben Siegfried tummelte. Dann sagte sie grollend und doch voll Hoheit: »So kühn und herrlich Siegfried auch sein mag, vor einem muß er sich dennoch beugen! Einen gibt es, der ihn übertrifft: Gunther, mein Gemahl, der König vom Rhein, Siegfrieds Lehensherr!«

»Siegfrieds Lehensherr?« Fassungslos sah Kriemhild auf die Burgunderkönigin, deren Hochmut sie aus allen Himmeln riß. »Was redest du da? Bist du von Sinnen? Gunther Siegfrieds Lehensherr?«

»Er hat sich stets als solcher bekannt«, triumphierte Brunhild, »und Gunther, dein Bruder, hat ihn wie einen Vasallen dienen lassen!«

Kriemhild erbleichte. »Wann und wo wäre das geschehen?«

»Auf Island«, antwortete Brunhild. »Als Gunther um mich werben kam, nannte Siegfried ihn seinen Herrn. Er faßte des Rosses Zügel, wenn Gunther abstieg, er hielt ihm den Steigbügel, wenn er aufsaß, er bewachte das Schiff und diente ihm bei der Tafel — was willst du noch mehr?«

Tief empört entgegnete Kriemhild: »So wäre ich nur das Weib eines Vasallen? So hätte mich der eigene Bruder mit einem Gefolgsmann vermählt? Das glaubst du, Brunhild, und verachtest deinen Gatten nicht? Nie wieder will ich solche Worte hören!«

Da flammte Brunhild auf: »Warum sollte ich die Wahrheit verschweigen? Warum sollte Gunther dich nicht mit Siegfried vermählen? Durch die Ehe mit dir band er den König von Niederland nur um so enger an sich! Oder glaubst du, Gunther würde je auf Siegfrieds Dienste verzichten?«

Kriemhild wußte nicht aus noch ein. Sie hob die Hände beschwörend gegen Brunhild: »Irrtum hat deine Sinne umfangen, Schwester, sonst sprächst du nicht so! Wann hätte Siegfried meinem Bruder je Zins gezahlt, wie es dem Lehensmann ziemt? Nie hörte ich das!«

Brunhild weidete sich eine Weile an Kriemhilds Verzweiflung. Dann sagte sie kühl: »Du überhebst dich in allem und jedem, Kriemhild. Nie wirst du, die Gemahlin Siegfrieds, so hoch in Ehren stehen wie ich, König Gunthers Frau! Erzürne mich nicht durch deinen Übermut.«

Da rief Kriemhild: »Heute noch und hier will ich dir beweisen, wie hoch Siegfrieds Weib über dir steht! Vor dir werde ich, die Frau des edelsten Helden, die Kirche betreten, wie es mir gebührt!«

»So trenne auch gleich dein Gefolge von dem meinen — die Frauen der Königin haben nichts zu schaffen mit den Mägden der Vasallin«, sagte Brunhild zornbebend.

»Das soll geschehen«, erwiderte Kriemhild und verließ den Söller. Sie rief ihre Frauen und Ritter zu sich, befahl ihnen, sich so kostbar und glänzend zu kleiden, wie sie es nur vermöchten, und als die Stunde der Messe gekommen war und die Glocke rief, schritt sie mit ihrem Gefolge durch den Burghof dem Münster zu.

Vor der Pforte stand Brunhild mit ihrer Begleitung, und als Kriemhild die Stufen hinanstieg, trat sie dieser in den Weg und gebot ihr zu halten. »Des Dienstmanns Weib folge der Königin, nicht umgekehrt! Es ziemt sich nicht, daß du vor mir die Kirche betrittst. Zurück!«

Voll Hohn sah Kriemhild in das Antlitz der Gegnerin. Mit lauter Stimme sagte sie: »Du hättest besser getan zu schweigen, Brunhild. Nun, da du so hochmütig redest und mir Schande zufügen willst, muß auch ich dir Schande bereiten. Höre: Nicht Gunther hat dich auf Island besiegt, sondern der König von Niederland! Die Tarnkappe verhehlte ihn deinen Blicken. Nicht Gunther hat dich in jener Nacht ringend bezwungen und deine Kraft gebrochen, sondern wiederum Siegfried, mein Gatte! Ist dir das Schande genug?«

Weißer als der weißeste Marmor wurde Brunhilds Antlitz. Unheimlich leuchteten ihre meerdunklen Augen daraus hervor. Schwärzer als die schwärzeste Nacht umrahmte ihr Haargelock, in dem das Königsdiadem blitzte, die kalkweiße Stirn. Wie von einem Speerstoß getroffen, wankte sie. Die Hände sanken ihr kraftlos hinab. So gab sie Kriemhild den Weg frei, die als erste vor ihr das Münster betrat. Dann erst folgte Brunhild mit ihren Frauen.

Der Gesang süßer Knabenstimmen, der die Messe begleitete, beruhigte Brunhilds Gemüt ein wenig. Und als die Messe zu Ende war, verließ sie die Kirche als erste und erwartete die Feindin vor dem Tor. »Du hast die Unwahrheit gesprochen«, sagte sie zu Kriemhild, »du kannst deine ungeheuerlichen Worte nicht beweisen!«

Statt jeder Antwort streifte Kriemhild Brunhilds Armreif, den sie von Siegfried erhalten hatte, ab und reichte ihn der Königin. »Kennst du das?« fragte sie.

Brunhild erkannte das Geschmeide. Düster antwortete sie: »Den Ring vermisse ich schon lange. Nun weiß ich endlich, wer ihn mir gestohlen hat — du!«

»Du kannst mich keine Diebin schelten«, erwiderte Kriemhild zornig. »Siegfried nahm dir den Ring, als er mit dir im Dunkeln rang. Und auch den Gürtel entriß er dir, mit dem du ihn binden wolltest, du Törin! Sieh her!« Sie schlug ihren langen, weißseidenen Mantel auseinander — da blitzte im Strahl der Sonne Brunhilds herrlicher, edelsteingezierter Gürtel um ihre Hüften.

»Glaubst du nun endlich, daß ich die Wahrheit spreche?« rief Kriemhild voll wilder Lust, die Gegnerin zu demütigen. »Noch ehe Gunther, dein eigener Gemahl, dich küßte, hat schon Siegfried, der Lehensmann, es getan!«

Da taumelte die Königin der Burgunden. Sie schrie, von ihren entsetzten Frauen gestützt, auf: »Ruft den König! Mit eigenen Ohren soll er hören und mit eigenen Augen sehen, welche Schmach mir seine Schwester vor allem Volk zufügt!«

Gunther kam. Brunhild wies auf Kriemhild und rief: »Das Weib deines Gefolgsmannes, durch dessen Kraft du mich auf Island besiegtest und betrogst, trägt meinen Gürtel und Ring! Sie behauptet, Siegfried habe mir beides im nächtlichen Kampf entwunden und mir anstatt deiner den ersten Kuß abgezwungen! Schwöre, daß deine Schwester die Unwahrheit spricht, oder ich bin der Burgunden Königin gewesen!«

»Das soll Siegfried dir und mir beschwören«, entgegnete Gunther voll tiefem Unmut. »Man rufe den König von Niederland!«

Als Siegfried aus der Burg trat und vor der Münsterpforte erschien, ging Gunther auf ihn zu und sagte: »Kriemhild schmäht die Königin. Sie sagt, du habest Brunhilds bräutliche Lippen eher berührt denn ich. Hast du dich dessen je vor einem Weib gerühmt?«

Da wurde Siegfried zornig. Er hatte Kriemhild nie dergleichen erzählt, nur, daß er mit Brunhild zweimal gekämpft und sie zweimal besiegt habe. »Das will ich mit heiligem Eid beschwören«, rief er, »daß Kriemhild die Unwahrheit sprach.«

Sogleich schlossen Gunthers Mannen einen Ring um Siegfried, stießen ihre Schilde vor sich in den Boden, und der Held hob die Schwurhand.

Aber Gunther winkte ab. »Ich erlasse dir den Eidspruch«, sagte er, »an dir ist kein Falsch und Arg. Du lügst nicht. Kriemhild, meine Schwester, trifft alle Schuld.« Er teilte den Ring der Männer, trat auf Siegfried zu und bot ihm die Hand.

Siegfried ergriff sie und sagte: »Ich schäme mich über alle Maßen, daß meine Frau deine Gemahlin so tief verletzte. Ich schäme mich ihres unhöfischen Betragens. Laß uns künftig unsere Frauen strenger halten, Gunther. Verbiete auch du deinem Weib, in Hinkunft allzu übermütige Reden zu führen und mutwillig Streit vom Zaun zu brechen. Laß uns den Zwist begraben, er soll die Freude des Festes nicht trüben!«

So schieden die Männer versöhnt. Siegfried schritt an Kriemhilds Seite zurück in die Burg, und aller Augen folgten ihm bewundernd. Sein Zorn und Freimut hatten ihn noch königlicher erscheinen lassen und ihm jedes Herz gewonnen.

Nur eines nicht: Hagens Herz. Der Tronjer schaute dem Helden drohend nach. »Ob dieser Eid ein Meineid war, weiß ich nicht«, sagte er. »Aber daß Siegfried geschwätzt und die Königin beleidigt hat, das weiß ich!« Dann begab er sich zu Brunhild.

Von ihren Frauen allein gelassen, saß die Königin einsam in der Kammer. Tränenlos starrte sie zu Boden. Im Geist sah sie Island vor sich, ihr Inselreich im Norden. Sie hörte das Meer an die Klippen branden, sah ihre vieltürmige Burg in den feurigen Himmel ragen, sah ihre verwaisten treuen Recken und Mädchen voll Sehnsucht nach ihrer Königin Ausschau halten. Aber sie konnte nicht mehr dorthin zurück! Sie war besiegt und eines Mannes Weib geworden. Eines Mannes, der schwächer war als sie! Das also war die Lösung des Rätsels, das ihr so oft den Schlaf geraubt hatte: Siegfried war ihr Bezwinger gewesen, nicht Gunther. Furchtbarer Schmerz und Grimm zerwühlten ihr Herz. »O daß ich den Trug doch durchschaut hätte! Glücklich herrschte ich noch heute auf Island!« flüsterte sie vor sich hin.

Da trat Hagen bei ihr ein. Ihm klagte sie ihr tiefes Leid. »Nicht eher finde ich Ruhe, und nicht eher werde ich Gunther wieder meine Liebe schenken, als bis die Schmach gesühnt ist, die Kriemhild mir zugefügt hat«, sagte sie.

»Euer Schmerz ist der meine, Königin, und Eure Schmach ist meine Schmach. Ich will an Siegfried Rache üben oder nie wieder froh werden!« gelobte Hagen.

Er verließ das Gemach und suchte Gunther auf. Er fand ihn mit Gernot und Giselher im Gespräch, auch Ortwin von Metz, der Truchseß, war zugegen.

Dunkle Glut lohte in Hagens Auge. Mit mühsam gedämpfter Stimme sprach er: »Siegfried muß sterben.«

Ortwin stimmte ihm unverzüglich bei. »Ja«, sagte er, »Siegfried muß sterben. Wie stark seine Kraft auch sei, sie soll ihm nichts nützen! Erlaubt, so will ich selber gleich versuchen, ihn zu töten!«

Die königlichen Brüder erschauerten bei diesem Gedanken.

»Wir würden mit solchem Verrat unermeßliche Schuld auf uns laden«, sagte Gunther. »Immer hat mir dieser Held nur Gutes erwiesen.«

Auch Giselher rief erregt: »Womit hätte er jemals unseren Haß und so schreckliche Strafe verdient? Mich dünkt, der Zwist der Frauen ist viel zu gering, als daß man darum Siegfried morden dürfte!«

Hagen aber schüttelte sein Haupt. »Er hat die Königin beleidigt, er muß sterben«, sagte er.

»Und wie wolltest du es anstellen?« fragte Gunther schwankenden Herzens. »Siegfried ist unverwundbar!«

Hagens Auge blitzte auf. »Laßt Boten gegen Worms reiten, die sollen melden, Lüdegast, der Däne, und Lüdeger, der Sachsenkönig, hätten den beschworenen Frieden gebrochen und zögen mit Heeresmacht gegen Burgund. Siegfried wird wieder mit uns sein, und aus Sorge um das Leben ihres Gatten wird mir Kriemhild die Stelle verraten, wo auch er verwundbar ist. Doch laßt das meine Sorge sein. Sind wir gerüstet und zum Ausritt gegen den Feind bereit, dann laßt uns plötzlich Friedensboten des Sachsenkönigs entgegenkommen, und statt in die Schlacht, reiten wir dann in den Odenwald zur Jagd. Dort will ich das Wild schon stellen.«

Das war Hagens Rat und Plan. Voll Grauen hatten die Brüder und Ortwin ihm gelauscht. Nun trennten sie sich schweigend.

Gunther konnte sich nicht entschließen, den Befehl zur Vorbereitung der schrecklichen Tat zu geben, zu sehr fühlte er sich Siegfried verbunden, zu sehr vertraute er ihm.

Hagen aber, voll Haß gegen den Helden aus Niederland, raunte dem König Tag für Tag zu: »Siegfrieds Eid war ein Meineid. Er hat dich verraten! Nie wieder wird dir Brunhild ihre Liebe schenken, wenn diese Schmach nicht mit Blut gesühnt wird!« Und als all diese Worte nicht fruchteten, packte er Gunther bei seiner Goldgier. »Was zögerst du so lange?« sagte er. »Noch ist Siegfried in Worms, stirbt er, fällt die Nibelungenkrone an dich und du bist Herr des unermeßlichen Hortes.«

»Und wer sollte die schreckliche Tat ausführen?« fragte Gunther, schon halb umgestimmt.

»Ich«, erwiderte Hagen finster. »Ich hasse Siegfried und brenne darauf, seinen Verrat zu rächen. Soll es gelten?« Er streckte Gunther die Rechte hin.

Der König schlug ein. Siegfrieds Tod war beschlossen.

Schon am anderen Morgen kamen die falschen Boten. Als Siegfried ihre Botschaft vernahm, war er außer sich über die Untreue der Dänen und Sachsen. »Haben Lüdegast und Lüdeger denn nicht Frieden geschworen?« rief er. »Haben wir sie nicht würdig behandelt und als Helden in Ehren entlassen? Wehe ihnen, sie sollen ihren Übermut büßen! Welch glücklicher Zufall, daß ich gerade bei euch weile und die Eidbrüchigen mit dem Schwert züchtigen kann!«

Voll Falschheit neigte sich Gunther vor dem Gast. Er dankte Siegfried, daß er wieder mit ihm in den Krieg ziehen wolle, und tat, als würde er ihm einen gewaltigen Dienst erweisen.

So fing man mit Lüge den Helden, Hinterlist brachte ihn zu Fall.

Das Heerhorn gellte durch Burg und Land, es rief alle Streiter zu den Waffen. Die Rüstkammern und Ställe leerten sich, das Heer versammelte sich auf dem Blachfeld, Hagen ordnete und überwachte den Aufmarsch.

Auf Gunthers Befehl rüsteten sich auch Gernot und Giselher, Ortwin und Dankwart samt allen anderen Helden des Hofes für die Schlacht. Man zäumte und tummelte die Rosse, schärfte Schwerter und Speere, entrollte die Fahnen und Heerwimpel — alles nur zum Schein.

Die burgundischen Streiterscharen sammelten sich, die Niederländer gesellten sich ihnen zu, Hagen teilte sie ein und gab die Anweisungen für den bevorstehenden Kriegszug. Als die Truppen geordnet waren, befahl er ihnen zu ruhen — am anderen Morgen wollte man aufbrechen. Dann begab sich Hagen in die Burg.

Er trat bei Kriemhild ein. »Wir reiten gegen die Sachsen und Dänen«, sagte er. »Siegfried zieht mit uns!«

Kriemhild reichte ihm die Hand. »Oheim Hagen«, sagte sie, »du bist mein Freund. Wie freue ich mich, daß Siegfried euer Gefährte blieb und ihr nicht Feinde wurdet wegen meines üblen Zwistes mit Brunhild. Längst bereue ich, daß ich Brunhild durch mein unbedachtes Reden schwer kränkte. Nun laß auch du ihn meine schlimme Rede nicht entgelten und beschütze ihn, wenn es in die Schlacht geht. Ich bange um sein Leben.«

»Die Bitte erfülle ich dir gerne«, antwortete der Tronjer voll heuchlerischer Teilnahme. »Doch was befürchtest du für Siegfried? Ist er nicht unverletzbar?«

»Nicht ganz«, seufzte Kriemhild. »Als er im Drachenblut badete, fiel ihm ein Lindenblatt zwischen die Schultern; dort verhornte die Haut nicht, blieb weich und zart. Wie leicht kann ihn an dieser Stelle ein Speer oder ein Pfeil treffen! Der Zufall ist heimtückisch und Siegfried allzu kühn im Kampf!«

Hagen lächelte insgeheim. Er war am Ziel! Voll scheinbarer Sorge fragte er: »Kennst du die verwundbare Stelle genau?«

Kriemhild nickte.

Da sagte er: »So nähe mir noch heute nacht mit Seide ein Kreuz an der verwundbaren Stelle in Siegfrieds Gewand, damit ich ihn mit meinem Schild beschirmen kann, wenn ihm Gefahr droht. Willst du das tun?«

Kriemhild drückte voll Dankbarkeit Hagens Hand und versprach es. Und als es Nacht geworden war und Siegfried schlief, stahl sie sich vom Lager hinweg, nahm des Helden Kleid und stickte ein Kreuz hinein, genau über der Stelle, die sie kannte wie niemand sonst.

Der Morgen kam, das Heer verließ Worms. Es war noch keine Stunde vergangen, als ihnen Boten entgegensprengten, die vor Gunther die Pferde verhielten und ihm meldeten, die Könige Lüdegast und Lüdeger hätten sich auf die Kunde hin, daß Siegfried am Feldzug teilnähme, eines Besseren besonnen und böten Frieden an.

»Das könnte den Wortbrüchigen so passen!« rief Siegfried erzürnt. »Wir setzen ihnen nach und bereiten ihnen im eigenen Land ein blutgetränktes Grab!«

Es kostete viel Mühe, ihn von diesem Vorhaben abzubringen. Siegfried war enttäuscht: Seit Jahren war er nicht mehr in den Kampf gezogen, und nun sollte er zwei eidbrüchige, feige Könige laufenlassen?

Da zeigte Gunther mit der Hand auf ein Waldgebirge, das sich über dem Rhein drüben in der Sonne einladend erstreckte. »Dort liegt der Odenwald«, sagte er, »da gibt es die besten Hirsche, die schwersten Sauen, auch fette Bären und wilde Büffel in Menge. Ich lasse morgen früh die Hörner blasen. Reitest du mit auf die Jagd?«

»Statt in die Schlacht gegen die Dänen und Sachsen — auf Sauhatz in den Odenwald! Ein matter Tausch, aber nicht der schlechteste«, scherzte Siegfried und willigte ein.

»Leihst du mir einen Treiber und einen guten Jagdhund dazu, so will ich gerne mithalten«, sagte er zu Gunther, und der König versprach: »Vier sollst du haben statt einen; Treiber und Hunde, die jedes Wild in seinem Schlupfwinkel aufspüren und Weg und Steg wohl kennen, damit du dich nicht verirrst. Der Odenwald ist weit und groß.«

So war die Jagd beschlossen. Das Heer kehrte heim, die Rüstkammern füllten sich wieder mit Waffen, die Ställe mit den Pferden; nun wurde das Jagdgerät hervorgeholt und eilig instand gesetzt, und Gunther lud alle Gäste zu einer fröhlichen Hatz in den Odenwald.

Am anderen Morgen wimmelte der Burghof von jagdlustigen Männern. Sie liebten das edle Weidwerk und waren kaum weniger ungeduldig als die gekoppelten Rüden, mit denen die Knappen und Treiber ihre Not hatten.

Siegfried, den Bogen um die Schulter, den Köcher am Gurt, betrat noch rasch Kriemhilds Gemach, um sich von ihr zu verabschieden. Er fand sie in Trauer und Tränen.

»Warum weinst du?« fragte er.

Schluchzend antwortete sie: »Ich träumte vergangene Nacht, zwei wilde Eber verfolgten dich über die Heide, und gleich darauf waren das Gras und die Blumen rot von Blut! Bleib daheim, reite nicht zur Jagd, ich bitte dich! Gewiß droht dir Unheil!«

»Von Wildschweinen?« lachte der Held. »Mit denen hoffe ich fertig zu werden, auch noch mit Bären und Büffeln.«

Da flehte Kriemhild: »Die Eber im Traum mögen in Wahrheit Feinde sein, die dir nach dem Leben trachten. Bleib!«

»Lüdegast und Lüdeger haben Frieden angeboten«, sagte er tröstend, »und hier in Worms, wo hätte ich da einen Feind?«

»Vielleicht ist es Hagen, du kannst es nicht wissen«, bangte Kriemhild, und es ging ihr durch den Sinn, ob es nicht am Ende gefährlich war, daß sie dem Tronjer das Geheimnis des Gatten verraten hatte. Doch jetzt war es zu spät, um das seidene Gestick heimlich aus dem Kleid zu trennen.

Siegfried erwiderte: »Warum sollte Hagen mein Feind sein? Gab ich ihm jemals Anlaß dazu? Wir waren Waffengefährten, fuhren nach Island. Stets vertrugen wir uns.«

»Bleib bei mir, Siegfried«, bat sie wieder, »höre auf mich, nur dieses eine Mal! Mir träumte, du rittest durch eine finstere Schlucht. Da bebte die Erde, die Felsen neigten sich und stürzten über dir zusammen!«

Siegfried schloß sie lächelnd in die Arme und küßte sie auf beide Augen. »Wie können so lichte Augen so finstere Bilder sehen?« sagte er scherzend. »Vergiß die Träume und sei fröhlich!« Dann riß er sich los und lief davon.

Im Hof hatte man ihn schon mit Ungeduld erwartet. Nun saßen alle auf und ritten, von Hörnerklang und lautem Hundegebell begleitet, hinaus auf den Anger über den Rhein in den Odenwald.

Nur Gernot und Giselher waren nicht dabei. Sie wußten, worum es bei dieser Jagd ging. Sie wollten am Mord nicht teilhaben. Sie blieben zu Hause, tiefe Not im Herzen.

Der Odenwald ist uralt. Hagen kannte ihn gut und bestimmte eine weite Lichtung, auf der es sich trefflich lagern ließ, wenn Hunger und Müdigkeit die Jäger wieder aus dem Dickicht lockten und sie nach einem guten, würzigen Bissen und nach einem kühlen Trunk verlangten.

Sie wünschten einander eine erfolgreiche Jagd und trennten sich. Jeder jagte für sich allein, auch Siegfried. Immer weiter entschwand das Gekläff der Rüden, immer leiser drang das Hörnerblasen an sein Ohr. Die große, wundersame Stille des Waldes nahm ihn auf. Meisen sangen, ein Bach rauschte, die hohen Laub- und Fichtenwipfel bewegte der Wind. Schweigend ritt er mit seinen Treibern und Hunden auf immer wilderen Pfaden ins Dickicht. Ein Hirsch sprang auf, er verfolgte und erlegte ihn mit dem Speer. Es war die erste, aber er blieb nicht die letzte Beute dieses Tages — auch einen Elch erlegte er, einen Eber mit handlangen Borsten und fürchterlichen Hauern, einen Büffel, einen Wisent und vier Auerochsen. Kein Wunder, daß sein Köcher fast leer war, als die Sonne im Mittag stand.

Nun suchte er den Weg zum Lagerplatz, um Leute zu holen, die die

Beute einbringen sollten. Als er die Lichtung schon durch die Bäume schimmern sah, ließ Gunther eben die Jagd abblasen. Der Klang des Hifthorns schreckte einen verschlafenen dicken Bären aus seinem Laubbett. Ärgerlich brummend trabte er waldeinwärts.

Siegfried ritt ihm nach, doch als er ihm schon ganz dicht auf den Fersen war, ließ sich das Tier plötzlich in eine Schlucht hinabkollern, wohin ihm Siegfried zu Pferde nicht folgen konnte. Rasch entschlossen sprang er aus dem Sattel und kletterte in die Schlucht hinunter. Knurrend richtete sich der Bär auf den Hinterpranken auf und schritt mit erhobenen Tatzen auf Siegfried zu, als wollte er ihn umarmen. Da fing ihn der Held mit den bloßen Händen. Er rang ihn nieder und fesselte ihn an allen vier Beinen. Dann schleppte er den Bären aus der Schlucht hinaus und band ihn an den Sattel seines Pferdes.

So ritt er zum Lager zurück, wo er den Bären wieder freiließ. Das Tier rannte aufgeregt zwischen den Zelten und Feuerstellen umher, machte Hunde und Pferde scheu, warf die brodelnden Kochtöpfe um und hauste schrecklich. Die Braten fielen in die Asche, die Küchenknechte rannten kopflos hierhin und dorthin, und niemand wagte, dem Störenfried mit Pfeil oder Speer an den Leib zu rücken, weil auf dem engen Raum jeder jeden gefährdet hätte.

Schließlich lief der Bär davon. Aber Siegfried setzte ihm abermals nach und erlegte ihn mit dem Schwert. Alles lachte und beglückwünschte ihn zu dem Abenteuer, und der Koch machte sich mit dem Küchenjungen sogleich über den feisten Bären her. Das gab einen köstlichen Braten!

Die Jäger lagerten im Gras und ließen sich die Speisen, die die Saumtiere inzwischen herangebracht hatten, gut schmecken. Als sich aber der Durst meldete und ein jeder nach dem Mundschenk rief, kam keiner.

»Hagen mag ein guter Schlachtenführer sein«, rief Siegfried halb im Scherz, halb erbost, »Jagdmeister ist er ein schlechter: er läßt seines Königs Gäste verdursten!«

»Verzeiht, ihr Herren«, sagte Hagen, »ich bekenne meine Schuld, doch dachte ich, wir würden im Spessart jagen, dorthin ließ ich den Wein bringen.«

»So wollte ich, wir wären im Spessart«, rief Siegfried, »mein Durst ist gewaltig, sieben Saumlasten Met und Rebensaft könnten ihn kaum löschen. Hunger erträgt der Weidmann ohne Klage, aber Durst leiden fällt ihm schwer. Wären wir doch wenigstens näher am Rhein, da hätten wir Wasser!«

»Wenn es Wasser sein darf«, sagte Hagen gleichmütig, »damit kann ich dienen. Unweit von hier in einer Wiesenmulde weiß ich eine Quelle, dort sprudelt köstlich kaltes Wasser aus dem Grund. Wenn es Siegfried mit dem Trinken eilt, möge er mit uns dorthin um die Wette laufen. Ich hörte schon immer sagen, daß ihm im Wettlauf keiner gleichkäme, erprobt habe ich es freilich noch nicht.«

»Das kannst du haben, Hagen von Tronje«, rief Siegfried und sprang auf. »Du und Gunther, ihr mögt ohne Waffen laufen, während ich zu meinem Jagdzeug auch noch meinen Schild aufnehme. Trotzdem will ich früher an der Quelle sein als ihr!«

König Gunther erhob sich und legte gleich Hagen die Kleider ab bis aufs Hemd. Sie liefen wie zwei wilde Panther durch den Klee. Doch als sie bei der Quelle anlangten, war Siegfried schon dort. Sein Atem ging kaum schneller als sonst, er hatte Bogen und Schwert abgelegt, Speer und Schild an den Stamm der Linde gelehnt, die die Quelle beschattete.

Getrunken hatte Siegfried noch nicht. Wie heftig ihn auch der Durst quälte, er bezwang sich, höfischer Sitte gehorsam, und ließ Gunther, dem im Wettkampf Unterlegenen, den Vortritt.

Die Quelle war rein, ihr Wasser klar wie Kristall. Der König beugte sich nieder und trank. Nach ihm schöpfte Siegfried mit beiden Händen Wasser an seinen brennenden Mund.

Während aber Siegfried seinen Durst in langen Zügen löschte, trug Hagen schnell Siegfrieds Bogen und das Schwert Balmung beiseite. Er versteckte die Waffen unter einem Gebüsch. Dann nahm er den schweren Wurfspieß an sich, trat einen Schritt zurück, faßte das Kreuz zwischen Siegfrieds Schultern scharf ins Auge und stieß dem Helden den Speer mit aller Kraft durch das Gestick in den Rücken. In breitem Strahl sprang ihm Siegfrieds Herzblut entgegen und färbte sein Hemd rot.

So gewaltig war dieser Wurf getan, daß die Spitze von innen her den hürnenen Panzer sprengte und spannenlang vorne aus Siegfrieds Brust herausdrang.

Hoch ragte der Schaft aus Siegfrieds Nacken. Der todwunde Held erhob sich, wandte sich um, suchte nach Schwert oder Bogen, fand sie nicht — nur der Schild lag noch im Gras vor ihm. Den nahm er in beide Hände und rannte damit wie rasend hinter Hagen her, der mit Gunther die Flucht ergriffen hatte. In gewaltigen Sätzen holte er Hagen ein, schlug ihn mit dem Schildrand nieder. Im selben Augenblick aber wich auch schon alle Farbe aus seinem Antlitz, zu tief war die Wunde, zu schnell floß das Blut. Rot färbten sich die Blumen der Wiese, wie es Kriemhild im Traum gesehen hatte.

Hätte Siegfried den Balmung zur Hand gehabt, es wäre des Tronjers Tod gewesen. Sterbend brach Siegfried über seinem Schild zusammen. »Ihr Feiglinge«, rief er mit letzter Kraft, »was hilft es mir nun, daß ich euch stets treu und liebreich diente, ihr habt mich doch erschlagen. Warum lohntet ihr meine Treue so schlecht? Warum kühltet ihr euren Zorn an mir so tückisch? Was habe ich euch getan?«

Die Stimme versagte ihm. Hagen und Gunther traten herzu. Da sprach Siegfried: »Ihr habt an euch und eurer Sippe übel gehandelt. Verflucht sei, was aus Burgundenstamm je geboren wurde und noch geboren wird nach dieser Zeit! In ehrenhafte Recken und in solche aus Burgund wird man künftig die Ritter scheiden. Schande über euch!«

Gunther schlug die Hände vors Gesicht und stöhnte auf. Laut beklagte er Siegfrieds Tod.

Hagen aber verwies es ihm grollend und sagte: »Freut Euch doch! Der einzige, der stärker war als wir, stirbt! Wohl mir, daß ich seinen Hochmut und seine Schwatzhaftigkeit bestrafen durfte! Nun hat all unsere Sorge ein Ende.«

Da hob Siegfried ein letztesmal die schweren Lider, öffnete mühsam den Mund und sagte: »Du kannst dich leicht rühmen, Hagen von Tronje. Hätte ich deinen Mördersinn früher erkannt, ich hätte mich wohl vor dir in acht genommen. Nun ist es zu spät. Siegmund, mein Vater, und meine Mannen werden vergeblich auf mich warten. Grüßt Kriemhild von mir, sie und auch mein Söhnchen im fernen Xanten. Ich bedaure beide von Herzen, weil sie von nun an mit Mördern verwandt sind. Willst du, Gunther, noch einmal Treue üben an jemandem auf dieser Welt, so nimm dich deiner Schwester an — noch keiner Frau wurde größeres Leid zugefügt als ihr.«

Nicht lange mehr rang er mit dem Tod. Bald sank sein helles Haupt zur Seite.

Inzwischen waren auch die anderen Recken vom Lagerplatz durch den Wald an die Quelle gekommen. Sie sahen, was geschehen war. Stumm blickten alle auf Gunther. Dann legten sie den Leichnam auf Siegfrieds Schild und beratschlagten, wie sie den Mord verhehlen wollten.

»Laßt uns sagen, Räuber hätten ihn erschlagen, als er einsam auf Jagd durch den Wald zog«, rieten einige.

Aber Hagen richtete sich hoch auf: »Ich selber bringe Siegfried heim zu Kriemhild. Mich kümmert wenig, ob jene weint, die meine Königin beleidigt hat!«

Sie warteten die Nacht ab und kehrten dann über den Rhein zurück. Vier Reiter trugen Siegfrieds Leichnam auf den Schultern. Hagen, der den Balmung an sich genommen hatte und ihn versteckt unter seinem Mantel trug, schritt nebenher. Als sie in der Burg anlangten, befahl der Tronjer, die Leiche vor Kriemhilds Tür zu legen.

Im Morgengrauen erhob sich Kriemhild und kleidete sich an. Sie wollte sich zur Messe begeben, vom Münster läutete die Glocke. Sie rief nach ihrem Gesinde. Ein Kämmerling, der mit einem Licht bei ihr eintreten wollte, stolperte über den Leichnam vor der Tür. Er sah wohl, daß es ein toter Ritter in blutgetränktem Gewand war, aber er erkannte seinen Herrn nicht.

Verstört trat der Page in die Kammer und sagte: »Edle Frau, draußen vor der Schwelle liegt ein erschlagener Mann.«

Kriemhild schwanden die Sinne. Noch hatte sie den Toten nicht gesehen, und doch wußte sie, daß es nur Siegfried sein konnte, der draußen lag, von Hagens Hand ermordet.

Die Mägde liefen bestürzt herbei, bemühten sich um die Ohnmächtige, und als Kriemhild endlich zu sich kam, stieß sie so gellende Schreie aus, daß alle in der Burg erwachten und zusammenliefen.

»Vielleicht ist es ein Gast, ein Fremder«, versuchten die Frauen sie zu trösten, doch Kriemhild rief: »Siegfried ist es!«

Sie schleppte sich vor die Tür und sank laut weinend neben dem Toten nieder. Sie hob das edle Haupt mit ihrer weißen Hand, und wie blutüberronnen es auch war, sie erkannte seine Züge. »Meuchelmörder haben dich erschlagen, dein Schild ist unversehrt«, rief sie wild schluchzend. »Brunhild hat es getan!«

Kriemhild befahl einem ihrer Ritter, unverzüglich König Siegmund zu wecken. Der kam, gefolgt von einer Schar Recken.

»Wer hat es getan?« fragte er. »Wehe, warum sind wir in dieses Land gereist! Welche Mörderhand hat mir den Sohn geraubt?«

»Ich weiß, wer es tat«, antwortete Kriemhild. »Aber erst soll es vor aller Welt kundwerden, ehe ich rede und auf Rache sinne.«

Da begehrten die Mannen aus Niederland mit erhobenen Schilden, Siegmund möge sie auf der Stelle zum Kampf gegen die Burgunden führen. Alle tausend begannen sich zu waffnen, sie wollten Siegfried, ihren geliebten Herrn, an Gunther und den Seinen rächen. Noch nie war das Gastrecht so schwer verletzt worden.

»Der Mörder ist in der Burg!« riefen alle. »Auf! Sucht und tötet ihn! Noch heute soll er in seinem Blut liegen!«

Doch Kriemhild erhob sich und trat ihnen entgegen. »Senkt eure Schilde und laßt die Waffen ruhen«, sagte sie düster. »Gunther kann gegen jeden von euch dreißig aufstellen. Schont euer Leben, noch ist die Stunde der Rache nicht gekommen. Eines Tages aber, wenn es sich fügen wird, werde ich mit euch Siegfrieds Tod furchtbar rächen. Gnade Gott dem, der mir meinen lieben Gemahl nahm. Nun helft mir, euren König einzusargen, wie es ihm gebührt!«

Die Schmiede bekamen den Auftrag, einen Totenschrein aus Gold und Silber zu verfertigen, darin sollte Siegfried begraben werden. Unterdessen brachte man den herrlichen Leib, nachdem man ihn gewaschen hatte, in das Münster und bahrte ihn unter dem Geläute der Glocken auf. Über einen langen Steinsockel breitete man seinen roten Prunkmantel und legte den toten Helden darauf. Seinen goldenen, unversehrten Schild mit der Königskrone von Niederland stellte man ihm zu Füßen, und die edelsten Ritter, die mit ihm aus Xanten nach Burgund gekommen waren, hielten Totenwacht, unter ihnen der getreue Markgraf Eckewart.

Viele Totenmessen sangen die Priester. Alle Stunden trat Kriemhild an die Bahre und weinte um Siegfried. Tag und Nacht brannten armdicke Kerzen zu seinen Häupten.

Am Morgen des nächsten Tages kamen unter anderen Trauergästen auch Gunther und Hagen in das Münster. Der König ging zu Kriemhild und sagte: »Liebe Schwester, wir teilen dein Leid von ganzem Herzen. Auch wir werden Siegfrieds Tod immer beweinen.«

»Dazu habt ihr wenig Grund, ihr Heuchler«, entgegnete sie. »Wäre es euch wirklich leid um Siegfried, so läge er nicht hier.«

Doch Gunther leugnete alle Schuld an dem Verbrechen.

Da rief Kriemhild voll Hohn und Bitterkeit: »Wenn ihr unschuldig seid, so tretet an die Bahre heran! Da wird es sich zeigen, ob ihr die Wahrheit sprecht oder lügt!«

Ohne Zögern gehorchte Gunther. Kriemhild heftete ihre Blicke aufmerksam auf Siegfrieds Leiche: nichts regte sich an dieser, keine Veränderung war zu bemerken.

Nun trat Hagen herzu, stolz und ohne Zagen. Aber im selben Augenblick brach Siegfrieds Wunde wieder auf, dunkles Blut quoll reich hervor und floß auf den herrlichen, goldgewirkten Königsmantel. So wurde Hagens Schuld offenbar.

»Du hast es getan!« schrie Kriemhild, der Würde des Münsters nicht achtend. »Du und Gunther — die blutende Wunde klagt euch an!«

Da erhob sich lautes Wehklagen. Empörte Rufe zerrissen den Trauergesang der frommen Mönche. Die Ritter, die an Siegfrieds Bahre Wache hielten, entblößten sogleich ihre Schwerter und wollten sich auf den Tronjer stürzen. Doch Kriemhild wies sie auf ihre Plätze zurück.

Gunther leugnete beharrlich. »Glaube mir, Schwester«, sagte er, »Hagen hat es nicht getan — Schächer erschlugen Siegfried im Wald.«

»Ich kenne die Schächer«, erwiderte Kriemhild voll Hohn, »ich kenne sie besser, als dir lieb ist. Möge es Siegfrieds Freunden vergönnt sein, die Tat an ihnen zu rächen. Verlaßt diesen Ort!«

Ein verächtliches Lächeln um die Lippen, schritt Hagen aus der Kirche. Gunther folgte ihm gramvollen Blickes.

Nun kamen auch Ute und Gernot herbei, Kriemhild zu trösten. Auch Giselher umarmte die Schwester. Doch wie gütlich Ute und die beiden schuldlosen Brüder auch auf sie einredeten, wie kindlich und verzweifelt Giselher auch um Siegfried weinte, sie verharrte in steinernem Schweigen. Wer hätte ihr Trost geben können?

Als der kostbare Sarg fertig war, kleidete man Siegfried in seinen Königsmantel und legte ihn unter dumpfen Klagen und Gesängen in den Schrein.

Noch nie wurde ein Held so betrauert wie Siegfried. Von weit her strömten edle Ritter und Frauen, aber auch allerlei schlichtes Volk ins Münster, traten vor den Sarg und weinten um ihn.

Man wollte den schweren Golddeckel schließen, aber Kriemhild erlaubte es nicht. Drei Tage und drei Nächte saß sie stumm neben dem offenen Sarg und wandte kein Auge von dem geliebten Antlitz.

»Möchte der Tod doch auch mich nehmen«, flüsterte sie, »dann wäre mein Leid zu Ende. Aber ich muß weiterleben — wer sollte dich rächen, wenn nicht ich?«

Als man den Sarg endlich schloß und Siegfried begraben wollte, umklammerte sie verzweifelt den Totenschrein. Sie ließ den Deckel noch ein allerletztes Mal abheben, nahm Siegfrieds Haupt in beide Hände und küßte es. Tränen rollten ihr dabei aus den Augen über die Wangen, und ein Schmerz ohnegleichen ergriff alle, die das mit ansahen. Ohnmächtig fiel Kriemhild zu Boden.

Dann senkte man den Sarg in die Gruft, und die Erde schloß sich über ihm.

Nun rüstete König Siegmund zur Heimfahrt. Mit Gunther und dessen Brüdern sprach er kein Wort mehr, zu schweres Leid hatten sie ihm zugefügt, Hagens Tat hatte sie zu seinen Feinden gemacht. Kriemhild aber hätte er von Herzen gern nach Xanten mitgenommen, schon um seines Enkels willen, der einmal am Niederrhein Siegfrieds Krone tragen sollte. Doch Ute, Gernot und Giselher baten die Trauernde so inbrünstig, bei ihnen zu bleiben, bis der Schmerz etwas nachgelassen hätte, daß sie zuletzt einwilligte und blieb.

»Hier in Burgund habe ich viele Blutsfreunde, die an Siegfrieds Tod keine Schuld haben«, sagte sie, »in Niederland aber habe ich doch nur Fremde um mich. Zieht also allein nach Xanten, lieber Vater, und laßt mir Eckewart mit den besten Rittern zum Schutz hier, ich will bei meiner Mutter und meinen übrigen Verwandten bleiben. Mein Söhnchen gebt tüchtigen Rittern in Obhut. Gernot und Giselher werden Euch bis zur Grenze das Geleit geben.«

»So verlieren wir zum König auch noch die Königin«, klagten die tausend Niederländer, die schon ungeduldig vor der Burg auf die Heimfahrt warteten. Der Boden Burgunds, der ihres Herrn Blut getrunken hatte, war ihnen verhaßt.

»Und ich verliere nach dem Sohn auch noch die Tochter«, klagte Siegmund. Dann umarmte er Kriemhild und verließ, ohne von Gunther und dessen Angehörigen Abschied zu nehmen, mit seinen Mannen das Land. Gernot und Giselher ritten mit ihm.

Nun bezog Kriemhild eine geräumige, reiche Wohnung unweit des Münsters. Von dort ging sie täglich an Siegfrieds Grab und weilte stundenlang, in stumme Zwiesprache versunken, über der Gruft.

Es fehlte ihr an nichts, Eckewart und die Seinen bewachten sie, Frauen und Kämmerlinge dienten ihr. Aber sie sprach fast mit niemandem ein Wort, auch nicht mit ihrer Mutter oder mit Gernot. Nur Giselher duldete sie dann und wann um sich, denn er trauerte ehrlich um Siegfried. Sonst aber betrat nie jemand ihre Gemächer, ausgenommen ihre Dienstfrauen und Kämmerlinge.

Sommer welkten, Winter schwanden, dreieinhalb Jahre lebte sie so, von aller Welt geschieden.

Hagen verfolgte Kriemhilds Tun und Lassen mit scheelem Blick. Er sagte zu Gunther: »Wenn Ihr Euch mit Eurer Schwester nicht aussöhnt, bleiben Siegfrieds Schätze ewig außer Landes. Nie kommt der Nibelungenhort über die Grenzen Burgunds, solange Kriemhild Euch haßt.«

Da sandte Gunther seine beiden Brüder Gernot und Giselher zu Kriemhild; sie sollten versuchen, die Schwester wieder freundlicher zu stimmen. Gernot richtete nichts aus, aber Giselher drang so lange und so liebreich in sie, daß sie zuletzt nachgab und sagte: »Ich will Gunther verzeihen. Er wußte zwar um Hagens Plan, aber er hob nicht selber Hand gegen Siegfried. Aber nur dann vergebe ich ihm, wenn er vor allem Volk einen heiligen Eid schwört, daß er mir nie wieder Leid zufügt, sondern mir allezeit in brüderlicher Treue dient.«

Auch allen anderen vergab sie, die Siegfried gezürnt und seinen Tod gewünscht hatten — nur Hagen nicht. »Der Mörder bleibt mein Todfeind, solange ich atme«, sagte sie. »Nie soll er mir unter die Augen treten, nie will ich mit ihm in einem Raum weilen, nie mit ihm an einem Tisch essen!«

Im Beisein Utes wurde die Versöhnung feierlich vollzogen, und Gunther leistete den geforderten Eid.

Nun aber drängte Hagen weiter: »Ist der Nibelungenhort nicht Eurer Schwester Eigentum? Hat sie ihn nicht von Siegfried als Morgengabe empfangen? Warum holt sie ihn nicht hierher samt allem, was Alberich mit seinen Zwergen unterdessen in den Hallen des Berges aufgehäuft hat?«

Und wieder gingen Gernot und Giselher, die schuldlosen Brüder, zu Kriemhild und sprachen zu ihr in Hagens Sinn. Nach langem Zaudern willigte sie ein. Sie sandte die Brüder nach Xanten, verriet ihnen auch den Weg ins Nibelungenreich, und Gernot und Giselher zogen mit einer Schar tüchtiger Recken zu Schiff nach Xanten und von dort in das Nebelland.

Alberich empfing die Brüder und ihr Gefolge, hörte ihr Begehren und lieferte den Schatz aus. Er wußte, daß Kriemhild die rechtmäßige Herrin des Hortes war, und widersetzte sich ihrem Wunsch in keiner Weise.

Zwölf Wagen fuhren vier Tage lang ununterbrochen zwischen dem Nebelland und Xanten hin und her, bis der Berg leer war und das ganze Gold am Rheinufer bei den Schiffen lag. Gernot und Giselher holten auch noch den Teil des Schatzes, der zu Xanten in der Burg ruhte, herbei und frachteten alles unter großen Mühen mit ihrem Schiff stromauf nach Worms. Dort wurde der Hort in Kellern und Türmen hinter dicken Mauern verwahrt, und von diesem Tag an nannte man auch die Burgunden, in deren Hauptstadt das Gold nun lag, die Nibelungen. Der Name, den bisher allein das Zwergenvolk getragen hatte, war mit dem Schatz auf sie übergegangen.

Man brachte Kriemhild die Schlüssel zu den Kellern und Türmen, in denen das Gold untergebracht war. »Den Hort habe ich«, sagte sie bitter, »doch wie gerne gäbe ich ihn hin, könnte ich mir damit Siegfried zurückkaufen!«

Von der Stunde an kannte sie kein größeres Vergnügen, als den Hort zu verschenken. Weder Edelmann noch Bettler ging ohne reiche Gabe von ihrer Tür, und manchen tapferen Ritter Burgunds gewann sie durch kostbare Geschenke für sich.

Das erregte Hagens Argwohn. »Sie kauft sich ein Heer«, sagte er zu Gunther, »ein geheimes Heer gegen uns! Eines Tages wird man sie wegen ihrer Milde und Freigebigkeit mehr loben und lieben als dich, den rechtmäßigen König. Nimm ihr den Schatz, nimm wenigstens die Schlüssel an dich, und verwalte du das Gold!«

»Der Hort ist ihr Eigentum«, erwiderte Gunther, »sie kann damit tun, was sie will.«

»Welcher kluge Mann überläßt einer Frau solche Schätze?« sagte Hagen grollend. »Bleibt das Gold in Kriemhilds Hand, so wird es uns alle eines Tages das Leben kosten! Ich glaube nicht an Kriemhilds Versöhnung.«

»Wie dem auch sei«, entgegnete Gunther, »ich habe ihr Treue geschworen, solange ich lebe. Ich mag den Schwur nicht brechen, ich kann ihr den Hort nicht nehmen.«

»So falle denn auch diese Schuld auf mich ganz allein!« sagte Hagen. Und als die Könige bald darauf einen Kriegszug unternehmen mußten, der sie lange von Worms fernhielt, richtete er es so ein, daß er daheim blieb, um die verwaiste Burg zu hüten. Als die Brüder samt dem Heer eine halbe Tagreise weit weg waren, brachte er durch eine List die Schlüssel der Schatzkammern an sich, sperrte diese auf und trug Nacht für Nacht den ganzen Schatz an eine verborgene Stelle am Ufer des Rheins, die heißt das Loch.

Schwere Truhen schleppte Hagen mit Riesenkraft auf geheimen Wegen aus der Burg zum Strom. Dort leerte er den Inhalt auf seinen Schild, hob diesen hoch und trat ganz dicht an das rauschende Wasser. Dann neigte er den Schild und ließ Fingerringe und Spangen, Armreifen und Ketten, juwelenbesetzte Becher, Diademe und Kronen und manches

Zaubergeschmeide von Alberichs eigener Hand in die grüne Flut fallen. Verwundert sahen die Fische, wie das Gold, im Mondlicht blinkend, hinabsank, und die Nixen der Tiefe schwammen herzu und bestaunten den herrlichen Schatz, der sich da am Grund aufhäufte.

So hatte Hagen fast den ganzen Hort versenkt. Nur ein paar geringe Schildlasten blieben noch in der Burg zurück, die bedeckten den Boden der düsteren Gewölbe wie glitzernde Spreu.

Als die Könige wieder von ihrer Heerfahrt zurückkamen und erfuhren, was Hagen getan hatte, zürnten sie ihm zwar sehr, doch dann sahen auch sie ein, daß es für Burgund das beste war, wenn der Schatz verschwunden blieb, und sie schwuren einen gemeinsamen Eid, niemals zu verraten, wo Hagen das Gold versenkt hatte.

Kriemhild war außer sich, als sie den Raub entdeckte. Sie verlangte von Gunther, Gernot und Giselher, daß sie Hagen bestraften, aber die Brüder wichen ihr aus.

Da mied Kriemhild von neuem allen Umgang mit den Ihren, nicht einmal Ute, die Mutter, durfte die Schwelle ihrer Wohnung betreten. In tiefer Einsamkeit lebte Siegfrieds Witwe, nur noch ihren Rachegedanken hingegeben.

AN ETZELS HOF

Viele Jahre waren vergangen, seit Hagen Siegfried ermordet hatte. Da trat ein Ereignis ein, das Kriemhild mit einemmal so große Macht verlieh, daß sie endlich daran denken konnte, ihre Rachepläne zu verwirklichen: König Etzel, der Herr der wilden Hunnen, hielt um Kriemhilds Hand an. Denn seine Gemahlin Helche war gestorben und der Thron der Hunnenkönigin verwaist. Nun sollte ihn Kriemhild besteigen.

Markgraf Rüdiger von Bechlarn, König Etzels treuester Gefolgsmann, erschien, begleitet von elf Rittern, als Werber in Worms. Feierlich sprach er zu König Gunther: »Der Ruhm von Kriemhilds Schönheit ist bis zu meines Herrn Ohr gedrungen. Gebt ihm Eure Schwester zum Weib.«

Die Brüder hatten nichts dagegen, nur Hagen warnte. Sein dunkles Auge schaute weiter voraus als alle anderen und sah finstere Bilder.

»Ich lebte lange an Etzels Hof«, sagte er, »ich kenne ihn und weiß, wie groß seine Macht ist und wie zahllos die Völker, die seinem Wort gehorchen. Haben wir Kriemhild darum den Hort genommen, um ihr nun desto größere Macht und größeren Reichtum in die Hände zu geben? Sie haßt uns alle, deshalb sehe ich sie lieber schwach und arm denn als Königin auf einem Thron. Solange sie bleibt, was sie jetzt ist, ein kraftloses Weib, kann sie uns nicht schaden. Ich bin dagegen, daß man Etzels Werbung annimmt.«

Zornig fuhr Giselher auf. »Haben wir unserer Schwester nicht schon genug Leid zugefügt?« rief er. »Würdelos lebt sie, es ist nur recht und billig, wenn wir sie König Etzel zum Weib geben. Oft genug haben wir treulos an ihr gehandelt, diesmal dürfen wir sie nicht wieder um Glück und Ehre bringen. Kriemhild möge frei entscheiden.«

Dieser Rede stimmte schließlich auch König Gunther zu, und Gernot meinte: »Was sollte es uns Schaden bringen, wenn Kriemhild im Hunnenland gebietet? Mag Etzel auch ein mächtiger König sein — die Steppe ist weit von hier!«

Da wandte sich Hagen zornig ab. Er konnte sich noch sehr gut daran erinnern, wie schnell und wie kriegerisch der Hunnenkönig vor vielen Jahren in das Land am Rhein vorgestoßen war. Damals war Gunther noch ein Knabe gewesen, Gernot ein Kind und Giselher noch nicht geboren.

Aber die Brüder schickten den Markgrafen Gere zu Kriemhild. Er sollte sie von Rüdigers Ankunft und Etzels Werbung unterrichten und sie bereden, den Bechlarner wenigstens zu empfangen und in Ruhe anzuhören. Es kostete viel Mühe, aber endlich, am dritten Morgen nach Rüdigers Ankunft, durfte der Werber Etzels, begleitet von Ute, Gernot und Giselher, bei Kriemhild eintreten.

Kriemhild empfing Rüdiger im Hauskleid, wie es einer Witwe anstand. »Ich weiß, was Ihr mir zu sagen habt, edler Herr«, begrüßte sie ihn, »und wenn ich Euch in meinem Witwengemach willkommen heiße, dann nur, um einmal den ruhmreichen Helden Etzels mit eigenen Augen zu sehen, nicht, um die Werbung Eures Herrn anzunehmen.«

»Ihr erweist mir zu viel Ehre«, sagte Rüdiger, »doch warum verschmäht Ihr meinen Herrn? Er ist mächtig. Zwölf Kronen bietet er Euch, über dreißig Reiche sollt Ihr mit ihm herrschen. Eure Schönheit sichert Euch die Liebe der Hunnen und aller Vasallen des Königs. Beendet Eure Trauer und werdet in fremdem Land wieder froh!«

Diese würdigen Worte bewegten ihr Herz. Dennoch sagte sie: »Ich war Siegfrieds Gemahlin — wie könnte ich je einem anderen Mann zugetan sein?«

Aber Ute und die Brüder umringten sie und baten, sie möge doch so hohe Ehre nicht abschlagen. Plötzlich durchzuckte Kriemhild ein wilder Gedanke. Sie bat Rüdiger, ihr in ein Nebengemach zu folgen, und als sie dort angelangt waren, schloß sie hinter sich die Tür und lehnte sich dagegen. Dann fragte sie den Gast: »Rüdiger von Bechlarn, seid Ihr bereit, mir zu schwören, daß Ihr als erster mich rächt, wenn irgend jemand, und sei es wer immer, mir ein Leid zufügt?«

Erstaunt blickte der Held auf. »Und wenn ich den Eid leiste, was geschieht dann?«

»Dann hat Etzel mein Jawort«, antwortete Kriemhild, und ihre Augen hefteten sich, glühend vor Erwartung, auf den Ritter.

Da beugte Rüdiger ein Knie, zog sein Schwert und leistete den Eid auf die Waffe.

»Eines noch schafft mir Bedenken«, sagte Kriemhild, als sie beide wieder zu Ute und den anderen, die bang auf sie warteten, zurückkehrten, »daß König Etzel Heide ist.«

»Das soll Euch nicht bekümmern«, meinte Rüdiger freundlich, »unzählige christliche Ritter stehen in seinem Dienst — unter ihrem Schutz werdet Ihr Euch geborgen fühlen. Und vielleicht vermag Eure Liebe es dahin zu bringen, daß König Etzel sich taufen läßt.«

»So will ich sein Weib werden«, sprach Kriemhild, »und Euch in das fremde Land folgen.«

Mit ebenso großer Freude wie Eile wurde nun Kriemhilds Fahrt ins Hunnenland gerüstet. Markgraf Eckewart und seine Mannen sollten Rüdigers Geleit verstärken, und Kriemhild gedachte, nun wenigstens den Rest des Nibelungenhortes, der noch den Boden der Schatzkammer bedeckte, mit sich zu führen. Aber Hagen fuhr zornig dazwischen und verbot es. Trotzdem sperrte Gernot die Kammern auf, um der Schwester das Gold auszuliefern.

Als Rüdiger davon hörte, fürchtete er, es könne am Ende ein Kampf um das Gold entbrennen. Darum sprach er zu den Brüdern: »Laßt dem Tronjer seinen Willen. Die paar Truhen lohnen den Streit nicht. Ungekränkt und heil will ich Kriemhild in König Etzels Land bringen. Dort warten ihrer tausendmal mehr Schätze, als diese paar Kammern hier zu bergen vermögen, und für die Wegzehrung bin ich wohl versehen.«

An einem grauen, von Wolken verhangenen Tag zog Kriemhild aus Worms fort. Sie trug ihre Trauergewänder, ein dunkler Schleier verhüllte ihr Haupt. Nur das Diadem auf ihrer Stirn verriet, daß sie eine Königin war.

Gunther begleitete sie ein kurzes Stück vor die Stadt hinaus, während Gernot und Giselher, die mit Eckewarts Leuten hintendrein ritten, der Schwester bis an die Donau das Geleit geben wollten.

Unter Rüdigers Leitung wurde der Zug, in dem sich nur wenige von Kriemhilds Frauen befanden, über den Rhein gesetzt. Dann ging es den Main entlang durch Ostfranken, und eines Tages gelangten die Recken mit der Braut an die Donau. Sie folgten dem Lauf dieses Stromes durch das Bayernland bis nach Passau, wo der Inn, mit starker Strömung aus dem Gebirge kommend, einmündet. In Passau residierte Bischof Pilgerin, ein Oheim Kriemhilds, der seine Nichte und die hohen Gäste würdig empfing und bewirtete. Er schloß sich dem Geleit an.

Von Passau ging die Reise weiter nach Eferding, wo man die Zelte zur Nachtruhe aufschlug. Tags darauf überquerte der Brautzug die Traun und die Enns. Hohe blaue Gebirge, noch mit Schnee bedeckt, grüßten von fern her die Reitenden.

Bald darauf trafen sie auch schon mit Frau Gotelind zusammen, Markgraf Rüdigers edler Gemahlin, die im Schutz zahlreicher Helden Kriemhild entgegengereist kam, um sie zu begrüßen. Die Frauen küßten und umarmten einander schwesterlich und zogen gemeinsam nach Bechlarn.

Rüdigers Burg war schon gerüstet für den Aufenthalt der vornehmen Gäste. Frohe Feste und Kampfspiele wurden veranstaltet und die königliche Braut mit herrlichen Geschenken bedacht. Ihr Herz aber fand keine Freude an all den Gaben aus Gold und Edelstein, es sann nur auf Rache.

Als man genug gerastet hatte, ging es weiter, die Donau hinab. In Melk wurde abermals Rast gemacht. Da trat ein Wirt namens Astolt an den Zug heran und kredenzte den Gästen aus goldenen Bechern köstlichen Wein. Die Ritter fragten ihn nach dem Weg ins Hunnenland, und der Wirt wies ihnen die Straße in Richtung Mautern.

Nun ritten sie durch das Tal der Wachau. Wundersam grüßten die belaubten Bergrücken und die dunklen steilen Felsgrate über blühende Wein- und Obstgärten herab den Strom, und die vielen Burgen ragten stolz gegen den tiefblauen Himmel.

In Mautern verabschiedete sich Bischof Pilgerin von seiner schönen Nichte. Er küßte sie auf die Stirn und ermahnte sie, Etzel eine gute Gemahlin zu sein und ihn womöglich zu bereden, daß er sich taufen ließe. Doch Kriemhilds Herz bewegten ganz andere Gedanken.

Unterhalb der breiten waldigen Bergkuppe von Göttweig ging es weiter nach Traismauer, und hier sahen die Reisenden schon von fern eine mächtige Staubwolke aufsteigen, die immer größer wurde und rasch näher kam: das war König Etzel, dem schnelle Boten das Jawort Kriemhilds überbracht hatten und der nun seiner Braut mit großem Gefolge entgegenkam.

Noch nie seit Menschengedenken wurde eine Braut so herrlich empfangen und begrüßt wie Kriemhild hier auf offener Straße. Vierundzwanzig fremde Fürsten, die Etzel unterworfen hatte, begleiteten ihn, und als der König vom Pferd stieg und sich tief vor Kriemhild verneigte, folgten sie alle seinem Beispiel.

Dann hob man Kriemhild aus dem Sattel, zwei Fürsten sprangen heran, ihr die Schleppe zu tragen, und Etzel bat unter neuerlichem Neigen seines Hauptes Kriemhild, den Schleier heben zu dürfen. Stumm bewunderte er ihre große Schönheit, dann schlang er seine Arme um sie und küßte sie.

Nun traten auch die Helden seines Gefolges auf sie zu, allen voran Dietrich von Bern, der Gote, und König Hawart und Markgraf Iring von Dänemark, aber auch russische und griechische Fürsten, ein Polenherzog und ein Wlachenkönig samt mächtigen Khanen aus der Mongolei und dem Land der Petschenegen.

Sie alle hießen ihre neue Königin mit einem höfischen Kuß willkommen. Als letzter nahte auch Blödel, König Etzels Halbbruder, der ein Gefolge von dreitausend Hunnen anführte und die schöne Schwägerin voll staunender Bewunderung begrüßte.

Kriemhild schaute einem nach dem anderen von diesen Gefolgsmännern ihres künftigen Gatten aufmerksam ins Gesicht, und ihr forschender Blick schien einen jeden von ihnen nur das eine zu fragen: Bist du bereit, dein Leben für mich zu opfern? Wirst du mir helfen, Siegfrieds Tod zu rächen?

Am anderen Morgen hieß Etzel Kriemhild bräutliche Kleidung anlegen, und in festlichem Zug ging es über Tulln weiter nach Wien, wo die Hochzeit in nie gesehenem Prunk gefeiert wurde. Achtzehn Tage lang dauerten die Festlichkeiten, bei denen der Wein in Strömen floß und Gold mit vollen Händen unter die Menge geworfen wurde. Wunderbare Waffenspiele fanden statt, und Kriemhild frohlockte, weil sie erkannte, daß Etzel an Schätzen um nichts weniger reich war, als es Siegfried, der König von Niederland und Herr des Nibelungenhortes, gewesen war. Das machte es ihr leichter, dem fremdartigen Mann, den sie nicht liebte, als Gattin in sein Land zu folgen.

Als das Hochzeitsfest vorbei war, wurde Kriemhild unter fürstlichem Gepränge nach Hainburg geleitet, wo man mit Mann und Roß die bereitliegenden Schiffe bestieg, auf denen der Brautzug die Donau hinab bis zur Etzelburg fuhr. So zahlreich wimmelte es von festlich geschmückten Barken und Booten, daß man das Wasser des Stromes fast nicht mehr sah.

Unweit der Etzelburg landeten die Schiffe. Frau Herrat, Dietrichs Gemahlin, kam mit sieben Königstöchtern herbei. Sie neigte sich tief vor Kriemhild und bot ihr Magddienste an. So hatte Etzel es befohlen.

Viele Sommer und Winter vergingen. Nach sieben Jahren endlich gebar Kriemhild einen Sohn. Etzels Freude kannte keine Grenzen. Das Hunnenvolk hatte die neue, schöne Königin tief ins Herz geschlossen — nun wurde sie von allen noch mehr geliebt. Denn seit Etzels Söhne Ort und Scharf in der Rabenschlacht gefallen waren, hatten der König und mit ihm sein Volk keinen sehnlicheren Wunsch gekannt, als wieder einen Thronerben zu haben.

Der Knabe wurde nach Christenweise getauft und erhielt den Namen Ortlieb.

Kriemhild rührte all diese Freude nicht, sie hatte an dem Jubel keinen Teil. Sie litt darunter, eines ungeliebten Mannes Frau zu sein, denn unverblaßt lebte in ihr der Schmerz um Siegfried, und nur die Aussicht, eines Tages mit Hilfe Etzels und der Hunnen an Hagen Rache zu üben, ließ sie an ihres Gatten Seite ausharren.

Über viele Krieger gebot Kriemhild, alle Fürsten am Hof gehorchten ihr ehrerbietig, und die Mannen Etzels dienten ihr genauso ergeben wie dem König selbst: Kriemhild war eine mächtige Frau geworden, die wohl wußte, daß ihr Gatte ihr keinen Wunsch versagen würde. Doch sie wartete noch und schwieg.

Eines Tages aber, als Etzel vertraulich bei ihr weilte, bat sie ihn, ob er ihr nicht einen heißen Wunsch erfüllen wollte, und da er es ihr von Herzen gern zusagte, bat sie ihn:

»Sende Boten nach Worms und lade meine lieben Anverwandten zu uns hierher ein. Allzulange habe ich sie nicht mehr gesehen, ich habe große Sehnsucht nach ihnen, davon bin ich oft so traurig.«

Voll Freude hörte Etzel diesen Wunsch, denn er war stolz auf die

Richard Wagner (oben) und sein vierteiliges Bühnenfestspiel »Der Ring des Nibelungen« in der Inszenierung 1966/68 von Wieland Wagner: »Götterdämmerung« 2. Akt (vorhergehende Seite), Vorspiel 2. Bild (links oben); »Siegfried« 1. Akt (links unten). Auf der folgenden Seite »Parsifal« 1. Akt 2. Bild in der Inszenierung 1967 von Wieland Wagner.

Verwandten seiner Gemahlin, die berühmten Nibelungen am Rhein, die nun auch seine Verwandten geworden waren. »Schon morgen schicke ich Werbel und Schwemmel, meine beiden Spielleute, als Boten mit gutem Gefolge nach Burgund. Sie sollen deine Brüder einladen, das Sonnwendfest mit uns zu feiern«, sagte er.

Als der Tag graute, führte man starke Pferde aus dem Stall und rüstete eine Schar, die mit reichen Geschenken nach Worms reiten sollte.

Den beiden Spielleuten trug Kriemhild auf: »Erzählt Frau Ute, wie mächtig ihre Tochter hier in der Fremde herrscht und wie reich Etzels Gemahlin ist. Zu Giselher sagt, daß ich es nicht mehr erwarten kann, ihm in die Augen zu blicken und ihn innig in die Arme zu schließen, und Gernot meldet, daß ihm niemand auf Erden so hold gesinnt ist wie ich. König Gunther aber kündet, daß ich die Ehre gar hoch zu schätzen wüßte, käme er als unser lieber Gast ins Hunnenland. Haltet aber Augen und Ohren offen und sorgt dafür, daß Hagen von Tronje nicht etwa daheim bleibt, sondern mitfährt, denn wie wollten die Burgunden sonst die weite Reise tun? Hagen ist der einzige unter ihnen, der alle Wege vom Rhein zur Donau kennt.«

Die Boten versprachen, alles zu bestellen.

An der Schwelle rief Kriemhild sie noch einmal zurück und sagte: »Eines müßt ihr mir versprechen: Sagt niemandem, daß ihr mich in der Etzelburg je trauern gesehen habt. Nein, glücklich und guter Dinge bin ich immer gewesen, seit ich den Fuß in dieses Land setzte!«

Werbel und Schwemmel verneigten sich tief: »Wir haben alles verstanden und werden nach Eurem Willen sprechen.«

Dann eilten sie hinab in den Hof, bestiegen ihre Pferde und ritten mit dem Gefolge, das ihnen Etzel zum Schutze mitgab, fort.

Gunther und Gernot hießen Werbel und Schwemmel in Worms willkommen und dankten ihnen für die ehrenvolle Einladung. Giselher weinte Tränen der Freude, als man ihm Kriemhilds Grüße ausrichtete. Dann wies man den Boten gute Herbergen an.

»Wollt ihr der Einladung Folge leisten?« fragte Hagen, als er wieder mit den Königen allein war.

»Warum nicht?« entgegnete Gunther. »Wir haben unsere Schwester lange nicht gesehen und haben Sehnsucht nach ihr.«

»So habt ihr Sehnsucht nach dem Tod«, entgegnete Hagen.

»Wie meinst du das?« fragten die Brüder. »Sie ist eines mächtigen Königs Frau. Daß Etzel uns zu sich lädt, ist für uns eine hohe Ehre.«

»Und was wir Kriemhild antaten, habt ihr wohl vergessen, wie?« höhnte Hagen. »Schon einmal floß Blut an einem Sonnwendfest — Siegfrieds Blut. Soll es jetzt das unsere sein?«

»Es ist möglich, daß Kriemhild dir noch zürnt, Hagen von Tronje«, erwiderte Gunther gut gelaunt, »mit uns hat sie sich jedenfalls versöhnt, ehe sie schied.«

»Laßt euch nicht betrügen von den freundlichen Worten der Hunnenboten«, sagte Hagen grollend. »Kriemhilds Rachegier ist unauslöschlich, das fühle ich, das weiß ich. Und wenn ihr in Etzels Land fahrt, wird euch Etzels Weib nach Ehre und Leben trachten!«

»Wer sich schuldig fühlt, der bleibe zu Hause«, meinte Giselher, »ins Hunnenland braucht nur mitzukommen, wer sich nicht fürchtet!«

»Ich fürchte mich nicht«, rief Hagen lachend. »Seid getrost, ich komme mit euch, wenn ihr durchaus ziehen wollt. Doch folgt dann wenigstens meinem Rat: Reist nicht ohne Waffen und Heer! Mich dünkt, wir werden sie brauchen.«

Gunther war einverstanden. Die Boten aber ließ er auf Hagens Rat noch einige Tage im ungewissen darüber, ob die Burgunden Etzels Einladung annähmen oder nicht. »Je später Kriemhild erfährt, daß wir kommen, um so weniger hat sie Zeit, gegen ihre Gäste zu rüsten. Sie wird uns mit Waffen empfangen«, erklärte der Tronjer.

Erst als das Heer bereitstand, entließen die Könige Werbel und Schwemmel mit vielen Grüßen und reichem Botenbrot.

»Habt ihr vernommen, ob Hagen mitkommt?« fragte Kriemhild die beiden, als sie wieder in der Etzelburg anlangten und Gunthers Zusage überbrachten.

»Er kommt«, antworteten sie, »und Volker von Alzey mit ihm.«

»Den könnte ich entbehren«, sagte sie grimmig. »Hagen von Tronje aber nicht!« Sie jauchzte vor Freude, und ihr Antlitz strahlte zum erstenmal wieder nach vielen Jahren.

In Worms war indessen alles versammelt worden, was die Burg und das Land an Helden aufzubieten hatte. Mit sechzig ausgewählten Recken und neuntausend kampferprobten Rittern brach man ins Hunnenland auf. Wehen Herzens sah ihnen Frau Ute vom Söller nach, denn sie hatte in der vergangenen Nacht geträumt, alle Vögel Burgunds wären tot aus den Lüften zur Erde gefallen. Gramgebeugt kehrte sie in ihre Kammer zurück. Sie ahnte, daß sie die Söhne und die anderen Nibelungenhelden nie wiedersehen würde.

Das Heer setzte über den Rhein. Am anderen Morgen ging es auf demselben Weg, den auch Kriemhild genommen hatte, ostwärts. Sie ritten den Main entlang, zogen durch Franken und erreichten nach zwölf Tagen die Donau.

Der Strom war über die Ufer getreten, weit und breit war kein Schiff zu erspähen. Da machte Hagen sich erbötig, eine Furt zu suchen oder einen kundigen Fährmann aufzutreiben; er wußte in allem und jedem Bescheid.

Wild rauschten die drängenden Wogen. Hagen schritt durch den Auwald dahin. In einer verborgenen Bucht badeten drei schöne Frauen; sie hatten ihre Federhemden am Ufer liegengelassen. Rasch raffte Hagen die Zaubergewänder auf.

Da klagten die Frauen und baten: »Laß uns die Hemden, Hagen von Tronje. Wir kennen dich und wissen, wohin du mit den Nibelungen fährst und was ihr sucht. Gib uns die Hemden wieder, so wollen wir dir weissagen, was euch im Hunnenland erwartet!«

Es sind Meerfrauen, dachte Hagen und trat näher ans Ufer heran. »Sprecht!« rief er. »Was erwartet uns bei den Hunnen?«

»Ehre und Ruhm, wie er Helden noch nie zuteil ward«, antwortete eine der Frauen. »Reist getrost, euch wird kein Leid geschehen!«

Das freute Hagen, und er gab den Frauen die Hemden wieder. Sie legten sie an und schwammen gleich darauf wie Schwäne draußen auf dem Strom.

»Törichter Hagen«, rief da die zweite von ferne, »meine Gefährtin betrog dich um unserer Kleider willen! Höre von mir die Wahrheit: Wer zu den Hunnen reitet, muß sterben! Keiner von euch sieht die Heimat wieder, außer König Gunthers Kaplan, der euch begleitet! Er allein kehrt nach Burgund zurück, euch anderen droht allen der Tod! Kehrt um, ehe es zu spät ist! Kehrt heim!«

»Die Fahrt ist beschlossen!« rief Hagen. »Wir können und wollen nicht mehr zurück! Aber sagt mir noch, wo wir über den Strom setzen können!«

»Ein Stück noch wandere den Strom hinab, da wirst du am anderen Ufer eine Hütte sehen«, rief jetzt die dritte der gefiederten Frauen. »Dort wohnt ein mächtiger Ferge, der einzige weit und breit. Gelfrat dient er, dem König des Landes. Versprich ihm guten Lohn, so setzt er die Nibelungen über. Doch lockt ihn das nicht, so sage, du seist Amelrich. Der Held, der so hieß, war des Fährmanns Oheim und Freund, vor feindlicher Übermacht mußte er über die Grenze fliehen. Der Ferge trauert um ihn, er wird sich freuen, den Freund wiederzufinden!«

Hagen dankte für den Rat und befolgte ihn. Er fand die Hütte am anderen Ufer, stellte sich an den Strom und rief mit gewaltiger Stimme: »Hol über, Ferge! Eine Spange roten Goldes biete ich dir!«

Der Fährmann trat vor seine Hütte und schirmte die Augen. Er schaute hinüber, machte jedoch keine Miene, ein Boot zu lösen.

Da steckte Hagen die goldene Spange an die Spitze seines Schwertes, hob dieses hoch und ließ das Geschmeide in der Sonne funkeln. Dazu rief er: »Erkennst du mich nicht mehr? Ich bin Amelrich! Feinde sind mir auf den Fersen! Hol über!«

Nun löste der Ferge rasch eine große, starke Zille und ruderte mit mächtigen Schlägen über den Strom. Als er anlegte und Hagen erblickte, wurde er zornig. »Du magst vielleicht Amelrich heißen«, sagte er, »dem aber, den ich erwarte bei Tag und Nacht, gleichst du sowenig wie die Kröte dem Adler. Betrug sinnst du! Für dich rühre ich kein Ruder!«

»Ein fremder Mann bin ich in fremdem Land«, entgegnete Hagen, »setze mich und die Meinen über, es soll dein Schaden nicht sein.«

»Das tu ich nimmermehr«, rief der Fährmann. »König Gelfrat hat Feinde genug im Land, er braucht keine neuen!« Dabei zog er sein Ruder aus dem Wasser und stieß damit Hagen, der ins Boot treten wollte, zurück.

Da überwältigte den Tronjer der Zorn. Er zog sein Schwert und hieb dem Fergen das Haupt von den Schultern, daß es in weitem Bogen ins Wasser fiel. Dann stieß er den schweren Rumpf nach, ergriff das Ruder und steuerte die Zille bis an den Ort, wo das Heer auf ihn wartete.

»Warum ist das Boot blutig?« forschte Gunther.

»Ich weiß nicht«, antwortete Hagen. »Als ich es unter einer Weide angepflockt fand, habe ich es genommen. Steigt alle ein, Mann und Roß, immer ihrer zwölf und mehr, mit Waffen und allem Gerät — ich will euch übersetzen!«

Den ganzen Tag ruderte Hagen das mächtige Boot mit Riesenkräften über den Strom hin und her, alle setzte er ganz allein über.

Bei der letzten Fahrt war auch der Kaplan mit auf der Zille. Da ließ Hagen plötzlich das Ruder fahren, schritt auf den entsetzten Gottesmann zu, packte ihn am Gürtel, hob ihn hoch und warf ihn über Bord.

Schwimmend suchte der Priester das Schiff einzuholen, aber als er schon nach der Bordwand langen wollte, stieß ihm Hagen das Ruder mit Wucht gegen die Brust, daß er ins Wasser zurücksank. Nun rettete sich der Unglückliche mit letzter Kraft an das soeben verlassene Ufer, stieg triefend an Land und eilte davon. Heimwärts.

»Warum tatet Ihr das?« fragten die übrigen Insassen Hagen voll Grauen, und auch die Könige, die alles mit angesehen hatten, stellten ihn zur Rede.

»Mir weissagten heute drei Meerfrauen, daß keiner von uns die Heimat lebend wiedersehen würde, außer dem Kaplan. Das wollte ich erproben — und sehe nun wohl, daß die Schwanenjungfrauen wahr gesprochen haben.«

Da wurde manches Helden Antlitz weiß wie Kalk. Hagen aber zerhieb den Kahn mit dem Schwert, daß die Trümmer hinaustrieben in die Strömung und rief: »Wir werden kein Schiff mehr brauchen! Ist aber einer unter uns, der ein zages Herz hat und umkehren möchte, der melde sich bei mir — ich will ihn, noch ehe wir weiterreiten, erschlagen! Ein Feigling ist, wer Prophezeiungen mehr vertraut als der eigenen Kraft!«

Es blieb still. Da hob Volker von Alzey lachend die Fahne — die Scharen ordneten sich und zogen weiter, die Donau entlang durch das bayrische Land gegen Passau.

Hagen und Dankwart führten die Nachhut. Es dunkelte. »Wir reiten die Nacht durch!« befahl Hagen. Dann ließ er den Abstand zwischen Heer und Nachhut absichtlich immer größer werden: er ahnte, daß König Gelfrat, der Herr des Landes, durch das sie ritten, ihnen auf den Fersen war, um des Fährmanns Tod zu rächen.

Und wirklich, noch ehe der Morgen graute, hörten sie hinter sich Hufgetrappel: das war Gelfrat mit seinem Bruder und einer starken Streitschar.

Ein wilder Kampf entbrannte. Gelfrat verlor das Leben, sein Bruder wurde schwer verwundet, der Rest der Schar, ein geschlagener Haufen, ergriff die Flucht.

Nun spornten die Ritter ihre Rosse, und als die Sonne aufging, hatten sie das Heer wieder eingeholt.

»Wer zerhieb euch die Schilde? Und wieso sind eure Panzerringe rot?« fragte Gunther, als er sie ankommen sah.

»Wir haben Gelfrat und die Seinen abgewiesen, sie wollten uns überfallen«, antwortete Hagen.

»Und warum habt ihr nicht zu uns um Hilfe geschickt?« fragte Gunther erzürnt.

»Es war nicht nötig«, erwiderte Hagen ruhig, »wir wurden allein mit ihnen fertig. An die hundert Mann haben sie verloren, wir aber nur vier.«

Sie kamen nach Passau, zogen weiter nach Bechlarn. Das Heer zeltete vor der Stadt, die Könige aber und eine Anzahl edler Recken wurden von Markgraf Rüdiger in die Burg gebeten.

Dort trat ihnen Frau Gotelind mit ihrer Tochter entgegen, die noch kaum erblüht war. Beide boten den Burgunderfürsten die Lippen zum Kuß, hießen auch deren beste Helden, Hagen und Dankwart und Volker von Alzey, in gleicher Art willkommen.

Als das Mädchen nach Volker und Dankwart auch Hagen küssen sollte, schrak es vor dem einäugigen Mann und seinem narbigen Antlitz zurück, und alle lachten es aus. Da faßte es sich ein Herz und hob die Lippen an des Tronjers bärtigen Mund.

Hagen lächelte der Jungfrau wohlgefällig zu — es geschah zum erstenmal in seinem Leben, daß er einer Frau solche Ehre erwies.

Gunther führte Gotelind zu Tisch, Rüdiger Gernot, Giselher aber die Jungfrau, von der er während des Mahls kein Auge ließ.

Das bemerkte Hagen. Er sagte zu Rüdiger und Gotelind: »Eure Tochter wäre wert, in Worms eine Krone zu tragen — wollen wir die Jungfrau nicht fragen, ob sie Giselher als Gemahlin folgen möchte? Er selbst scheint in seinem Herzen schon entschieden zu haben.«

Dieser Rede stimmten alle bei. Rasch schloß man einen Kreis um die beiden jungen Menschen und befragte das Mädchen.

Errötend sagte es: »Wohl möchte ich dieses edlen Herrn Gattin werden, wenn es sich fügt.«

Da schloß Giselher die Jungfrau vor allen Gästen in die Arme.

So wurden die beiden einander verlobt, Rüdiger und Gotelind segneten den Bund, und niemand dachte in diesem freudigen Augenblick mehr an die Weissagung der Schwanenfrauen und daran, daß Hagen das Fährschiff an der Donau in Stücke geschlagen hatte. Wenn die Nibelungen wieder aus dem Hunnenland zurückkehrten und durch Bechlarn kämen, sollte hier die Hochzeit gefeiert werden!

Köstlich wurden die Helden bewirtet und, ehe sie schieden, reich beschenkt. Als die Reihe wieder an Hagen kam und er wählen sollte, wies er alles Gold, das ihm Gotelind bot, zurück und zeigte nach einem großen kostbaren Schild, der an der Wand des Saales hing. »Den möchte ich wohl haben«, sagte er, »schenkt ihn mir!«

Weinend nahm die Markgräfin den Schild herab. Er hatte ihrem Sohne Nudung gehört, der in der Rabenschlacht von Heimes Hand gefallen war. »Ich trenne mich schwer von ihm«, sagte sie, »aber Euch, Held Hagen, gebe ich ihn gern.«

Nun dankten die Nibelungen für alle Gastfreundschaft und brachen auf. Rüdiger von Bechlarn ließ es sich nicht nehmen, sie selbst bis ins Hunnenland zu geleiten.

HAGEN SOLL STERBEN

Am Sonnwendabend rückten sie in das fremde Land ein. Als die Etzelburg in Sicht kam, wurde Hagen seltsam zumute. Er führte das Heer so nahe als möglich an das Hunnenlager rund um die Burg heran und befahl, die Zelte aufzuschlagen.

Der erste von Etzels Gefolgsmännern, der den Burgunden entgegenkam und sie begrüßte, war König Dietrich von Bern. Hildebrand, sein Waffenmeister, ritt neben ihm. Dietrich sagte: »Mit Schmerzen hörte ich von Eurem Kommen, König Gunther, und heiße euch mit Schmerzen willkommen, Gernot und Giselher, Hagen, Dankwart und Volker! Was führt euch in dieses Land?«

»Euer Gruß ehrt uns«, entgegnete Gunther, »doch Euer Schmerz wundert uns, was hat er zu bedeuten?«

»Wißt ihr nicht, daß Kriemhild noch immer um Siegfried weint?« fragte Dietrich.

»Sie mag noch lange weinen«, höhnte Hagen, »Siegfried ist tot und kehrt nicht wieder.«

»Siegfried ist tot«, entgegnete Dietrich, »aber solange Kriemhild lebt, ist Unheil zu befürchten. Ich weiß, was sie redet und sinnt. Herrat, meine Frau, berichtete es mir — sie dient der Königin alle Tage. Ein Münster ließ Kriemhild hier errichten nach Christenart, aber was sie dort erfleht, ist Rache. Rache für Siegfrieds Tod. Ich warne euch!«

»Wir sind geladene Gäste«, sagte Gunther, »Etzel hat Boten nach uns geschickt, er wird das Gastrecht nicht verletzen.«

»Ich warne euch trotzdem«, sagte Dietrich.

Da rief Volker: »Nun ist nichts mehr zu ändern! Wir sind im Hunnenland und können nicht mehr zurück. Wir werden sehen, was uns erwartet.«

Stolz ritten sie weiter zu der Burg, bestaunt von den Hunnen. Das ganze Lager war auf den Beinen und begaffte die Burgunden, vor allem Hagen. »Das ist ein Mann, wie wir noch keinen sahen«, flüsterten die Hunnenrecken einander zu, »seht nur, wie breit seine Schultern sind, wie mächtig Brust und Hüften, wie hoch seine Beine, wie schrecklich sein Angesicht!«

Kriemhild ging ihren Gästen entgegen, vom Fenster aus hatte sie sie kommen gesehen.

Die Helden stiegen ab, Kriemhild begrüßte sie heuchlerisch freundlich. Doch nur Giselher reichte sie die Hand zum Gruß und den Mund zum Kuß, sonst keinem.

»Der Empfang ist ungleich«, sagte Hagen boshaft.

»Ich wüßte nicht, warum ich Euch grüßen sollte, Hagen«, entgegnete Kriemhild voll Haß. »Das tue, wer Euch liebt. Oder habt Ihr mir vielleicht vom Rhein etwas mitgebracht, um dessentwillen ich Euch willkommen heißen müßte?«

»Man hat uns nicht gesagt, daß die Hunnenkönigin von Helden Geschenke erwartet«, höhnte Hagen. »Hätte ich das gewußt, so wäre ich immerhin reich genug gewesen, Euch ein Angebinde mitzubringen.«

Da trat Kriemhild einen Schritt näher an ihn heran und fragte: »Wo ist der Hort?«

»Ah, meint Ihr den?« sagte Hagen. »Der liegt tief im Rhein und bleibt dort liegen bis zum Jüngsten Tag.«

»Ihr hättet besser daran getan, den Hort zu heben und mir mein Eigentum zu bringen«, rief Kriemhild.

»Den Teufel bringe ich Euch«, versetzte Hagen, »ich hatte schwer genug an meinem Schild zu tragen.«

»Es ist nicht Sitte, gewappnet zum Fest zu gehen«, sagte Kriemhild erbost zu allen Recken. »Liefert mir eure Waffen aus, ehe ihr Etzels Saal betretet — ich will sie für euch verwahren.«

»Das mag bei den Hunnen Sitte sein«, lachte Hagen, »wir sind in Burgund geboren, dort lehrten uns unsere Väter, das Streitgerät selber zu hüten, es gehört nicht in Weiberhand!«

»Wer warnte diese Helden, daß sie so reden und im Eisenkleid zum Sonnwendfest schreiten?« fragte Kriemhild zornig.

»Ich«, antwortete Dietrich von Bern. »Ich habe diese Recken gewarnt! Wage es, mich darob zu schelten!«

Da wandte sich Kriemhild schweigend ab und ging mit ihren Frauen in die Burg zurück. Mit Dietrich wollte sie nicht streiten, sie fürchtete ihn, denn er war ein gewaltiger Held und geraden Sinnes.

»Ich beklage eure Reise von Herzen«, sagte Dietrich. »Habt ihr dieses Weibes Rede vernommen?«

»Zu allem wird Rat«, sagte Hagen, ergriff Dietrichs Hand und drückte sie fest. Dann traten die Burgunden in den weitläufigen Hof der Burg ein, wo es von Menschen wimmelte. Hier warteten Gunther und die anderen darauf, daß Etzel sie begrüßte und in den Saal bat.

Hagen und Volker schritten unterdessen furchtlos durch das Gewimmel der Hunnen und fremden Gefolgsleute. Gegenüber einem weiten Saal fanden sie eine steinerne Bank, darauf ließen sie sich nieder. Dieser Saal aber war Kriemhilds Gemach. Als die Königin durch das Fenster Hagen erblickte, stürzten ihr die Tränen aus den Augen.

Die Hunnenrecken ihres Gefolges, die sie umstanden, fragten: »Was schafft Euch solchen Kummer?«

»Ihr guten Helden«, antwortete Kriemhild, »der einäugige Mann dort drüben an der Mauer fügte mir tiefstes Herzeleid zu — und lebt noch! Wie sollte ich da nicht weinen?«

»So soll er mit dem Tod bezahlen, was er Euch antat«, riefen die Hunnen.

Darauf antwortete Kriemhild: »Wer mich an ihm rächt, dem will ich zu Füßen fallen!«

Da griffen ihrer sechzig zu den Waffen und wollten aus dem Saal stürzen, um Hagen auf der Bank zu töten. Aber Kriemhild hielt sie zurück und sagte: »Was fällt euch ein! Der Mann ist Hagen von Tronje, und der neben ihm sitzt, ist Volker, da müßtet ihr schon mehr sein!«

Nun rotteten sich vierhundert Recken in Kriemhilds Saal zusammen, die alle Hagen erschlagen wollten. Kriemhild aber sagte: »Wartet auf mich! Mit der Krone auf dem Haupt will ich euch vorangehen und Hagen vor allem Volk beschuldigen. Ihr sollt hören, was er mir angetan hat — er wird es nicht leugnen!«

Als Volker die Königin kommen sah, gefolgt von den vierhundert Hunnen, sprach er: »Sie sehen aus, als ob sie mit uns kämpfen wollten. Ich sehe Panzer unter ihren seidenen Kleidern blinken.«

»Ich weiß«, grollte Hagen, »sie sinnen auf meinen Untergang.«

»Sollten wir uns nicht erheben, wenn Kriemhild kommt? Sie ist unserer Herren Schwester und eine mächtige Königin«, sagte Volker.

»Wenn du mich liebst, so bleibst du sitzen«, entgegnete Hagen. »Ich erhebe mich nicht vor meiner Todfeindin. Außerdem könnten die Hunnen glauben, ich stünde aus Angst vor ihnen auf und wollte fliehen.« Damit zog er das Schwert aus der Scheide und legte es quer über seine Knie. Im Griff funkelte ein grüner Jaspis, und Kriemhild erkannte die Waffe sofort: es war der Balmung, Siegfrieds Schwert, das Hagen an sich genommen hatte! So reizte er die Königin.

Volker aber nahm seinen Fiedelbogen zur Hand, als lohne es nicht, wegen der paar hundert Hunnen das Schwert zu ziehen.

Kriemhild stand vor den beiden. Herrlich glänzte in ihrem Haar die Hunnenkrone, aber ihr Antlitz war von Haß verdunkelt. Sie fragte: »Wer hat Euch in dies Land gerufen, Hagen? Warum seid Ihr vor mein Antlitz gekommen, da Ihr doch wißt, was Ihr mir angetan habt?«

»Mich hat niemand gerufen«, antwortete Hagen, »wohl aber hat man nach meinen Herren geschickt, und wo sie hinreisen, bin auch ich. Ich pflege bei keiner Hofreise, bei keinem Hofgelage zu fehlen.«

»So sagt mir hier vor diesen Recken: Habt Ihr Siegfried, meinen Gemahl, ermordet? Ja oder nein!«

»Ja«, rief Hagen, »ich habe es getan und rühme mich dessen laut! Ich habe Siegfried ermordet, und ich würde es ein zweites Mal wieder tun, wenn er meine Königin kränkte. Möge mich dafür strafen, wer dazu Mut hat!«

Da wandte sich Kriemhild an ihre Mannen und sagte: »Ihr habt sein Geständnis gehört, ich überlasse euch diesen Mann!« Dann ging sie die Treppe hinauf in den Saal.

Unter den Hunnen waren einige Männer, die wußten, wie furchtbar Hagen mit dem Schwert umgehen konnte. Sie erzählten es flüsternd den anderen, und als die schreckliche Kunde rundum gegangen war, verloren alle die Lust, sich mit Hagen zu messen, und verschwanden einer nach dem anderen.

Lächelnd meinte Volker: »Komm, laß uns zu den Königen gehen, damit sie nicht allein sind, falls es Kriemhild einfällt, auch ihnen die Hunnen auf den Hals zu hetzen.«

Hagen stieß den Balmung in die Scheide und ging mit dem Fiedler zu Gunther und den anderen, die noch immer im Hof vor der Königshalle warteten.

»Wie lange wollen wir hier noch herumstehen?« fragte Volker. »Laßt uns zu Etzel gehen und ihn fragen, wie er uns gesinnt ist. Er glaubt wohl, wir seien noch bei den Zelten und schmückten uns für das Fest!«

Diese Rede gefiel Dietrich von Bern. Er geleitete die Gäste gemeinsam mit Rüdiger von Bechlarn, Irnfried von Thüringen und allen übrigen Mannen hinauf in den Saal.

Als Etzel, der Herr der halben Welt, sie eintreten sah, sprang er auf und ging ihnen entgegen. Das gereichte den Burgunden zur hohen Ehre. Er hieß sie freundlich bei sich willkommen und dankte ihnen allen, daß sie seiner Gemahlin sehnlichen Wunsch mit ihrem Besuch erfüllten: »Ich dachte schon, ich hätte euch gekränkt, da ihr nie den Weg zu uns fandet. Nun freue ich mich doppelt, euch kennenzulernen, ihr Könige. Nehmt Platz und tut euch gütlich an diesem milden Sonnwendabend!«

Man aß und trank. Wein und Met flossen in Strömen. Die Halle glich wie immer einem Heerlager. Es war eine neue Halle, denn Etzel hatte den alten Holzbau abreißen und einen neuen aus Stein aufführen lassen. Innen war er herrlich getäfelt und reich bemalt; selbst Hagen bewunderte ihn.

Unter den vielen Gemächern der Burg wurden die vornehmsten für die hohen Gäste aus Worms bestimmt, und auch ihr Gefolge erhielt gute Herbergen zu ebener Erde.

Als die Nacht hereingebrochen war, baten die wegmüden Burgunden den König um Urlaub und begaben sich zur Ruhe. Köstliche Betten waren ihnen bereitet. Aber Giselher, der längst kein Kind mehr war und wohl ahnte, was sie alle erwartete, rief voll Spott: »Wie weich Kriemhild ihre Brüder bettet! Und dabei sähe sie uns tausendmal lieber in unserem Blut liegen als in Eiderdaunen!«

»Sorgt euch nicht Kriemhilds wegen«, antwortete Hagen. »Ich werde nicht schlafen, ich lasse mich nicht im Bett ermorden. Ich selber will Schildwache halten vor dem Saal, mir schwant nichts Gutes!«

»Wenn du nicht schläfst, schlafe auch ich nicht«, meinte Volker. »Ich bleibe bei dir, wenn es dir recht ist.«

»Daß du mit mir wachen willst, lohne dir Gott«, sagte Hagen. »Mit dir zur Seite sehe ich jeder Not furchtlos ins Auge.«

So setzten die beiden unzertrennlichen Freunde sich auf die Stufen vor dem Saal. Hagen hielt sein Schwert auf den Knien und spähte aufmerksam in die Nacht, während Volker die Fiedel strich, seine geliebten Herren in der Fremde in den Schlummer zu geigen.

Als es ringsum still geworden war und die Burg wie tot dalag, sah Volker plötzlich unter einem Torbogen in der Hofmauer Helme glänzen. Er setzte den Bogen ab und sagte: »Sieh, Hagen — dort nahen Kriemhilds Boten!«

»Wußte ich es doch«, flüsterte Hagen, so gut dies seiner rauhen Stimme gelang. »Schweig und laß sie näher kommen.«

Vorsichtig schlichen die hunnischen Krieger heran. Es waren dieselben, die Kriemhild schon am Nachmittag vergeblich auf Hagen gehetzt hatte und die sie nun von neuem gegen den Tronjer schickte. »Überfallt die Burgunden im Schutze der Nacht«, hatte sie ihnen befohlen, »doch tötet mir nur Hagen von Tronje, sonst keinen!«

»Soll ich ihnen entgegengehen und sie fragen, was sie wollen?« fragte Volker, den der Übermut plagte.

»Bleib, wenn du mich und die Könige liebst«, verwies es ihm Hagen. »Es könnte geschehen, daß sie dich überfallen, dann müßte ich dir zu Hilfe eilen, und unterdessen wäre die Saalpforte unbewacht. Da könnten einige von ihnen eindringen und die Schlafenden töten.«

»So sollen sie wenigstens wissen, daß wir sie gesehen haben«, sagte Volker. Er stand auf und rief mit lauter Stimme über den Hof: »Wohin, ihr Herren? Zieht ihr des Nachts auf Kriegsfahrt, so nehmt mich und meine Gesellen mit!«

Da verschwanden die Hunnen, ohne ein Wort zu erwidern, so lautlos, wie sie gekommen waren.

»Ihr Feiglinge!« rief ihnen Volker nach.

Hagen lachte. »Spiel weiter!« sagte er, und Volker nahm die Geige. Im Morgengrauen weckten sie die Könige und auch die anderen Ritter.

»Wollt ihr zur Kirche gehen?« fragte Hagen. »Es läutet vom Turm.« Und da Gunther bejahte, setzte er hinzu: »Nehmt Waffen mit und betet in Helm und Harnisch. Dann beichtet alle gründlich, mag sein, daß es die letzte Messe ist, die ihr hört!«

Etzel wunderte sich sehr, als er seine Gäste in voller Rüstung das Münster betreten sah.

»In Helmen zum Kirchgang?« fragte er. »Hat euch jemand ein Leid zugefügt? Sagt es mir, und ich werde es auf der Stelle rächen!«

»Noch gehen wir unverletzt und unangefochten einher«, antwortete Hagen, »doch will es bei uns die Sitte, daß wir überall, wo wir zum erstenmal zu Gast weilen, drei Tage lang in Waffen gehen.«

Kriemhild wußte, daß der Tronjer log, und schaute ihm feindselig nach, wie er hinter den Brüdern durch das Münster schritt. Doch sie schwieg: Etzel sollte nicht ahnen, was sie vorhatte, er hätte es ihr sonst verwehrt und damit Hagen gerettet.

Zu Mittag begannen die Kampfspiele vor der Burg. Dietrich von Bern verbot seinen Leuten, daran teilzunehmen. Aus dem Spiel kann leicht Ernst werden, sagte er sich, und auch Rüdiger von Bechlarn verbot seinem Gefolge, sich im Turnier mit den Wormsern zu messen. Thüringer und Dänen aber traten in herrlichen Rüstungen auf kostbar gesattelten Pferden zum Wettkampf an und kreuzten mit den rheinischen Gästen eifrig Lanze und Schwert.

Volker von Alzey, wütend über das feige Unternehmen der Hunnen während der vergangenen Nacht, war stets darauf aus, Etzels Leute im Ernst vor die Klinge zu bekommen, so heftig Gunther es ihm auch verwies. Als nun ein hunnischer Ritter, der besonders eitel herausgeputzt war, auf tänzelndem Goldfuchs auf der Kampfbahn erschien und beständig zu den Fenstern der Burg hinaufschielte, ob er wohl den Damen da oben auch recht gefiele, da senkte der Fiedler plötzlich den Speer, rannte den Prahlsüchtigen unversehens an und stieß ihm die Waffe mitten durch den Leib.

Sofort sprengten Hagen und Dankwart an Volkers Seite, auch Gunther, Gernot und Giselher taten das gleiche, denn schon rotteten sich die Hunnen zusammen, um Volker zu bestrafen.

Da gebot Etzel von seinem Fenster aus, wo er dem Waffenspiel beiwohnte, Frieden. »Wofür wollt ihr den Spielmann strafen?« rief er. »Ich selber sah, daß Volkers Pferd strauchelte, so konnte er den Stoß nicht mehr abwenden!«

Ruhe trat ein. Man trug den Getöteten vom Platz.

Später, als Etzel die Gäste wieder in die Halle zum Mahl lud, erschienen auch die Hunnen gewappnet bei Tisch. Es war ihnen anzumerken, daß sie danach trachteten, Volker bei günstiger Gelegenheit zu überrumpeln und den erstochenen Ritter zu rächen. Etzel, der ihre Absicht merkte, rief: »Wer von euch meinen Gästen ein Haar krümmt, ist des Todes!«

Dieses Wort grämte Kriemhild. Sie sah Dietrich von Bern in die Halle treten und ging auf ihn zu. »Ihr seid kein Hunne«, sagte sie zu ihm, »für Euch gilt Etzels Befehl nicht. Seid Ihr bereit, für mich gegen die Burgunden zu kämpfen?«

»Niemals!« erwiderte ihr Meister Hildebrand zornig an Dietrichs Statt.

»Wie käme ich sonst zu meinem Recht?« entgegnete Kriemhild. »Trennt Hagen von seinen Herren, nur ihm gilt meine Rache, er ermordete Siegfried!«

»Es macht Euch wenig Ehre, Königin«, erwiderte nun Dietrich selbst, »daß Ihr Euren Verwandten nach dem Leben trachtet. Sie kamen als Gäste vertrauensvoll hierher. Wie könnte ich da die Hand gegen sie erheben?«

Nun winkte Kriemhild Etzels Halbbruder Blödel heran. »Höre«, sagte sie heimlich zu ihm, »du weißt, was mir Hagen zufügte — räche meinen Schmerz an ihm!«

»Ich kann nicht, Königin«, erwiderte Blödel, »Etzel, mein Bruder, hat uns verboten, den Nibelungen auch nur ein Haar zu krümmen.«

»Ich biete dir all mein Gold und Silber, dazu das Land, das einst Nudung, Rüdigers Sohn, besaß, und seine schöne stolze Witwe will ich zwingen, dein Weib zu werden. Bist du nun bereit, Siegfrieds Tod an Hagen zu rächen?« Solcher Lohn verblendete Blödels Sinn. »Der Tronjer soll seine Tat durch meine Hand büßen«, erklärte er, »ich will ihn gebunden vor Euch bringen!«

Nun setzten sich Etzel und Kriemhild mit den Gästen zu Tisch. Die verschiedensten Gerichte wurden aufgetragen, alle köstlich zubereitet. Da fand man vertraute Speisen neben sehr fremdartigen, weil der Koch darauf geachtet hatte, daß Christen wie Heiden das vorgesetzt bekamen, was jeder von ihnen zu essen gewohnt war.

Während des Mahls befahl Kriemhild, daß man den kleinen Ortlieb hereinbringe, ihr und Etzels Söhnchen.

Voll Stolz stellte der König den Burgunden seinen Knaben vor. »Schaut ihn euch an, Freunde vom Rhein«, sagte er, »das ist mein Sohn, der Erbe von zwölf Reichen. Schon heute müssen sich Fürsten vor ihm beugen. Ich hoffe, er wird stark und kühn!«

Der Knabe ging von einem zum anderen, reichte jedem die Hand. Als er zu Hagen kam, sagte dieser, indem er Ortlieb feindselig betrachtete: »Er ist noch recht schwächlich, dünkt mir. Wer weiß, ob er so lange lebt, bis er zum Mann heranwächst. Ich bezweifle, daß wir je bei einem König Ortlieb zu Gast sein und daß Helden ihm dienen werden.«

Auf diese Worte, die Etzel in tiefster Seele verletzten, folgte Grabesstille. Nichts regte sich im Saal, auch die tafelnden Hunnen schwiegen. Sie sahen, wie ihr Herr und König sich erhob, dunkle Röte im Gesicht. Etzel war zornig.

Da gellten auf einmal wilde Männerschreie in die Stille herein. Alles blickte nach dem weitgeöffneten Tor der Halle. Dort stand Dankwart, blutüberströmt. Grimmig schrie er: »Drüben in der Herberge liegen unsere tapfersten Ritter und Knechte erschlagen!«

»Wer ist der Mörder?« fragte Hagen eisig.

»Blödel, unseres Gastfreunds Bruder! Bei friedlichem Tun überfiel er uns mit seinen Leuten. Aber er hat es gebüßt: Mit meinen eigenen Händen habe ich ihn enthauptet!« rief Dankwart.

»Zuviel Ehre für ihn«, spottete Hagen. »Doch wieso ist dein Panzer rot?«

»Vom Blut der anderen«, antwortete Dankwart. »Ich erschlug sie alle!«

»Hüte das Tor«, sagte Hagen, »damit kein Hunne aus diesem Saal entkommt. Jetzt rechnen wir mit den Friedensbrechern ab, wie sie es verdienen. Wir wollen Etzels Hofgelage mit Blut bezahlen, und Etzels Erbe soll der erste sein, der den Blutzoll zu entrichten hat!«

Hagen fuhr auf, zog den Balmung und schlug dem Knaben Ortlieb, der zu seiner Mutter flüchtete, über den Tisch hinweg das Haupt ab, daß es Kriemhild in den Schoß sprang.

Der nächste, den der Balmung fällte, war des Knaben Hofmeister, der dritte, der seine Schärfe zu spüren bekam, Schwemmel, der Spielmann. »Nimm das zum Lohn dafür, daß du Etzels und Kriemhilds Einladung nach Worms brachtest!« schrie Hagen und hieb dem Fiedler die Hand ab.

Schon standen auch Gunther, Gernot und Giselher mit gezückten Schwertern da und verrichteten mit den Klingen grausige Arbeit.

Da sah Hagen, daß die Hunnen in hellen Scharen von außen her in die Halle stürmten und seinen Bruder am Tor in arge Not brachten. Wie Schwärme wilder Vögel schwirrten die Pfeile um sein Haupt und herein in den Saal, prasselten hageldicht auf die Helme und Brünnen der Kämpfenden.

»Eile Dankwart zu Hilfe!« rief Hagen Volker zu.

Der Spielmann schlug sich zum Tor durch. Dort wandte er sich um und rief: »Hier stehe ich, Hagen! Mit zweien ist das Tor so wohl verwahrt, als schlössen tausend Riegel es ab!«

Jetzt, da Hagen wußte, daß alle Hunnen im Saal gefangen waren, ließ er den Schild fallen, packte den Balmung mit beiden Händen und ging wie ein Schnitter zur Erntezeit, in weiten Schwüngen mähend, durch die gedrängten Reihen.

Entsetzt starrte Etzel in das Blutbad, das die Nibelungen seinen Hunnen bereiteten. Machtlos mußte er zuschauen, wie seine besten Streiter hinsanken.

Da schlich Kriemhild voll Angst zu Dietrich von Bern, der auf einen Tisch gesprungen war und von dort voll Grauen das Gemetzel verfolgte. »Hilf uns«, bat sie den Goten, »hilf Etzel und mir! Wenn Hagen meiner habhaft wird, ist es mein Ende! Bring mich und den König heil aus der Halle!«

Aber Dietrich konnte sich in dem Getöse kein Gehör verschaffen. Er winkte von seinem Tisch Gunther zu. Der schrie mit Macht den Burgunden in die Ohren: »Haltet ein, Gefährten! Dietrich von Bern will uns etwas sagen!«

Im Nu verstummte der Waffenlärm, so daß man nur noch das Stöhnen der Verwundeten hörte.

»Gebt mir und den Meinen freien Abzug«, bat Dietrich, »ich will euch dafür dienen, sooft ihr mich braucht!«

»Mußt du das erbitten?« rief ihm Wolfhart, Hildebrands Neffe, zu. »Den Abzug erkämpfen wir uns, und weder Dankwart noch der Fiedelspieler sollen uns daran hindern!«

Dietrich verwies ihm die Rede, und Gunther gewährte dem Berner Erfüllung seiner Bitte, sofern er keinen der Hunnen mit hinausnehmen wollte. Dietrich aber legte seinen Arm um Etzels und Kriemhilds Schultern — wie ein Riese stand er zwischen den beiden — und führte sie aus der Halle hinaus. Sechshundert Gotenhelden folgten ihm.

Da bat auch Rüdiger von Bechlarn, mit den Seinen aus der Halle gehen zu dürfen, und Giselher gewährte es freudig. »Um unserer Freundschaft willen — geht hinaus«, rief er.

Nachdem Dietrich und Rüdiger den Saal verlassen hatten, begann das Toben von neuem. Die Burgunden ruhten nicht eher, als bis alle Hunnen, die mit ihnen zum Mahl gekommen waren, in ihrem Blut lagen. Nicht einer kam mit dem Leben davon.

Die riesige Halle, in der es nun still war, war von üblem, stickigem Dunst erfüllt. Da meinte Giselher: »Freunde, laßt uns die Toten und Siechen hinaustragen, sie sollen nicht hier auf dem Boden liegenbleiben und uns beim Kämpfen den Schritt behindern, wenn es wieder losgeht. Denn ich sage euch, die Hunnen kommen wieder — Kriemhild wird dafür sorgen, daß wir nicht Ruhe finden!«

Sie trugen die Toten und Sterbenden hinaus, siebenhundert, und legten sie vor der Halle in den Sand. Von fern sah ihnen eine Schar hunnischer Krieger zu, die heulten vor Wut und Schmerz beim Anblick der erschlagenen Brüder.

König Etzel sah fassungslos, was geschehen war. Er konnte nicht begreifen, wie Festesfreude so jäh in blutigen Krieg und Todeskummer umgeschlagen hatte.

Hagen empfing ihn vom Tor herab mit Hohnreden. »Was bist du für ein König?« rief er. »Bei uns ist es Sitte, daß der Herrscher seinem Volk im Streit vorangeht! Wenn sich der Herr verkriecht, kann der Knecht freilich kein Held sein — man sieht es an den Hunnen!«

Da riß Etzel einem der Zunächststehenden den Rundschild aus der Hand, zückte sein Krummschwert und wollte sich auf Hagen stürzen.

Aber Kriemhild hängte sich mit aller Kraft an die Schildriemen und hielt den König zurück. »Hagen ist dein Tod!« sagte sie keuchend. »Laß ab von ihm! Biete lieber deinen Mannen genug Gold, vielleicht spornt das ihren Mut, daß sie die Halle nochmals berennen!«

Hagen aber lachte den König aus: »Man sieht wohl, daß du mit Siegfried nur weitschichtig verwandt bist: du bist der Gatte seiner Witwe, sonst nichts! Warum zitterst du vor mir?«

Heller Zorn erfaßte Kriemhild. Sie rief den hunnischen Kriegern zu: »Wer mir Hagens Haupt bringt, dem belade ich Etzels größten Schild mit Gold und schenke ihm zwölf Burgen und reiches Land dazu!«

Da lachte Volker und rief: »Mehr kann euch die Königin schon nicht mehr bieten, ihr Memmen! Noch nie sah ich Helden bei so hohem Lohn so zagen! Ihr eßt eures Fürsten Brot, aber wenn ihr für ihn kämpfen sollt, laßt ihr ihn im Stich! Schämt euch auf ewig!«

Diese Worte hatte Markgraf Iring von Dänemark gehört. Es verdroß ihn, daß es heißen würde, ein so mächtiger König wie Etzel habe nur Verräter und Feiglinge unter seinen Gefolgsleuten gehabt und keinen einzigen Getreuen. Er wollte darum mit dem Tronjer ganz allein kämpfen.

»Laß das sein«, rief ihm Hagen entgegen, »sonst geschieht Etzel noch mehr Leid. Wenn zwei oder drei wie du die Treppe heraufkommen, so jage ich sie mit einem einzigen Hieb wieder hinunter!«

Aber Iring ließ sich nicht raten, und Irnfried und Hawart gesellten sich mit tausend Mann zu ihm.

»Seht doch den Prahlhans!« höhnte jetzt Volker. »Erst will er mit Hagen allein kämpfen, jetzt holt er sich gleich tausend Helfershelfer! Seit wann lügt ein Held?«

Da warf sich Iring vor seinen Freunden auf die Knie und bat sie mit aufgehobenen Händen, ihn allein die Stufen zu Hagen emporsteigen zu lassen.

Nur ungern erfüllten die Gefährten seinen Willen — sie kannten Hagens Riesenkraft. Dann wichen sie aber doch zurück und ließen Iring allein. Der Däne deckte sich mit dem Schild und rannte mit hoch erhobenem Speer die Treppe hinan und auf den Tronjer zu. Auch Hagen hob seine Wurfwaffe und schleuderte sie gegen den Angreifer. Die Speere kreuzten sich in der Luft und prallten mit Wucht an die Schilde, daß die Splitter umherwirbelten. Dann griffen die Helden zu den Schwertern und hieben so heftig aufeinander ein, daß der Burghof davon widerhallte.

Als Iring erkannte, daß er Hagen nicht zu überwältigen vermochte, ließ er jäh von ihm ab und sprang wie eine Wildkatze auf Volker zu. Doch der schlug mit einem kräftigen Hieb zurück. Nun wandte sich Iring gegen Gunther. Als er auch hier schlecht ankam, warf er sich auf Gernot, focht mit ihm eine Weile, wandte sich dann aber plötzlich ab und stürzte sich wie ein Wirbelwind mitten in den Haufen der übrigen Burgunden, von denen er vier blitzschnell erschlug.

»Das zahle ich Euch heim, Iring!« rief Giselher. Er war der einzige, mit dem Iring bisher noch nicht die Klinge gekreuzt hatte. Nun warf er sich auf den Dänen und versetzte ihm einen so wuchtigen Streich, daß er taumelte und fiel. Alle meinten, er wäre zu Tode getroffen, und auch Giselher wich von ihm, weil er glaubte, er habe ihn erschlagen. Doch plötzlich erhob sich Iring, sprang rasch auf die Beine und zerhieb dem ihm zunächst stehenden Hagen zwei Panzerringe, daß dem Tronjer das Blut aus den Rippen quoll.

Wohl wehrte sich Hagen sofort und jagte den Tapferen mit mächtigen Schwerthieben die Treppe hinunter. Doch Iring schützte sich so geschickt mit dem Schild, daß ihn keiner von Hagens Streichen verwundete und er unversehrt zu den Gefährten zurückkehrte, die ihn mit lauten Glückwunschrufen umringten.

Kriemhild hatte Irings Wagestück mit angesehen. Nun rief sie über den Hof: »Gott lohne dir deinen Mut, Iring! Du hast mein Herz getröstet: ich sehe Blut aus Hagens Panzer tropfen!«

»Euer Dank kommt zu früh, Kriemhild«, rief Hagen zurück, »die Wunde von Irings Hand wird Euch noch Kummer genug bereiten! Sie stachelt nur meinen Zorn — das soll manchen Eurer Krieger das Leben kosten!«

Iring suchte eine Stelle auf, wo der Wind um die Ecke blies. Dort kühlte er sich den heißen Panzer, nahm auch den Helm ab und bot das erhitzte Haupt dem wohligen Luftzug dar. »Bringt mir neue Waffen«, rief er dann, »vor allem einen guten Schild, meinen alten haben sie mir zerhauen! Ich will doch sehen, ob ich Hagen nicht bezwinge!«

Doch als er sich zum drittenmal mit Hagen maß, brachte es ihm sein Ende. Der Tronjer durchschlug ihm den Helm, so daß Iring zusammenbrach. Dann sprang Hagen zurück, raffte einen Speer auf und durchbohrte des Dänen Haupt.

Vor Schmerz und Grauen aufheulend, stürzten die Gefährten herbei und rissen den Todwunden zurück. Kriemhild beugte sich tief über ihn und beweinte den wackeren Helden. Verröchelnd warnte Iring seine Getreuen: »Laßt euch nicht durch Kriemhilds Gold verlocken! Wer mit Hagen kämpft, der stirbt.«

Sie zogen den Speer aus seinem Kopf — da verschied er.

Nun stürmten Irnfried von Thüringen und Hawart von Dänemark mit tausend Recken gegen die Halle. Iring war Hawarts Lehensmann gewesen, nun wollte der König ihn rächen. Doch wie heftig auch der Angriff war, wie furchtbar der Kampf tobte, wie zäh Mann gegen Mann rang — die Burgunden blieben Sieger. Wohl hatte Irnfried Volkers Panzer zerschmettert, doch nun lag er selbst mit zerschlagener Brünne und klaffender Wunde vor des Spielmanns Füßen. Und neben ihm lag König Hawart, von Hagens Hand erschlagen. Rundum auf den Stufen lagen die gefallenen Dänen und Thüringer. Nur wenige waren noch heil geblieben. Sie zogen sich jetzt zurück.

Aber auch die Zahl der Burgunden war grausig geschmolzen. Um ihre Könige, Hagen und Volker geschart, standen sie unter der breiten Pforte der Halle.

Tiefe Stille folgte dem Lärm. Von den Stufen tropfte Blut, rann hinab in den Hof.

»Legt die Waffen nieder, kühlt Haupt und Leib!« befahl Volker. »Ich halte indessen Wache, bis neue Feinde kommen.«

Die Helden taten, wie er sagte. Ein Teil von ihnen zog sich in die Halle zurück. Erschöpft ließen sie sich nieder. Volker aber blieb in voller Rüstung unter dem Tor auf der Schwelle stehen, ein gewaltiger Wächter.

KRIEMHILDS RACHE

Raben umflogen krächzend die schaurige Walstatt. Der Nachmittag ging zur Neige, die Sonne vergoldete Mauern und Zinnen und die wandernden Wolken. Diese Wolken mochten aus friedlichen Ländern kommen, sie mochten weitersegeln zu Inseln und Küsten, wo zu dieser Stunde vielleicht glückliche Menschen wohnten. Hier über der Steppe an der Donau sahen sie nur Grauen, Blut und Jammer, und die Sterne der Nacht, die ihnen bald folgten, sollten noch Grausigeres schauen.

Noch ehe es Abend wurde, trieb König Etzel neue Kriegerscharen gegen die Halle. Wohl fluchte er seinem Weib und verwünschte den Tag, an dem er Kriemhild gefreit hatte — doch um seines verlorenen Sohnes willen machte er gemeinsame Sache mit ihr.

Die Hunnen brandeten in Haufen gegen die Halle. Wild schreiend, stürzten sie sich auf die Burgunden, die sich in Eile gewappnet hatten. Bis zur sinkenden Nacht tobte der Kampf — dann waren Etzels Leute geschlagen. Wimmernd und stöhnend lagen die Verwundeten zwischen den Toten, man sah die Stufen der breiten Treppe nicht mehr vor Leibern und Leichnamen. Pausenlos hatten die Schwerter der Nibelungen zugeschlagen. Nun hielten sie inne. Hagen und Volker standen mit den Königen unter dem Tor, ihrer aller Klingen waren rot. Wohl hatten sie wieder gesiegt, aber sie waren so erschöpft, daß sie nach Etzel schickten und den König um Frieden baten.

Etzel erschien an Kriemhilds Seite. »Frieden kann ich euch nimmer gewähren!« rief er zu den Helden hinauf. »Zu viele meiner Freunde und Untertanen habt ihr getötet, mein Kind habt ihr gemordet, nicht einer von euch soll lebend entkommen!«

»Wir kämpften aus Notwehr, nicht aus Übermut«, rief Gunther. Er schritt mit Gernot und Giselher die Treppe herab, sie traten vor den König und Kriemhild. »Wir kamen als Freunde und Gäste zu dir, Etzel. Wer befahl dir, meine Mannen in der Herberge zu überfallen?« fragte er.

»Das geschah ohne mein Wissen«, antwortete der König. »Doch was ihr mir angetan habt, ist tausendmal schlimmer. Dafür müßt ihr sterben!«

»Und ich?« fragte Giselher. »Was habe ich dir und deinen Helden je Böses getan? In bester Absicht kam ich zu euch, das Sonnwendfest zu feiern!«

»Deine gute Absicht haben wir kennengelernt!« schrien die Hunnen voll Hohn und Schmerz. »Tausende Frauen und Kinder sind an diesem

Fest zu Witwen und Waisen geworden, das ist dein und deiner verfluchten Brüder Werk! Wärt ihr Burgunden doch nie über den Rhein gekommen!«

»Das Morden ist aller Untergang, der eure wie der unsere«, erwiderte Gunther. »Laßt ab vom Kampf, nehmt unser Angebot an. Es geschah noch nie, daß wir um Frieden baten.«

»Nein«, erwiderte Etzel haßerfüllt, »keiner von euch kehrt heim, ich habe es geschworen!«

»So gönnt uns wenigstens, daß wir im Freien um unser Leben kämpfen!« rief Giselher. »In diesem furchtbaren Haus unter den Leichen ersticken wir fast! Deine Krieger aber, König Etzel, sind bei frischen Kräften!«

Diesen Wunsch hätte Etzel beinahe erfüllt. Doch Kriemhild raunte ihm zu: »Laß sie nicht aus dem Saal! Wenn sie sich in der frischen Luft erholen, seid ihr alle verloren! Seit Siegfried starb, gibt es keine wilderen Recken als Hagen und meine Brüder! Glaube mir, ich kenne sie!«

»Schwester«, seufzte Giselher, »nie hätte ich gedacht, daß du uns in dieses feindliche Land einlädst, um uns so grausamen Tod zu bereiten! Ich war dir stets treu und liebte dich, und ich glaubte, daß auch du mich liebst, sonst wäre ich nicht gekommen. Doch sicherlich bist du mir im Herzen noch immer hold. Darum schenke mir und den Brüdern Gnade!«

»Gnade?« fragte Kriemhild finster. »Ich schenke euch keine Gnade! Wer hat an mir in Worms Gnade geübt? Siegfried habt ihr erschlagen, den Hort habt ihr mir geraubt — und ich soll nun Etzel, meinen Gemahl, um euer Leben bitten?«

Sie blickte mit loderndem Auge von einem zum anderen. Dann traf ihr Blick Hagen, der im Hintergrund mit gezogenem Schwert neben Volker auf den Stufen stand und auf die Rückkehr der Könige wartete.

»Liefert mir Hagen aus«, rief Kriemhild plötzlich, »so will ich daran denken, daß wir alle von einer Mutter geboren sind. Gebt mir Hagen heraus, und ich lasse euch ungekränkt und heil heimkehren an den Rhein!«

»Da sei Gott vor«, rief Gernot entsetzt, »daß wir Hagen ausliefern! Lieber sterben, als Hagen, den treuesten Freund, verraten! Nein, Kriemhild, so schlecht vergelten die Burgunden gute Dienste nicht!«

Jetzt gab Etzel das Zeichen zum erneuten Angriff. Ein Hagel von Pfeilen und Speeren trieb die Nibelungen in die Halle zurück.

»Legt Feuer an den Saal!« schrie Kriemhild, außer sich vor Zorn.

»An allen vier Ecken zündet ihn an und laßt keinen heraus! Sie sollen sehen, wie Kriemhild Leid vergilt!«

Einige der Hunnenkrieger brachten brennende Pechfackeln. An ihnen entzündeten die anderen ihre Pfeile und schossen damit das Dach in Brand. Wohl war Etzels neue Halle zu einem guten Teil aus Stein gebaut, doch der Dachstuhl und die kostbare Wandverkleidung waren aus Holz. Gierig fraß sie das Feuer. Blutrote Flammen schlugen alsbald aus dem Gebälk, und Funkengarben stoben hochauf in den Nachthimmel, indes schwere Rauchschwaden sich aus dem Tor der Halle über den Hof wälzten.

»Wehe der Not!« schrien die Nibelungen, denn die Hitze im Inneren stieg gewaltig. »Lieber mit dem Schwert einen ehrlichen Tod sterben, als so schrecklich umkommen! Welch grausame Rache nimmt die Königin an uns!«

»Rauch und Glut sollen unsere Kräfte brechen«, rief Hagen. »Doch sie soll sich täuschen! Hebt die Schilde über den Kopf, schließt die Helme, wir halten durch, bis das Feuer zu Ende ist!«

So standen sie alle verbissen zusammen und schützten sich bald gegen herabfallende brennende Balken, bald gegen den Hagel der Pfeile, die von außen in die Halle prasselten. Nur Volker stand furchtlos am Tor. Solange er dort stand, konnte niemand eindringen und die vom Rauch halb Erstickten und Wehrlosen töten.

Rauch und Hitze wurden bald unerträglich. Die Recken litten namenlose Qual. Als der erste Burgunde erschöpft umsank und röchelte: »Ich kann nicht mehr, ich sterbe vor Durst!« befahl ihm Hagen, Blut zu trinken. »In solcher Hitze ist das Blut besser als Wein«, sagte er grimmig lachend. »Wir haben nichts Besseres!«

Der Mann gehorchte. Mühsam schleppte er sich zu einem Toten hin, hielt die Hand unter dessen noch frische Wunde und schöpfte das Blut wie aus einem Quell. Gestärkt erhob er sich und dankte Hagen für den Rat.

Viele folgten seinem Beispiel. »Wahrlich, Hagen hat recht«, sagten sie, »noch selten tranken wir köstlicheren Wein!«

Um Mitternacht stürzte der Dachstuhl ein. Taghell war die Nacht vom Funkenregen erleuchtet. Nur mit großer Mühe erwehrten sich die Burgunden des Feuers. Sie standen einander bei, so gut es ging, halfen einander unter Balkentrümmern heraus. Die Steinwände glühten fast.

Gegen Morgen kam endlich Wind auf, der den Rauch allmählich aus der Halle trieb und den Eingeschlossenen die Harnische kühlte. Viele waren während der Nacht umgekommen. In rußgeschwärzten Rüstungen scharten sich die letzten Streiter um die Könige und um Hagen. Es waren nur noch ein paar hundert Helden.

Nun verließ Volker die Schwelle und trat wieder herein. Das Morgenrot fiel trübe in den verwüsteten Saal. »Wenn mich die Hunnen nicht mehr auf Wache am Tor sehen«, sagte der Spielmann, »werden sie glauben, wir seien alle tot. Dann werden sie angeschlichen kommen und hier eindringen. So können wir wenigstens noch ein paar von den Feinden erschlagen, ehe wir sterben.«

Volker hatte recht. Als der Wind die letzten Rauchschwaden vertrieben hatte, kamen hunnische Späher die Treppe herauf. Sie lugten in den Saal. Da sahen sie, daß immer noch viele Burgunden lebten und daß die Könige, Hagen, Dankwart und Volker unverletzt waren.

»Ist gegen sie selbst das Feuer machtlos?« rief Kriemhild zornig, als man es ihr meldete. Dann ließ sie im Hof der Burg die köstlichsten Goldgeschmeide auf Schilden zur Schau stellen und versprach sie dem als Geschenk, der sein Leben gegen ihre Brüder und Hagen wagte.

Sie gewann scharenweise Krieger. Als die Sonne hell und heiß über der Ebene aufging, tobte bereits das Gemetzel vor der Halle wie am Tag vorher.

Verzweifelt wehrten sich die Nibelungen in ihren schwarzen Rüstungen, und nie, seit die Erde bestand, hatten Menschenaugen heldenmütiger kämpfen gesehen als in Etzels Burg.

»Wäre ich doch nie geboren!« seufzte Rüdiger von Bechlarn laut, als er sah, welche Not die Nibelungen litten und wieviel Leid ihre Schwester angerichtet hatte. »Gerne stiftete ich Frieden, doch wird Gunther nicht darauf eingehen!«

»Seht nur«, sagte ein Hunne zu Kriemhild, »dort steht Rüdiger und weint. Unser Herr hat ihn mit Ehren und Gütern überschüttet, er aber rührt keinen Finger für ihn! Ist das die Art eines tapferen, treuen Helden?«

Dem Bechlarner waren diese Worte nicht entgangen. Voll Zorn sprang er herzu und schlug den Mann nieder. »Du hast mich zum letztenmal ehrlos und feige gescholten«, schrie er ihn an. »Was kümmert es dich, daß ich nicht fechte? Wohl müßte auch ich die Burgunden hassen und gegen sie streiten — aber ich habe sie selbst hierhergebracht! Meiner Redlichkeit vertrauend, sind sie mir in dieses Land gefolgt. Wie darf ich da das Schwert gegen sie zücken?«

»Sind nicht schon genug Tote in meiner Burg?« fragte Etzel unmutig. »Ist das Eure ganze Hilfe, Rüdiger, daß Ihr meine Mannen erschlagt? Ich glaube, wir hätten anderes um Euch verdient!«

»Er hat mich verleumdet«, trotzte Rüdiger.

Nun trat Kriemhild auf den Markgrafen zu. Sie sah ihn gebieterisch an. »Habt Ihr vergessen, was Ihr mir in Worms unter vier Augen geschworen habt? Treue bis in den Tod, Rüdiger, habt Ihr mir versprochen — und gelobt, mich als erster zu rächen, wenn mir jemand ein Leid antut!«

»Ich leugne es nicht, Königin«, erwiderte Rüdiger, »und ich gebe mein Leben und, wenn es sein muß, auch meine Ehre für Euch hin. Aber meine Seele für Euch zu verwirken, das habe ich nicht geschworen. Ich kann nicht gegen die Burgunden kämpfen!«

»Es ist jetzt nicht Zeit, an dem Schwur herumzudeuten und mit Worten zu fechten«, entgegnete Kriemhild ihm unerbittlich. »Die Stunde ist da, haltet Euren Eid!«

»So nehmt mir lieber das Leben«, sagte Rüdiger, »nur fordert von mir nicht, daß ich gegen mein Gewissen handle!«

Da brauste Etzel auf: »Ist das der Dank dafür, daß ich Euch stets nur Gutes tat?«

Aber der Markgraf bat verzweifelt, von seiner Pflicht als Lehensmann entbunden zu werden. »Alles, was Ihr gabt, Burgen, Ländereien und Schätze, ich gebe es Euch, mein König, noch heute zurück und gehe als Bettler mit Weib und Kind nackt und arm aus Eurem Reich. Nur zwingt mich nicht, die Treue zu brechen! Salz und Brot habe ich mit den Burgunden geteilt, unter meinem Dach haben sie genächtigt, mein einziges Kind gab ich Giselher zur Frau — ich kann nicht gegen die Freunde das Schwert erheben!«

Doch all sein Flehen nützte nichts. Etzel beharrte darauf, daß der Markgraf an den Burgunden Rache für Ortlieb und die erschlagenen Hunnen nahm.

Da fügte sich Rüdiger. »Wehe mir!« rief er gramvoll. »So muß ich denn alle Eure Wohltaten mit dem Leben bezahlen. Ich weiß, daß ich nicht wieder aus dieser Halle herauskomme, wenn ich einmal die Schwelle überschritten habe. Euch und Kriemhild empfehle ich mein Weib und meine arme Tochter samt allen Witwen und Waisen, die nach diesem Kampf zu Bechlarn weinen werden.«

»Möge Gott dir deine Treue lohnen«, sagte Etzel, »ich will für die Deinen sorgen, solange ich lebe.«

Schweren Herzens rief Rüdiger seine Mannen zusammen, fünfhundert. Mit ihnen stieg er die Treppe zur Halle empor, in der es noch immer qualmte. Ein Bild schauriger Verwüstung bot sich ihnen dar: Inmitten verkohlter Balken und verbrannter Toter standen die Nibelungen, allen voran die Könige, Volker und Hagen, wie Todesengel anzuschauen.

»Heil uns«, rief Giselher, »nun hat alle Not ein Ende! Nun wird uns doch noch Hilfe, da Rüdiger kommt! Wie gereicht es uns jetzt zum Segen, daß ich sein Eidam geworden bin!«

»Bezähme deine Freude«, fuhr ihn Volker an. »Seit wann kommen Freunde mit aufgebundenen Helmen, das Schwert in der Faust? Rüdiger kommt als Feind, wahrscheinlich hat ihm Etzel Burgund als Lehen versprochen, wenn er gegen uns kämpft. Den Bechlarner gelüstet es stets nach neuen Ländern und Burgen, er bekommt nie genug!«

Da stieß Rüdiger von Bechlarn den Schild vor sich in den Boden und rief: »Wir waren Freunde — das muß vergessen sein! Wehrt Euch, Nibelungen!«

»Warum trittst du Freundschaft und Treue mit Füßen?« fragte Gunther kummervoll. »Ich glaube deinen Worten nicht. Markgraf Rüdiger von Bechlarn kann nicht so handeln!«

Auch Gernot schüttelte das Haupt. »Auf allen unseren Fahrten fanden wir keinen Wirt so freundlich, so gütig wie Euch. Das wollen wir Euch nie vergessen, wenn Ihr uns lebend aus diesem Saal helft!« sagte er.

»Ach, Gernot«, schrie Rüdiger auf, von jähem Schluchzen geschüttelt, »ich wollte, ihr wäret alle am Rhein und ich im Grab! Noch nie hat ein Freund schlimmer an Freunden gehandelt als ich!«

»Dies Schwert in meiner Faust«, sagte Gernot bedrückt, »das habt Ihr mir geschenkt, als wir bei Gotelind als Gäste in Bechlarn saßen — soll ich Euch mit Eurer eigenen Gabe den Tod geben?«

»Und Euer holdes Kind, wollt Ihr das zur Witwe machen, noch ehe wir Hochzeit hielten?« fragte Giselher. »Ich nenne Euch Vater — warum kämpft Ihr gegen uns?«

»Jung Giselher«, rief Rüdiger, »du hast meiner Tochter Liebe und Treue geschworen. Das halte ihr, wenn du je lebend nach Bechlarn kommst!«

»Wie kann ich das halten?« entgegnete Giselher. »Wenn Ihr meine Blutsfreunde erschlagt, ist auch das Band zwischen mir und Eurem Kind zerschnitten!«

»Das alles steht nun bei Gott«, sagte Rüdiger. Dann hob er den Schild vor die Brust und schwang sein Schwert.

»Haltet ein«, rief Hagen, »wartet noch, Rüdiger! Die Hunnen haben mir den Schild zerhauen, den mir Gotelind gab — hätte ich einen, wie Ihr ihn tragt, ich blickte Euch und Euren Mannen furchtlos entgegen.«

»So nimm meinen hin, Hagen«, sagte Rüdiger mit tränenerstickter Stimme. »Ich wünschte, du brächtest ihn wohlbehalten heim nach Burgund!« Damit reichte er seinen Schild dem Tronjer. Ehrlicher hatte noch nie ein Recke gehandelt, und manches Auge wurde bei diesem Anblick naß.

Selbst Hagens Herz fühlte Rührung, als er den Schild empfing. »Der Himmel lohne Euch solchen Edelsinn«, sagte er. »Wie immer Gott unseren Kampf lenken möge, Euch, Markgraf Rüdiger, wird meine Hand nicht berühren!«

»Auch meine nicht!« rief Volker. Dann traten er und Hagen zurück und ließen den Bechlarner eintreten. Der Kampf begann.

Rüdiger hatte sich von seinen Leuten einen anderen Schild reichen lassen, mit dem wahrte er sein Haupt und sprang kämpfend bald hierhin, bald dorthin. Wie ein Wirbelwind durchfuhr er die Halle, sorgsam darauf bedacht, keinem der Könige oder gar Hagen oder Volker zu begegnen.

Viele Helden erschlug er. Voll Bangen sahen die Fürsten, wie sich ihre Reihen unter Rüdigers furchtbaren Streichen lichteten. Da rief plötzlich Gernot: »Steht mir zum Kampf, Markgraf! Ihr wollt keinem der Unseren das Leben gönnen, also muß ich Euch das Eure nehmen! An Euch selbst will ich das Schwert verdienen, das Ihr mir schenktet!«

Da wandte sich Rüdiger gegen Gernot und spaltete ihm den Helm. Dunkles Blut entströmte der Todeswunde, doch ehe Gernot die Sinne schwanden, hieb er dem Gegner Schild und Helmband entzwei, so daß auch Rüdiger sterbend zu Boden stürzte und seine edle Seele verhauchte.

»An diesen beiden haben wir viel verloren«, rief Hagen voll Schmerz, als er Gernot und den Markgrafen fallen sah. »Mögen ihren Tod die Bechlarner bezahlen!«

Und so geschah es: kein einziger von Rüdigers Mannen hat je die Donau wiedergesehen.

Das Tosen und Klirren verhallte. Ihrer Glieder und Waffen kaum mehr mächtig, lehnten die überlebenden Nibelungen an den Mauern im Saal oder unter dem Tor, wo sie die Helme und Panzer kühlten. Todesmattigkeit kroch allen bis ans Herz. Einige stützten die Häupter auf den Schildrand oder den Schwertknauf. Rauschendes Blut floß ihnen zu Füßen.

»Es ist still geworden«, sagte Etzel und lauschte bang über den Hof.

Kriemhild schritt an die Halle heran und rief: »Was schonst du unsere Feinde, Markgraf Rüdiger! Hast du den Burgunden etwa den Frieden gegeben und uns um die Rache betrogen? Fluch über dich!«

Da trat ihr Volker aus der Halle entgegen. »Schmäht Euren treuesten Gefolgsmann nicht noch im Tod, Kriemhild!« sagte er. »Mit all den Seinen liegt er erschlagen. Glaubt Ihr es nicht, so seht selbst!«

Er wandte sich um und rief in die Halle. Da trugen vier Männer den Leichnam des Bechlarner heraus und legten ihn auf die Stufen.

Als Etzel dies sah, schrie er so gräßlich auf, als ob ein Löwe brüllte. Die ganze Burg widerhallte davon.

Etzels schreckliche Klage drang auch an Dietrichs Ohr. Der Berner saß mit seinen Leuten in der Herberge. Nun sprangen sie auf und stürzten an die Fenster. Sie konnten aber nicht ausnehmen, was vor der Halle geschah.

»Was mag geschehen sein?« fragte Wolfhart. »Vielleicht ist Etzel verwundet oder Kriemhild hat den Tod erlitten?«

»Es soll euch nicht kümmern, was dort geschieht«, sagte Dietrich. »Die Nibelungen kämpfen um ihr Leben. Ich menge mich nicht in ihren Streit, ich habe Frieden gelobt.«

»Laßt mich wenigstens hinübergehen und nachsehen, wie es steht«, bat Wolfhart. »Ich komme wieder und melde es Euch.«

»Du bleibst!« befahl Dietrich. Er kannte Wolfharts Jähzorn und Ungestüm. »Helferich mag nachsehen, der ist besonnener als du.«

Helferich ging und kam bald wieder zurück. »Sie haben Rüdiger von Bechlarn samt seinen Mannen erschlagen«, rief er unter Tränen.

Dietrich erschrak. »Womit hätte er den Tod verdient?« rief er. »War er nicht der Burgunden Freund?«

»Das sollen sie büßen«, sagte Wolfhart. »Rüdiger hat uns treu geholfen wie keiner! Es brächte uns tausendfache Schande, wenn wir seinen Tod nicht rächten!«

Aber Dietrich wollte zuvor noch Genaueres über Rüdigers Tod erfahren und sandte Hildebrand vor die Halle. Ungewappnet wollte der Alte über den Hof schreiten. Aber Wolfhart hielt ihn zurück: »Geh nicht ohne Waffen, Hildebrand! Die Burgunden würden dich verhöhnen!«

Schweigend befolgte Hildebrand den Rat seines Neffen. Als er aber Schild und Schwert aufnahm, fuhren auch die anderen in die Harnische und rissen ihre Waffen an sich. Sie wollten Hildebrand nicht allein gehen lassen.

Dietrich sah es ungern, doch konnte er den Grimm seiner Recken nicht mehr dämpfen. Das Herz voll Gram, setzte er sich ans Fenster.

»Neue Feinde!« rief Volker, der Wächter, in die Halle zurück, als er Dietrichs Mannen kommen sah. »Nun steht uns der schwerste Kampf bevor!«

Sogleich traten die Burgunden neben ihn.

Meister Hildebrand hielt am Fuß der Treppe: »Mich sendet Dietrich von Bern. Er will wissen, ob es wahr ist, daß ihr Rüdiger von Bechlarn erschlagen habt.«

»Es ist wahr«, antwortete Hagen, »wie sehr ich auch wünschte, daß er noch lebte! Immer werden Männer und Frauen ihn beweinen.«

Da begannen die Berner Recken heftig zu klagen. Sie gedachten all der guten Taten, die ihnen Rüdiger erwiesen hatte, als sie aus Bern hatten fliehen müssen und arm und wegmüde an die Donau nach Bechlarn gekommen waren. Tränen rannen ihnen bei dieser Erinnerung in den Bart.

»Was weint ihr wie die Weiber?« rief Volker zornig. »Ist euch so leid um ihn, dann kommt in die Halle und rächt seinen Tod!«

»Gebt uns den Leichnam heraus«, bat Hildebrand, »ich fordere es im Namen unseres Herrn.«

»Hier auf den Stufen liegt er«, rief Volker zurück. »Kommt herauf und kämpft um ihn!«

»Dietrich hat uns verboten, den Frieden zu brechen«, entgegnete Hildebrand. »Liefert uns Rüdigers Leib kampflos aus, wir wollen ihn bestatten!«

»Feiglingen kommt es immer gelegen, wenn ihnen der Herr zu kämpfen verbietet!« höhnte Volker in tollem Übermut.

Da konnte Wolfhart nicht mehr länger an sich halten. Er rannte vor, stellte sich neben seinen Oheim und zückte sein Schwert. Alle anderen folgten seinem Beispiel. Wie wilde Löwen stürmten sie die Treppe hinan. Auch Hildebrand wurde mitgerissen und stand im nächsten Augenblick Hagen gegenüber. So mußte er kämpfen, so ungern er es auch tat.

Wolfhart hatte sich Volker zum Gegner ausersehen. Mit bösen und gewaltigen Schwerthieben empfingen Gunther und Giselher die Amelungen. So mancher Helm wurde naß von Blut.

Aber die Berner ließen sich nicht spotten. Wolfhart war im Getümmel von Volker geschieden worden. Nun nahm sich Siegstab, der herrliche Recke, den Spielmann aufs Korn. Doch er unterlag. Im nächsten Augenblick aber mußte sich der Fiedler gegen Hildebrand wehren, der von

Hagen abließ und herzusprang, Siegstab mit wuchtigen Streichen zu rächen. Der Alte zerhieb Volkers Helm und Schild, daß die Splitter rundum gegen die Wände flogen und der Spielmann tot zu Boden sank. Zu spät eilte Hagen ihm zu Hilfe.

Nun drängten die Berner die Nibelungen immer tiefer in die ausgebrannte Halle zurück. Ohrenbetäubendes Klirren erfüllte den kohlschwarzen nackten Raum, in den der Himmel hereinsah. Verdunkelte sich die Sonne nicht vor dem grausigen Schauspiel, das sie beschien? Färbten sich nicht die weißen Wölkchen rot vom Widerschein des Blutes, das den Boden der Halle knöcheltief überschwemmte?

Dankwart ließ sein Leben unter Helferichs Schwert. Die letzten Ritter und Knechte der Burgunden sanken dahin. Giselher und Wolfhart sprangen wütend aufeinander los, und Hildebrands kühner Neffe fiel, tödlich getroffen, auf den Rücken. Doch wie ein Raubtier noch im Sterben tötet, so auch Wolfhart: Er schlug mit erlöschender Kraft nach Giselher, der über den Todwunden gebeugt stand. Aufseufzend sank Utes Kind auf den Goten. So ruhten sie wie Freunde vereint.

Wolfhart und Giselher waren die letzten, die im Zweikampf ihre Kräfte gemessen hatten. Außer Gunther, Hagen und dem alten Hildebrand lebte niemand mehr. Grauenvolle Stille lag über dem öden Saal, nur Wolfhart stöhnte noch.

Hildebrand trat weinend auf ihn zu und schob Giselhers Leiche beiseite. Er wollte den Neffen auf die Arme nehmen und aus der Halle tragen. Aber Wolfhart sagte: »Laß mich, Oheim. Ich fiel von eines Königs Hand, das ist ein herrlicher Tod. An die hundert Recken erschlug ich selber vorher. Sage das den Freunden, die mich betrauern werden, und kümmere dich nicht um mich, sondern hüte dich lieber vor Hagen: ich höre ihn kommen!«

Wolfhart hatte Hildebrand gerade noch rechtzeitig gewarnt. Denn als sich der alte Waffenmeister aufrichtete, stand der Tronjer vor ihm und hob den Balmung. Dröhnend sauste der erste Hieb auf Hildebrands Schild.

Hildebrand wehrte sich tapfer. Er zeigte seine ganze Kunst. Doch Siegfrieds Schwert in Hagens Hand schlug ihm allzu gewaltig durch Helm und Brünne. Da warf er kurz entschlossen seinen Schild auf den Rücken und floh. Mit Riesensprüngen stürzte er aus dem Saal und über die Treppe hinab. Er lief um sein Leben.

Dietrich von Bern erschrak, als er den alten Waffengefährten blutüberströmt herankommen sah. »Habt ihr mein Gebot mißachtet und mit den Burgunden gekämpft?« fragte er streng.

»Herr, es mußte geschehen, um Volkers Übermut zu dämpfen. Er wollte uns Rüdigers Leichnam nicht ausliefern und hat uns alle verhöhnt«, antwortete Hildebrand verzweifelt.

»So ist es wahr, daß sie den Treuen erschlugen!« rief Dietrich voll tiefem Schmerz. »Wie wird Gotelind um ihn weinen! Auf, Hildebrand, nun führe ich die Meinen selber gegen die Halle. Rüdigers Tod fordert Sühne!«

»Es gibt niemanden mehr, der dir folgen könnte«, sagte Hildebrand. »Sie sind alle erschlagen. Auch von den Burgunden leben nur noch Gunther und Hagen. Ich bin der letzte, der dir blieb.«

Ein Stöhnen entrang sich der Brust des Berners. Es klang wie das Klagen eines weidwunden Hirsches. »So hat mich Gott verlassen«, sagte er dumpf. Dann rief er alle seine Helden mit Namen, pries ihre Taten und klagte laut um jeden von ihnen. »Nie wieder finde ich Männer, die mir so treu dienen wie sie«, jammerte er. Und er ließ sich von Hildebrand wappnen und schritt neben seinem alten Waffengefährten aus der Herberge und zur Halle hinüber.

»Dietrich kommt«, sagte Hagen. »Er wird seine Helden rächen wollen. Jetzt wird sich zeigen, wer von uns beiden der Stärkere ist. Sie nennen ihn den kühnsten Streiter auf Erden. Aber ich fühle mich noch immer stark genug, ihn allein zu bezwingen.«

Der Berner stieg die Treppe empor. »Was habe ich euch getan, daß ihr mir solches Leid zufügtet?« fragte er. »Rüdiger von Bechlarn, mein liebster Freund, liegt hier tot. Alle meine guten Gesellen habt ihr mir geraubt. Warum tatet ihr das?«

»Sie zwangen uns zur Gegenwehr«, antwortete Hagen.

»Sei dem wie immer«, sagte Dietrich, »ich fordere Sühne und verlange von dir, König Gunther, und von dir, Hagen von Tronje, daß ihr euch kampflos als Geiseln in meine Hand gebt. Ich bürge dafür, daß euch von Etzel und den Seinen kein Leid widerfährt. Ungekränkt bringe ich euch von hier fort, doch sollt ihr mir dienen euer Leben lang.«

»Das wird nie geschehen«, rief Hagen erzürnt, »daß sich dir zwei Ritter in voller Wehr ergeben.«

»Niemand wird euch feige schelten, wenn ihr mir als Gefangene folgt«, sagte Dietrich friedlichen Sinnes. »Ergebt euch, und ich will alles vergessen, was ihr mir angetan habt.«

»Nimm den Frieden an, Hagen«, rief Hildebrand. »Es kommt die Stunde, da du ihn gerne hättest. Aber dann wird es zu spät sein.«

»Freilich«, erwiderte Hagen voll Spott, »wer mit dem Schild auf dem Rücken davonläuft, der muß ja zur Feigheit raten!«

Ernst fragte Dietrich: »Hagen, ich hörte vorhin, wie Ihr Euch rühmtet, mich allein bestehen zu wollen. Fühlt Ihr Euch dazu noch immer stark genug?«

»Solange mir der Balmung nicht zerbricht, ja!« erklärte Hagen und hob den Schild. Der Zweikampf begann. Doch allmählich erschöpften sich des Tronjers Kräfte. Die Schwerthiebe fielen nicht mehr so hart und dicht. Da holte der Berner plötzlich weit aus und schlug Hagen eine so tiefe Wunde, daß der Held kampfunfähig die Arme sinken ließ.

»Du bist müde«, sagte Dietrich nachdenklich. »Es brächte mir wenig Ehre, wenn ich dich jetzt tötete. Aber dich zwingen, mir als Geisel zu folgen, das will ich versuchen.«

Damit legte er Schild und Schwert ab, rang den Tronjer nieder und band ihm die Hände auf den Rücken. So brachte er den Verwundeten vor Kriemhild.

»Das lohne Euch der Himmel«, triumphierte die Königin. »Diesen Dienst vergesse ich Euch nie, solange ich lebe! Ihr habt meinen Todfeind bezwungen.«

»Laßt ihn leben«, sagte der Berner. »Denn lebend kann er Euch das Leid sühnen, das er Euch zugefügt hat — als Toter nicht mehr. Vergreift Euch nicht an einem Gefesselten!«

Kriemhild ließ Hagen in den Kerker werfen. Dietrich aber kehrte in die Halle zurück, um auch noch Gunther zu bezwingen.

»Du bist der letzte deines Volkes«, sagte Dietrich voll Wehmut zu ihm, »ergib dich mir freiwillig!« Doch der König schüttelte nur stumm den Kopf und stellte sich zum Kampf.

Er war von den vielen überstandenen Mühen, durchwachten Nächten und auch vom Hunger so geschwächt, daß er dem Berner nicht mehr lange Widerstand leisten konnte und bald, aus mehreren Wunden blutend, die Waffen streckte. Da rang Dietrich auch ihn nieder und band ihn wie Hagen.

»Noch nie sah man so gute Helden als Gefangene«, sagte Dietrich, als er nun auch den König vor Kriemhilds finsteres Antlitz brachte. »Lohnt meine Treue und langjährige Freundschaft, indem Ihr an beiden Gnade übt!«

»Das will ich tun«, log Kriemhild, und der Berner, ihren Worten trauend, ging hinweg. Noch nie hatte ihm ein Kampf die Seele so beschwert wie dieser, noch nie ein Sieg das Herz mit solchem Gram erfüllt. Bedrückt kehrte er in seine Herberge zurück.

Kriemhild ließ auch Gunther in den Keller werfen. Doch trennte sie ihn von Hagen. Dann begab sie sich zu dem Tronjer.

»Ich versprach Dietrich, Gnade an Euch zu üben«, sagte sie zu ihm. »Gebt mir wieder, was mir gehört, und ich will mein Versprechen einlösen. Nennt mir die Stelle, wo Ihr den Hort versenkt habt, und ich lasse Euch noch heute unversehrt nach Worms heimkehren.«

Ein grimmiges Lächeln verzerrte Hagens Züge. »Ich habe einen heiligen Eid geschworen, den Ort des Hortes nicht zu verraten, solange noch einer meiner Könige lebt!«

»So will ich ein Ende machen!« rief Kriemhild, daß es schaurig von den Gewölben widerhallte. Dann rief sie einen Hunnenrecken herbei, öffnete Gunthers Kerker und befahl, dem Bruder das Haupt abzuschlagen.

Mit Gunthers Haupt trat sie wieder vor den Tronjer und fragte: »Erfahre ich nun, wo das Gold liegt?«

Voll Schmerz sah Hagen auf das edle Haupt in Kriemhilds Händen. Dann erwiderte er: »Nun hast du alles nach deinem Willen zu Ende gebracht, verfluchtes Weib. Gunther, Gernot und Giselher sind tot. Nun weiß den Nibelungenhort niemand mehr außer Gott und mir allein, und von uns beiden wirst du Teufelin es niemals erfahren!«

»Soll ich den Schatz nicht haben, so will ich wenigstens Siegfrieds Schwert«, rief Kriemhild, weiß vor Wut. »Er trug es, als ich ihn zum letztenmal sah, ehe du ihn ermordet hast!« Damit zog sie den Balmung, der noch immer an Hagens Schwertgurt hing, aus der Scheide und schlug dem Tronjer das Haupt vom Rumpf.

Zu spät kamen Dietrich und Etzel mit dem alten Hildebrand in den Kerker.

»Wehe!« rief der König. »Da liegt der beste Held, von Weiberhand erschlagen. Soviel Leid er mir und den Meinen auch zugefügt, ich kann es nicht fassen, daß dieser Mann ein so schmähliches Ende finden mußte!«

Erschüttert stand auch Dietrich da. Meister Hildebrand aber, voll Zorn und Abscheu über Kriemhild, rief: »Sie soll sich ihrer Tat weder rühmen noch freuen! Ich räche den Tronjer!«

Her wolfran von Eschilbach. xliiij

Wolfram von Eschenbach, der Dichter des »Parzival«, nach einer farbigen Miniatur aus der Heidelberger Liederhandschrift des 13. Jahrhunderts (vorhergehende Seite). Oben ein Blatt aus der französischen Handschrift »Conte du Graal« des Chrétien de Troyes, Wolframs Vorbild. Rechts: Szenen aus »Parzival«. Folgende Seite: Das Benediktinerkloster »Nuestra Señora de Montserrat« in Nordspanien könnte Wolframs Vorstellung der Gralsburg Montsalvat angeregt haben.

ART
PARZIVAL

Bei diesen Worten zog er sein Schwert, sprang auf Kriemhild zu und erschlug sie.

Niemand rügte den alten Waffenmeister, weder Etzel noch Dietrich, dessen Augen sich mit Tränen füllten, noch die Hunnenrecken, die die Kerkerpforte umdrängten. Alle starrten auf den Boden, wo Hagens Blut sich mit dem Kriemhilds vermischte.

So endete das Fest, zu dem Etzel die Burgunden geladen hatte. Es endete wie so manches auf dieser Erde, wenn Freude und Liebe zuletzt sich in Leid verkehren.

PARZIVAL

Der Ritter vom
Heiligen Gral

Schon drohen Gewalt und Blutvergießen den Untergang der Welt zu besiegeln — da tritt Parzival, der Held der reinen Unschuld, in die Reihen der Ritter.
Er bringt das Licht in die Finsternis. Wolfram von Eschenbach, der berühmte Minnesänger, hat die Gestalt des Parzival geschaffen, damit Leben und Erkenntnis über Tod und Verderben triumphieren.

PARZIVALS JUGEND

Als der König von Anjou gestorben war, zog sein jüngerer Sohn Gachmuret aus, um als Ritter die Lande zu durchziehen und Abenteuer zu suchen. Viel erlebte er auf seinem Ritt, und er hatte oft Gelegenheit, sich im Kampfe zu bewähren und seinen heldenhaften Mut zu beweisen. Eines Tages hörte er, daß die schwarze Königin von Zazamank, Belakane, von ihren Widersachern gefangengenommen worden sei und viel Leid erdulden müsse. Sogleich machte er sich auf, sie zu befreien. Mit List und Entschlossenheit gelang ihm das Wagnis, und die Königin schenkte ihm ihre Liebe. Aber Gachmuret hielt es nicht lange an ihrem Hof, ihn zog es erneut in die weite Welt, wo es Kämpfe zu bestehen galt und ritterliche Spiele ihn erwarteten. So erfuhr er auch nicht, daß Belakane ihm einen Sohn geboren hatte, der ihrer beider Züge trug.

Auf seinem Ritt kam Gachmuret auch nach Wales, wo er die schöne Königin Herzeloyde kennen- und liebenlernte. Im ritterlichen Zweikampf warf er manchen Edlen in den Sand. Das gefiel der jungen Königin, und sie sah bald, daß er all das nur ihr zuliebe tat. Und als er um sie warb, reichte sie ihm gern die Hand. Aber den Rastlosen hielt es auch hier nicht lange. Wieder zog er hinaus in die Welt, bis ins Morgenland, wo er schließlich den Tod fand. Daheim aber schenkte ihm Herzeloyde einen Sohn, der bei der Taufe den Namen Parzival erhielt.

Als Herzeloyde erfuhr, daß ihr Gemahl sein Leben verloren hatte, floh sie vor der Pracht des Hofes und ließ allen Reichtum und Besitz zurück, um sich in die Stille der Wälder zurückzuziehen. Dort wollte sie ihren Gatten betrauern und ganz seinem Andenken leben. Nur ihre Vertrautesten nahm sie mit und ihren Sohn Parzival. Sie ließ den Wald roden und das Feld bestellen, damit sie das Notwendige zum Leben hatten. Ihren Leuten verbot sie, ihrem Sohn zu sagen, welchem Geschlecht er entstamme und welchen Rang er unter den Menschen einnähme, denn sie fürchtete, daß es ihn dann nicht mehr im Wald halten werde, wenn er groß genug war, das Roß zu lenken und das Schwert zu führen.

So wurde der junge Königssohn in Kargheit und fern der Welt erzogen. Nichts erfuhr er vom Ritterhandwerk, niemand lehrte ihn höfische Sitte. Nur ein Knecht zeigte ihm, wie man den Bogen spannte und die Bolzen spitzte, damit er sich mit der Jagd auf Vögel die Zeit vertreiben konnte. Aber er fand daran keine rechte Freude. Denn hatte er seine Beute erlegt, so stand er weinend davor, weil der tote Vogel nicht mehr sang.

»Was schafft dir solchen Kummer, mein Kind, daß du Tränen vergießt?« fragte Herzeloyde. »Hat dir jemand ein Leid zugefügt?«

»Ach nein, liebe Mutter«, antwortete Parzival, »es sind nur die Vöglein mit ihrem Gesang.«

Sogleich befahl Herzeloyde ihren Knechten, die Vögel im Wald auszurotten. Mit Leimruten und Pfeilen mußten sie ihnen nachstellen. Doch sie fingen oder erlegten nur wenige, und das Singen und Jubilieren in den Zweigen hörte nicht auf.

Als Parzival sah, wie die Knechte die Vögel verfolgten, kam er ganz verstört zu Herzeloyde gelaufen und sagte: »Liebe Mutter, was haben die armen Vöglein getan, daß sie alle ihr Leben lassen müssen?« Und er bat inständig, sie möge die Knechte doch wieder aus dem Wald zurückrufen.

Da küßte ihn Herzeloyde auf die Stirn und sagte: »Du mahnst mich recht, mein Kind, ich frevelte vor Gott. Die Vöglein müssen wohl so süß und lieblich singen, weil er sie schuf!«

»Was ist das: Gott?« fragte Parzival.

»Kind«, antwortete Herzeloyde, »das ist nicht leicht zu sagen. Gott ist lichter als der Tag und strahlender als die Sonne. Er ist mächtiger als der mächtigste König auf Erden. Einst nahm er sogar Menschengestalt an und lebte auf dieser Erde zu unser aller Heil. Erflehe seinen Beistand, wenn du in Not gerätst. Sei treu und standhaft, und was immer dir auch geschieht, er wird dir helfen.«

Von nun an sprach Herzeloyde oft mit Parzival und lehrte ihn, das finstere Böse vom lichten Guten zu unterscheiden.

Eines Tages aber, als Parzival wieder einmal den dunklen Tann durchpirschte, hörte er plötzlich Hufschlag und Rossegewieher, und als er lauschend um sich schaute, funkelte es zwischen den Stämmen, und drei prächtig gerüstete Ritter kamen hoch zu Roß auf ihn zugesprengt.

Parzival hatte noch nie so herrlich gekleidete Männer gesehen. Er starrte mit offenem Mund die silberglänzenden Harnische und bunten Schilde an. Die Sonne blitzte auf den Helmen, Schwertern und Steigbügeln der Reiter, die golddurchwirkten Satteldecken schimmerten prächtig.

Sie sind alle drei lichter als der Tag, dachte Parzival. So muß wohl ein jeder von ihnen Gott sein. Er kniete vor dem ersten, der herankam, nieder, faltete die Hände und rief: »Hilf, Gott, du allein kannst Hilfe geben! Steh mir bei!«

Die närrische Rede erzürnte den Ritter. Er rief: »Was versperrst du uns den Weg, Tölpel, scher dich fort!«

Plötzlich kam mit verhängtem Zügel noch ein vierter Ritter daher, der war noch herrlicher gekleidet als die anderen. Parzival schaute ganz verzückt an ihm empor: noch nie hatte er eine solche Lichterscheinung gesehen. Ein wunderbar gewirkter bunter Waffenrock fiel diesem Ritter von den Schultern über den Sattel so tief herab, daß er den Tau von den Grashalmen streifte. An seinen Steigbügeln hingen goldene Glöckchen, und wenn er sein Schwert schwang, klingelten die vielen Schellen, die seinen Ärmel schmückten.

Er hielt sein Pferd dicht vor Parzival an und fragte den Knaben: »Hast du hier nicht zwei Ritter durch den Wald reiten gesehen, die eine geraubte Jungfrau mit sich führten? Wir müssen sie finden!«

Die lichten Männer auf den geschmückten Rossen gehörten nämlich zum Gefolge des großen Königs Artus, der mit seiner Tafelrunde bald hier, bald dort hofhielt und in den vielen unwegsamen Waldgegenden nach dem Rechten sah. Stets verfolgte er irgendwelche Frevler und Räuber und bestrafte sie.

Doch Parzival verstand nichts von dem, was die Ritter ihn fragten. Er neigte sich nur noch tiefer zur Erde, faltete die Hände und rief ein ums andere Mal: »Hilf mir, Gott, du hilfst doch gerne!«

»Ich bin nicht Gott«, sagte der Gewappnete. »Ich diene ihm nur. Hast du noch nie Ritter gesehen, Bursche?«

»Was ist das: Ritter?« fragte Parzival. »Und wie wird man ein solcher? O sagt mir, was ich tun soll, damit ich auch einer werde!«

Der Gewappnete lächelte. Dann sagte er: »König Artus könnte dich zum Ritter machen, und du siehst ganz danach aus, als ob du in der Tat einmal einer würdest, wie dumm du auch jetzt noch bist.« Und damit zog der Gewappnete sein langes Schwert aus der Scheide und reichte es Parzival. Der wog es in den Händen, betrachtete leuchtenden Auges die glänzende Klinge und umfaßte den Griff so stark und lang, als ob er die Waffe gar nicht mehr zurückgeben wollte.

»Mit solch einem Schwert mußt du dich wehren, wenn du einmal ein Ritter bist, und harte Schläge austeilen, wenn es zu kämpfen gilt«, bedeutete ihm der Gewappnete. Dann nahm er Parzival die Waffe wieder weg, stieß sie in die Scheide zurück und sagte: »Hätte ich deine Schönheit, so bliebe mir nichts zu wünschen übrig. Du aber kannst nichts damit anfangen, weil dir zur Schönheit der Verstand fehlt. Erwirb dir den noch dazu, und du hast ein vollkommenes Leben!«

Nun murrten die anderen und riefen: »Laß uns weiterreiten, Herr, der Dümmling hat uns lang genug aufgehalten!«

Da gab der Anführer seinem Pferd die Sporen, und alle vier jagten wie der Wind durch den Wald davon.

Parzival sah die schimmernden Gestalten zwischen den Stämmen entschwinden. Ein Sturm tobte in seinem Gemüt. Augenblicklich rannte er zu Herzeloyde und rief: »Mutter, Mutter, ich werde ein Ritter! Gib mir Schwert und Schild!«

Die Königin erschrak so sehr über diesen Ausruf, daß sie erst kein Wort hervorbrachte. Als sie sich wieder gefaßt hatte, fragte sie: »Wer hat dir gesagt, daß es Ritter gibt?«

»Niemand«, antwortete Parzival. »Im Wald sind mir ihrer vier auf Pferden entgegengekommen, Gott selber kann nicht heller strahlen als sie.«

»Kind«, klagte Herzeloyde und bedeckte ihr Gesicht, »du weißt nicht, wie weh du mir tust!«

Parzival begriff nicht, warum die Mutter auf einmal so bitterlich weinte. »Das ist doch nichts Schlechtes, wenn ich ein Ritter werde!« sagte er. »In lichter Rüstung werde ich durch die Länder reiten. Gib mir Pferd und Waffen – noch heute will ich mich aufmachen und König Artus suchen. Er kann mich zum Ritter machen!«

Diese Worte schnitten der Königin ins Herz. »Du sollst deinen Willen haben, lieber Sohn«, sagte sie, »doch bleibe noch diese Nacht bei mir, damit ich dir ein paar gute Lehren auf den Weg mitgeben kann. Die Welt ist weit und voll Gefahren. Morgen früh werde ich dich ritterlich ausrüsten.«

Als es Abend geworden war, saß Parzival bei der Mutter und lauschte ihren Ratschlägen.

»Ziehst du allein durch wilde Wälder oder feldein«, sagte sie, »so meide die dunklen, trüben Furten der Flüsse. Sind sie aber rein und klar, so daß du bis auf den Grund blickst, reite getrost hindurch. Begegnet dir jemand, so grüße ihn freundlich, und wenn sich ein alter Mann mit grauem Haar erbötig macht, dich in Zucht zu nehmen, so folge ihm in allem und murre nicht, wenn er dir etwas sagt; bedenke, er kennt die Welt besser und weiß mehr als du. Und noch eins merke dir gut: Wo du von einer edlen Frau durch Minnedienst einen Ring erwerben kannst, dort greife zu, es bringt dir Ehre. Und bietet sie dir gar die Lippen zum Willkomm, so küsse sie, denn so wollen es Anstand und gute Sitte.«

Parzival lauschte den Lehren der Mutter aufmerksam und merkte sich alles genau.

Während der Nacht legte ihm Herzeloyde ein Narrengewand mit vielen Schellen und Quasten zurecht, dazu eine Narrenmütze, zwei grobe Bauernstiefel und einen kleinen, plumpen Spieß. ›Ich will ihn als Narren reiten lassen, da werden ihn die Leute schon auslachen, und die Lust wird ihm vergehen, ein Ritter zu werden‹, dachte sie. ›Vielleicht kehrt er dann zu mir zurück. Gachmuret verlor ich, soll ich mein Kind denn auch noch verlieren?‹

Parzival gefielen die bunten Lumpen. Voll Jubel legte er alles an und freute sich, daß er nun, wie er meinte, schon einem Ritter ähnlich sähe. Auch der halblahme Ackergaul, den die Mutter für ihn aus dem Stall führen ließ, entzückte ihn über die Maßen.

Er umarmte seine Mutter, schwang sich auf sein hinkendes Roß und ritt aus dem Hoftor hinaus. Ein letztes Mal noch winkte er zurück: »Weine nicht, liebe Mutter, bald siehst du mich in Glanz und Herrlichkeit!«

Herzeloyde lief ihm ein paar Schritte nach. »Da reitet er hin«, flüsterte sie, »wann kommt er mir wieder? O nimmermehr!« Und als Parzival um die Waldecke bog und ihren Blicken entschwand, zerbrach ihr der Trennungsschmerz das Herz in der Brust. Sie fiel nieder und war tot.

DER KAMPF MIT DEM ROTEN RITTER

Frohgemut ritt Parzival über Stock und Stein aus dem Wald hinaus. Als er einen schattigen Berghang hinabritt, widerhallte die gegenüberliegende Felswand plötzlich vom Jammergeschrei einer Frau. Herzzerreißende Klagen drangen an Parzivals Ohr.

Er trieb seinen Klepper an und fand vor den Felsen die edle Sigune sitzen. In ihrem Schoß lag ein erschlagener Ritter, es war Sigunes Bräutigam, der Fürst Schionatulander, ein schöner und noch junger Mann.

»Gott schütze Euch«, sagte Parzival zu Sigune. Dann fragte er: »Wer erschlug diesen edlen Ritter? Es schmerzt mich, ihn tot in Eurem Schoß zu sehen! Gerne würde ich mit dem Mörder kämpfen und ihn töten.«

»Du mußt ein gutes Herz haben, wenn dich der Tod eines anderen so ergreift«, sagte Sigune. »Wer bist du? Wie heißt du?«

»Ich bin meiner Mutter Sohn«, antwortete Parzival. »Namen habe ich keinen.«

»Doch wie rief man dich zu Hause?« forschte Sigune weiter. »Wie sagte die Mutter zu dir?«

»Sie sagte: ›Mein liebes Kind, mein gutes Kind, mein schönes Kind‹.«

Da verklärte trotz ihrer großen Trauer ein Leuchten der Freude Sigunes Züge. »So kann auf der Welt nur eine Frau ihr Kind nennen — Herzeloyde«, sagte sie. »Nun weiß ich auch, wie du heißt: Parzival bist du getauft. Der Name bedeutet ›Mittendurch‹. Da deine Mutter ihn dir verschwieg, so erfahre ihn jetzt von mir.«

Parzival staunte über diese Kunde. Nun wußte er endlich seinen wahren Namen, und er freute sich darüber.

»Wenn ich ›Mittendurch‹ heiße, soll ich da zeit meines Lebens auch immer mittendurch reiten?« fragte er.

»So ist es«, antwortete Sigune. »Unbeirrt, nicht links noch rechts schauend, sollst du das Ziel verfolgen, das dir gesteckt ist.«

Da rief Parzival: »Zu König Artus soll ich gelangen, das ist mein Ziel! Könnt Ihr mir vielleicht den Weg zu ihm weisen? Ich möchte ihm gerne meine Dienste anbieten und ein Ritter werden. Doch sagt mir zuvor, wer den Jüngling erschlug, den Ihr da im Schoß haltet.«

»Höre, Parzival«, sagte Sigune ernst, »du bist Erbe dreier Reiche: Norgals und Wales sind Herzeloydes Stammland, Anjou war deines Vaters Königreich. Während deine Mutter mit dir im Wald hauste, raubten dir treulose Herzoge zwei deiner Lande. Einer von diesen Räubern ist Herzog Orilus. Er war es auch, der mir meinen geliebten Schionatulander erschlug. Der tote Ritter hier war mein Bräutigam, zugleich aber auch dein Untertan und einer deiner treuesten Gefolgsleute. Stets betrachtete er dich als seinen Herrn und verteidigte dein Erbe gegen alle Feinde. Heute traf er mit Orilus auf der Jagd zusammen. Sie kämpften, und Schionatulander fiel. Er starb für dich, Parzival!«

Der Knabe im Narrenkleid freute sich sehr zu hören, daß er ein Königssproß war und drei Reiche sein eigen nennen durfte. Der Tod des treuen Schionatulander aber schmerzte ihn tief.

»Zeige mir den Weg«, bat er Sigune, »auf welchem ich Herzog Orilus begegnen kann. Ich will dich und mich an ihm rächen!«

Doch Sigune fürchtete, Parzival könnte sein Leben verlieren, wenn er mit Orilus stritt, und wies ihm einen ganz anderen Weg. Auf diesem gelangte er aus dem dunklen Wald und kam bald an einen großen, breiten Strom, der silbern dahinfloß. Da dachte Parzival nicht mehr an den Herzog und den toten Ritter im Schoß der Jungfrau. So kam er in die Gegend von Nantes, in der König Artus hofhielt. Vor dem Stadttor verwehrte ihm ein Ritter den Weg. Er trug eine prächtige rote Rüstung, rotes Sattel- und Lederzeug und saß auf einem roten Roß. Es war der rote Ritter, der im ganzen Land bekannt und gefürchtet war. Aus Zorn hatte er vom Tisch des Königs einen Kelch geraubt und harrte nun vor der Stadt auf den Ritter des Königs, der ihm seinen Raub abzujagen versuchen würde. Aber es kam niemand. So bat er Parzival, dem König zu sagen, daß er sich hier aufhalte und begierig sei, mit dem Edlen seine Kräfte zu messen, der ihm die Beute streitig machen wolle.

Der Jüngling nickte hilfsbereit und rief, ohne sich aufhalten zu lassen: »Ich will gerne tun, was Ihr mir aufgetragen habt.«

Schmunzelnd sah ihm Ither, der ein Neffe König Artus' war, nach. Sein Onkel würde sicher viel Spaß an dem seltsamen Jüngling haben, dem die Ellenbogen durch das Gewand schauten.

Als Parzival durchs Stadttor kam, liefen die Kinder hinter ihm her, weil sie einen so merkwürdigen Rittersmann noch nie gesehen hatten. Sie lachten und johlten. Aber Parzival achtete nicht auf sie; denn seine Erregung, jetzt bald vor dem verehrten König zu stehen, war viel zu groß, als daß er anderes bemerkt hätte.

Am Königshof herrschte buntes Treiben, und wenn ihm nicht der Knappe Iwanet beigestanden wäre, hätte er sich in dem Gewirr der Gassen wohl nicht zurechtgefunden. Parzival war ihm für diesen Freundesdienst dankbar. Doch als er ihn fragte, wer unter allen Rittern hier der König Artus sei, denn ihm schiene, es wären sehr viele Könige hier, lachte der Knappe aus vollem Herzen. Da er schon die Ritter für Könige hielte, würde er sich sicher wundern, wenn er ihn jetzt zum wahren König brächte.

Noch immer lachend, führte ihn Iwanet in den Palast, wo Artus mit seinem Gefolge versammelt war.

»Gott grüß euch, edle Herren«, rief Parzival, »besonders aber den König und sein Weib. Sie vor allem. Das hat mir meine Mutter geboten.«

Die edlen Herren und die Damen schauten sich verwundert nach ihm um. Manche lachten. Doch einige fanden Gefallen an ihm. Auch die Königin, die eben den Saal verlassen wollte, hielt im Gehen inne und ließ ihren Blick wohlgefällig auf dem Jüngling ruhen.

»Ich danke Euch, Jüngling, für Euren Gruß«, rief ihm der König zu. »Sagt, was Ihr wollt. Ich bin Euch gern gefällig.«

Da zögerte Parzival nicht länger; denn wenn ihn der König so freundlich anredete, konnte er ihm auch, ohne als unhöflich zu gelten, seinen Wunsch, den Ritterschlag zu empfangen, vortragen. Der König tat auch gar nicht verwundert und antwortete ihm ohne Zögern: »Das will ich gerne tun; denn Ihr gefallt mir. Und was Ihr an Ausstattung braucht, werde ich besorgen. Habt Geduld bis morgen.«

Doch von einem Geschenk wollte Parzival nichts wissen.

»O edler Herr, ich will mir eine Rüstung erringen, aber sie mir nicht schenken lassen. Draußen vor dem Tor wartet ein Rittersmann. Dem will ich sie abjagen.«

Der König seufzte.

»Mein lieber Jüngling, das ist ein streitbarer Mann. Held Ither hat schon manchen in den Sand geworfen. Auch mir hat er schon manches Leid angetan. Doch wenn Ihr es mit ihm versuchen wollt, so mag es sein. Gerne gebe ich Euch die Erlaubnis nicht; denn ich fürchte um Euch. Wenn Ihr ihn besiegt, mag Euch Rüstung und Roß gehören.« Parzival machte sich sogleich auf den Weg, und der Knappe Iwanet begleitete ihn bis zum Tor. Hier entließ er ihn mit guten Wünschen. Parzival trat unbekümmert vor Ither und sagte, daß es drinnen am Königshof keinen gäbe, der mit ihm den ritterlichen Zweikampf austragen wolle. Deshalb sei er gekommen, sich Roß und Rüstung, die ihm der König versprochen habe, zu holen; er benötige sie, da Artus ihn morgen zum Ritter schlagen wolle.

Da packte Ither der Zorn. Er drehte die Stoßlanze um, spornte sein Pferd und rannte mit dem stumpfen Schaftende gegen Parzifal an, daß sich dieser im nächsten Augenblick samt seiner Schindmähre im Gras wälzte. Dann versetzte er ihm noch einen tüchtigen Hieb über den Kopf.

Jetzt übermannte auch Parzival blinde Wut. Er sprang auf, zückte seinen Spieß und warf ihn mit aller Kraft nach dem Helm des Gegners. Die Spitze drang in den Sehschlitz des Visiers ein, durchstieß ein Auge und fuhr hinten beim Nacken wieder heraus. Blutüberströmt sank Ither vom Pferd zur Erde und rührte sich nicht mehr. Sein Tod zerriß vielen Männern und Frauen das Herz, er wurde bitter beweint, denn er war ein großer Held gewesen.

Parzival aber, der davon nichts wußte, stürzte sich auf den Gefallenen und versuchte, ihm die Rüstung abzuziehen. Doch da er sich mit derlei Dingen nicht auskannte, gelang es ihm nicht gleich.

Da kam der Knappe Iwanet herbei. Er hatte vom Tor aus den ungleichen Zweikampf mit angesehen und half nun Parzival, Ither die rote Rüstung abzunehmen und sie dem Sieger anzulegen. Als er aber Parzival aufforderte, doch zuvor das Narrenkleid abzutun, weigerte sich dieser.

»Nein«, sagte er trotzig, »was mir die Mutter angezogen hat, das gebe ich nicht her. Das Kleid der Mutter ist mir heilig.«

So blieb Iwanet nichts anderes übrig, als Parzival den Helm über die Narrenkappe zu stülpen, den Harnisch um sein scheckiges Narrenwams zu schnallen und ihm mit vieler Mühe die groben Stiefel in die schön geschmiedeten Beinschienen zu zwängen, wie sehr er sich auch über den Starrsinn des Knaben wunderte.

Dann zog Iwanet Ithers Schwert aus der Scheide und zeigte Parzival, wie man mit einem so kostbaren Ding umging, wie man damit zuschlug oder die Hiebe des Gegners abwehrte, und der Knabe erwies sich als gelehriger Schüler.

Nun bestieg Parzival das Roß des Toten, einen ebenso starken wie feurigen Kastilier, und sagte zum Knappen: »Mein lieber Geselle, ich danke dir für deine Hilfe. Geh und entbiete König Artus meinen Gruß. Bringe ihm den geraubten Becher und melde ihm, was sich hier zugetragen hat. Ich habe erreicht, was ich wollte. Ich trage ein ritterliches Gewand und werde nun auf Abenteuer ausziehen. Bin ich dereinst berühmt, komme ich wieder. Gott behüte dich, so lehrte mich es die Mutter!«

LEHRZEIT UND VERMÄHLUNG

Während König Artus und Frau Ginover den erschlagenen Helden beweinten und ehrenvoll bestatteten, ritt Parzival auf Ithers Pferd munter dahin. Als sich der Tag neigte, sah er in der Ferne eine schöne Burg mit vielen Türmen auftauchen, die kerzengerade wie frische Kornähren zum Himmel ragten. Er ritt auf sie zu und erreichte sie beim letzten Sonnenstrahl.

Vor der Burg saß ein grauhaariger Ritter auf einer Steinbank. Es war Gurnemanz, der Fürst des Landes, und die Burg, vor welcher er saß, hieß Graharz. Er war ein sehr weiser Mann, ein Meister wahrer Zucht, der in hohen Ehren alt geworden war und viel von der Welt gesehen hatte. Als er Parzival heranreiten sah, schirmte er die Augen, blickte ihm scharf ins Gesicht, und da ihm der Jüngling in der roten Rüstung sogleich gefiel, erwiderte er dessen Gruß überaus freundlich.

Parzival neigte das Haupt und sprach: »Meine Mutter schärfte mir ein, bei ergrauten Männern Rat zu holen, ihren Lehren zu lauschen und zu folgen. Wollt Ihr mein Lehrmeister sein? Ich würde Euch gern dafür dienen.«

»Wenn du meinen Unterricht begehrst«, antwortete Gurnemanz, »so mußt du vor allen Dingen zu mir Vertrauen haben und alles tun, was ich dir sage. Versprichst du mir das, so will ich dich in ritterlicher Zucht und Sitte unterweisen.«

Parzival versprach es.

Da winkte Gurnemanz einen Trupp Knappen herbei, die Parzival vom Pferd helfen und ihm im Burghof die Rüstung abnehmen mußten. Da bemerkte er, daß Parzival an der Brust eine Wunde hatte, die von Ithers Schaftstoß herrührte. Sogleich brachte er seinen jungen Gast in ein schönes Gemach, wusch die Wunde aus und verband sie. Teilnahmsvoll und sorgfältig pflegte er ihn. Und Parzival mußte nun alles erzählen, was er bisher erlebt hatte.

»Ich sehe wohl«, begann dann Gurnemanz, »daß du Zucht sehr nötig hast. Du bist noch in allem ein ungestümes Kind, deine Seele gleicht einem ungeschliffenen Edelstein. Nicht allein Kraft, Mut und Geschicklichkeit im Zweikampf machen den wahren Ritter aus, sondern vor allem edle Sitten und Tugenden des Herzens.«

Und Gurnemanz unterwies Parzival in den Ritterbräuchen. Hierauf befahl er allen seinen Rittern und Knappen, mit neuen, starken Lanzenschäften auf den Turnierplatz zu kommen. Dort mußten sie mit Parzival in fröhlichem Waffenspiel ihre Kräfte messen. Parzival aber, der nun unter seiner roten Rüstung keine Narrenkleider mehr trug, kämpfte so mutig und geschickt gegen jeden Gegner, daß sie allesamt von seinen Stößen aus den Sätteln fielen. Auch im Schwertkampf kamen sie nicht gegen ihn auf. Alle bewunderten Parzivals Kraft.

Am Abend dieses Tages erwies Gurnemanz Parzival eine besondere Ehre. Er rief, als sie sich zu Tisch begaben, seine Tochter Liasse in den Saal. Die Jungfrau mußte sich neben Parzival setzen und mit ihm aus einem Becher trinken. Sie tat es nicht ohne Erröten. Parzival ließ sich das gern gefallen und bewunderte im stillen die Schönheit und den Liebreiz der Jungfrau.

So pflegte Gurnemanz seinen Gast vierzehn Tage lang. Jeden Morgen erteilte er ihm neue Lehren, die ein angehender Ritter brauchen konnte, und jeden Tag steigerte sich Parzivals Kühnheit und Geschicklichkeit im Turnier. Am Morgen des fünfzehnten Tages aber trat Parzival plötzlich vor Gurnemanz hin und sagte: »Liebwerter Meister, nun gebt mir bitte Urlaub. Ich will mich in der Welt umsehen und nach Heldenehren streben.« Und kaum hatte er diese Worte gesprochen, umarmte er seinen Lehrherrn, grüßte alle Ritter und Knappen in Graharz und schwang sich auf sein Roß.

Ohne sich noch einmal umzublicken, ritt er davon. Vom Fenster ihrer Kammer sah Liasse ihm mit Tränen in den Augen nach.

Mühsam lenkte er sein Roß durch Steinklüfte und über Geröllhalden. Mit dem Schwert hieb er sich eine Gasse durch dorniges Dickicht und Gestrüpp. Dann ging sein Ritt über Wiesenbreiten, durch schattige Wälder, verträumte Täler und luftige Höhen, bis er schließlich ins Königreich Brobarz gelangte, in dem Krieg war.

Hunger und Not herrschten überall. Die Menschen, denen er begegnete, schlichen müde dahin und sahen grau und elend aus. Verzweiflung stand in allen Mienen.

Von Mitleid erfüllt, kam Parzival zur Stadt Pelrapeire, in der die schönste aller Frauen, die Königin Kondwiramur, die Nichte von Gurnemanz, lebte. König Klamide begehrte sie zur Gemahlin. Sein Seneschall Kingrun, der ihr Land auf seinen Befehl hin erobert hatte, unterstützte ihn in seinem vergeblichen Bemühen.

Die Not der edlen Herrin schmerzte Parzival, und er überlegte keinen Augenblick, ob er ihr sein ritterliches Schwert leihen sollte. Er hatte auch nicht lange Zeit zu überlegen, denn der Seneschall stellte sich ihm entgegen, um ihm den Zugang zur Stadt zu verwehren.

Parzival ließ sich nicht zum Kampf nötigen. Schon prallten die Waffen aufeinander, daß die Funken stoben. Kingrun hatte den Jüngling unterschätzt, sonst wäre er wohl besser auf der Hut gewesen. So trafen ihn schon die ersten Hiebe und Stöße — stöhnend fiel er aus dem Sattel, und Parzival konnte ungehindert weiterziehen. Die Menschen, die Zeugen des Kampfes waren, jubelten ihm zu. Sein Weg zur Burg der Königin glich einem Triumphzug. Und sosehr er sich auch über seinen Erfolg freute, so sehr drängte es ihn, die Königin zu sehen, deren Schönheit er unterwegs so oft rühmen gehört hatte. Kondwiramur empfing ihn in großer Huld; denn die Kunde vom Nahen des siegreichen Recken war bereits zu ihr gelangt. Als sie ihn dann in seiner strahlenden Jugend vor sich sah, entbrannte ihr Herz in Liebe zu ihm. Aber auch Parzival war von ihrer Schönheit entzückt. So kam es, daß ihre Herzen sich zusammenfanden. Da das befreite Volk wünschte, daß Parzival ihr König und der Gemahl Kondwiramurs werde, wurde eine fröhliche Hochzeit gefeiert; denn inzwischen waren auch zwei Schiffe mit Lebensmitteln im Hafen des Landes eingelaufen und hatten alle Not beendet. Überall herrschte Freude, und auch der ärmste Mann wurde des Segens teilhaftig, der mit Parzival in das geplagte Land gekommen war.

Da König Klamide nach dem Tod seines Seneschalls den Kampf fortsetzte, zog Parzival auch gegen ihn zu Feld. Viele waffenfähige Jünglinge folgten ihm freudig, denn es war ihnen eine Ehre, für einen so streitbaren Helden zu fechten.

Der Kampf war bald entschieden. Siegreich kehrte die tapfere Schar in die Hauptstadt zurück und Parzival zu seiner Königin heim. Eine Zeit des Friedens brachte Wohlstand und Zufriedenheit. Parzival sorgte unermüdlich dafür, daß die letzten Spuren des Krieges getilgt wurden. Auf der Burg wurden fröhliche Feste gefeiert, glänzende Ritterspiele ausgetragen und mancherlei Kurzweil getrieben. Sänger kamen an den Hof und priesen die ruhmreichen Recken und ihre Taten. Parzival erfuhr so viel Lob, daß es ihn zuweilen beschämte.

Eines Morgens aber trat Parzival vor seine Ritter, die im Saal versammelt waren, und sagte zur Königin: »Vielliebe Frau, ich möchte Euch um Urlaub bitten; es drängt mein Herz, in die heimatlichen Wälder zu reiten. So manches Jahr habe ich meine Mutter nicht gesehen, und ich habe Sehnsucht nach ihr. Ich werde nicht lange bleiben.«

Kondwiramur konnte ihm diesen Wunsch nicht versagen, und so zog Parzival ohne Gefolge davon. Niemand durfte ihn begleiten, er ritt ganz allein.

PARZIVAL SIEHT DEN GRAL

Als es Abend wurde, kam Parzival zu einem anmutigen See, an dessen Ufer ein Boot mit Fischern ankerte. Mitten unter ihnen ruhte ein Mann in prächtigem Gewand. Sein Haupt war bedeckt von einem großen, mit Pfauenfedern geschmückten Hut. Parzival wandte sich mit höflicher Verbeugung an ihn.

»Sagt mir, edler Herr, wo kann ich hier Herberge für die Nacht finden.«

Traurig sah der Mann zu ihm auf und antwortete: »Mir ist dreißig Meilen im Umkreis kein Haus bekannt, in dem Ihr ruhen könntet, es sei denn, Ihr wolltet um Gastrecht auf der Burg bitten, die in der Nähe ist.« Er hielt ein wenig inne, dann fuhr er fort: »Dort, wo die Felsen enden, müßt Ihr Euch nach rechts wenden. Kommt Ihr dann an den Burggraben, wird man die Brücke herablassen; denn man ist gastlich in jenem festen Haus.«

Parzival bedankte sich und ritt weiter.

Der Herr aber rief ihm nach: »Wundert Euch nicht, wenn Ihr mich dort als Wirt wiederfindet, und seht zu, daß Ihr Euch nicht verirrt, denn der Weg ist nicht leicht zu finden. Bleibt auf der Höhe und meidet die Hänge!«

Parzival hob die Hand, zum Zeichen, daß er ihn recht verstanden hatte, und spornte sein Pferd. So kam er nach geraumer Zeit an den Burggraben. Alsbald senkte sich die Zugbrücke herab und gab den Weg durchs Tor frei. Im Hof schwang er sich aus dem Sattel. Knechte eilten herbei, führten das Pferd in den Stall und ihn selbst in die Halle. Dort zogen sie ihm die Rüstung aus und brachten ihm Wasser und weißes Linnen. Dienstfertig legte man ihm dann ein Gewand aus arabischer Seide und einen prächtigen Mantel um. Die Königin Repanse habe ihm beides gesandt, sagte man ihm.

Im weiten Königssaal, wohin man ihn sodann geleitete, hingen zahlreiche Lichterkronen von der Decke herab, die den großen Raum in eine Lichtfülle tauchten, daß er fast geblendet wurde. Auch von den Wänden, an denen hundert Ruhebetten standen, strahlten die Kerzen in langer Reihe.

Nun wurde der Burgherr auf einer reichgeschmückten Bahre hereingetragen und mitten in den Saal gestellt. Er war vom Tod gezeichnet, aber er trug sein Los mit Geduld und Demut. Nahe beim Kamin stellte man die Lagerstätte nieder. Mit freundlicher Gebärde begrüßte er seinen staunenden Gast, den er am See zu sich geladen hatte. In langer Reihe saßen die Ritter in ehrfürchtigem Schweigen. Mädchen schwebten anmutig durch den Saal, trugen Kerzen auf goldenen Leuchtern zu einem Tisch mit silbernen Messern und stellten ihn vor den König und seinen Gast. Nun trat die Königin voll Würde und Hoheit ein. Ihr Schmuck leuchtete sternengleich in der Lichterfülle der hohen Halle. In der Hand aber trug sie das kostbarste Juwel, das je die Welt barg, den Gral — die Schale, die einst Christi Blut auffing.

Der Dienst am Gral war eine besondere Gnade. Nur die Frau, die reinen Herzens war, durfte dieses Kleinod behüten. Sechs Jungfrauen schritten ihr voran. Sie trugen in ihren Händen lange schmale Glasgefäße, aus denen Balsamfeuer emporflammten. Züchtig und gemessenen Schrittes gingen sie dahin.

Als sie zu dem Platz des Königs kamen, verneigten sie sich ehrfürchtig, und Königin Repanse stellte den Gral vor ihn auf den Tisch. Parzival aber saß in traumhaft seliger Entrückung auf seinem Platz und wußte nicht, wie er dieses feierliche Geschehen deuten sollte.

Die Jungfrauen traten zur Seite, während sich hundert Knappen in stiller Andacht vor der Königin, die mitten im Saal stand, verneigten und aus ihrer Hand das Brot vom Gral empfingen. Darauf wurden in kleinen goldenen Schalen Gewürze gereicht, damit jeder sich das Brot nach seinem Geschmack würze.

Parzival schwieg zu allem, eingedenk eines Rates, den ihm Gurnemanz gegeben hatte. Seine Augen aber nahmen alles auf, was hier geschah.

Ein Knappe trat in den Saal mit einem kostbaren Schwert in der Hand. Die Klinge war ein Wunder an Kunstfertigkeit, der Schwertgriff bestand aus einem großen, funkelnden Rubin. Er kniete vor dem König nieder und bot ihm die Waffe dar. Der König nahm sie in die bleichen Hände und übergab sie mit feierlicher Gebärde seinem Gast. »Ich habe das Schwert oft im Kampfe getragen«, sagte er mit warmer Stimme. »Nun ist mein

Körper elend, und es taugt nicht mehr für meinen schwachen Arm. So mag es Euch gehören.«

Mit leuchtenden Augen nahm Parzival dieses fürstliche Geschenk entgegen.

Als das Mahl beendet war, trugen die Königin und die Jungfrauen den Gral wieder hinaus. Die Blicke Parzivals folgten ihnen. Durch die geöffnete Tür sah er einen alten Mann, dessen greisenhafte Schönheit ihn tief ergriff.

»Ihr werdet nun müde sein«, sagte der König zu ihm und riß ihn aus seiner Versunkenheit. »Euer Lager ist bereitet und erwartet Euch.«

Parzival erhob sich sogleich und verabschiedete sich von seinem Gastgeber. Ritter geleiteten ihn in das prächtig geschmückte Gemach, in dem das Bett stand. Doch Parzival konnte lange keine Ruhe finden. Der Tod, den man in dieser Burg erwartete, wollte so gar nicht zu der Pracht und dem Reichtum passen, die hier herrschten. Als er eingeschlafen war, peinigten ihn schreckliche Träume, so daß er am Morgen schweißgebadet aufschreckte und entsetzt aus den Kissen fuhr. Vergeblich rief er nach den Knappen, die zu seinem Dienst bestimmt waren. Niemand kam.

So schlief er wieder ein. Als er nach einiger Zeit wieder erwachte und sich von seinem Lager erhob, war er immer noch allein. Wohl lagen sein Harnisch und die beiden Schwerter — das des Burgherrn und das von Ither — auf dem Teppich, aber sonst sah er niemanden, der ihm behilflich sein wollte. Allein legte er die Rüstung an, gürtete sich mit den Schwertern und stieg die Treppe hinab.

Im Burghof war das Gras ringsum zertreten und zerstampft, als wären hier viele Ritter in großer Eile und Hast zu Pferd gestiegen und davongeritten.

Die Zugbrücke war herabgelassen. Parzival fand sein Pferd gesattelt und gezäumt neben dem Tor. Verwundert und zugleich erzürnt über die schlechte, unhöfliche Behandlung bestieg er sein Roß und ritt aus der Burg.

Er hatte jedoch kaum die andere Seite des Grabens erreicht, als die Brücke von unsichtbarer Hand so jäh und knapp hochgezogen wurde, daß es seinem braven Pferd die Hinterhufe vom Boden riß und das erschrockene Tier einen Luftsprung machte.

Wütend wandte sich Parzival um und rief: »Was soll das heißen? Antwortet!«

»Macht, daß Ihr weiterkommt!« entgegnete ihm eine Stimme von drüben, obwohl kein menschliches Wesen zu erblicken war. »Fahrt nur hin! Sogar die Sonne haßt Euch von heute ab. Hättet Ihr doch den Wirt nach seinem Kummer gefragt! Euch war ein großer Preis verheißen, doch Ihr habt ihn verspielt und vertan!«

Parzival forderte eine Erklärung für diese wunderlichen bösen Worte, doch wie laut er auch rief, er bekam keine Antwort. Da ritt er fort. Stumm und drohend umragten ihn die Felsen, kein Vogel sang im dunklen Wald, die Sonne brannte trotz der frühen Stunde heiß auf das stumme Land herab. Hinter Parzival versank die Gralsburg, deren Geheimnis er zwar geschaut, aber nicht begriffen hatte.

Wieder kam er zu Sigune. Als sie ihn fragte, woher er käme, wußte er nichts anderes zu sagen, als von seinem wundersamen Erlebnis zu berichten. Da schaute sie ihn mit seltsamem Blick an und fragte: »Sahst du auf der Burg den freudelosen Herrn? Und hast du ihn nicht nach seinem Namen gefragt?«

Parzival schüttelte den Kopf. »Ich tat es nicht.«

Da faßte sich Sigune an die Stirn und jammerte: »Warum hast du es nicht getan? Du sahst doch den wundersamen Gral, sahst die hehren Frauen! Und nichts entlockte dir ein Wort? Kein Wort des Erbarmens hattest du für den Armen, der dir Gastrecht gab? O du Grausamer, du hättest dir unermeßlichen Dank verdient, wärst du nicht stumm wie ein Fisch gewesen! Geh mir aus den Augen, damit ich dich nicht mehr schauen muß!«

Sie wandte sich weinend von ihm ab, und Parzival spornte sein Pferd und ritt traurig davon. Ihn freute nicht mehr der Vögel Lied, nicht mehr die Sonne, die seinen Weg beschien, nicht mehr das Bächlein, das so munter rauschte. Auch sein Pferd, schien ihm, hatte seine Munterkeit verloren.

Schwermütig ritt er weiter, Tag für Tag. Der Herbst verging, und der Winter nahte. So kam er eines Abends in einen dichten Wald, in dem er nächtigen mußte, da weit und breit keine Herberge zu finden war. Er band sein Roß an einen Stamm. Aber ehe er sich ins Gebüsch verkroch, schaute er noch einmal umher. Da sah er in der Krone eines Baumes einen Falken sitzen, der sich offensichtlich verflogen hatte; denn es war ein Jagdfalke.

Als er am Morgen erwachte und aus dem schützenden Dickicht herauskroch, sah er, daß es geschneit hatte. Da ihn heftig fror, bestieg er sogleich sein Pferd und trabte quer durch den Wald. Kein Pfad war mehr zu erkennen. Unablässig folgte ihm der Falke.

Die Sonne stieg immer höher und ließ den Schnee in tausend und abertausend Farbkristallen erstrahlen. Immer mehr lichtete sich der Wald. Plötzlich stieß der Falke wie ein Blitz auf die Erde. Schnatternd stob eine Herde Gänse auseinander. Eine aber hatte der Falke geschlagen, doch konnte sie sich noch ins Gebüsch retten. Dabei fielen Blutstropfen in den Schnee. Sie bereiteten Parzival Seelenpein.

»Welcher Künstler vermöchte solch herrliche Farben zu erschaffen wie dieses Rot und Weiß hier vor mir im Schnee? Nur deine Wangen, o meine Kondwiramur, sind so schön. Wie danke ich dem Zufall, daß er mich in dieser Verlassenheit an die Pracht deiner Wangen, geliebte Frau, erinnert!«

In tiefem Sinnen ritt er dahin. Da stellten sich unvermittelt zwei Ritter ihm in den Weg: Segramor und Kei. Er besiegte sie im Zweikampf. Darauf versank Parzival wieder in seine Träume, die die drei Blutstropfen im weißen Schnee in ihm geweckt hatten. So merkte er auch nicht, daß ein dritter Ritter sich ihm nahte. Er hieß Gawan und war der Größte an König Artus' Tafelrunde. Waffenlos trat er vor ihn hin und weckte den Träumer aus seiner Versunkenheit.

Freundlich begrüßte er Parzival und lud ihn zu König Artus, dem Herrn dieses Landes. Beglückt sagte Parzival zu; denn er war ja einst aus der Stille der heimatlichen Wälder aufgebrochen, um König Artus zu suchen und von ihm den Ritterschlag zu empfangen. Allzu lange hatte es gedauert, bis er nach seinen zahlreichen Abenteuern an seinen Hof zurückfand.

SUCHEN UND ERKENNEN

König Artus war sehr erfreut, den jungen Ritter wiederzusehen, und lud ihn ein, fortan an seiner Tafelrunde teilzunehmen. Freudig willigte Parzival ein; denn diese Einladung bedeutete für ihn eine große Ehre.

Aber die Freude währte nicht lang, denn es kam eine Jungfrau auf prächtig gezäumtem Maultier geritten, vielerlei Sprachen kundig und auch sonst von großer Gelehrsamkeit. Doch sie war über alle Maßen häßlich. Ihr Name war Kundry.

Sie trabte mitten in den Kreis der Ritter und hielt vor König Artus. In französischer Sprache sagte sie zu ihm: »Du König voller Schimpf und Schande! An deiner Tafelrunde herrscht Falschheit, und dein Ruhm von einst ist dahin, seitdem du Parzival aufnahmst. Man nennt ihn den roten Ritter, weil er jenen edlen Helden Ither durch List und Tücke getötet hat.«

Dann wandte sie sich an den verwunderten Parzival: »Du allein bist schuld, daß ich König Artus den Gruß versagen muß, der ihm gebührte. Schmach über dich, weil du Amfortas, den leidgequälten Mann in jenem hohen Saal, nicht erlöst hast. Du sahst seine Not und hattest kein Erbarmen. Du sollst vom Glück gemieden sein, nur mit Verachtung wird man deinen Namen nennen. Des Schwerts, das dir jener gequälte Herr gab und das du nun stolz an deiner Seite trägst, bist du nicht würdig. Der Schmerz zerreißt mir das Herz, daß der, den Herzeloyde gebar, so jämmerlich versagte!«

Parzival fand lange kein Wort der Erwiderung. Dann erhob er den Blick zu seiner Anklägerin und ließ ihn über Artus und seine Ritter gleiten. »Wie konnte ich ahnen, wessen man mich zeiht«, sagte er. »Gurnemanz gab mir den unseligen Rat, bei edlen Herren nicht zu fragen. Ihm war ich gehorsam, und nun sagt, wie kann ich wieder Eure Huld erlangen? Sprecht offen, was Ihr denkt! Haltet nicht zurück mit Euren Worten. Ich gebe Euch die Bruderhand zurück. Mögt Ihr sie mir wieder reichen, wenn ich sie aufs neue mir verdient habe.«

Dann nahm er traurigen Herzens Abschied von Artus und den Seinen, und der König versprach ihm, sein verlassenes Land zu schützen. Ein Ritter nach dem anderen trat zu ihm und gab ihm die Hand. Niemand hegte Groll gegen ihn, aber sie verstanden auch, daß er ausziehen wollte, den Gral zu erringen.

Ruhelos ritt Parzival durch das Land. Der Gedanke, daß er Amfortas, den König des Grals, nicht erlöst hatte, quälte ihn. Aber wie hätte er auch wissen sollen, daß er es durch eine Frage vermocht hätte? Er dachte hin und her und fand keine Antwort und keinen Trost. Mancherlei Kämpfe bestand er in diesen Tagen und Wochen. Keinem ging er aus dem Weg, und niemand blieb im Sattel, der ihm den Weg verwehren wollte.

So kam er erneut, ohne zu wissen, daß er wieder in das Reich des Gralskönigs gelangt war, zu Sigune, die sich mit dem Leichnam des geliebten Mannes in eine Klause zurückgezogen und dort eingeschlossen hatte.

Parzival ritt weiter, bis sich ihm wieder ein Ritter entgegenstellte. Er wollte ihn aus dem Land des Grals vertreiben. Parzival aber senkte den Speer und sprengte ihn an. Splitternd brach die Waffe. Aber auch die des Gegners hatte ihr Ziel verfehlt. Wohl durchbohrte sie das Roß, daß es sterbend zu Boden stürzte, doch Parzival sprang geschickt aus dem Sattel und riß das Schwert aus der Scheide. Noch ehe sich der Gralsritter wehren konnte, hatte ihn die Waffe Parzivals getroffen.

Ohne zu zögern, schwang sich Parzival auf das Pferd seines Gegners und ritt weiter. Tag für Tag, Woche um Woche. Es wurde wieder Winter, und die Flocken sanken zart und weich vom Himmel. Starr und klirrend wurde der Boden. Da traf Parzival tief im Wald einen alten Ritter, dessen Haar war so weiß wie der Schnee. Sein Blick war demütig zur Erde gerichtet. An seiner Seite schritt sein Weib. Es war gleich ihm alt und hielt das Haupt gesenkt. Beide trugen Röcke und waren auf einer Bußfahrt. Zwei Töchter, lieblich und hold, begleiteten sie auf ihrer frommen Reise. Trotz Schnee und Eis trugen sie kein Schuhwerk, um ihre Bußgesinnung anzuzeigen.

Parzival grüßte den alten Ritter, dessen vornehme Abkunft trotz des schäbigen Gewandes sogleich zu erkennen war. Ehrerbietig lenkte er sein Pferd zur Seite, damit der greise Herr nicht auszuweichen brauchte. Auf Parzivals höfliche Frage nach dem Woher und Wohin erhielt er freundlichen Bescheid, und auch darüber, warum sie barfuß und armselig dahinwanderten. Der Karfreitag sei der Anlaß zur Buße, sagte der Graubart. Auch dem Ritter gezieme es, meinte er, sich seiner Sünden zu entledigen.

Als Parzival weiterritt, gingen ihm diese Worte immer wieder durch den Kopf. Wie lange schon hatte er nicht mehr an Gott gedacht? Jahre waren vergangen, seit ihm die Mutter von den Leiden des Herrn erzählt hatte. Er ließ die Zügel fallen. Mochte Gott das Pferd ans rechte Ziel führen. Und siehe, es trug ihn zu einer Klause, neben der ein frischer Quell entsprang. Hier hauste der weise Trevrizent, der in der Einsamkeit ein entsagungsvolles und heiligmäßiges Leben führte.

Der Einsiedler horchte auf, als er das Roß herantraben hörte. Als er den Ritter erblickte, hob er beschwörend die Hände. Tadelnd rief er: »Wozu in dieser heiligen Zeit das Eisengewand? Wahrlich, es wäre besser für Euch, Ihr würdet von Eurem stolzen Roß absteigen und Euch in ein schlichtes Gewand kleiden!«

Parzival hielt verwundert inne. Dann aber stieg er gehorsam aus dem

Sattel und trat vor den Mann. »Ich bin ein sündiger Mensch und bitte um Euren Rat!« sagte er.

Der Einsiedler nickte. »Gerne will ich Euch raten.«

»Seid Ihr erschrocken«, fragte Parzival, »als ich so gewappnet zu Euch kam?«

Trevrizent schüttelte das Haupt. »Wer kann mich erschrecken? Selten kommt ein Mensch hierher, seltener als Bären und Hirsche. Furcht kenne ich nicht. Ich war einst Ritter wie Ihr und suchte ein trügerisches Glück — aber das alles habe ich längst vergessen.«

Dann langte er nach dem Zügel, um das Pferd unter einen Felsüberhang zu führen, wo es geschützt war. Parzival geleitete er in eine Höhle, in der ein wärmendes Feuer gloste.

Parzival entledigte sich sogleich seiner Rüstung und ließ sich auf ein Reisiglager nieder, das ihm der Einsiedler angeboten hatte. Auch einen warmen Rock brachte ihm der fromme Mann herbei. Den legte er ihm um die Schulter und führte ihn dann in einen Nebenraum, in dem ein Altar stand, schlicht und einfach, ohne Decke und Schmuck, wie es an diesem Tage überall in der Welt Brauch und Übung ist.

Sinnend hielt Parzival inne und meinte: »Hört, lieber Freund, bevor ich mich Eurem Heiligtum nahe! So manches Jahr mied ich das Gotteshaus, weil ich nur am Waffengang und Wettkampf Freude hatte. Mehr noch — ich haßte Gott, weil er mir, wie ich meinte, im Weg stand. Doch heute ist das anders, heute quält mich, was ich einst getan. Möge mir der Herr des Himmels verzeihen und mir seine Hilfe nicht versagen.«

Der Einsiedler legte ihm väterlich die Hand auf die Schulter und antwortete mit herzlicher Stimme. »Wenn Ihr ihm so recht von Herzen vertraut, wird er Euch beistehen in allen Nöten. Aber nun nehmt Platz und berichtet mir von Eurem Leben, bedenkt dabei, daß auch ich einst zu den Verlorenen gehörte, bis ich erfuhr, was Wahrheit und rechter Glaube ist.«

Parzival ließ sich nieder und begann zu sprechen, wie es ihm sein redliches Herz eingab: »Mein größter Kummer ist, daß ich den Herrn des Grals nicht erlöste, und meine größte Sorge ist das Wohlbefinden meines geliebten Weibes, das sich in banger Sehnsucht nach mir verzehrt.«

»Eure Worte gefallen mir, Herr. Wer ein rechtes Weib hat und mit ihm treu verbunden ist, bleibt vor der Qual der Hölle bewahrt. Aber von Eurem anderen Wunsch, den Gral zu erlangen, laßt ab. Es wird Euch nicht gelingen. Der Himmel hat einen anderen Plan. Ihr dürft es mir glauben; denn ich habe die Wahrheit dieses Wortes an mir selbst erfahren.«

Verwundert schaute Parzival ihn an. »Wie? Bemühtet Ihr Euch auch um den Gral?«

Trevrizent nickte und schwieg eine Weile. Dann sagte er: »Es ist mir bekannt, daß mancher tapfere Ritter auf Montsalvat lebt, um den Gral zu hüten, und ich weiß, daß ebenso viele in der Welt umherziehen, um ihre Sünden abzubüßen. Fragt Ihr mich aber, wovon sie leben, so muß ich Euch sagen, daß sie ein Stein speist, von dessen Hoheit und Glanz Ihr Euch kein Bild macht. Er ist es auch, der Wundergaben besitzt, die kein Irdischer zu denken vermag. Er verleiht dem Menschen, der ihn erblickt, ewige Jugend, wenn auch die Haare ihm ergrauen. Heute am Karfreitag wird ihm eine besondere Gabe zuteil. Vom Himmel herab schwebt eine strahlendweiße Taube, die eine Oblate im Schnabel trägt. Die legt sie auf den Gral. Dieses Himmelsbrot verleiht überirdische Kräfte denen, die es genießen. Am Rand dieses Wundersteins sind die Namen der Ritter eingeritzt, die zu seinem Dienst bestimmt sind. Arm und reich ist darunter, jung und alt. Aus allen Landen werden sie gerufen, reicher Lohn winkt ihnen und Sündelosigkeit. Schon auf dieser Erde wird ihnen des Himmels Herrlichkeit offenbar.«

Parzival hatte schweigend zugehört. Zu mächtig bewegte ihn, was Trevrizent ihm da berichtete. Dann strich er sich über das Haar und sagte leise: »Wie lange habe ich mich gemüht, ein rechter Ritter zu werden, wieviel Ruhm hat mein Schwert erfochten, und doch habe ich nur einen Wunsch, Gott möge meinen Namen in den Stein geritzt und mich zu einem seiner Hüter bestimmt haben.«

Trevrizent schaute ihm in die Augen und entgegnete: »Ruhm allein bedeutet nicht, daß man des Grals würdig ist. Legt alle Hoffart ab, bescheidet Euch in Demut. Das ist das einzige, was ich Euch raten kann.« Und während sich seine Augen mit Tränen füllten, begann er zu erzählen: »Hört, junger Held: Es war ein König, der hieß Amfortas. Er lebt noch heute. Groß ist seine Not, die ihm sein hochmütiges Wesen bereitete. Viel Leid hat er in seiner Jugend verschuldet, unedel war sein Sinn, der Gebote des Grals spottete er. Nun ist er an Leib und Seele geschlagen. Nur einer kann ihn erlösen. Aber dieser eine hörte den Ruf nicht, als er in König Amfortas' Land war. Es war ein törichter, junger Mann. Er war zu Gast und fand kein Wort des Mitleids. Ich wollte ihm deshalb fluchen, aber mein Herz ist von Weh erfüllt, weil er den Mann nicht befreite, den Gott so schwer heimgesucht.«

Trevrizent sah seinen Gast noch immer sinnend an, dann fragte er ihn: »Nun, junger Freund, sagt mir, woher Ihr kommt und aus welchem Geschlecht Ihr stammt!«

Parzival antwortete: »Mein Vater war ein ritterlicher Mann. Er starb einen frühen Tod, und wenn Ihr könnt, mögt Ihr ihm ein Gebet schenken. Er hieß Gachmuret und stammte aus dem Haus Anjou. Ich aber, sein Sohn, bin seiner nicht würdig. Ich erschlug Ither, nur weil ein sündiger Wunsch mich lenkte, und nahm ihm sein Eigentum, das er mir nicht willig gab.«

In die Augen Trevrizents kam ein erkennendes Leuchten. Er sprach: »Parzival, du bist meiner Schwester Sohn, und er, den du erschlugst, war dein eigen Fleisch und Blut. Wie magst du je diese Sündenlast wieder abschütteln? Auch deine Mutter lebt nicht mehr. Sie starb aus Gram um dich.«

Erschrocken sprang Parzival auf. »Was sagt Ihr da? Das kann nicht Gottes Wille sein! Und würde ich der Herr des Grals, ich könnte dieses Leid nicht ertragen. Um meiner Mutter, Eurer Schwester willen, sprecht die Wahrheit, Herr!«

Trevrizent zog den Erregten mit väterlicher Gebärde auf das Lager nieder. »Du darfst mir glauben, daß ich die Wahrheit sprach. Als du von ihr gingst, brach ihr das Herz. Nun aber laß dir von Amfortas berichten, dessen Los uns heute so bewegt: Er ist der Enkel jenes mächtigen Gralskönigs Titurel, von dem viele Lieder künden. Amfortas aber war des Erbes nicht würdig, weil er Frauenliebe suchte, die keinem Gralsherrn zusteht. Auf seiner Fahrt durch die Lande lachte er über dieses Gebot. Da traf ihn der vergiftete Speer eines Heiden. Siech kam er nach Hause zurück. Zwar verlieh ihm die Kraft des Grals ewiges Leben, doch den Schmerz der Wunde nahm sie ihm nicht. Ich, sein Bruder, beschwor alle Wunderkräfte der Welt. Vergebens. Es trauert der alte Titurel, der noch lebt und den köstlichen Stein hütet. Aber auch er vermag nichts gegen die Schuld seines Enkels. Als wir jedoch eines Tags vor dem Gral niederfielen, da erschien plötzlich eine Schrift, die uns kündete, einst werde ein Ritter kommen und Amfortas von seiner Qual erlösen. Aber niemand darf diesen Edlen ermuntern, nach Amfortas' Leiden zu fragen. Es würde nur den Schmerz des Geplagten vergrößern. Fragt er aber von sich aus zur rechten Zeit, so wird ihm die Krone des Gralsreiches zuteil, und Amfortas ist von aller Qual befreit. So kündete uns die Schrift. Doch jener Held kam bisher nicht, und wir versuchen die Schmerzen des Bruders zu lindern. Wir gaben ihm Nardenöl, das aus den Gebirgen Indiens kommt, auch Theriak, den vielgerühmten, und den Rauch des verbrannten Krauts der Aloe. Doch nichts half, und da ich den Schmerz nicht mehr ansehen konnte, floh ich in die Einsamkeit. Hier versuche ich durch Gebet und Buße die Leiden des Bruders zu erleichtern. Wohl kam einst ein Ritter zur Gralsburg, ich sagte es schon. Aber es wäre besser gewesen, er wäre nicht gekommen, da ihn der Jammer nicht bewegen konnte, nach dem Grund der Trauer zu fragen. Nur eines Wortes hätte es bedurft — aber er sprach es nicht aus. Aus Trägheit ging er an seinem Glück vorbei.«

»Viellieber Oheim«, begann Parzival, bleich vor Kümmernis, »ich wage es kaum zu sagen, daß ich der Tor war, der einst in Montsalvat das erlösende Wort nicht sprach. Verzeiht mir, wenn Ihr könnt, diese schwere Schuld, schwer genug lastet sie auf meinem Geist und Herz.«

Entsetzt fuhr Trevrizent auf. »Wie? Was sagtest du eben? Wie konntest du nur so freveln?« Dann aber setzte er hinzu: »Doch verzage nicht. Setze deine Hoffnung auf Gott, dann wird sich einst die Not auch von deinem Herzen wenden.«

Parzival nickte still vor sich hin. »Möge dein tröstliches Wort meine Qual verringern! Doch sag, was sich auf Montsalvat begab.«

»Gott will, daß jener Stein von auserwählten Jungfrauen gehütet wird, deren reines Leben dafür bürgt, daß keine unberufene Hand ihn je berührt. Auch Ritter sollen ihm ihr Leben weihen, die Frauenliebe fliehen und ein gottgefälliges Leben führen. Nur der König darf sich einem Weib zum reinen Ehebund vermählen und auch jene, die Gott als Könige in herrenlose Länder sendet.«

Jetzt begriff Parzival, was er auf der Gralsburg gesehen hatte. Vierzehn Tage blieb er in der Höhle Trevrizents, teilte mit ihm das harte und entbehrungsreiche Leben des Einsiedlers, genoß mit ihm die mageren Kräuter und herben Wurzeln und diente in Armut und Entsagung wie er. Als er dann Abschied nahm, legte ihm der Einsiedler die Hand aufs Haupt und sagte: »Lade deine Schuld auf mich! Sie soll die meine sein, und ich will sie vor Gott büßen. Du aber reite frohen Muts dahin und denke an das Ziel, das du erreichen willst.«

KÖNIG DES GRALS

Gestärkt und Frieden im Herzen, ritt Parzival fort. Er ritt allein durch den Wald, seinem schwersten Kampf entgegen. Nichts regte sich weit und breit. Als er sich jedoch eine Stunde weit von Trevrizents Klause entfernt hatte, stellte sich ihm der furchtbarste Gegner in den Weg, dem er je begegnen sollte.

Es war ein Heidenfürst, dessen Rüstung vom Helm bis zu den Sporen ganz mit Diamanten und anderen harten Edelsteinen besetzt war. Als Helmzier trug er eine aus Juwelen geformte Schlange, deren Blick lebendig war und jedes unreine Tier, Drachen und giftige Ottern, tötete. Auch machte sie den, der sie trug, unverwundbar und schützte ihn gegen Dämonen.

Dieser Heidenfürst herrschte im Morgenland über fünfundzwanzig Völker, von denen keines des anderen Sprache verstand. Er kam eben aus der Stadt Tabronit, wo ihm die Königin Sekundille, der er Minnedienste leistete, fünfundzwanzig große Schiffe mit Schätzen beladen hatte. Mit diesen Schiffen war er über das Meer gefahren. Sie lagen unweit des Waldes in einer Bucht verborgen.

Kaum hatte der Heidenfürst den einsam reitenden Parzival erblickt, als er die Lanze senkte und wie der Wirbelwind auf ihn zustürmte. Mit knapper Not konnte auch Parzival seine Lanze senken — da prallten sie auch schon aufeinander. Der Boden bebte und zitterte von dem furchtbaren Zusammenstoß, aber Parzival saß dennoch aufrecht im Sattel.

Das war dem Heiden noch nie vorgekommen, bisher hatte er stets auf den ersten Stoß gesiegt. Sogleich ließ er sich vom Pferd gleiten, auch Parzival sprang ab, und nun kämpften sie mit dem Schwert, daß der Wald von den Schlägen widerhallte. Es regnete Funken. Wie wirbelnde Schneeflocken, so dicht, umstoben sie die beiden Helden.

»Thasmeh!« rief der Heide, das war sein Schlachtruf, denn so hieß das mächtigste seiner vielen Länder.

»Pelrapeire!« schrie Parzival, denn das war der Name der Stadt, in der Kondwiramur lebte.

Der Königin Herz hörte diesen Ruf über neun Länder hinweg. »Mein Geliebter ist in furchtbare Not geraten«, sagte sie, »ich will ihm mit der Macht meiner Liebe zu Hilfe kommen!« Im selben Augenblick fühlte sich Parzival wunderbar gestärkt.

Stück um Stück hieb er aus dem Schild des Heiden, daß die kostbaren, blitzenden Steine den Boden übersäten. Als er aber weit ausholte, um dem unbekannten Helden Helm und Haupt zu spalten, zerbrach plötzlich Ithers Schwert an dem Zauberdrachen in zwei Teile. Damit war Parzivals Leben verwirkt. Er war auf Gnade und Ungnade in seines Feindes Hand gegeben. Zum erstenmal war er selber besiegt.

So rächte der Himmel den Mord, den er einst vor der Stadt Nantes an seinem Onkel Ither begangen hatte.

Der Heide, den Parzivals Schlag in die Knie gezwungen und sicherlich getötet hätte, erhob sich. »Du bist ein gewaltiger Held!« sagte er. »Du hättest mir gewiß das Leben geraubt, trotz meiner Helmschlange, wäre dein Schwert nicht zerbrochen. Ich biete dir Waffenruhe an. Komm, laß uns niedersitzen, und nenne mir deinen Namen!«

»Meinen Namen soll ich Euch nennen?« erwiderte Parzival. »Das hieße ja, daß ich mich für besiegt erkläre. Nie und nimmer!«

Der Heidenfürst lächelte. »Gut, so will ich dir meinen Namen zuerst sagen, es macht mir nichts aus. Ich heiße Feirefiz von Anjou.«

»Von Anjou?« fragte Parzival erstaunt. »Wie könnt Ihr Euch von Anjou nennen? Dieses Land samt allen seinen Burgen und Städten gehört mir! Ich habe es von meinem Vater Gachmuret geerbt. Wenn also einer von uns beiden ein rechtmäßiger Anjou ist, so kann das nach meiner Abkunft nur ich sein. Ich habe allerdings von einem Ritter gehört, einem unverzagten Helden, der fern im Heidenland wohnen und mein Bruder sein soll, wenn auch nicht von derselben Mutter geboren. Ich weiß auch ein Merkmal, woran ich ihn untrüglich erkennen könnte. Erlaubt, Herr, daß ich Euch ohne Helm betrachte. Nehmt ihn ohne Argwohn ab, ich werde Euch nichts zuleide tun, ehe Ihr ihn nicht wieder aufgesetzt habt; ich will nur Euer Gesicht sehen.«

Da lächelte der Heidenfürst abermals. »Ich fürchte mich auch dann nicht vor dir, wenn ich nackt und ohne Schild dastünde, denn du hast ja kein Schwert mehr. Doch damit du siehst, wie wohlgesinnt ich dir bin, will ich mich meiner Waffe freiwillig entledigen. Sie soll keinem von uns beiden gehören! – Da!« Mit diesem Ruf schleuderte er sein prächtiges Schwert weit von sich in den Tann.

»Und nun sage mir, ehe ich meinen Helm abnehme: Wie müßte mein Gesicht aussehen, wenn ich dein Bruder aus dem Heidenland wäre?«

»Wie beschriebenes Pergamentpapier«, antwortete Parzival, »voll schwarzer und weißer Flecke.«

»Ich bin es!« jubelte der Heide. »Ich bin es! Auch ich bin Gachmurets

Kind!« Dann hob er seinen funkelnden Kopfschmuck ab, und siehe da, sein Gesicht war wirklich schwarzweiß gesprenkelt wie das Gefieder einer Elster.

Da fielen die beiden Recken einander um den Hals und besiegelten ihren Frieden mit unzähligen brüderlichen Küssen. Sie setzten sich beide ins Gras, und Feirefiz erzählte Parzival, wie Gachmuret die Mohrenkönigin Belakane im Lande Zazamank geheiratet, aber wieder verlassen habe, und wie er, Feirefiz, das gefleckte Kind aus dieser Ehe, nun ins Abendland gekommen sei, seinen Bruder zu suchen. »Ich komme geradewegs aus Tabronit, der Stadt, die alle Wünsche erfüllt. Doch wieviel Schätze es dort auch gibt, der kostbarste ist nicht dabei: der Gral. Den sollen fromme Ritter aus dem Morgenland ins Abendland gebracht haben — kannst du mir den Kristall finden helfen?«

Parzival stöhnte auf. »Laß ab vom Gral, versuche nicht, ihn zu finden! Ich tue es schon seit vielen Jahren, und immer noch vergebens. Was ich dabei an Leid erfuhr, was ich an Schuld unschuldig auf mein Herz lud, das kann ich dir nicht sagen, es ist zu viel. Aus Tabronit kommst du, wo jeder Wunsch in Erfüllung geht? Kehre dorthin zurück mit deinen Schiffen und Schätzen und lebe glücklich.«

Doch Feirefiz wollte nichts von Abschied und Trennung wissen. »Nein, Bruder«, rief er, »du wirst mich nicht mehr los! Meine arme schwarze Mutter Belakane sehnte sich um unseres Vaters willen sehr nach der Taufe, doch blieb sie ihr verwehrt. Ich aber weiche nicht von hier, bis ich sie empfangen habe und durch sie der Liebe und Treue Gottes teilhaftig geworden bin. Ich schenke dir alle meine Schätze, die ich mitgebracht habe, und zwei meiner größten Länder dazu, wenn du mir zur Taufe verhilfst. Sogleich will ich meinem Heer in der Bucht befehlen, die Schiffe zu entladen und dir alles zu bringen.«

»Behalte Schätze und Länder für dich«, sagte Parzival, indem er sich erhob, »die Taufe gibt dir jeder Priester frei und gern. Bei König Artus soll sie dir gespendet werden, er tagt mit seiner Tafelrunde nicht weit von hier. Als ich den Berg hinanritt, sah ich von ferne ihre bunten Zelte durch die Wipfel schimmern. Komm mit! Manch tapferen, dir blutsverwandten Ritter wirst du dort antreffen, und viele holde Frauen wirst du dort erblicken.«

Als Feirefiz das hörte, sprang er mit einem Satz auf die Beine und machte sich reisefertig, denn er kannte nichts Lieberes auf der Welt, als schöne Frauen zu sehen und ihnen Minnedienste anzubieten. Parzival half ihm, sein weggeworfenes Schwert zu suchen, und als sie es gefunden hatten, ritten sie hinab, wo König Artus' Zeltlager war.

Sie wurden mit großem Jubel empfangen. In festlichem Zug traten Artus und Frau Ginover mit ihrem Gefolge aus dem Königszelt und begrüßten die Gäste mit hohen Ehren. Feirefiz wurde wegen seines schekkigen Gesichtes und seiner funkelnden Rüstung von allen bestaunt.

Doch kaum hatten der König und die Königin ihren Willkommensgruß gesprochen, als ein Raunen durch die Reihen der Anwesenden lief: Auf einem prächtig geschmückten Zelter kam Kundry, die Gralsbotin, in den Ring geritten. Tief verhüllt war ihr Antlitz. Sie trug eine Kappe und einen weiten Mantel aus Samt, schwärzer noch als ein türkischer Rappe, der jedoch über und über mit Turteltauben aus arabischem Gold bestickt war. Die Taube war das Wappentier des Heiligen Grals.

Noch nie hatte man die unheimliche Frau so herrlich gewandet einherreiten sehen. Schnell stieg sie vom Maultier, warf sich Parzival zu Füßen und berührte mit Stirn und Händen den Boden. »Vergib mir, daß ich dir einst so wild gezürnt«, flehte sie, »vergib mir! Soeben erschien der Name Parzival mit leuchtender Schrift im Gral. Du bist durch den Willen des Höchsten als König nach Montsalvat berufen. Beeile dich, zu Amfortas in die Burg zu gelangen, ehe es zu spät ist! Doch nimm einen Mann mit, den dein Herz erwählt. Ein strenges Gesetz befiehlt: Komm nicht ohne Bruder zum Gral! Heil dir, erwählst du den Richtigen. Heute noch sollst du mit Kondwiramur vereint sein, heute noch dein Söhnlein Lohengrin und seinen Zwillingsbruder Kardeis auf den Knien wiegen. Kondwiramur gebar dir beide in Schmerzen und zog sie auf, während du durch die Welt irrtest.«

Da hob Parzival die kniende Botin sanft auf, löste den schwarzen Schleier von ihrem Antlitz und sah ihr ohne Schrecken ins häßliche Gesicht. Und siehe da, es dünkte ihn schöner und weiser als jedes andere. »Gesegnet sei dein Mund, der mir so herrliche Kunde bringt!« sagte er. »Gesegnet sei der Fluch, der mich einst von hier fort über Länder und Meere trieb! Groß ist Gottes Güte, herrlich seine Gnade, da er mir nach so viel Leid nun so viel Glück gewährt!«

Darauf ging er zu Feirefiz hin und sagte: »Willst du mir die Liebe erweisen, mich zum Gral zu begleiten?«

Voll Freude stimmte Feirefiz zu. So zogen die Brüder unter Kundrys Führung gemeinsam nach Montsalvat.

Auf ihrem Weg dahin kamen sie an Sigunes Klause vorbei. Sigune war gestorben, fromme Leute hatten sie gemeinsam mit Schionatulander neben der Hütte begraben. Aus dem Grab wuchsen zwei Rebstöcke, die sich ineinander verschlangen.

Durch wilde Klüfte ging es weiter, keiner von den dreien sprach ein Wort, Friede und Glück erfüllte ihre Herzen.

Da sah Parzival plötzlich den See Brumbane! Und da waren auch schon die Felsen, an denen sie entlangritten und zur Zugbrücke kamen! Gewaltig ragte die Gralsburg auf ihrem glatten Stein in den Himmel. Es war gerade Mittag, Sonnenglast erfüllte die Welt.

In dem Augenblick, da die Reitenden anlangten, ertönten von den Zinnen der Gralsburg schmetternde Freudenhörner, und in den vielen Türmen begannen die Glocken, die seit dem Tag, da Amfortas verwundet worden war, geschwiegen hatten, alle zugleich zu läuten. Der neue Gralskönig zog ein.

Als Parzival die große Halle betrat, bot sich ihm ein Bild, das seine Seele tief schmerzte. Amfortas kniete auf seinem Siechbett, die Hände in die Decken verkrallt und Gott um den Tod bittend. Seit vielen Wochen hatte der sündige König seinen Rittern das heilige Mahl verwehrt: er wollte den Gral, dessen Anblick Schmerzen lindert und das Leben verlängert, nicht mehr sehen und endlich sterben.

Nun aber ging Parzival festen Schrittes auf Amfortas zu, berührte ihn sanft an der Schulter und fragte ihn: »Oheim, was fehlt dir?« — und im selben Augenblick wichen die Qualen. Die Wunde schloß sich, und Amfortas erhob sich von seinem Bett. Gesund und blühend war sein Angesicht, es schien wie verjüngt, und vor Freude strahlten seine Augen fast noch heller als die Parzivals. Er sank vor seinem Neffen aufs Knie und huldigte dem neuen Gralskönig.

Parzival hob den Oheim sanft an den Schultern auf. Er sprach: »Der den Lazarus aus dem Grab zu neuem Leben erweckt hat und selber aus dem Grab auferstand nach drei Tagen — er hat dich durch meine Frage gesund gemacht und von der Wirrnis deiner Seele befreit.«

Amfortas trat nun in die Schar der Ritter, zu der er von jetzt an gehörte, und Parzival nahm den Sitz des Königs ein. Die Pforte öffnete sich. Königin Repanse kam mit ihren vierundzwanzig Jungfrauen in feierlichem Zug in den Saal. Sie trug den Gral, dessen Licht hell strahlte wie noch nie.

Doch seltsam, Feirefiz, der Heide, sah ihn nicht. Er sah nur die Königin, deren Schönheit sein Herz sogleich gefangennahm. Das Verhalten der

Ritter, die wie verzückt auf Repanses Hände blickten, wunderte ihn und beschwerte zugleich sein Herz. Er seufzte.

Parzival nahm ihn liebevoll an der Hand. »Du darfst hier alles schauen, die Quelle unseres Heils aber erst, wenn du die Taufe empfangen hast.«

»Verhilft mir die Taufe zur Minne?« wollte Feirefiz wissen.

»Bist du denn in Minnenot?« fragte Parzival den gefleckten Bruder lächelnd. Feirefiz nickte heftig. Dann trat er dicht an Parzival heran und gestand ihm, daß er sich in die Trägerin der Gralsschale, in Repanse, verliebt habe. »Ihr Blick dringt tief ins Herz hinein und schafft mir arges Weh«, flüsterte er. »Wenn du wirklich mein Bruder bist, so hilf mir und wirb für mich um ihre Hand! Ich mag nicht mehr leben ohne sie, sie muß mein werden auf Zeit und Ewigkeit!«

Nun lächelte Parzival nicht mehr, sondern versprach Feirefiz, für ihn bei Repanse ein gutes Wort einzulegen.

Am anderen Morgen, in aller Frühe, wurde der Heide in den Gralstempel geführt; dort sollte er getauft werden. Ein uralter, weißhaariger Priester öffnete den Schrein und entnahm ihm die Schale aus blutrotem Rubin, die leer war. Er hob sie mit beiden Händen hoch und neigte sie gegen den Gral hin — da füllte sie sich bis oben mit klarem, lauem Wasser. Das goß der Priester über das Haupt des Täuflings — und im selben Augenblick konnte Feirefiz den Gral sehen.

Von nun an lebten sie gemeinsam in der Gralsburg, und Lohengrin wurde unter Parzivals Aufsicht zum Gralsritter erzogen. Sein Bruder Kardeis aber blieb nicht auf Montsalvat; als er herangewachsen war, übergab ihm der Vater die Herrschaft über seine drei irdischen Reiche, die ihm Gachmuret hinterlassen hatte. Kardeis zog nach Anjou und lebte dort als angesehener König.

Feirefiz blieb noch eine Weile als Gast bei Parzival und Kondwiramur, und die ungleichen Brüder erwiesen einander grenzenlose Liebe. Ehe er wieder ins Morgenland zurückkehrte, hielt Feirefiz selber um Repanses Hand an; sie wurde ihm gern gewährt. Der Priester traute das Paar, und dann zogen die Glücklichen zu König Artus. Dort angelangt, ließ Feirefiz die Schätze kommen, die er auf seinen fünfundzwanzig Schiffen aus dem Morgenland mitgebracht hatte, und verteilte sie unter die Ritter und Frauen.

Von tausend Segenswünschen begleitet, segelte schließlich Feirefiz mit Repanse über das Meer in seine Heimat. Dort schenkte ihm Repanse einen Sohn, der den Namen Johannes erhielt. Er wurde der berühmte

Priester Johannes, der im Lande India und im übrigen Orient viele Völker zum Christentum bekehrte.

An Repanses Stelle versah nun Kondwiramur den Dienst der Gralskönigin. Sie trug die heilige Schale in den Saal, wo die Ritter versammelt und wieder fröhlich waren. Neues Leben war auf Montsalvat eingezogen. Jahr für Jahr schwebte die Taube herab, und viele Ritter wurden wieder in die Welt gesandt, den Menschen zu helfen. Doch war es streng verboten, sie zu fragen, wer sie seien und woher sie kämen. Würde dieses Gebot mißachtet, mußte der Ritter zwar seinen Namen nennen und seine Herkunft offenbaren, aber noch in derselben Stunde nach Montsalvat zurückkehren.

So wollte es der Gral.

Die wahre Geschichte der Helden

HISTORISCHE DATEN UND ERKLÄRUNGEN
ZU DEN GROSSEN DEUTSCHEN SAGENSTOFFEN

AMBRAS – amtlich: Amras – heißt ein Ort und ein Schloß im Südosten der Stadt Innsbruck, das im Jahr 837 erstmals mit seinem lateinischen Namen Omarus erwähnt wird. Die Grafen von Andechs, die Gründer von Innsbruck, bauten das Schloß im 11. Jahrhundert zur Residenz aus, die 1138 von den Bayern zerstört, aber alsbald wiederaufgebaut wurde. 1263 ging Ambras in den Besitz der Grafen von Tirol über. Der prachtliebende Herzog Sigmund (1439–1496) wies das Schloß seinen beiden Frauen Eleonore von Schottland und Katharina von Sachsen als Wohnsitz an. Erzherzog Ferdinand II. (1564–1595), Statthalter von Böhmen und Herzog von Tirol, baute Ambras dann als Sitz seiner Gemahlin zum Lustschloß aus. Es erhielt nicht nur den ersten Renaissance-Saal, den es auf deutschem Boden gab, sondern wurde auch durch Zubauten und Aufstockung beträchtlich erweitert. Die Besonderheit des Schlosses bildeten die reichhaltigen Sammlungen: In der Rüstkammer waren Waffen und Rüstungen bedeutender Männer zu sehen, aber auch Goldschmiedearbeiten. Ein reiches Naturalienkabinett, eine Porträtgalerie und eine Münzensammlung zeugten für Ferdinands universelle Interessen. Das »Ambraser Heldenbuch«, eine Sammlung mittelhochdeutscher Heldendichtungen, entstand aber erst im Auftrag Kaiser Maximilians I. – es wurde durch Hans Ried aus Bozen 1505–1514 aufgeschrieben und enthält neben vielen anderen wertvollen Beiträgen die einzige vollständige Überlieferung des Epos ↗ »Gudrun«. Eine weitere Kostbarkeit der Schloßbibliothek war das »Ambraser Liederbuch«, das eine der reichhaltigsten Liedertextsammlungen des 16. Jahrhunderts darstellt. Beide bibliophilen Kostbarkeiten wurden im Jahr 1806 mit den übrigen wertvollen Sammlungen nach Wien gebracht. Das bis heute unversehrte Schloß birgt wieder eine reiche Sammlung von Kunstschätzen.

AMELUNGEN heißt in den deutschen Sagen das historisch nachweisbare Königsgeschlecht der Amaler. Diesem Geschlecht der ↗ Ostgoten entstammte ↗ Theoderich der Große; es ist im Jahr 536 mit Theodahad ausgestorben.

BERN war im Mittelalter der Name für die norditalienische Stadt ↗ Verona, in der ↗ Dietrich von Bern herrschte. Die Stadt Bern, von der in den deutschen Sagen berichtet wird, hat also nichts mit der gleichnamigen Stadt in der Schweiz zu tun.

BURGUNDER bezeichnet man einen ostgermanischen Volksstamm, der aus Skandinavien stammte und der nach langsamer Wanderung in der zweiten Hälfte des 4. Jahrhunderts den Rhein erreichte und um Worms ein Reich gründete. Der größte Teil des Volkes wurde im Jahr 436 durch hunnische Söldner des römischen Statthalters Aëtius im Kampf um die römische Provinz Belgica vernichtet – damit war der historische Kern des ↗ Nibelungenlieds gegeben.

CHLODWIG I. – oder Chlodowech – ist der Name eines Frankenkönigs aus dem Geschlecht der Merowinger. Er wurde im Jahr 466 geboren, war ab 482 König und wurde durch Siege über den römischen Statthalter Syagrius (486), die Alemannen (um 496) und die Westgoten (507) zum Begründer des Fränkischen Reichs. Mit ihm begann eine neue Epoche der europäischen Geschichte, in der sich das Schwergewicht vom Mittelmeer nach Mitteleuropa verlagerte; erstmalig verbanden sich in seinem Reich germanisches Königstum, römische Staatsgewalt und katholisches Christentum. Nach seinem Tod wurde das Reich unter seine vier Söhne geteilt – der wissenschaftlichen Forschung nach könnte mit dem Sagenhelden ↗ Wolfdietrich einer dieser Söhne gemeint gewesen sein.

DIETRICH VON BERN ist in zahlreichen mittelalterlichen Sagen der Name für ↗ Theoderich den Großen, den Gründer und ersten König des Reichs der ↗ Ostgoten in Italien, der in Bern – so hieß die norditalienische Stadt ↗ Verona im Mittelalter – regierte (Bilder auf den Seiten 101–103). In diesen Sagen wurde das historische Schicksal Theoderichs frei umgestaltet und mit vielen rein dichterischen Zusätzen verbrämt; aus der ungeheuren Sagenfülle mußte für das vorliegende Buch eine Auswahl getroffen werden, da es kein umfassendes, dem bedeutenden Stoff ebenbürtiges Dietrich-Epos gibt. Die entscheidendste Umgestaltung des geschichtlichen Stoffs, die als Kern der weiteren Sagenentfaltung gewertet werden kann, findet sich schon im ersten deutschen literarischen Denkmal, dem »Hildebrandtlied« – einem Stabreimfragment aus dem Beginn des 9. Jahrhunderts – voll ausgebildet: der Einfall der Ostgoten in Italien und Theoderichs gesetzwidrige Machtergreifung sind als Heimkehr in ein angestammtes Reich gedeutet. Die Fülle der deutschen Dietrich-Überlieferung setzt in der zweiten Hälfte des 13. Jahrhunderts ein und verebbt erst im 17. Jahrhundert. Die Schlacht um die Stadt Raben – so hieß ↗ Ravenna einst – gab Stoff für die bayrisch-tirolischen Dichtungen »Rabenschlacht« (etwa

1268 abgefaßt) und »Dietrichs Flucht« (um 1280 entstanden). »Alpharts Tod« aus den Jahren um 1250 ist ein früher Beleg für den später noch öfter unternommenen Versuch mittelhochdeutscher Dichter, dem Dietrich-Stoff ritterliche Züge zu verleihen. Zu gleicher Zeit entstand die altnorwegische »Thidrekssaga« — dieses Prosaepos bietet, aus verschiedenen deutschen Sagenquellen schöpfend, gewissermaßen einen »Lebensroman« Dietrichs und ist deshalb eine wertvolle Quelle für die Ermittlung verlorengegangener Vorstufen der deutschen Sage. Ähnliches ist zum Anhang des gedruckten »Straßburger Heldenbuchs« aus dem Jahr 1477 zu sagen, dessen Sagenzusammenstellung in einzelnen Zügen ebenfalls auf verlorene deutsche Formungen des Dietrich-Stoffs weist. Neben der Umgestaltung von Theoderichs historischem Schicksal, die die genannten Dichtungen belegen, steht aber noch dessen fast märchenhaft zu nennende Ausgestaltung. So wird etwa Dietrichs Leben am Hof der ↗ Hunnen in starker Anlehnung an das ↗ »Nibelungenlied« in die Handlung des steiermärkischen Reimpaarepos »Biterolf und Dietleib«, das um 1250 entstanden sein mag, einbezogen — es ist ein wichtiger Beleg für die höfische Stilisierung einer alten Heldensage. Breit ist die Überlieferung von Taten Dietrichs, in die in sagenhistorisch unterschiedlicher Beleuchtung Kämpfe mit Wesen der »niederen Mythologie« — Drachen, Riesen, Zwerge — eingearbeitet sind. Das Interesse an Dietrichs Jugend steht dabei deutlich im Vordergrund. Das strophische Epos »Virginal« (älteste Fassung erst nach 1260) führt zum Beispiel seine erste Ausfahrt, seine Gesellen und seine Drachenkämpfe vor. Abenteuer mit einem Riesen besteht der junge Dietrich in dem strophischen Epos »Sigenot«, von dem es zwei Bearbeitungen aus den Jahren um 1250 und 1350 gibt. Die Schlußstrophe beider Bearbeitungen erweist den »Sigenot« als eine wohl später gedichtete Einleitung zum »Eckenlied«, einer ebenfalls in verschiedenen Fassungen überlieferten strophischen Dichtung, die ihren mythologischen Elementen nach aus Tirol stammt, aber schon im 13. Jahrhundert unter französischem Einfluß von einem rheinischen Dichter höfisch überformt worden ist. Riesen und Zwerge sind Dietrichs Gegner in dem nur noch als Bruchstück erhaltenen »Goldemar« (vor 1230 entstanden) und in den altenglischen »Waldere«-Fragmenten aus dem 10./11. Jahrhundert. Trotz der frühen Entstehung handelt es sich bei beiden Werken nicht um »historisierende Berichte«, sondern um rein märchenhafte Dichtungen. Ähnliches gilt von den beiden bedeutenden deutschen Zeugnissen »Großer Rosengarten« und »Laurin« (auch »Kleiner Rosengarten« genannt). Steht im Mittelpunkt des zweiten, um 1250 in Reimpaaren abgefaßten Epos noch Laurin als ein Zwerg der Tiroler Fabelwelt, so wird beim ersten, im Ursprung jüngeren Gedicht die Verknüpfung von Dietrichs Schicksal mit dem Wormser Hof des Nibelungenkreises deutlich. Nach jüngerer Forschung paßt in das die Historie verschleiernde Sagenschema von Dietrichs rechtmäßiger Heimkehr aus der Verbannung auch das Epos über ↗ Wolfdietrich.

EDDA ist der eingebürgerte Name für eine altisländische Sammlung von Götter- und Heldenliedern sowie Spruchdichtung (Bild: Seite 67). Doch dieser Name wurde ursprünglich nur für das Skaldenlehrbuch des Isländers Snorri Sturluson (1179–1241) gebraucht und gebührt allein diesem Werk: der Snorra Edda. Da in ihr zahlreiche Strophen aus Götterliedern zitiert werden, schlossen die isländischen Gelehrten, die sich seit dem Anfang des 17. Jahrhunderts wieder dem nordischen Altertum zuwandten, dem Werk Snorris müsse eine größere Sammlung alter Lieder zugrunde liegen. Als der isländische Bischof Brynjólfur Sveinsson 1643 in den Besitz einer Handschrift mit Götter- und Heldenliedern gelangte, glaubte er Snorris Vorlage gefunden zu haben. Er nannte diese Sammlung ebenfalls Edda und schrieb sie dem isländischen Gelehrten und Historiker Saemundr enn fródi Sigfússon (1056–1133) zu, von dessen (lateinisch geschriebenen) Werken jedoch nichts erhalten ist. Obwohl diese Annahme längst als irrig verworfen wurde, hat sich der Name Edda dennoch für die Liedersammlung eingebürgert, aus der in dem vorliegenden Buch einige wichtige Abschnitte nacherzählt werden. Die Handschrift dieser Edda befindet sich seit 1662 in Kopenhagen. Nach ihrem Aufbewahrungsort, der Königlichen Bibliothek, wird sie als »Codex Regius der Älteren Edda« bezeichnet. Aus der heute 45 Blätter umfassenden Handschrift ist eine Lage mit 8 Blättern – nach Blatt 32 – verlorengegangen, wahrscheinlich kurz bevor Bischof Sveinsson die Handschrift erwarb. Zur Eddischen Dichtung im weitesten Sinn müssen jedoch noch weitere zahlreiche Bruchstücke und Einzelstrophen aus dem gesamten skandinavischen Bereich gerechnet werden, die nach Inhalt und Form zur Kopenhagener Handschrift passen. Somit bezeichnet heute der Name Edda nicht mehr nur die Lieder einer Handschrift, sondern er ist ein Gattungsbegriff für die altnordischen literarischen Zeugnisse der ↗ Germanen geworden. Die Eddalieder bestehen inhaltlich aus zwei großen Gruppen: aus mythologischen Dichtungen um die Götter ↗ Odin, ↗ Thor und ↗ Loki, die zum Teil schon mit christlichen Zügen durchsetzt sind, und aus den Sagen von Helden wie etwa ↗ Wieland dem Schmied, Sigurd oder ↗ Gudrun. Die Themen dieser Sagen haben später bis in den südgermanischen Raum weitergewirkt und fanden Niederschlag selbst in deutschen Dichtungen wie dem ↗ Nibelungenlied. Ohne Ausnahme sind alle Eddalieder anonym überliefert – sämtliche Theorien, die versuchten, einzelne Eddalieder bestimmten Verfassern zu-

zuschreiben, müssen bloß als spekulative Annahmen gewertet werden. In der Edda-Dichtung werden — mit einigen Varianten — nur zwei Versmaße verwendet: der sogenannte »alte Erzählton« und der »Spruchton«. Beide Versmaße kennen keine Silbenzählung, sondern haben freie Versfüllung. Der »alte Erzählton« bindet, wie die Langzeile germanischer Stabreimdichtung, zwei Kurzzeilen mit je zwei betonten und einer wechselnden Anzahl unbetonter Silben durch den Stabreim zu einer Langzeile zusammen; vier Langzeilen schließen sich zur Strophe. Der »Spruchton« bildet ähnliche Langzeilen, aber nicht so strenge Strophen. Die wissenschaftliche Diskussion um die Bestimmung von Entstehungsort und Alter der einzelnen Teile der Edda-Dichtung hat noch keine verbindlichen Angaben liefern können. Mit Vorbehalt läßt sich bloß sagen, daß die einzelnen Teile zwischen 800 und 1200 in Norwegen und auf Island entstanden sind.

ETZEL ist im ↗ Nibelungenlied der Name für den historisch belegbaren König der ↗ Hunnen, Attila (Bild: Seite 170). Attila wurde im Jahr 433 gemeinsam mit seinem Bruder Bleda Herrscher über die Hunnenstämme, die damals aus Asien nach Europa einbrachen. Er ermordete seinen Bruder 445, unterjochte fast alle Stämme der ↗ Germanen und machte sich sowohl das West- wie auch das Oströmische Reich tributpflichtig. Mit 500 000 Kriegern zog er mordend und brennend durch Deutschland bis an den Rhein, zerstörte Trier, Metz und andere Städte und bedrohte Orléans. Da trat ihm Aëtius, der Feldherr des weströmischen Kaisers Valentianus, unterstützt vom Westgotenkönig Theoderich I., entgegen. Im Herbst 451 kam es auf den Katalaunischen Feldern zur Völkerschlacht, bei der Krieger aus Gebieten von der Wolga bis zum Atlantischen Ozean einander gegenüberstanden. Über 200 000 Tote bedeckten das Schlachtfeld, sie kämpften der Sage nach noch in den Lüften weiter. Attila wurde geschlagen, kehrte nach Deutschland zurück, brach 452 über die Ostalpen in Italien ein, zerstörte Aquileja, eroberte Padua und Mailand und bedrohte Rom. Papst Leo I. reiste ihm entgegen und erwirkte, daß Attila gegen die Zusage hoher Tribute den Feldzug abbrach. Der Hunnenkönig, der seit 445 in Ungarn — bei Budapest oder Tokai — residierte, starb 453 in der Nacht nach seiner Hochzeit mit Ildico, einer Fürstin der ↗ Burgunder — dem historischen Vorbild Kriemhilds —, wahrscheinlich von der Hand der Braut, die sich dafür rächte, daß Attila ihren Volksstamm ausgerottet hatte. Diesem historischen Eroberer verleiht die Sage Würde und Adel eines germanischen Fürsten. Tatsächlich hat Attila durch sein königliches Gebaren, seinen Mut und Stolz großen Eindruck gemacht, so daß sich ihm viele germanische Fürsten freiwillig unterordneten. Die Sage hat ↗ Dietrich von Bern, der in der Historie ↗ Theoderich der Große hieß, zu Attilas liebstem Freund gemacht.

FENRISWOLF ist der Name eines Wesens, von dem die sogenannte ↗ »Edda« berichtet. Dieses Untier (Bild: Seite 66) ist ein Sohn des Gottes ↗ Loki und der Riesin Angrboda, der »Unheilstifterin«. Es ist die Verkörperung der Lüge im weitesten Sinn. Wenn man nämlich die Welt nur als ein Gebilde aus Materie auffaßt und das lebendige Walten geistig-göttlicher Wesen in ihr nicht wahrnimmt (weil man es angeblich nicht sieht) und deshalb leugnet, so ist das eben eine »Lüge«, denn das Irdische wäre ohne Gotteswirken tot. Der Fenriswolf ist nun das Tier, das die Götterwelt »fressen« will. Am Ende frißt er auch wirklich den Göttervater ↗ Odin und die Sonne, so daß es ganz dunkel wird. Diese Dunkelheit ist die Götterdämmerung, die unabwendbar herankommt. Odin, der alles vorausweiß, hat den Fenriswolf in Asgard zu fesseln versucht. In dem Märchen vom Rotkäppchen lebt die nordische Mythe weiter. Der Wolf frißt Rotkäppchen (die Sonne), muß es aber wieder hergeben, weil der Jäger (in der Mythe heißt er Widar) ihn tötet. Der Fenriswolf hat zwei Geschwister, die Midgardschlange (Bild: Seite 67) und die Hel. Die Schlange ist das (sündige) menschliche Selbstbewußtsein und die aus ihm entspringende Selbstsucht. Hel ist die Todesgöttin. Vom Selbstbewußtsein, das sich gegen die Gottheit stellt, über die Lüge zum Tod führt der unabwendbare Abstieg des Menschen in allen großen Mythen: von der Schlange im Paradies über die Austreibung Adams und Evas in die dunkle Erdenwelt zum Tod — Adam ist sterblich, Kain erschlägt Abel. Im Paradies, dem Reich Baldurs, sind Himmel und Erde noch innig miteinander verbunden, der Mensch ist noch nicht wissend, er hat kein Bewußtsein von Gut und Böse, und es gibt auch keinen Tod.

GARDA ist der Name eines heute norditalienischen Städtchens, das von einem mächtigen Berg überragt wird, auf dem sich seit früher Zeit jene befestigte »Warte« erhob, die dem See zu ihren Füßen, den die Römer »Benacus« genannt hatten, im 12. Jahrhundert den neuen Namen »Garda« gab. Den deutschen Sagen nach soll die seebeherrschende Burg Garda der Sitz des Königs ↗ Ortnit gewesen sein; auch soll hier Hildebrand, der Waffenmeister des ↗ Recken ↗ Dietrich von Bern, gelebt haben. Heute ist Garda wegen seiner Schönheit und seines milden Klimas zum beliebten Touristenziel geworden; der 370 Quadratkilometer große, bis 346 Meter tiefe, fischreiche See am Alpenrand nordwestlich von ↗ Verona heißt jetzt Lago di Garda oder Benaco.

GERMANEN ist die von den Römern übernommene Bezeichnung für die Stämme, die zunächst am Nord-, Süd- und Westrand der Ostsee siedelten und vermutlich die Träger der bronzezeitlichen Kultur des Nordischen Kreises waren. Sie breiteten sich später bis zu den Alpen zwischen Rhein und Weichsel aus und verdrängten die Kelten — es kann mit großer Wahrscheinlichkeit angenommen werden, daß Übervölkerung im Zusammenhang mit Klimaverschlechterung ihre Wanderung nach Osten und Süden veranlaßt hat. Von großer kriegerischer Tüchtigkeit, setzten die Germanen sich fast überall durch, außer gegen die Römer, welche die tief in das Römische Reich eingedrungenen germanischen Stämme der Kimbern und Teutonen in den Jahren 102 und 101 v. Chr. vernichteten. Cäsar drängte 58 v. Chr. die germanischen Völkerschaften unter ihrem Führer Ariovist über den Rhein zurück. Seit Kaiser Augustus gingen die Römer dann an die Unterwerfung der Germanen, die politisch ungeeint sowie militärisch und waffentechnisch den Römern unterlegen waren. Erst in der Schlacht im Teutoburger Wald im Jahr 9 n. Chr. konnte der germanische Cheruskerführer Arminius durch Ausnützung des Geländes die römische Überlegenheit weitgehend ausschalten und drei römische Legionen unter Varus vernichten. Die Römer beschränkten sich später nach einigen nicht sehr erfolgreichen Zügen ins Innere Germaniens auf die Verteidigung ihrer Grenzfestungen — sie errichteten den Limes, einen mächtigen Grenzwall, zwischen Rhein und Donau, den sie bis etwa zum Jahr 260 hielten. Um 400 brach die Rheingrenze endgültig und in den folgenden Jahrhunderten auch das Römische Reich allmählich unter dem Ansturm der Germanen zusammen: Die ↗ Ostgoten, deren Reich unter Ermanarich nördlich des Schwarzen Meeres 375 von den ↗ Hunnen zerstört worden war, begründeten in Italien 493—553 ein Reich unter ↗ Theoderich dem Großen, die germanischen Wandalen drangen 429—534 in Nordafrika ein, die Franken in Gallien seit 488, die Westgoten in Südgallien und Spanien 412—711, die Langobarden in Oberitalien 568—774. Das von den römischen Legionen geräumte Britannien wurde von den germanischen Angeln, Sachsen und Jüten erobert. Allein die nordgermanischen Dänen, Schweden und Norweger blieben zunächst in ihren alten Wohnsitzen. Die unverhältnismäßig geringe Zahl der Germanen in Süd- und Westeuropa ging allerdings bald in der Masse der römischen oder romanischen Bevölkerung unter. Nur im westeuropäischen Adel behaupteten sich Germanen und lange Zeit auch germanische Namen. Gräberfunde der Bronzezeit und Funde von Moorleichen späterer Zeit bestätigten die Aussagen antiker Autoren über den hohen Wuchs der als blond und blauäugig geschilderten Germanen, die für Inschriften ↗ Runen verwendeten. Grundlage der Wirtschaft der frühen Germanen waren Ackerbau und Viehzucht mit häuslichem Gewerbe. Eine einheitliche germanische Religion hat es nicht gegeben, da die religiösen Vorstellungen bei den einzelnen Stämmen verschieden waren. Allgemein standen erst die Toten- und Sonnenverehrung im Mittelpunkt germanischen religiösen Denkens, bis solche Gottheiten wie ↗ Odin, ↗ Thor und ↗ Loki verehrt wurden. Die germanische Mythologie läßt sich teilweise aus den Liedern der sogenannten ↗ »Edda« erschließen. Daraus folgt auch die Vorstellung vom Weltbild der Germanen: Es gab neun Bereiche der Welt, die man in jeweils drei unterirdische, irdische und überirdische einteilte. Unter der Erde befand sich das Reich des Todes, auf der Erde das Reich der Menschen und über der Erde das Reich der Riesen, freundlichen Geister und Götter. Eigentliche Götterbilder und Tempelbauten lernten die Germanen erst durch die Römer kennen; doch gab es schon früher einfache Holzidole, die auch weiterhin in Gebrauch blieben. Ein ausgeprägter Priesterstand war nicht vorhanden, jedoch wurden die Kulthandlungen vornehmlich von Stammesführern oder deren Beauftragten vorgenommen. Opferhandlungen wurden als Gemeinschaftsmahl gefeiert, im Anfang wurden den Göttern auch Menschenopfer dargebracht.

GRAL ist in ↗ Wolfram von Eschenbachs Versroman ↗ »Parzival« die Bezeichnung für einen geheimnisvollen Gegenstand, um den sich christliche, orientalische und märchenhaft-magische Vorstellungen ranken. Nach Wolframs Darstellung ist der Gral ein Edelstein von unbestimmter Form, als Märchen-, Zauber- oder Wunderding von geheimnisvoll enthüllend-verhüllender Vieldeutigkeit; er läßt an den »lapis philosophorum« — den Stein der Alchimisten — und an den Paradiesesstein der christlichen Alexandersage denken; durch die zum kirchlichen Kult bestehende Analogie deutet man ihn auch als Altarstein. Er hat bei Wolfram zwei auf französischen beziehungsweise lateinischen Ursprung weisende Namen: »grâl« und »lapsit exillîs«. Während das altfranzösische »graal« als Sachname eine große, flache, Leuchtkraft besitzende Schüssel meint, in der man die Speisen am Tisch der Reichen auftrug, verbindet sich mit Wolframs Eigennamen nichts Näheres. Mehr über den nur bei besonderen Anlässen gezeigten Gral verraten seine Wirkungen, die mit Profanem und Märchenhaftem gemischte christliche Qualitäten aufweisen. Mit dem Tischlein-deck-dich-Wunder stimmt überein seine Eigenschaft, Speisen und Getränke zu spenden. Sein Anblick schenkt Jugendfrische, und wer den Gral sieht, kann in der darauffolgenden Woche nicht sterben. Auch der Phönix erstrahlt durch die Kraft des Grals wieder in früherer Schönheit. Auf enge Beziehung des Grals mit der Unberührtheit deutet, daß nur eine Jungfrau ihn tragen kann. Seine Wunderkraft erhält der Gral durch ein »kleine wîze oblât«, die eine weiße Taube, Symbol des Heiligen Geistes und Wappen der Gralsritter, jährlich am Karfreitag vom Himmel bringt und auf den Stein legt. Die zum Gral Auserwählten nennt eine von Zeit zu Zeit erscheinende Schrift auf dem Gral. Nach dem Fall Luzifers, dessen Krone der Gral schmückte, wurde das Kleinod von Engeln gehütet und später auf der Erde dem Titurel-Geschlecht anvertraut, das die Gralswelt mit ihrem Primat des Religiösen würdig vertritt.

Durch Herkunft und Bezug offenbart sich der Gral, an dem eucharistische Legende und heidnische Sterndeutung teilhaben, als eine christlichen Verehrungsgegenständen nahestehende Reliquie, in der die von den Rittern erstrebte Harmonie von Gott und Mensch gefeiert wird. Um den Gralstempel schart sich die Gralsgemeinde, mit der Wolfram eine neue Ordnung entwirft: Die »templeisen« (Laien), an den 1119 gestifteten Orden der Tempelherren gemahnend und so Kreuzzugserinnerungen hervorrufend, bilden eine auf der Gottverbundenheit durch den von christlichen und höfischen Idealen geprägten Geist gründende, ordensähnliche Ritterschaft, die den Gral gegen Unberufene verteidigt. Die schon als Kinder berufenen Gralshüter, deren oberster, der Gralskönig, als einziger eine Ehe führen darf, sind Ritter und Jungfrauen. Sie können als Herrscher in herrenlose Länder gesandt werden und dürfen dort heiraten. Wissenschaftliche Überlegungen zufolge könnte das Vorbild für Wolframs Gralsburg Montsalvat das in Nordspanien gelegene Benediktinerkloster »Nuestra Señora de Montserrat«, das im Jahr 880 gegründet wurde und im Mittelalter einen geheimnisvollen Ruf hatte, gewesen sein (Bild: Seite 312).

GUDRUN ist der Name einer nordischen Heldin, deren Schicksal in vier Abschnitten der sogenannten ↗ »Edda« dichterisch behandelt wird (Bilder: Seite 68). Es ist ein typisches Schicksal aus der Zeit der ↗ Völkerwanderung, das der Historiker Iordanes im 6. Jahrhundert bereits in sagenhafter Form kennt. Eigentümlich für die nordische Ausprägung der Sage in der Edda ist die — vielleicht schon auf deutschem Boden geschehene — Verknüpfung mit der Nibelungentradition, denn heidnische und christliche Vorstellungen werden nebeneinander verwendet. Nachdem der Gudrun-Stoff derart Niederschlag in der Edda fand, entstand um 1230/40 im bayrisch-österreichischen Donauraum ein Versepos über die gleiche Heldin — der unbekannt gebliebene Verfasser schrieb ihren Namen »Kudrun«. Dieses Werk ist in der großen Ambraser Sammelhandschrift aus dem 16. Jahrhundert — so genannt nach ihrem Fundort Schloß ↗ Ambras in Tirol — überliefert. Aufgrund literarischer Zeugnisse aus dem 12. Jahrhundert nimmt man als Vorstufe des Kudrun-Epos ein vorhöfisches Spielmannsepos an. Ob der Kudrun-Stoff aus dieser Sage abzuleiten ist und der Dichter also aus ihr schöpfte oder ob er auf ein Überfallslied der ↗ Wikinger zurückgriff, das auch Grundlage der Gudrun-Dichtungen in der Edda sein könnte, ist nicht eindeutig zu entscheiden. Unverkennbar jedoch vor allem in Stil und Sprache sind die engen Beziehungen des Kudrun-Epos zum ↗ Nibelungenlied. So sieht die Forschung weiterhin ihre Aufgabe darin, am Beispiel des Gudrun-Stoffs die literarischen Strömungen zwischen Norden und Süden des von den ↗ Germanen besiedelten Raums zu untersuchen.

HUNNEN werden die asiatischen Reiternomaden bezeichnet, die im 4. Jahrhundert plötzlich nach Europa einbrachen und bis heute ein Schreckbild geblieben sind. Sie stellten kein einheitliches Volk dar, sondern setzten sich aus verschiedenen Stämmen zusammen. Ob Teile der im 1. Jahrhundert n. Chr. von den Chinesen geschlagenen Hsung-nu — das heißt: »prahlende Sklaven« —, die daraufhin in den übrigen Stämmen Mittelasiens aufgingen, zu den uns bekannten Hunnen gehören, ist zweifelhaft. Seit dem letzten Jahrhundert v. Chr. beherrschten diese Nomaden mit schnell operierenden Reiterheeren die östlichen Steppen bis an die Grenzen Chinas. Als die Hunnen sich schließlich nach Westen wandten, erfaßten sie die Alanen am Aralsee, und im Jahr 375 fiel ihnen das Königreich der ↗ Ostgoten in Südrußland zum Opfer. Seit dem Jahr 405 errichteten sie ihr Reich in Ungarn, bis sie in der Zeit von 433—454 unter der Regierung Attilas, der im ↗ Nibelungenlied ↗ Etzel genannt wird, in der Glanzperiode ihrer Macht standen. Unterstützt von ostgotischen Heeren überschritt König Attila 451 den Rhein und stieß auf Furcht verbreitenden Raubzügen bis nach Südfrankreich vor, wo er im gleichen Jahr die entscheidende Niederlage durch die vereinten Heere der Römer, Westgoten und Franken auf den Katalaunischen Feldern bei Châlons-sur-Marne erlitt. Nach dieser Katastrophe und nach Attilas Tod im Jahre 453 ging das Reich der Hunnen zugrunde, sie selbst wurden vernichtet oder gingen in anderen Völkern auf. Die Hunnen waren aber nicht nur politisch bemerkenswert, sondern auch kulturell. Überaus reiche Fürstengräber markieren ihren Eroberungszug von Karq-Agac in der Halbwüste nördlich des Balkaschsees bis nach Mundolsheim am Rhein. Die Männern wurden mit Schwertern, dem Reflexbogen und mit Gold und Halbedelsteinen besetzten Gürteln bestattet, ihre Frauen mit Golddiademen, Gold- oder Silberohrringen und Bernsteinketten. Diese hunnische Kultur wurde von den Völkern Mitteleuropas begierig aufgesogen und zeigte ihre Wirkungen bis ins 6. Jahrhundert n. Chr. Dies ging sogar so weit, daß man die künstliche Schädeldeformation der Hunnen in Europa als Mode übernahm.

KEMENATE ist die aus dem Lateinischen übernommene Bezeichnung für ein Frauengemach auf Burgen. Eine Kemenate war mit einem Kamin versehen und diente meist in erster Linie als Schlafraum. Später wurde die Bezeichnung auch auf ganze Gebäudeteile ausgeweitet, in denen Frauen wohnten.

LAMPARTEN werden in vielen deutschen Sagen die Untertanen der Helden ↗ Ortnit und ↗ Wolfdietrich genannt. Doch in den Sagen sind die geschichtlichen Tatsachen verschoben worden: die Historie kennt die Lamparten als Langobarden, einen Stamm der ↗ Germanen, der nach eigener Überlieferung skandinavischer Herkunft war und nach Wanderungen in Nord- und Ostdeutschland zu Ende des 5. Jahrhunderts in Böhmen ansässig wurde, dann in Südmähren siedelte und seit 456 in Pannonien im Bund mit Ostrom stand. Von den Awaren verdrängt, eroberten die Langobarden seit 568 Norditalien, Tuscien, Spoleto und Benevent und gründeten ein Reich mit der Hauptstadt Pavia; zu den Römern standen sie als arianische Christen lange auch in religiösem Gegensatz, erst um 680 war ihre Katholisierung abgeschlossen. Seitdem schritt die Romanisierung rasch fort. Im 8. Jahrhundert führte die Eroberungspolitik König Liutprands und seiner Nachfolger zum päpstlich-fränkischen Bündnis. Karl der Große nahm König Desiderus gefangen und ließ sich im Jahr 774 selbst zum König der Langobarden krönen. Die langobardischen Fürstentümer von Benevent, Capua und Salerno blieben bis zur Eroberung durch die ↗ Wikinger im 11. Jahrhundert selbständig. Im Mittelalter hat die Herrschaft der Langobarden in Italien noch lange nachgewirkt — hervorzuheben ist die Rechtskultur der Langobarden und auch die vielfältige christlich-langobardische Kunst.

LEHEN ist die im Mittelalter entstandene Bezeichnung für ein Leiheverhältnis, gemäß dem der beliehene Lehensmann oder Vasall ein Gut von dem Lehensherrn gegen persönliche Dienste erhielt. Das Lehnswesen entwickelte sich aus römischen Vorbildern, aus der keltischen Vasallität — der Abhängigkeit eines Knechts (vassus) vom Herrn (dominus) — und dem Gefolgschaftswesen der ↗ Germanen; es bildete sich im Lauf des 9. Jahrhunderts voll aus. Damit ein Lehnsverhältnis zustande kam, gelobte der Lehnsmann Treue und vor allem Heerfolge und wurde dafür vom Lehnsherrn in sein Lehen — Ämter und Grundbesitz — eingesetzt. Ein solches Lehnsverhältnis galt zunächst auf Lebenszeit, wenn es nicht durch Treubruch (Felonie) aufgelöst wurde. Durch Tod des Herrn oder Mannes trat der Heimfall ein, und es mußte um die Erneuerung des Lehnsverhältnisses nachgesucht werden. Seit sich im 10. Jahrhundert die Erblichkeit der Lehen durchsetzte, entstand ein Anspruch auf neue Belehnung. Oberster Lehnsherr war der König; seit dem 12. Jahrhundert galt für die Reichslehen oder Fahnenlehen der Leihezwang: Der König konnte diese Lehen nicht wieder einziehen, was die Reichsfürsten bei den von ihnen verliehenen Lehen jedoch durchsetzten. Damit verlor das Feudalsystem des Lehnswesens in Deutschland und Italien seine bestimmende Bedeutung für Wirtschaft und Gesellschaft — es wurde dem Ausbau der Landesherrschaft nutzbar gemacht. In Frankreich hingegen gelang mit Hilfe des Lehnswesens der Ausbau der königlichen Macht seit dem 12. Jahrhundert. Mit der Änderung der Heeresverfassung und der Kriegstechnik verlor das Lehnswesen jedoch schließlich seine militärische und dann auch seine politische Bedeutung. Formal blieb das

Lehnsrecht im Deutschen Reich bis 1806 erhalten.

LOKI ist in den Liedern der sogenannten ↗ »Edda« der Name eines Gottes, der soviel wie »der Beender« oder »der Beschließer« bedeutet. Denn Loki ist es bestimmt, den Untergang der Götter und ihrer alten Welt herbeizuführen (Bild: Seite 66). Er ist der Luzifer der nordischen Mythologie — Luzifer heißt Lichtträger oder Lichtbringer, denn der in die Hölle gestürzte Engel Luzifer, der einst an Gottes Thron stehen durfte, brachte den von ihm verführten Menschen das Eigenlicht des erwachenden Selbstbewußtseins. Der Luzifer der christlichen Vorstellung lehnte sich gegen Gott auf, und auch Loki ist stets der erbitterte Gegner der Asen. Er ist auch der Gott des Feuers: das Licht, das seine Gestalt begleitet, ist züngelnder, roter Flammenschein, verführerisches Flackern — im Gegensatz zu dem sonnenhaft strahlenden, goldenen Weisheitslicht Baldurs. Loki ist also der Vertreter des Bösen und als solcher sehr notwendig für den Fortgang der Schöpfung; die Götter hätten ihn sonst nicht in ihre Versammlung eingelassen und mit ihm Blutsbrüderschaft getrunken. Das Vorhandensein des Bösen ruft nämlich gerade die besten Helden auf den Plan und veranlaßt sie, sich immer weiterzuentwickeln. Ein Beiname Lokis ist Loptr, »der Luftige« (der Windige, Unsichere, Umherschweifende, Betrügerische), ein anderer Lodur, womit sowohl unser Schimpfwort Luder als auch die Bezeichnung Luder für Lockspeise (etwa Fleisch zum Anlocken von Raubvögeln) zusammenhängt: das, was »verführt«. Lodur wird auch ein Vetter Lokis genannt.

MINNE ist ein mittelhochdeutsches Wort und bedeutete ursprünglich »soziales Engagement«. In der Zeit der ersten ↗ Lehen bezeichnete es dann das gegenseitige Treueverhältnis zwischen Lehnsherrn und Lehnsmann. Dieser Begriff wurde im 12. Jahrhundert auf das Liebesverhältnis zwischen Ritter und Dame übertragen: In der höfischen Gesellschaft verehrt der Ritter eine hochgestellte, meist verheiratete Dame (»frouwe«) als das Ideal aller Frauen und vollbringt, um sich der geliebten Herrin würdig zu erweisen, zahlreiche Heldentaten (»aventiuren«). In der »Hohen Minne« erscheint die Frau, die sozial höher gestellt ist, als idealisiertes Wesen, das eine lebenssteigernde, sittliche Kraft ausübt und den Ritter durch langes Hinauszögern oder beständiges Verweigern der Liebesgewährung im Sinn der höfischen Kultur erzieht und läutert. »Niedere Minne« ist die Bezeichnung für die Liebe zwischen einem Ritter und einem Mädchen aus dem Volk ohne das erzieherische Moment der »Hohen Minne«. Der unmittelbare Ausdruck des Minne-Empfindens ist die höfische Liebeslyrik, der Minnegesang — die mit der Minne verbundenen Heldentaten werden hingegen im Ritterepos geschildert. In der Dichtung tritt die Minne auch allegorisiert als »Frau Minne« auf. Die mittelalterliche Mystik übernahm den Begriff Minne für die Liebe zwischen dem Einzelmenschen oder der Kirche und Gott.

NIBELUNGEN ist im ↗ Nibelungenlied ursprünglich der Name eines sagenhaften Zwergengeschlechts, dessen König Alberich den Nibelungenhort hütet. Nachdem Siegfried diesen Hort erbeutete und Kriemhild als Brautschatz vermachte, ging der Name Nibelungen auf die ↗ Burgunder in Worms über — er hat keinerlei historische Bezüge. Im Nibelungenlied wurde dann der Hort von Hagen bei Lochheim in den Rhein versenkt.

NIBELUNGENLIED heißt ein mittelhochdeutsches strophisches Heldenepos, das um 1200 von einem unbekannten Dichter abgefaßt worden ist (Bilder auf den Seiten 169—172). Dieses bedeutende Zeugnis früher deutscher Literatur entstand im Raum zwischen Passau und Wien und liegt heute in 24 Pergamenthandschriften des 12. bis 14. Jahrhunderts und in 10 Pergament- und Papierhandschriften des 15. und 16. Jahrhunderts teils vollständig, teils fragmentarisch vor. Da diese erhaltenen Texte aber untereinander oft nicht übereinstimmen, ist die Forschung sicher, daß es schon vor der schriftlichen Fixierung des Epos verschiedene Ausformungen des Stoffs gegeben haben muß. Keine der bekannten Handschriften kann also als »Original« angesehen werden. Die wichtigsten vollständigen Handschriften sind die St. Gallener (B), die man auch die Vulgata nennt, die Hohenems-Laßbergische Handschrift (C), die sich heute in Donaueschingen befindet, und die Hohenems-Münchener Handschrift (A), auf die die berühmte Ausgabe des Epos von Karl Lachmann (1826) zurückgeht. Die älteste der zitierten Handschriften ist C aus dem Beginn des 13. Jahrhunderts; doch geht der von B dargebotene Text auf eine wohl etwas ältere Fassung zurück; A stammt aus dem letzten Viertel des 13. Jahrhunderts. In der nordischen und deutschen Überlieferung finden sich zahlreiche weitere frühe Formungen des Nibelungenstoffs. Zeugnisse sind zunächst eine Anzahl von Liedern der altnordischen sogenannten ↗ »Edda«; die altnorwegische »Thidreks-saga« birgt den Stoff sogar in seiner Gesamtheit. Man nimmt an, daß diese Saga aus Quellen des 12. Jahrhunderts schöpfte, die auch das deutsche Nibelungenlied verwertete. Zwei weitere altnordische Prosawerke des 13. Jahrhunderts verarbeiten den Stoff ebenfalls: die »Volsunga saga« und die »Snorri-Edda«. Der Weg der ursprünglichen Einzelsagen zu ihrer Verschmelzung aber ist verschlungen und nicht leicht nachzuzeichnen. Wissenschaftler setzen die verschiedenen Formungen bereits im 5. und 8. Jahrhundert an. Historisch fixierbar sind nur wenige Ereignisse des Nibelungenstoffs. Im 5. Jahrhundert ist das Reich der ↗ Burgunder in der Wormser Gegend bezeugt, ebenso der Name des Königs Gundicarius oder Gundeharius, aus dem im Epos Gunther wurde. Eine burgundische Urkunde erwähnt außerdem einen Gislaharius, wohl den Giselher der Sage. Im Jahr 437 fiel Gundeharius und seine Sippe in einer Schlacht gegen die ↗ Hunnen, deren König allerdings nicht Attila — so hieß ↗ Etzel in der historischen Wirklichkeit — war. Das Epos umfaßt etwa 2400 Strophen, die in 39 »Abenteuer« eingeteilt sind. Bemerkenswert ist, daß der sogenannten Nibelungenstrophe eine lyrische, singbare Strophenform zugrunde liegt, nämlich die Kyrenbergstrophe — so genannt nach dem Minnesänger Der Kyrenberger — aus der Zeit um 1160. Die Nibelungenstrophe besteht aus vier Langzeilen, deren jede in zwei Halbzeilen zerfällt, die durch eine Zäsur getrennt sind. Beide Halbzeilen sind viertaktig, die erste Halbzeile schließt jeweils mit klingender, die zweite Halbzeile mit stumpfer Kadenz, bis auf die letzte Halbzeile, deren Kadenz voll ist. Das Reimschema ist aabb. Das beschriebene metrische Schema wird jedoch nicht immer streng eingehalten, sondern durch Kadenzaustausch variiert. Die Sprache des Epos vereint Altertümliches und Höfisches, epische und lyrische Ausdrucksmittel. So uneinheitlich sie sich einer ins einzelne gehenden Analyse darbietet, ist sie im ganzen gesehen doch aus einem Guß. Nicht zuletzt deshalb hat das Nibelungenlied bis in die Neuzeit hinein auf die deutsche Literatur gewirkt. Unter den zahlreichen Dramatisierungen des Stoffs ist Hans Sachs' »Tragedia« (1557) die erste. Ihr folgten erst im 19. Jahrhundert weitere Versuche, so Fouqués »Der Held des Nordens« (1808—1810), dem sich in einzelnen Zügen Richard ↗ Wagner mit seinem vierteiligen Musikdrama »Der Ring des Nibelungen« (1853) anschloß, Emanuel Geibels Trauerspiel »Brunhild« (1857) und Friedrich Hebbels Trilogie »Die Nibelungen« (1861). Die mythischen Motive des Stoffs in den Vordergrund gerückt hat vor allem Max Mell in seiner zweiteiligen dramatischen Dichtung »Der Nibelunge Not« (1944). Hingegen ohne große Bedeutung blieben die epischen Bearbeitungen des Nibelungenlieds, ebenso die Einzelszenen herauslösenden Balladendichtungen etwa eines Friedrich Rückert oder einer Agnes Miegel. In den Jahren 1922 bis 1924 schuf Fritz Lang aus dem Stoff einen zweiteiligen Film, der heute als »Klassiker« angesehen ist (Bilder auf den Seiten 205—208).

NORMANNEN oder Normanni (Nordmänner) war die mittelalterliche Bezeichnung für die ↗ Wikinger.

ODIN — althochdeutsch Wuotan, deutsch Wotan — ist der Name eines Gottes, von dem die Lieder der sogenannten ↗ »Edda« berichten. Er ist der von allen Stämmen der ↗ Germanen verehrte oberste Herrscher über Himmel und Erde; Odin ist zwar nicht der Schöpfer der Welt, wohl aber ihr Ordner und Lenker (Bild: Seite 65). Alles, was er tut, ist überschattet vom Wissen, daß die Götterdämmerung unabwendbar hereinbrechen wird. Über der germanischen Götterwelt lastet also eine dauernde tragische Stimmung, im Gegensatz zu der stets heiteren, sonnigen Atmosphäre, in der die griechischen und römischen Götter leben. Verträge, die Odin schließt, etwa mit Riesen, muß er halten — bricht er sie dennoch, fördert er damit den Untergang der Asen durch den Haß der Geprellten. Odin ist der umfassendste Gott des nordischen Himmels: alle übrigen Asen sind aus ihm hervorgewachsen, sind seine Kinder. Sein Geist lebt in ihnen, sein Wille befeuert und lenkt ihr Tun. Er ist nicht nur der Schöpfer der Sprache und der ↗ Runen, sondern zugleich damit auch der Weissagung, der Dichtkunst, der Wissenschaften, der Gesetze und der Rechtsprechung. Sein Speer schützt die Heiligkeit der Verträge. Rund 200 Beinamen oder Decknamen bezeichnen die Vielfältigkeit seines Wesens und Wirkens. Als Toten- und Schlachtengott ist er auf seinem Hengst Sleipnir im Sturmwind mit den Seelen (»das wütende Heer«) unterwegs, begleitet von Wölfen und den zwei Raben Hugin und Munin, während seine Botinnen, die Walküren, die Gefallenen auf dem Schlachtfeld sammeln und zur Götterburg ↗ Walhall geleiten. Selber dem Schicksal unterworfen, wird er beim Weltuntergang vom ↗ Fenriswolf verschlungen. Die Gestalt Odins wurde aber auch während der christlichen Jahrhunderte lange nicht vergessen — sie lebte nicht nur in der Gestalt des Wilden Jägers, des »Schimmelreiters«, fort, sondern lieh ihre Züge auch erhabenen deutschen Kaisergestalten, an deren Tod man nicht glauben wollte: Barbarossa im Kyffhäuser und Karl dem Großen im Untersberg bei Salzburg.

ODOAKER — auch Odovakar und Odowakar geschrieben — war ein germanischer Edler skirischer Abkunft, der um 430 geboren wurde und als römischer Offizier an der Spitze germanischer Söldnertruppen im Jahr 476 die Macht in Italien an sich riß, nachdem er den letzten weströmischen Kaiser Romulus Augustulus gestürzt und sich selbst an dessen Stelle gesetzt hatte. Seiner Herrschaft bereitete ↗ Theoderich der Große in den Jahren 489—493 ein Ende. Nachdem ihm dieser die Mitregentschaft zugesichert hatte, wurde Odoaker am 15. März 493 bei einem Gastmahl in ↗ Ravenna von Theoderich eigenhändig ermordet.

ORTNIT hieß der sagenhafte König der ↗ Lamparten, der von ↗ Garda aus regierte. Er ist der Held eines mittelhochdeutschen Epos, das um 1220 von einem unbekannten ostfränkischen Verfasser, der auch das Epos über ↗ Wolfdietrich schrieb, gedichtet wurde. Stoffgeschichtlich liegt diesen beiden Epen vermutlich ein bereits in der altnorwegischen »Thidreks-Saga« behandelter Sagenkern zugrunde. Das Ortnit-Epos spiegelt die Zeit der ↗ Staufer deutlicher wider als alle anderen deutschen Heldensagen. Es ist im sogenannten Hildebrandston — in Nibelungenstrophen mit dreihebig stumpfer letzter Halbzeile — geschrieben und vermengt in gewandter Darstellung Elemente der vorhöfischen

Erzähldichtung mit den Bildern des höfischen Romans. Das Ortnit-Epos war zunächst eine eigenständige Dichtung und wurde erst im Lauf des 13. Jahrhunderts mit dem Wolfdietrich-Epos zu einer Einheit zusammengefügt.

OSTGOTEN wird jener Teil des Volks der Goten bezeichnet, der sich nach der Auswanderung aus der schwedischen Urheimat in östliche Gebiete Europas etwa im Lauf des 3. Jahrhunderts von den Westgoten trennte. Während die Westgoten im Jahr 375 dem Ansturm der ↗ Hunnen nach Südwesten auswichen und 410 unter Alarich Rom eroberten, gerieten die Ostgoten zunächst unter hunnische Herrschaft, konnten sich aber durch die königlichen Brüder Walamer, Theodemir und Widemer befreien. Der Sohn Widemers führte eine Abteilung nach Spanien, indessen ↗ Theoderich der Große, der Sohn des Theodemir, gegen ↗ Odoaker nach Oberitalien zog und später ganz Italien eroberte. Der Versuch einer Bündnispolitik mit den ↗ Germanen scheiterte an ↗ Chlodwig I. Das Ostgotenreich brach zusammen, als die Ostgoten unter Totila und Teja im Jahr 553 Ostrom unterlagen.

PARZIVAL heißt der Titelheld des gleichnamigen mittelhochdeutschen Versromans von ↗ Wolfram von Eschenbach. Dieses Werk, von dem heute 84 Handschriften und Bruchstücke bekannt sind, entstand etwa in den Jahren 1200—1210, ist in sechzehn Bücher eingeteilt und umfaßt 24 812 Verse. Es vereint dem Stoff nach Märchenhaft-Magisches, Gralssage und Artussage (Bild: Seite 311). Als Hauptquelle verwendete Wolfram die 9234 Verse zählende französische Dichtung »Conte du Graal« (1180) des Chrétien de Troyes (Bild: Seite 310), dazu noch weitere französische, keltische und auch orientalische Quellen. Nötige Spezialkenntnisse auf den Gebieten der Geographie, Stein- und Pflanzenkunde, Astronomie, Astrologie, Theologie und Bibelkunde gewann er aus lateinischen Handbüchern; zahlreiche Anregungen verdankt er auch seinen Zeitgenossen, insbesondere Heinrich von Veldeke und Hartmann von Aue. So entstand ein tiefsinniger Roman, an dessen Geheimnis sich die Forschung noch heute heranzutasten versucht, denn dieses weitgespannte dichterische Werk, das seit »Erscheinen« bis in unsere Gegenwart von ungeheurer Wirkung ist, läßt sich von text- und stoffgeschichtlichen, geistesgeschichtlichen, quellenvergleichenden, religions- und ideengeschichtlichen Untersuchungen nur jeweils ausschnitthaft greifen und begreifen. Besonders das in dieser Dichtung behandelte »Geheimnis des ↗ Gral« hat schon viele Dichter und Denker bewegt und zu eigenem Schaffen angeregt. Eine besondere Vertiefung erfuhr der Stoff in Richard ↗ Wagners Bühnenweihfestspiel »Parsifal«.

RABEN ↗ Ravenna.

RAVENNA — in den Sagen über ↗ Dietrich von Bern Raben genannt — heißt die Hauptstadt der gleichnamigen italienischen Provinz im Mündungsgebiet des Flusses Po. Ravenna lag ursprünglich am Adriatischen Meer, heute jedoch beträgt die Entfernung zur Küste infolge der Versandung etwa 12 Kilometer — die Stadt ist jetzt durch den Corsinikanal mit dem Hafen Porto Corsini verbunden. Die Ursprünge der Stadt gehen auf eine etruskisch-umbrische Siedlung zurück, die im Jahr 46 v. Chr. den Status einer römischen Landstadt (Municipium) erhielt. Die etwa 7 Jahrhunderte andauernde politische und wirtschaftliche Bedeutung der Stadt wurde unter Kaiser Augustus eingeleitet durch den Ausbau des benachbarten Hafens Classis zum Stützpunkt der römischen Adriaflotte. 404 n. Chr. wurde Ravenna die Residenz der weströmischen Kaiser, 476 des ↗ Germanen ↗ Odoaker, 493 der Könige der ↗ Ostgoten und 553 der Stadthalter Ostroms. 751 wurde die Stadt von den Langobarden, die in den Sagen ↗ Lamparten heißen, erobert und drei Jahre später — als Gabe des Frankenkönigs Pippin — dem Papst zugesprochen. 1321 war hier der italienische Dichter Dante im Exil — sein Grabmal befindet sich in Ravennas Minoritenkloster. Im 15. Jahrhundert gehörte die Stadt zu Venedig und ging 1509 in den Besitz des Kirchenstaates über, dem sie bis 1860 angehörte. Heute zählt die Stadt rund 130 000 Einwohner und ist von einiger wirtschaftlicher Wichtigkeit wegen ihrer Fischverarbeitungsindustrie und Erdölraffinerien. Ravennas große Bedeutung aber liegt auf kunstgeschichtlichem Sektor: Zu den beeindruckendsten Werken der zunehmend von Ostrom geprägten frühchristlich-antiken Kunst gehören hier die aus dem 5. und 6. Jahrhundert erhaltenen Kirchenbauten. Kennzeichnend ist der Übergang von der Basilikabauform zum Zentralbau, beginnend mit dem »Baptisterium der Orthodoxen« und abgeschlossen durch San Vitale, einem achteckigen Kuppelbau, der im Jahr 547 geweiht wurde. Ein Zwischenglied ist das als zweigeschossiges Zentralbaumonument errichtete Grabmal des ↗ Theoderich, das um 520, also noch zu dessen Lebzeiten, gebaut wurde (Bild: Seite 102). Weiters bringen zahlreiche Mosaiken und Malereien das Zusammentreffen west- und oströmischer Kultur in Ravenna zur Anschauung.

RECKE bedeutete ursprünglich »Verbannter«, »Vertriebener«. Das Wort, das im Mittelhochdeutschen aber schon soviel heißt wie »kampferprobter Held«, war in der Zeit der ↗ Staufer dann ein nicht mehr allgemein gebrauchter, außerhöfischer, veralteter Begriff, der erst wieder im 18. Jahrhundert mit dem Interesse für altdeutsche Dichtung wiederbelebt wurde.

RUNEN heißen die Schriftzeichen der ↗ Germanen, die ursprünglich in Holz geritzt, später auch in Stein, Elfenbein und andere Materialien geschnitten wurden. Die Runen wurden fast nur für Inschriften benutzt – erst in späterer Zeit und nur in Skandinavien fanden sie auch zur Abfassung von Handschriften Verwendung. Sie wurden vermutlich schon in vorchristlichen Jahrhunderten nach dem Muster südeuropäischer-nordalpiner Alphabete gebildet und umfaßten nach einiger Entwicklung zunächst ein Alphabet von 24 Zeichen, das nach den ersten sechs Buchstabenzeichen Futhark genannt wurde. Später ist dieses Alphabet durch friesischen Einfluß und in England auf 28 Zeichen erweitert, in Skandinavien aber durch Vereinfachung auf 16 Zeichen verkürzt worden. In der nordischen Mythologie wird die Schaffung der Runen ↗ Odin zugeschrieben.

STAUFER hieß ein schwäbisches Geschlecht, das von 1138 bis 1254 die deutschen Könige und Kaiser stellte. Stammvater aller Staufer war Friedrich von Büren, sein Sohn Friedrich erhielt von seinem Schwiegervater Heinrich IV. das Herzogtum Schwaben. Nach dem Tod Heinrichs V. fielen die gesamten Hausgüter der Salier an die Staufer, die nun Anspruch auf die deutsche Krone erhoben. Dadurch konnte Konrad III. als erster Staufer den Königsthron besteigen. Kämpfe mit dem Fürstengeschlecht der Welfen erfüllten die ersten Jahrzehnte der Herrschaft. Bedeutende Repräsentanten ihres Geschlechts waren die Staufer Kaiser Friedrich I. Barbarossa (1152–1190), durch dessen Politik das Reich einen großen Machtzuwachs erfuhr, und Heinrich VI. (1190–1197), der durch Heirat mit Konstanze von Sizilien in den Besitz Unteritaliens, des alten Reichs der ↗ Wikinger, kam. Unter Philipp von Schwaben wurde die Hausmacht der Staufer durch Kämpfe mit den Welfen erschüttert. Zur Regierungszeit Friedrichs II., die einen geistig-kulturellen Höhepunkt des Mittelalters darstellte, erreichten die Landesfürsten eine bedeutende Erweiterung ihrer Machtbefugnisse. Es folgte eine Epoche des Niedergangs des Geschlechts: Friedrichs Sohn, König Heinrich VII., empörte sich gegen den Vater und wurde abgesetzt. Ein anderer Sohn Friedrichs, Konrad IV., seit 1250 sein Nachfolger, starb früh, im Jahr 1254. Sein Halbbruder Manfred wurde von Karl von Anjou geschlagen, der auch Konradin, den Sohn Konrads IV., besiegte und im Jahr 1268 enthaupten ließ. Die letzten Staufer, Enzio, ein unehelicher Sohn Friedrichs II., und Heinrich, ein Sohn Manfreds, starben 1272 beziehungsweise 1318 in der Gefangenschaft. Kulturell war die Zeit der Staufer reichhaltiger als die vorhergegangene. Neben einem Aufleben der älteren deutschen monumentalen Architektur (Kölner Dom, Bamberger Dom) setzte sich die schmucklose Zisterzienser Baukunst durch. Höhepunkte finden sich in monumentalen Skulpturen, die der Architektur eng verbunden sind, aber auch in freistehenden Denkmälern. In der Literatur standen bis zur Mitte des 13. Jahrhunderts das ritterliche Epos sowie der Minnesang in höchster Blüte – die

Staufer förderten Heinrich von Veldeke, Hartmann von Aue, ↗ Wolfram von Eschenbach und Walther von der Vogelweide. Auch das ↗ »Nibelungenlied« entstand unter ihrer Herrschaft.

THEODERICH DER GROSSE ist eine der bedeutendsten Persönlichkeiten aus der Zeit der ↗ Völkerwanderung. Er war der Gründer und erste König des Reichs der ↗ Ostgoten; in zahlreichen mittelalterlichen Sagen heißt er ↗ Dietrich von Bern. Theoderich wurde um 454 in Pannonien als Sohn des Amalers Theodemir geboren, von dem die Sagen als König der ↗ Amelungen sprechen. Im Alter von acht Jahren kam er als Geisel nach Konstantinopel, dem Zentrum des Oströmischen Reichs. Dort blieb er zehn Jahre. Im Jahr 471 zum König gewählt, führte er 473 mit seinem Vater einen Feldzug gegen Ostrom, wurde nach dem Tod seines Vaters Alleinherrscher und verbündete sich als solcher zeitweise mit Ostrom, bekämpfte zeitweise aber wieder den oströmischen Kaiser Zeno. 484 ernannte ihn Ostrom zum Konsul, 486 wurde er sogar durch die Errichtung eines Reiterstandbilds geehrt. Im Auftrag Zenos fiel er 488 schließlich in dem von ↗ Odoaker beherrschten Italien ein, siegte 489 am Isonzo und bei ↗ Verona, ein Jahr später auch an der Adda. Odoaker schloß sich daraufhin in ↗ Ravenna ein, das erst 493 von Theoderich erobert werden konnte. Die beiden Könige schlossen einen Vertrag über eine gemeinsame Regierung, Theoderich beseitigte Odoaker jedoch kurz darauf durch eigenhändigen Mord. Nach anfänglicher Anerkennung der oströmischen Oberhoheit forderte er bald Unabhängigkeit, die ihm 498 zugestanden wurde. Dadurch regierte Theoderich als mächtigster Herrscher Italiens auch über Sizilien, Dalmatien, Teile von Noricum, Pannonien und Rätien. Seine Residenz war meist Ravenna, zeitweise auch Verona. In den dreiunddreißig Jahren seiner Herrschaft wurde Italien, das lange Zeit ein Opfer der Überfälle der ↗ Germanen gewesen war, wieder ein wirtschaftlich und kulturell blühendes Land. Innenpolitisch sicherte Theoderich seinem Reich Ruhe und Ordnung durch eine sorgfältige Verwaltung und durch eine tolerante Haltung in religiösen Fragen. Er starb am 26. August 526 in Ravenna und wurde in dem noch heute erhaltenen Mausoleum (Bild: Seite 102) beigesetzt. Bald nach Theoderichs Tod aber wurde den Ostgoten der Besitz des eroberten Landes durch das oströmische Kaisertum wieder streitig gemacht, und nach einem fast zwanzigjährigen Krieg wurde das Ostgotenreich im Jahr 553 vernichtet. In dieser Zeit des Untergangs, als die Erinnerung an Theoderichs Eroberung bereits verblaßte, dürfte sich bei den Ostgoten die Vorstellung von der Rechtmäßigkeit ihrer Herrschaft über Italien herausgebildet haben, die sich später in den zahlreichen Sagen um Dietrich von Bern niederschlug. — Eine Bronzestatue Theoderichs befindet sich unter den das Grabmal Maximilians I. flankierenden Plastiken in der Innsbrucker Hofkirche.

THOR — oder deutsch: Donar — ist der Name eines Gottes in den Liedern der sogenannten ↗ »Edda«. Der Name bedeutet »der Donnerer«, denn Thor ist der Gott des Donners und der Blitze, die er aus seinem Hammer Mjölnir schleudert. Er wurde im gesamten Norden ebenso hoch verehrt wie ↗ Odin oder Baldur, wenn nicht höher. In unserem Donnerstag (Donarstag) lebt sein Name bis heute fort. Thors Hammer Mjölnir — »der Zermalmer« —, der wie ein Bumerang nach jedem Wurf in die Faust des Gottes zurückkehrt, ist ein Sinnbild des Herzschlags, denn Thor ist der Gott der guten, ehrlichen Entwicklung des menschlichen Ichs — im Gegensatz zu dem verführerischen ↗ Loki und der Midgardschlange.

VERONA ist der Name einer norditalienischen Stadt an der unteren Etsch, die heute mit 240 000 Einwohnern die Hauptstadt der Provinz Verona ist. Im Mittelalter hieß die Stadt Bern, in ihr herrschte ↗ Dietrich von Bern — seine Burg existiert allerdings nicht mehr, nur die Stelle, an der sie gestanden war, ist bekannt (Bild: Seite 102). Verona war zeitweise die Hauptstadt des Weströmischen Reichs; hier wurde ↗ Odoaker von dem ↗ Ostgoten ↗ Theoderich im Jahr 489 belagert und besiegt. Im 10. Jahrhundert kam die Mark Verona zu Bayern; in der Zeit der ↗ Staufer war sie führend im Lombardischen Städtebund. Größte Bedeutung erlangte Verona unter dem Geschlecht der Scaliger (1260—1387); 1405 fiel die Stadt an Venedig, 1797 an Österreich und 1805—1814 an das Königreich Italien. In den Jahren 1814—1816 wieder österreichisch, gehört Verona seit 1866 zu Italien und hat heute Bedeutung als Industriestadt und Handels- und Verkehrszentrum.

VÖLKERWANDERUNG ist die Bezeichnung der großen Wanderbewegung besonders der Völker der ↗ Germanen nach West- und Südeuropa, die vom 4. bis zum 6. Jahrhundert dauerte und das politische Bild Europas völlig neu gestaltete. Als Anfang der Völkerwanderung wird allgemein der Einbruch der ↗ Hunnen in Europa im Jahr 375 bezeichnet, Vorläufer der großen Bewegung waren jedoch bereits früher die Wanderungen der keltischen Stämme in die Donauländer, nach Italien und Kleinasien, auch die Züge der Zimbern und Teutonen sind hierzu zu zählen. Bereits seit der Mitte des 2. Jahrhunderts drängten die Germanen fortgesetzt gegen Rhein und Donau. Seit dem Ende des 3. Jahrhunderts drangen die Alemannen in das Römische Reich ein, von wo sie sich westlich über den Rhein bis zu den Vogesen, nach Süden bis zu den Alpen und nach Osten bis zum Lech ausbreiteten. Die mittel- und unterrheinischen Germanenstämme, die Franken, stießen ebenfalls über den Fluß vor; unter ihrem König ↗ Chlodwig I. gründeten die salischen Franken das fränkische

Reich. Die an Weser und Elbe ansässigen sächsischen Stämme unternahmen im 4. Jahrhundert Raubzüge an die gallischen Küsten, gründeten dort im 5. Jahrhundert Siedlungen und eroberten zusammen mit Angeln und Jüten das von den Römern verlassene Britannien. Bajuwaren und Thüringer treten am Anfang des 6. Jahrhunderts in ihren heutigen Gebieten in Erscheinung. Während diese Völker ihre ursprünglichen Wohnsitze nicht verlassen haben, sondern lediglich Teile von ihnen die eigentlichen Stammesgebiete ausweiteten, verließen die Völker des nordöstlichen Germaniens ihre Stammsitze gänzlich. Schon um 200 wanderten die Goten von der unteren Weichsel und der Ostsee zum Schwarzen Meer. Von dort fielen sie im Lauf des 3. Jahrhunderts mehrfach verheerend in die römischen Provinzen Mösien, Dakien, Griechenland und Kleinasien ein; von Konstantin dem Großen und anderen Kaisern wurden sie wiederholt geschlagen. Mit den Goten zogen andere germanische und auch nichtgermanische Stämme. Sie traten dann zum Teil in römische Dienste gegen ihre Stammesgenossen, verbündeten sich aber stets wieder mit diesen gegen die Römer. Die Stämme zogen mit Weib und Kind, die Masse der Goten blieb zunächst im Gebiet zwischen Don und Donau. Dem Ansturm der Hunnen und Alanen konnte das Gotenreich aber nicht standhalten — die ↗ Ostgoten unterwarfen sich den Hunnen, die Westgoten überschritten die Donau und durchzogen, teils im Bündnis, teils im Kampf mit den Römern, im Jahr 395 die Balkanhalbinsel, Italien, Gallien und Spanien; 419 gründeten sie an der Garonne das erste aller germanisch-romanischen Reiche. In den Gebieten nördlich der Donau waren die Hunnen das herrschende Volk — ihr Reich gewann seine größte Ausdehnung unter Attila, der im ↗ Nibelungenlied ↗ Etzel genannt wird. Nach Attilas Tod zerfiel das Hunnenreich: Ostgoten, Langobarden — die in den deutschen Sagen ↗ Lamparten genannt werden — und andere germanische Völker gewannen wieder das Übergewicht im Donauraum. Von dort zogen die Ostgoten nach Italien, wo sie ein starkes Reich gründeten, das allerdings nach dem Tod ihres bedeutendsten Königs, ↗ Theoderich des Großen, zerfiel. 568 gründeten die Langobarden ihr Reich; es hielt sich bis zur Vereinigung mit dem fränkischen Reich Karls des Großen im Jahr 774. Das Langobardenreich bildete die Grundlage der mittelalterlichen Entwicklung Italiens. Die weitesten Züge unternahmen die Wandalen: Von Pannonien aus erreichten sie 406 Gallien, dann Spanien und 429 Nordafrika, wo sie sich ungefähr 100 Jahre hielten. Etwa im Jahr 410 gründeten die ↗ Burgunder, die ursprünglich an der Warthe siedelten, um Worms ein noch ganz germanisches Reich. 443 wurden sie von Aëtius geschlagen und an der Rhône angesiedelt. Neben dem Weströmischen wurde das burgundische Reich ein Berührungspunkt zwischen Germanen und Romanen, bis es im 6. Jahrhundert im fränkischen

Reich aufging. In die von den Germanen verlassenen Gebiete drängten slawische Stämme, die um 600 Elbe und Saale erreichten. Das mächtige Reich der Awaren an der unteren Donau wurde 796 von Karl dem Großen vernichtet. Gegen Ende des 7. Jahrhunderts kam die Völkerwanderung zum Stillstand, nachdem die Bulgaren im Gebiet der unteren Donau 679, die Serben und Kroaten in den noch heute nach ihnen benannten Gebieten um 620 seßhaft geworden waren. Ausläufer der Völkerwanderung waren die Züge der ↗ Wikinger gegen das fränkische Reich, der Waräger nach Rußland und das Eindringen der Madjaren in die ungarische Tiefebene. Als Ursachen der Völkerwanderung werden Landnot, kriegerischer Geist, aber auch die Kenntnis des warmen Südens angenommen. Das Ergebnis war eine völlige Neuordnung der staatlichen, wirtschaftlichen, kulturellen und kirchlich-religiösen Verhältnisse Europas. Die Völkerwanderung schuf durch die Verschmelzung von Germanentum und Christentum mit dem antiken Kulturerbe die Grundlagen der mittelalterlichen Kultur, Wirtschaft und Gesellschaft.

WAGNER, RICHARD, ist der Name eines Komponisten und Dichters, der am 22. Mai 1813 in Leipzig geboren wurde und am 13. Februar 1883 in Venedig starb (Bild: Seite 275). Die entscheidende Bedeutung dieses genialen Künstlers liegt in seiner Schaffung des Musikdramas; er wurde damit zum Vollender der romantischen Idee vom Gesamtkunstwerk, in dem alle Künste — vorab Dichtung und Musik — eine Einheit gewonnen haben. In seinen Musikdramen verarbeitete Wagner fast nur Mythen- und Sagenstoffe: 1849 schuf er einen Dramenentwurf zu ↗ »Wieland der Schmied«, ein Jahr zuvor hatte er die Arbeit an dem Bühnenfestspiel »Der Ring des Nibelungen« (Bilder auf den Seiten 273 und 274) begonnen, dessen vier Teile »Das Rheingold«, »Die Walküre«, »Siegfried« und »Götterdämmerung« erstmals geschlossen vom 13. bis 17. August 1876 in Bayreuth aufgeführt wurden. Bei der Gestaltung dieses Werkes beschränkte sich Wagner nur auf die nordische Überlieferung des Nibelungen-Stoffs, wie sie in der sogenannten ↗ »Edda« gegeben war, er benützte aber nicht das mittelhochdeutsche ↗ »Nibelungenlied«. Wagners Siegfried hat also zum Beispiel keine hürnene, unverwundbare Haut, dafür befähigt ihn der Genuß des Drachenbluts (in dem er nicht badete), die Stimmen der Tiere zu verstehen sowie verheimlichte böse Gedanken zu hören. Die tragische Hauptgestalt in Wagners »Ring« ist aber ↗ Odin, der bei Wagner Wotan heißt und der durch Siegfried den Untergang der Götter abwenden möchte. Durch eine solche Um- und Neugestaltung der nordischen Mythen hat Wagner ihren tiefen Wahrheitsgehalt künstlerisch verdeutlicht und gesteigert. Er beschäftigte sich auch mit dem ↗ Parzival-Stoff und bereicherte ihn in seinem

Bühnenweihfestspiel »Parsifal« um neue, vertiefende poetische und psychologische Elemente (Bild: Seite 276). Wagner deutete den Namen Parzival aus dem Arabischen um in Parsifal (fal = rein, parsi = Tor), »der reine Tor«, was dem Wesen der Gestalt völlig entspricht. Von Wagner stammt auch die tief christliche Charakteristik, daß Parzival »durch Mitleid wissend« werden muß. Das Werk, der Schlußstein in Wagners Lebenswerk, wurde 1882 in Bayreuth uraufgeführt.

WALHALL heißt wörtlich »Schlachtfeldhalle«, weil ↗ Odin, so wie es die sogenannte ↗ »Edda« berichtet, in dieser seiner Burg die auf dem Schlachtfeld gefallenen und von den Walküren emporgetragenen Helden um sich versammelt. Diese Burg (Bild: Seite 67) trägt bei aller himmlischen Erhabenheit doch auch die Züge eines wehrhaften germanischen Bauernhofes. Hier hängt nicht nur Eldhrimnir, »der im Feuer berußte« Kochkessel, über dem Herd, hier steht auch Hlidskyalf, »die Türbank«, vor der Schwelle. Diese Hausbank, von der aus Odin alle Welten überschauen kann, ist sein »Thron«, den Frigga, die Hausmutter und Gattin, mit ihm teilt. Außerdem gibt es in Walhall noch die Ziege Heidrun, den krähenden Hahn Salgofnir, auch Gullinkambi, »der Goldkamm«, genannt, und schließlich Lärad, den grünenden Baum, der durch das Dach hinaus in den Himmel ragt. Bei den ↗ Germanen herrschte die Sitte, Häuser rund um einen Baum zu bauen, meistens eine Esche, deren Gezweig dann zum Dach hinausragte. Man stellte das Haus gleichsam unter den Schutz des lebendigen Naturwesens, fühlte dabei die Allgegenwart der Weltesche und deren tiefe Wahrheit.

WIELAND DER SCHMIED ist der Name eines Helden, von dem ein Lied der ↗ »Edda« berichtet; dort hat der Name noch die altnordische Form Wölund, aus der sich im südgermanischen Raum später Wieland entwickelte. Die Sage vom kunstfertigen und listenreichen Schmied erinnert an die antike Tradition, an den hinkenden Gott Hephaistos, den die Griechen als Gott des Feuers und der Schmiedekunst verehrten — und sie erinnert auch an Daidalos, den die Göttin Athene selbst in die Schmiedekunst einweihte und der sich später aus der Gefangenschaft bei König Minos befreite, indem er für sich und seinen Sohn Ikaros Flügel anfertigte, so daß beide von Kreta entfliehen konnten. In den Hauptmotiven also ist die Edda-Sage von Wieland aufs engste mit den antiken Schmiedesagen verwandt — wie die germanischen Völker aber die antike Überlieferung kennenlernten, läßt sich im einzelnen heute nicht mehr nachweisen. Wahrscheinlich kommt dabei dem Vergil-Kommentar des lateinischen Grammatikers Servius aus dem 4. Jahrhundert eine wichtige Vermittlerrolle zu. Man darf vermuten, daß die älteste dichterische Gestaltung der Wieland-Sage bei den ↗ Burgundern oder den Franken entstand. Fest steht, daß die Sage seit dem 8. Jahrhundert den germanischen Völkern vertraut war; um 700 kannte man sie schon in England, denn das Epos »Beowulf« spielt darauf ebenso an wie das angelsächsische Gedicht »Deors Klage«. Aber auch in der Sage von Walther und Hildegunde – im »Waltharius« aus dem Ende des 9. Jahrhunderts und in den angelsächsischen »Waldere«-Bruchstücken – wird Wielands Schmiedekunst gepriesen. Mit großer Wahrscheinlichkeit kann angenommen werden, daß der Sagenstoff vom Kontinent nach England und nach dem Norden gewandert ist, denn auch in der Wortwahl zeigt das altnordische Lied Anklänge an deutsches und englisches Sprachgut. Letztlich wurzelt die Wieland-Sage – trotz der starken Einflüsse antiker Motive – in geschichtlicher Wirklichkeit. Denn als die Menschen im Norden am Übergang von der Stein- zur Bronze- und Eisenzeit lernten, Erze zu schmelzen und zu Waffen, Geräten und Schmuck zu verarbeiten, müssen sie einen Schmied bewundert und gleichzeitig gefürchtet haben. Seine Kunst erschien ihnen geheimnisumwittert, und man konnte sie sich nicht anders erklären, als daß man dem Schmied übermenschliche, dämonische Kräfte beilegte. In Erinnerung an jene »technische Revolution« wird in den alten Heldensagen ja auch so oft die Schmiedkunst der Zwerge gerühmt. Doch die Wieland-Sage scheint dazu auch an neuere historische Ereignisse angeknüpft zu haben. Die einst weitverbreitete Lebensbeschreibung des heiligen Severinus aus dem Jahr 511 berichtet, daß zwei Goldschmiede, die von der Rugierkönigin Gisa gefangengehalten wurden, sich dadurch befreiten, daß sie dem Königssohn in ihrer Werkstatt das Schwert auf die Brust setzten und ihm erst dann das Leben schenkten, als man ihnen die Rückkehr in die Heimat zusicherte. Nicht ausgeschlossen ist, daß Wielands Mord an den Königssöhnen durch diese Geschichte angeregt wurde. Heute ist die Wieland-Sage außer in der Edda-Fassung noch in weiteren dichterischen Gestaltungen bekannt: in der altnorwegischen »Thidrekssaga« und dem spätmittelhochdeutschen Ritterepos »Friedrich von Schwaben« aus dem 14. Jahrhundert tritt der berühmte Schmied ebenfalls auf; von den neueren Dramatisierungen des Stoffs haben Richard ↗ Wagners Dramenentwurf aus dem Jahr 1849 und Gerhart Hauptmanns neuromantische Tragödie »Veland« aus dem Jahr 1925 besondere Bedeutung.

WOLFDIETRICH ist der Name eines Recken, über den seit dem 13. Jahrhundert zahlreiche Dichtungen verfaßt wurden und der bis ins 15. Jahrhundert hinein zu den beliebtesten deutschen Helden zählte. Außer Frage steht, daß sich in der Gestalt des Wolfdietrich eine historische Persönsönlichkeit spiegelt – der Forschung nach könnte mit ihm etwa einer der vier Söhne des Frankenkönigs ↗ Chlodwig I. gemeint gewesen sein. Doch es gibt zu viele wissenschaftliche Theorien, als daß man dies mit

Sicherheit festhalten möchte. Am meisten überzeugt die Auffassung des dänischen Forschers N. Lukman, der 1940 Wolfdietrich mit ↗ Theoderich dem Großen, dem König der ↗ Ostgoten, in Verbindung brachte. Schon die Schauplätze der Sage — Konstantinopel und das Land der ↗ Lamparten — sprechen dafür: Theoderich hat in Konstantinopel seine Jugend verbracht und später Italien erobert. Damit gliedert sich die Wolfdietrich-Sage in den großen Zusammenhang der Sagen um ↗ Dietrich von Bern ein. Das Ziel ist hier wie dort dasselbe: nämlich nachzuweisen, daß Theoderichs Herrschaft über Italien rechtmäßig ist. Während jedoch die Dietrich-Sage die Eroberung Italiens in eine Rückgewinnung des Erblandes umdeutet, löst die Wolfdietrich-Sage das Problem auf andere Weise: Wolfdientrich rächt ↗ Ortnit, den Herrscher des Lampartenlandes, indem er den Drachen erlegt, der Ortnit getötet hat, und gewinnt damit das Recht, das Lampartenland zu regieren. Der Drachenkampf sollte jedoch nicht nur die Legitimität der Herrschaft Theoderichs über Italien beweisen, sondern er verfolgte auch den Zweck, die Gestalt Theoderichs ins Heldische und Mythische zu steigern. Der gleichen Absicht diente das Wolfsabenteuer — die Episode wurde der Sage wahrscheinlich hinzugefügt, als man die alte Bedeutung von Wolf — das heißt: »der Vertriebene« — nicht mehr verstand. Ob die Ursprünge der Wolfdietrich-Sage tatsächlich bis ins 6. Jahrhundert zurückreichen, läßt sich nicht mehr beweisen. Vermutlich hat sie immer im Schatten der eigentlichen Dietrich-Sage gestanden, muß jedoch in der mündlichen Volksüberlieferung lebendig geblieben sein. Daß sich im 13. Jahrhundert einige Dichter auf diese Überlieferung besannen, hängt wohl damit zusammen, daß sich gerade die Zeit der ↗ Staufer Dietrich von Bern zur literarischen Lieblingsfigur erkor. Von den vier mittelhochdeutschen Fassungen des Wolfdietrich-Epos ist die sogenannte Fassung A, die in der Ambraser Handschrift auf Schloß ↗ Ambras gefunden wurde, die älteste. Sie wurde um 1200 von jenem unbekannten ostfränkischen Verfasser niedergeschrieben, der auch das Epos über Ortnit gedichtet hatte. Dieses Wolfdietrich-Epos wurde im sogenannten Hildebrandston verfaßt und später mit dem Ortnit-Epos zu einer Einheit zusammengefügt.

WOLFRAM VON ESCHENBACH ist der Name eines mittelhochdeutschen Dichters, der um 1170 in Wolframs-Eschenbach geboren wurde und dort nach 1220 starb (Bild: Seite 309); er wurde in dieser Stadt in der Frauenkirche bestattet. Wolfram war ein armer fränkischer Ritter, der zeitweise auf der Burg Wildenberg im Odenwald und am Hof des Landgrafen Hermann von Thüringen lebte. Er war der sprachgewaltigste Epiker der höfischen Dichtung — zumal in seinem Hauptwerk, dem ↗ »Parzival«, erweist er eine große Kunst der Menschencharakterisierung und der Komposition, ideenreiche Phantasie und

Humor, denen die fast barocke Sprachgebung entspricht, die Archaismen, Fremdwörter und Neubildungen neben volkstümlichen Wendungen mitunter sinnverdunkelnd verwendet: ein Vorbild für den »geblümten Stil« der Epigonen und Meistersinger. Von Wolframs Lyrik sind nur 8 Minnelieder erhalten, davon 5 Tagelieder; sie sprengen durch ihre Leidenschaftlichkeit und durch den Preis der Ehe die höfische Form.

WIKINGER – im Mittelalter Normannen geheißen – nannten sich die kriegerischen, verwegenen Seefahrer aus Dänemark, Norwegen und Schweden, die seit dem 8. Jahrhundert die europäischen Küsten überfielen und plünderten. Die Wikinger waren sehr gefürchtet – »wic« hat die Bedeutung von »Krieg«. Seit 810 suchten sie immer häufiger Küsten- und Flußgebiete des Frankenreichs heim, eroberten wiederholt Städte und drangen bis ins Mittelmeer vor. Eine Gruppe unter Rollo ließ sich 910 um Rouen nieder und begründete das Herzogtum der Normandie. Andere Scharen setzten sich seit 865 in England fest, das nach Wiederherstellung der angelsächsischen Herrschaft zum zweitenmal 1002–1016 von den Dänen erobert wurde. Knut der Große vereinte Dänemark, England und zeitweise Norwegen unter seiner Krone. 1066 eroberten die nordfranzösischen Normannen England. In Dublin hielt sich 820–1170 ein normannischer Kleinstaat. Die Färöer, die Orkney- und Shetland-Inseln wurden normannisch; seit 874 kamen Wikinger nach Island, seit 982 nach Grönland, um 1000 nach Nordamerika. Schwedische Wikinger eroberten den Ostseeraum und Rußland, wo sie die Herrschaften von Kiew und Nowgorod gründeten. Auf der Wolga und durchs Schwarze Meer drangen sie bis nach Konstantinopel vor, in dessen Militärdienst sie zum Teil traten. Das Mittelmeer war seit dem Niedergang der römischen und später der byzantinischen Flottenmacht reichstes und begehrtestes Raubgebiet für Wikingerzüge. Seit 1016 traten Ritter aus der Normandie in den Dienst süditalienischer Fürsten: Robert Guiscard eroberte ganz Unteritalien und nahm es als Herzogtum vom Papst zu ↗ Lehen. Roger I. vertrieb die Sarazenen aus Sizilien. Die Kreuzfahrerstaaten in Syrien wurden zum Teil von Wikingern getragen. Roger II. wurde 1130 vom Papst, der die Wikinger als Gegengewicht gegen die deutschen Kaiser brauchte, als König von Neapel und Sizilien anerkannt; mit der Erbtochter Konstanze kam das Königreich Sizilien dann 1189 an die Kaiser der ↗ Staufer. Die staatsbildende Begabung der nur dünnen normannischen Oberschicht hat sowohl in Süditalien als auch in der Normandie fortschrittliche Staaten mit hoher Kultur geschaffen, deren Einrichtungen im Mittelalter vorbildlich für andere europäische Staaten wurden.

YGGDRASIL heißt in der sogenannten ↗ »Edda« die Weltesche. Dieser Name bedeutet sowohl »Ichträger«

als auch »Schreckensträger« (Yggr = Schrecker, ein Beiname ↗ Odins). Die Doppelbedeutung mag daraus erklärlich sein, daß das menschliche Ich, wenn es sich nicht mit Hilfe der Götter bezähmt und zum Guten entwickelt, Schreckliches verüben kann — etwa im Dienst von ↗ Loki. In der »Edda« singt die Seherin: »Neun Welten kenn ich, neun Äste weiß ich, den starken Stamm (die Weltesche) im Staub der Erde.« Es sind dieselben neun himmlischen Welten, die auch die christliche Lehre kennt: die neun Sphären oder Kreise der himmlischen Heerscharen, die die Schöpfung in Gang halten und beständig in das Erdenleben hereinwirken. Die untersten dieser »neun Welten« sind von den Engeln und Erzengeln, die obersten von den Cherubim und Seraphim bewohnt; der große italienische Dichter Dante Alighieri (geb. 1265 in Florenz, gest. 1321 in Ravenna) hat sie in seiner »Göttlichen Komödie« genau beschrieben.